認知症診療
実践ハンドブック

改訂2版

編著 山田正仁

金沢大学名誉教授
国家公務員共済組合連合会九段坂病院副院長

中外医学社

執筆者（執筆順）

山田正仁　金沢大学名誉教授／国家公務員共済組合連合会九段坂病院副院長

坂井健二　金沢大学大学院脳老化・神経病態学（脳神経内科学）講師

小野賢二郎　昭和大学医学部内科学講座脳神経内科学部門教授

池田篤平　石川県立中央病院脳神経内科診療部長

上原　隆　金沢医科大学精神神経科学准教授

川﨑康弘　金沢医科大学精神神経科学教授

東間正人　青樹会青和病院

篠原もえ子　金沢大学大学院脳老化・神経病態学（脳神経内科学）特任准教授

松成一朗　埼玉医科大学病院放射線科（核医学診療科）教授

浜口　毅　金沢大学大学院脳老化・神経病態学（脳神経内科学）准教授

進藤(中村)桂子　金沢大学大学院脳老化・神経病態学（脳神経内科学）特任助教

高橋　努　富山大学学術研究部医学系神経精神医学講座准教授

奥野太寿生　金沢医科大学高齢医学科助教

森本茂人　金沢医科大学高齢医学科教授

大黒正志　金沢医科大学高齢医学科教授

濱野忠則　福井大学医学部第二内科准教授・脳神経内科診療教授

木戸幹雄　富山大学学術研究部医学系神経精神医学講座助教

横川正美　金沢大学医薬保健研究域保健学系リハビリテーション科学領域准教授

菅野圭子　佛教大学保健医療技術学部作業療法学科准教授

清水充子　埼玉県総合リハビリテーションセンター言語聴覚科

山脇正永　東京医科歯科大学大学院医歯学総合研究科臨床医学教育開発学分野教授

金田礼三　金沢大学大学院精神行動科学助教

長澤達也　金沢医科大学精神神経科学講師

橋本隆紀　金沢大学大学院精神行動科学准教授

北村　立　石川県立高松病院病院長

新美芳樹　東京大学医学部附属病院早期・探索開発推進室特任講師

野崎一朗　金沢大学大学院脳老化・神経病態学（脳神経内科学）助教

吉田光宏　国立病院機構北陸病院副院長

高嶋修太郎　JCHO 高岡ふしき病院院長

鈴木道雄　富山大学学術研究部医学系神経精神医学講座教授

石田千穂　国立病院機構医王病院脳神経内科診療部長

富岳　亮　金沢医科大学氷見市民病院脳神経内科教授

林　浩嗣　福井医療大学保健医療学部リハビリテーション学科教授

岩佐和夫　石川県立看護大学健康科学講座教授

長山成美　金沢医科大学神経内科学准教授

伊藤ますみ　上善神経医院院長

改訂 2 版の序

　このたび，2017 年に初版を発刊しました『認知症診療実践ハンドブック』の改訂 2 版を出版する運びとなりました．本書は認知症診療に関わる基礎知識から，診療の基本，原因疾患ごとの症例呈示・解説まで，ポイントを抑えた実践的なハンドブックとして企画・執筆されました．幸いなことに，初版の発刊時から多くの読者に好評をもって迎えられ，出版社より改訂版作成のご提案をいただき，2020 年に改訂作業を進めました．短期間にご執筆をいただいた執筆者の皆様に心より感謝いたします．

　この数年の間にも社会の超高齢化は一段と進み，認知症の人は急増しています．それに対応するため，2019 年には「認知症施策推進大綱」が関係閣僚会議から出され，その後，「認知症基本法」案が国会で審議されています．さらに，2019 年 12 月以降，中国湖北省武漢市を中心に発生した新型コロナウイルス感染症が短期間で全世界に広がり，現在もパンデミックに歯止めがかからない状態であり，認知症診療・ケアも大きな影響を受けています．私がプロジェクトリーダーをつとめる「北陸認知症プロフェッショナル医養成プラン」（認プロ）で教育を担当する多くの先生方にご執筆いただいておりますが，認プロでは，認知症プロフェッショナルの育成のため，診療科間，施設間，職種間の垣根を越えてウェブ上でeラーニング講義，デメンシアカンファレンス（症例検討会），デメンシアセミナー，メディカルスタッフeラーニング講座などを実施し，まさにウィズコロナの時代にも適合した活動を行ってきております（http://ninpro.jp）．

　改訂にあたりまして，初版時の基本方針はそのまま踏襲しましたが，内容をアップデートし，項目を統廃合し，新規の項目を設けました．改訂版では，2020 年までに発刊された診療ガイドラインや最新の診断・治療法を含む内容にアップデートされました．また，新たに 7 項目が加わりました．その中には，「ウィズコロナ時代の認知症診療・認知症ケア」といったタイムリーな

テーマや，「認知症の嚥下障害に対するリハビリテーション」「一過性てんかん性健忘」といった認知症診療・ケアで非常に重要なテーマが含まれています．

この改訂2版が，認知症診療に日々取り組む皆様のお役に立つことができれば誠に幸いに存じます．

2021年1月

山 田 正 仁

序

　このたび，認知症診療のポイントをわかりやすくまとめた認知症診療 実践ハンドブックを発刊する運びとなりました．社会の超高齢化に伴い認知症の人は急増しています．認知症の早期診断・早期治療を推進するため，本書は認知症の前段階である軽度認知障害の診かたから，原因疾患ごとの症例提示と解説までを行い，認知症診療に関わる全ての臨床医に向けた実践的な認知症診療のハンドブックとして企画・執筆されました．本書は，認知症専門医，専門医をめざす医師，地域で認知症診療に積極的に取り組む臨床医（認知症サポート医やかかりつけ医の先生方），さらには認知症診療に関わるさまざまな職種（看護，介護など）の方々にとりまして，軽度認知障害から重度認知症に至るまでの認知症診療全体を知るための格好の書です．

　本書の執筆にあたりましては，私がプロジェクトリーダーをつとめる文部科学省の課題解決型高度医療人材養成プログラム「北陸認知症プロフェッショナル医養成プラン」（認プロ）で認知症プロフェッショナル科目をご担当いただいている先生方を中心にご尽力をいただきました．ご多忙な先生方に短期間でご執筆いただき心より感謝申し上げます．このプログラムでは，神経内科，精神科，老年科などで認知症診療に携わる多数の先生方が，専門科間や施設間の垣根を越え一体となってウェブ上で e-learning 講義，セミナー，デメンシアカンファレンス（症例検討会）などを行い，認知症のプロフェッショナル（認プロ！）の育成にあたっております．認プロ（http://ninpro.jp）にご登録いただきますと，本書の内容の一部は執筆者によるe-learning 講義として聴講することも可能です．

　本書の執筆にあたり，用語等につきましては「認知症疾患診療ガイドライン 2017」（日本神経学会・監修，認知症疾患診療ガイドライン作成委員会・編集，医学書院，2017 年 8 月発刊）に準拠し，最新情報（2017 年 6 月に公表された Lewy 小体型認知症の改訂診断基準など）を可能な限り取り入れ

ております．新しい診断法や治療法の開発など，認知症診療は日々進歩しております．本書が認知症に悩む方々の診療のお役に立つことができれば誠に幸いに存じます．

　　　2017 年 10 月

　　　　　　　　　　　　　　　　　　　　　　　山 田 正 仁

目　次

I　認知症・軽度認知障害の診断・治療へのアプローチ

①認知症の基礎

1. 認知症・軽度認知障害の概念と実態 ……………………〈山田正仁〉　2
    - A　認知症・軽度認知障害とは？ ……………………………… 2
    - B　認知症・軽度認知障害の実態と対策 ……………………… 9

2. 認知症診療に必要な神経病理の基礎知識 ………………〈坂井健二〉　13
    - A　わが国における認知症の原因疾患の頻度 ………………… 13
    - B　神経変性疾患 ………………………………………………… 14
    - C　血管性認知症 ………………………………………………… 21
    - D　感染症，炎症性疾患 ………………………………………… 21

3. 認知症診療に必要な神経科学の基礎知識 …………〈小野賢二郎〉　24
    - A　Alzheimer 病とは ……………………………………………… 24
    - B　老人斑と $A\beta$ ………………………………………………… 25
    - C　アミロイド仮説 ……………………………………………… 25
    - D　$A\beta$ 凝集 ……………………………………………………… 26
    - E　アミロイドからオリゴマーへ ……………………………… 27
    - F　タウオパチーとは …………………………………………… 28
    - G　タウ ………………………………………………………… 28
    - H　タウオリゴマー ……………………………………………… 29
    - I　α-シヌクレイノパチーとは ……………………………… 29
    - J　αS 凝集 ……………………………………………………… 30

4. 認知症疾患の診断と治療・予防の考え方 ………………〈山田正仁〉　34
    - A　認知症疾患の病態・経過からみた診断と予防・治療 ……… 34

i

目　次

　　B　Alzheimer 病の経過から診断と治療・予防を考える ············· 35

②認知症の症候，検査，診断

1. 認知症・軽度認知障害の診断への道筋 ····················〈山田正仁〉　41
　　A　認知症・軽度認知障害の診断の進め方 ························· 41
　　B　認知症・軽度認知障害の有無の診断 ··························· 41
　　C　認知症・軽度認知障害の原因疾患の診断 ······················ 41
2. 認知症の病歴と診察 ························〈池田篤平　山田正仁〉　44
　　A　病歴聴取のポイント ······································· 44
　　B　診察 ·· 47
3. 認知症の中核症状と行動・心理症状（BPSD）··········〈上原　隆〉　52
　　A　中核症状 ··· 52
　　B　行動・心理症状（BPSD）·································· 57
4. 老年期の精神障害と認知症 ····················〈川﨑康弘〉　61
　　A　老化の基本的特徴 ··· 61
　　B　老化に関する心理 ··· 61
　　C　初老期から老年期の状況と危機 ······························ 62
　　D　老年期の精神症状の発現機序 ································ 63
　　E　高齢者の精神病性幻覚・妄想状態 ···························· 64
　　F　認知症に関連する高齢者の妄想 ······························ 66
5. 認知症診療に必要な神経心理学検査 ·················〈東間正人〉　70
　　A　利き手の判定 ·· 71
　　B　記憶障害 ··· 71
　　C　言語機能の障害―失語・失読・失書― ······················· 72
　　D　知覚機能の障害―失認― ···································· 75
　　E　行為遂行の障害―失行― ···································· 78
　　F　失算 ·· 79
　　G　遂行機能（実行機能）····································· 80
6. 認知症の血液・脳脊髄液検査 ············〈篠原もえ子　山田正仁〉　82
　　A　脳脊髄液検査の基礎知識 ···································· 82

B　認知症および認知症様状態をきたす内科疾患の診断に
　　　　役立つ血液，脳脊髄液検査 ………………………………………… 82
　　C　Alzheimer 病や他の認知症疾患の診断のための
　　　　血液・脳脊髄液マーカー …………………………………………… 87

7.　認知症の画像検査 ……………………………………〈松成一朗〉 92
　　A　画像統計解析法 …………………………………………………… 95
　　B　主な疾患ごとの画像の特徴 ……………………………………… 96

8.　認知症の電気生理学的検査―脳波― ………………〈東間正人〉104
　　A　脳波判読の基礎知識 ……………………………………………… 104
　　B　代表的認知症疾患とせん妄の脳波 ……………………………… 104
　　C　認知症とうつ病の鑑別 …………………………………………… 107
　　D　Creutzfeldt-Jakob 病（Creutzfeldt-Jakob disease：CJD）の
　　　　脳波 …………………………………………………………………… 107
　　E　認知症とてんかんの鑑別 ………………………………………… 108

9.　認知症の遺伝学的検査 …………………〈浜口　毅　山田正仁〉111
　　A　Alzheimer病 ……………………………………………………… 111
　　B　前頭側頭葉変性症 ………………………………………………… 114
　　C　Lewy 小体型認知症 ……………………………………………… 114
　　D　血管性認知症 ……………………………………………………… 115
　　E　遺伝学的検査を行う時の注意点 ………………………………… 116

10.　認知症診断のための組織生検 ……〈進藤(中村)桂子　山田正仁〉118
　　A　生検の種類 ………………………………………………………… 118
　　B　認知症疾患における生検診断 …………………………………… 120

11.　認知症・軽度認知障害の診断と鑑別を要する精神疾患・病態
　　　………………………………………………………〈高橋　努〉127
　　A　認知症とせん妄の鑑別 …………………………………………… 127
　　B　認知症とうつ病の鑑別 …………………………………………… 130
　　C　認知症と解離性健忘の鑑別 ……………………………………… 133

③認知症の治療・ケア・支援・予防

1. 治療・ケアの計画と診断・治療方針の患者・介護者への説明

   ························· 〈奥野太寿生　森本茂人〉 136

   A　軽度認知障害における治療・ケアの計画 ·················· 136

   B　Alzheimer 型認知症における治療・ケアの計画 ·················· 137

   C　脳血管性認知症における治療・ケアの計画 ·················· 140

   D　Lewy 小体型認知症における治療・ケアの計画 ·················· 141

   E　前頭側頭葉変性症における治療・ケアの計画 ·················· 142

2. 認知症高齢者にみられる身体疾患と薬物動態 ········· 〈大黒正志〉 144

   A　認知症高齢者の病態および疾患の特徴 ·················· 144

   B　認知機能に影響を与える薬物 ·················· 147

   C　せん妄と認知症 ·················· 149

3. 抗認知症薬による治療 ························· 〈濱野忠則〉 150

   A　Alzheimer 型認知症 ·················· 150

   B　Lewy 小体型認知症 ·················· 158

   C　血管性認知症 ·················· 161

   D　前頭側頭葉変性症 ·················· 163

   E　軽度認知障害 ·················· 164

   F　今後の抗認知症薬について ·················· 165

   G　疾患修飾薬について ·················· 165

4. 認知症のケア ························· 〈木戸幹雄〉 167

   A　認知症のケアの基本・原則 ·················· 167

   B　認知症の程度によるケアの違い ·················· 171

   C　認知症カフェなどの地域での取り組み ·················· 173

5. 認知症のリハビリテーション ·················· 〈横川正美　菅野圭子〉 175

   A　認知症のリハビリテーション ·················· 175

   B　リハビリテーションプログラム ·················· 175

   C　リハビリテーションによる軽度認知障害，認知症の
   進行抑制効果の現状 ·················· 181

6. 認知症の嚥下障害に対するリハビリテーション

～言語聴覚士の立場から～ 〈清水充子　山脇正永〉183

- A　安全な摂食と認知機能 ……………………………………… 183
- B　認知症のある摂食嚥下障害の背景 ……………………… 183
- C　認知症による障害への対応 ………………………………… 184
- D　対応上必要な着眼と留意点 ………………………………… 188
- E　まとめ―対応の基本 ………………………………………… 190

7. 認知症の行動・心理症状（BPSD）の予防・治療

〈金田礼三　長澤達也　橋本隆紀〉192

- A　BPSD の発生にかかわる要因と予防 …………………… 192
- B　BPSD への非薬物的アプローチ ………………………… 194
- C　各症状への対応 ……………………………………………… 195
- D　非薬物療法の例 ……………………………………………… 195
- E　BPSD の薬物療法 ………………………………………… 197
- F　各種薬物の効果 ……………………………………………… 197
- G　各種薬物の副作用 …………………………………………… 198
- H　BPSD の各症状に推奨される薬物 ……………………… 199

8. 認知症の人と家族の支援 …………………………… 〈北村 立〉203

- A　介護保険制度 ………………………………………………… 203
- B　新オレンジプランにおける取り組み …………………… 207
- C　認知症の人の権利擁護に関する制度 …………………… 209
- D　若年性認知症への支援 …………………………………… 210

9. 若年性認知症を支える ……………………………… 〈濱野忠則〉211

- A　若年性認知症と高齢者に生ずる認知症を区別すべきか ····· 211
- B　若年性認知症の有病率 …………………………………… 212
- C　若年性認知症における苦労 ……………………………… 212
- D　若年性認知症の生活状況 ………………………………… 213
- E　若年性認知症の就労 ……………………………………… 215
- F　若年性認知症に対するサービス ………………………… 216
- G　自立支援医療 ………………………………………………… 217

H　成年後見制度 ……………………………………………………………… 217

I　相談センター ………………………………………………………………… 218

10.　認知症のリスクと予防 ……………………〈篠原もえ子　山田正仁〉219

A　認知症疾患の遺伝的因子 …………………………………………… 219

B　生活習慣・生活習慣病と認知症発症・認知機能低下に
　　関する観察研究 ……………………………………………………… 220

C　ランダム化比較試験による認知症予防介入研究 ……………… 224

11.　ウィズコロナ時代の認知症診療・認知症ケア ……〈新美芳樹〉234

A　新型コロナウイルス感染症と認知症 …………………………… 234

B　認知症診療・認知症ケア ………………………………………… 235

C　ウィズコロナ時代の認知症医療・ケア ………………………… 239

II　認知症疾患別の診療の実際

1.　Alzheimer 病による軽度認知障害/軽度認知症

　　　　　　　……………………………………〈野崎一朗　山田正仁〉242

A　症例提示 ……………………………………………………………… 242

B　AD による軽度認知障害・軽度認知症のポイント …………… 249

2.　Alzheimer 病による中等度認知症/高度認知症 ………〈北村 立〉268

A　生活機能障害としての BPSD ……………………………………… 268

B　独居の認知症の人に対する訪問看護の活用 …………………… 270

C　介護抵抗の背景にあるうつ状態の把握 ………………………… 273

D　終末期のケア ………………………………………………………… 275

3.　Lewy 小体型認知症・認知症を伴う Parkinson病 …〈吉田光宏〉282

A　症例提示 ……………………………………………………………… 282

B　病因・病態 …………………………………………………………… 283

C　臨床症候 ……………………………………………………………… 284

D　検査 …………………………………………………………………… 286

E　診断 …………………………………………………………………… 292

F　治療 …………………………………………………………………… 292

G　予後 ………………………………………………………… 295

H　ケアのポイント ………………………………………… 295

4. 血管性認知症・認知障害 ………………………………〈高嶋修太郎〉298

A　症例提示 ………………………………………………… 298

B　血管性認知症の概念の経緯 …………………………… 301

C　血管性認知症の診断基準 ……………………………… 302

D　血管性認知症のタイプ別分類 ………………………… 304

E　血管性認知症と Alzheimer 型認知症 ……………… 306

F　血管性認知症の診断と背景評価 ……………………… 306

G　血管性認知症の予防と治療方針 ……………………… 307

5. 高血圧性以外の脳小血管病：脳アミロイドアンギオパチー,

CADASIL, CARASIL・HDLS …………………………〈坂井健二〉311

A　脳アミロイドアンギオパチー

（cerebral amyloid angiopathy：CAA） ………………… 311

B　CADASIL（cerebral autosomal dominant arteriopathy

with subcortical infarcts and leukoencephalopathy：

皮質下梗塞と白質脳症を伴う常染色体優性脳動脈症）……… 314

C　CARASIL（cerebral autosomal recessive arteriopathy

with subcortical infarcts and leukoencephalopathy：

禿頭と変形性脊椎症を伴う常染色体劣性白質脳症）………… 318

D　HDLS（hereditary diffuse leukoencephalopathy

with spheroid：神経軸索スフェロイド形成を伴う

遺伝性びまん性白質脳症）………………………………… 319

6. 前頭側頭葉変性症（前頭側頭型認知症）………………〈鈴木道雄〉326

A　症例提示 ………………………………………………… 326

B　歴史と分類 ……………………………………………… 328

C　病因・病態 ……………………………………………… 328

D　症候 ……………………………………………………… 329

E　検査 ……………………………………………………… 332

F　診断 ……………………………………………………… 334

目　次

G　薬物療法 ·········· 337

H　非薬物療法・ケアのポイント ·········· 338

I　予後 ·········· 339

7. 嗜銀顆粒性認知症・神経原線維変化型老年期認知症ほかの

Alzheimer 病類似の変性認知症 ·········· 〈山田正仁〉341

A　症例提示 ·········· 341

B　SNAP と非 Alzheimer 型高齢者タウオパチー ·········· 343

C　嗜銀顆粒性認知症（嗜銀顆粒病による認知症）·········· 343

D　神経原線維変化型老年期認知症

（PART 病理による認知症）·········· 346

E　その他（TDP-43 蛋白異常症ほか）·········· 349

8. 進行性核上性麻痺・大脳皮質基底核変性症 ·········· 〈坂井健二〉353

A　進行性核上性麻痺（PSP）·········· 353

B　大脳皮質基底核変性症（CBD）·········· 357

C　PSP と CBD の異同について ·········· 362

9. Huntington 病・多系統萎縮症・神経核内封入体病

·········· 〈石田千穂〉365

A　症例提示 ·········· 365

B　Huntington病 ·········· 366

C　多系統萎縮症 ·········· 368

D　神経核内封入体病 ·········· 369

10. 特発性正常圧水頭症・慢性硬膜下血腫 ·········· 〈富岳 亮〉373

A　特発性正常圧水頭症（iNPH）·········· 373

B　慢性硬膜下血腫 ·········· 379

11. プリオン病 ·········· 〈浜口 毅　山田正仁〉384

A　症例提示 ·········· 384

B　プリオン病 ·········· 387

12. 内分泌・代謝・栄養欠乏性疾患 ·········· 〈林 浩嗣　濱野忠則〉394

A　甲状腺機能低下症 ·········· 394

B　橋本脳症 ·········· 394

C	下垂体機能低下症	………………………………………	395
D	副腎皮質機能低下症	…………………………………	396
E	Cushing 症候群	………………………………………	396
F	副甲状腺機能亢進症	…………………………………	397
G	副甲状腺機能低下症	…………………………………	397
H	反復性低血糖	…………………………………………	397
I	肝性脳症	……………………………………………	398
J	ビタミン B$_1$ 欠乏症（Wernicke 脳症）…		399
K	Marchiafava-Bignami病	………………………	400
L	ペラグラ	………………………………………………	401
M	ビタミン B$_{12}$ 欠乏症	……………………………	401
N	葉酸欠乏	………………………………………………	402

13. 感染症・炎症性疾患 ……………………〈岩佐和夫〉404

A	HIV-1 関連神経認知障害	…………………………	404
B	多発性硬化症	…………………………………………	406
C	辺縁系脳炎	……………………………………………	409
D	神経梅毒・進行麻痺	…………………………………	411

14. 薬剤誘発性認知症・認知障害 ……………〈長山成美〉413

A	症例提示	………………………………………………	413
B	疾患解説	………………………………………………	413

15. 一過性てんかん性健忘 ………………〈伊藤ますみ〉421

A	症例提示	………………………………………………	422
B	TEA の症状	……………………………………………	424
C	TEA 複合症候群（TEA complex syndrome, TEACS）…………		426
D	TEACS の病態機序	…………………………………	426
E	長期予後および認知症との関連	……………………	427

索引 ………………………………………………………… 429

Ⅰ

認知症・軽度認知障害の
診断・治療へのアプローチ

①認知症の基礎

1 認知症・軽度認知障害の概念と実態

A 認知症・軽度認知障害とは？

1．認知症の概念と診断基準

　認知症とは一度正常に発達した認知機能が後天的な脳の障害によって持続的に低下し，日常生活や社会生活に支障をきたすようになった状態を指す．

　診断基準として，米国 National Institute of Aging-Alzheimer's Association（NIA-AA）による認知症診断基準（2011）（表1）[1]，米国精神医学会による精神疾患の診断・統計マニュアル第5版（DSM-5）による認知症診断基準（2013）（表2）[2] などが使われる．これらの診断基準の骨子は，認知機能の低下があり，そのために社会生活・日常生活に支障をきたしており，せん妄や精神疾患では説明されないということである．認知機能低下については，

表1 NIA-AA による認知症診断基準（2011）の要約

1．仕事や日常生活に支障．
2．以前の水準に比べ遂行機能が低下．
3．せん妄や精神疾患によらない．
4．認知機能障害は次の組み合わせによって検出・診断される．
　1）患者あるいは情報提供者からの病歴
　2）「ベッドサイド」精神機能評価あるいは神経心理検査
5．認知機能あるいは行動異常は次の項目のうち少なくとも2領域を含む．
　1）新しい情報を獲得し，記憶にとどめておく能力の障害
　2）推論，複雑な仕事の取扱いの障害や乏しい判断力
　3）視空間認知障害
　4）言語障害
　5）人格，行動あるいはふるまいの変化

（McKhann G, et al. Alzheimers Dement. 2011；7：263-9[1] より要約）

1．認知症・軽度認知障害の概念と実態

表2 DSM-5 による認知症（major neurocognitive disorder）診断基準（2013）

A. 1つ以上の認知領域（複雑性注意，実行機能，学習および記憶，言語，知覚-運動，社会的認知）において，以前の行為水準から有意な認知の低下があるという証拠が以下に基づいている：
  (1) 本人，本人をよく知る情報提供者，または臨床家による，有意な認知機能の低下があったという懸念，および
  (2) 標準化された神経心理学的検査によって，それがなければ他の定量化された臨床的評価によって記録された，実質的な認知行為の障害

B. 毎日の活動において，認知欠損が自立を阻害する（すなわち，最低限，請求書を支払う，内服薬を管理するなどの，複雑な手段的日常生活動作に援助を必要とする）．

C. その認知欠損は，せん妄の状況でのみ起こるものではない．

D. その認知欠損は，他の精神疾患によってうまく説明されない
  （例：うつ病，統合失調症）．

〔日本精神神経学会（日本語版用語監修）．髙橋三郎，大野　裕，監訳．DSM-5 精神疾患の診断・統計マニュアル．医学書院；2014．p.594〕

古い基準では記憶障害が必須であったが，近年は，記憶を含む認知機能の諸領域のうち2つ以上〔NIA-AA（表1），国際疾病分類第11版（ICD-11）（2022年発効予定）〕あるいは1つ以上〔DSM-5（表2）〕の障害があることが条件となっており，記憶障害は必須条件ではなく，早期には記憶が保たれている認知症も診断できる．

2．軽度認知障害の概念と診断基準

認知症とも認知機能正常ともいえない状態を軽度認知障害（mild cognitive impairment：MCI）と呼ぶ．

Petersen ら（1995）による MCI の診断基準は以下の基準からなる[3]：①本人や家族から認知機能低下の訴えがある，②認知機能低下はあるが認知症の診断基準は満たさない，③基本的な日常生活機能は正常．

近年の，NIA-AA による MCI の臨床診断基準（2011）[4]を表3に，DSM-5による mild neurocognitive disorder（＝MCI）診断基準[2]を表4に示す．それらは，1つ以上の認知領域における低下が実証されること，日常生活が基本的に自立していること，認知症ではないこと，せん妄やその他の精神疾患

Ⅰ．認知症・軽度認知障害の診断・治療へのアプローチ　①認知症の基礎

表3 NIA-AA による軽度認知障害（MCI）の中核臨床診断基準（2011）

1．臨床症候群としての定義

A. 以前と比較して認知機能の低下があり，本人，情報提供者，臨床医のいずれによっても指摘され得る．
B. 記憶，遂行機能，注意，言語，視空間認知のうち1つ以上の認知機能領域における障害がある．
C. 日常生活動作は自立している．昔よりも時間を要したり，非効率であったり間違いが多くなったりする場合もある．
D. 認知症ではない．

2．認知機能の特徴

下記にあげるような認知機能テストにおいて，典型的には年齢・教育歴の一致した正常群と比較して1-1.5 SD 下回る．
・エピソード記憶：Free and Cued Selective Reminding Test，Rey Auditory Verbal Learning Test，California Verbal Learning Test，WMS-R の Logical memory Ⅰ & Ⅱ，WMS-R の Visual reproduction Ⅰ & Ⅱ
・遂行機能：Trail Making Test
・言語：Boston Naming Test
・視空間認知機能：図形模写
・注意：Digit span forward
これらのような検査ができない場合は，「住所・名前」を覚えさせる，あるいは3物品の名称を答えさせ隠した後にどこに何を隠したかを答えさせることによって記憶の評価は可能だが，感度は劣る．

（Albert M, et al. Alzheimers Dement. 2011；7：270-9[4]より抜粋）

では説明されないといった項目からなる．

　MCI は，記憶障害の有無によって健忘型（amnestic MCI），非健忘型（non-amnestic MCI）に分類し，さらにその他の認知領域の障害の有無によって，健忘型 MCI，非健忘型 MCI それぞれを単一領域（single domain），複数領域（multiple domain）に分類する．健忘型 MCI は Alzheimer 病（AD）による認知症（AD dementia）に進展しやすいことが知られている．

　MCI 以外の，認知症の前駆症状・前駆段階（prodromal stage）に当てはまる概念・用語には，表5に示すような様々なものがあるが，これらを使用する際には定義（表5の文献を参照）を明確にして使用することが大切である．

1．認知症・軽度認知障害の概念と実態

表4 DSM-5 による軽度認知障害（mild neurocognitive disorder）診断基準（2013）

A. 1つ以上の認知領域（複雑性注意，実行機能，学習および記憶，言語，知覚-運動，社会的認知）において，以前の行為水準から軽度の認知の低下があるという証拠が以下に基づいている．
　（1）本人，本人をよく知る情報提供者，または臨床家による，軽度の認知機能の低下があったという懸念，および
　（2）可能であれば標準化された神経学的検査に記録された，それがなければ他の定量化された臨床的評価によって実証された認知行為の軽度の障害

B. 毎日の活動において，認知欠損が自立を阻害しない（すなわち，請求書を支払う，内服薬を管理するなどの複雑な手段的日常生活動作は保たれるが，以前より大きな努力，代償的方略，または工夫が必要であるかもしれない）．

C. その認知欠損は，せん妄の状況でのみ起こるものではない．

D. その認知欠損は，他の精神疾患によってうまく説明されない
　（例：うつ病，統合失調症）．

〔日本精神神経学会（日本語版用語監修）．髙橋三郎，大野　裕，監訳．DSM-5 精神疾患の診断・統計マニュアル．医学書院；2014．p.596〕

表5 軽度認知障害（MCI）以外の，認知症の前駆症状にあてはまる概念（詳細は脚注の文献を参照）

①Benign senescent forgetfulness（*1）
②Age-associated memory impairment（AAMI）（*2）
③Aging-associated cognitive decline（AACD）（*3）
④Mild cognitive disorder（MCD）（*4）
⑤Mild neurocognitive decline（MNCD）（*5）
⑥Cognitive impairment no dementia（CIND）（*6）
⑦Clinical dementia rating（CDR）0.5（questionable dementia）（*7）

*1. Kral VA. Can Med Assoc J. 1962；86：257-60.
*2. Crook T, et al. Dev Neuropsychol. 1986；2：261-76, Blackford RC, et al. Dev Neuropsychol. 1989；5：295-306.
*3. Levy R. Int Psychogeriatr. 1994；6：63-8.
*4. World Health Organization. International Statistical Classification of Disease and Related Health Problems. 10th Revision. Geneva：World Health Organization；1993.
*5. American Psychiatric Association. Diagnostic and Stastical Manual of Mental Disorders, Forth Edition（DSM-IV）. Washington, DC：American Psychiatric Association；1994.
*6. Graham JE, et al. Lancet. 1997；349：1793-6.
*7. Hughes CP, et al. Br J Psychiatry. 1982；140：566-72.

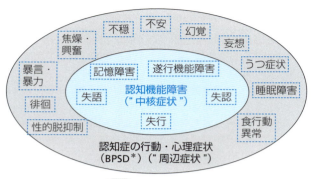

図1 認知症の症状

*BPSD: behavioral and psychological symptoms of dementia（認知症の行動・心理症状）

表6 認知症でみられる認知機能障害

①**記憶障害**：貯蔵時間（即時記憶 immediate memory/近時記憶 recent memory/遠隔記憶 remote memory），記憶内容〔陳述記憶 declarative memory（エピソード記憶/意味記憶）/手続き記憶 procedural memory〕，言語性か非言語性か（言語性記憶/非言語性記憶）により分類される．Alzheimer 病（AD）では早期より近時記憶，エピソード記憶が障害される．意味記憶の障害は意味性認知症（semantic dementia）で特徴的である．

②**失語**：認知症では，健忘性失語，超皮質性感覚性失語，運動性失語，語義失語がみられる．AD では健忘性失語，進行性非流暢性失語では運動性失語，意味性認知症では語義失語が特徴的である．

③**失行**：麻痺がないのに日常の習熟動作ができなくなる障害で主に頭頂葉障害でみられる．AD では構成失行や着衣失行が，大脳皮質基底核変性症（CBD）では肢節運動失行，観念運動性失行，観念性失行がみられる．

④**失認**：感覚に異常がないのに物体が認知できない．Lewy 小体型認知症（DLB）や一部の AD（posterior cortical atrophy：PCA）では視覚性認知障害がめだつ．

⑤**遂行機能障害**：計画をたて実際の行動を行う能力で前頭葉機能が大きく関与している．前頭側頭型認知症（frontotemporal dementia：FTD）では早期から障害される．

1．認知症・軽度認知障害の概念と実態

表7 認知症の行動・心理症状（BPSD）

①心理症状

1．不安：漠然とした恐れ．特に軽症の患者では不安が強い．
2．幻覚・妄想：幻視は Lewy 小体型認知症（DLB）で高率である．妄想は Alz-
　　heimer 病（AD），DLB で多く，物盗られ妄想などが頻度が高い．
3．うつ症状：AD 初期などにみられ，古典的症状よりも非特異的な気分変調が
　　多い．
4．アパシー：趣味や日常の活動に興味をなくし意欲が喪失した状態．高頻度．

②行動症状

1．不穏：穏やかでなく落ち着かない状態．
2．焦燥性興奮：いらだち．不適当な言語，音声，行動を含む．
3．暴力：高度の認知障害の男性にみられやすく，うつ症状や身体的不調，暴言
　　と関連する．
4．徘徊：どこともなく歩き回ることを指す．睡眠覚醒の障害から発展すること
　　が多い．
5．性的脱抑制：不適切な性的言動から，時に行動に至ることがある．

3．認知症・軽度認知障害の症状

　認知症の症状は認知機能障害（中核症状）と，認知機能障害に伴ってみられる行動・心理症状（認知症の行動・心理症状 behavioral and psychological symptoms of dementia：BPSD）に分類される（図1）．BPSD は周辺症状とも呼ばれてきた．認知機能障害は MCI の症状でもある（表3，4）．

　中核症状である認知機能障害には記憶障害，失語，失行，失認，遂行機能障害があり，それらの概要を表6に示す．BPSD の心理症状には，不安，幻覚・妄想，うつ症状，アパシー，行動症状には，不穏，焦燥性興奮，暴言・暴力，徘徊，性的脱抑制などがあり，それらの概要を表7に示す．

4．認知症・軽度認知障害の原因疾患と区別すべき病態

　認知症や軽度認知障害の原因疾患は多様である（表8）．①変性疾患，②脳血管障害，③その他の3つに大別され，さらに，①の変性疾患は AD と非 Alzheimer 型変性疾患〔Lewy 小体型認知症（DLB），前頭側頭型認知症ほか〕に，③のその他の原因疾患は内科的疾患（内分泌疾患，代謝・栄養性疾患，

Ⅰ．認知症・軽度認知障害の診断・治療へのアプローチ　①認知症の基礎

表8 認知症・軽度認知障害の原因疾患

①変性疾患
- a. Alzheimer 病
- b. 非 Alzheimer 型変性疾患〔Lewy 小体型認知症（DLB），前頭側頭型認知症（Pick 病など），嗜銀顆粒性認知症，神経原線維変化型老年期認知症ほか〕

②脳血管障害（血管性認知症/血管性認知障害）

③その他
- a. 内科的疾患：内分泌疾患（甲状腺機能低下症など），代謝・栄養性疾患（ビタミン B_1 欠乏症など），中毒性疾患（アルコール，薬剤性など），神経感染症（神経梅毒，脳炎，プリオン病，HIV など），自己免疫疾患など
- b. 脳外科的疾患：慢性硬膜下血腫，正常圧水頭症，外傷性脳損傷，脳腫瘍など

表9 認知症と区別すべき病態・疾患

1. **せん妄**：意識障害による急性の精神症状．注意の集中や維持が困難で，不穏，易刺激性，暴言，幻覚などが出現し，理解や判断が困難となる．身体疾患，薬剤，環境の変化が誘因となることが多い．せん妄は変動する．認知症の診断はせん妄がない時にも認知機能障害が継続的に存在していることが必要である．

2. **精神遅滞**：18 歳以前に発症した全般的な知的機能の発達の障害である．

3. **統合失調症**：認知機能障害を伴いうるが，発症年齢が若く，認知症ほど重篤ではない．

4. **大うつ病**：うつ状態による認知症に似た症状は「偽性認知症」と呼ばれる．うつ状態による動作・思考の緩慢，集中困難に伴い，記憶力の低下や判断の障害がみられる．症状の変動，もの忘れを強調し能力低下を嘆くこと，抗うつ薬に対する反応性などが鑑別に有用である．

5. **詐病・虚偽性障害**：通常，一貫性がなく矛盾がみられる．

6. **加齢に伴う正常範囲の認知機能低下・軽度認知障害**：認知症と異なり，日常生活には基本的に支障がない．

1. 認知症・軽度認知障害の概念と実態

炎症性疾患ほか）と脳外科的疾患（正常圧水頭症，慢性硬膜下血腫ほか）に分類される．

認知症全体に占める原因疾患別の頻度では，AD が圧倒的に多く 6 割程度を占め，次に DLB あるいは血管性認知症が続く．③のその他の原因疾患は頻度としては低いが，内科的治療や脳外科手術で根本的な治療効果が期待できる疾患も多く含まれている点は重要である．

一方，認知症と一見類似しており，認知症とは区別すべき病態・疾患には，せん妄，精神遅滞，統合失調症，大うつ病，詐病・虚偽性障害，加齢に伴う正常範囲の認知機能低下や軽度認知障害などがある．認知症との鑑別のポイントを表 9 に示す．

B　認知症・軽度認知障害の実態と対策

1．実態

人口の高齢化に伴い，わが国における認知症の人の数は増加している．厚労省研究班（2013）による推計では[5]，2012 年において，65 歳以上の高齢者の 15%（462 万人）が認知症，13%（400 万人）が MCI と推定された．さらに，2025 年には認知症の人は高齢者の 20%（約 700 万人）程度に増加することが予測されている[6]．今後，21 世紀半ばに向けて，世界各国で認知症の人の数は増加するが，その増加率はわが国のような先進国よりも，将来高齢者人口が急増する発展途上国において著しいことが推測されている[7]．すなわち，現在，高齢化や認知症の人の増加が問題になっている先進国ばかりでなく，現時点では高齢者人口が少ない発展途上国においても，近い将来，認知症は極めて深刻な問題になる．

著者らは，石川県七尾市中島町において認知症の早期発見と予防を目標とする地域基盤型認知症研究を実施している（なかじまプロジェクト）．中島町は，わが国の 20～30 年後の人口構成を示す高齢化モデル地区である．公民館での集団健診と自宅訪問を併用した 60 歳以上の住民の悉皆調査[8]（調査率＞90%）（2016～2018 年，高齢化率 約 40%）における認知症，MCI の有病率を図 2 に示す．65 歳以上の認知症有病率は 17.5%，MCI 有病率は 20.0% であった．2010～2014 年の悉皆調査では認知症 13.0%/MCI 15.7% であり，

I．認知症・軽度認知障害の診断・治療へのアプローチ　①認知症の基礎

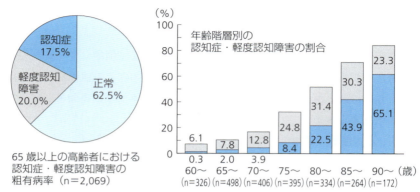

図2 金沢大学による七尾市中島町における認知症・軽度認知障害の悉皆調査（なかじまプロジェクト）（2016～2018年）〔n＝2,395，年齢60～104（平均75.2）歳，調査率92.9％〕

金沢大学による七尾市中島町における認知症・軽度認知障害の悉皆調査（なかじまプロジェクト）．左の円グラフは65歳以上の高齢者における認知症・軽度認知障害の割合，右の棒グラフは60歳以上で5歳刻みの年齢階層ごとの認知症（青），軽度認知障害（グレイ）のパーセンテージを示す．

性・年齢を調整しても有病率は増加していた．

　認知症やMCIを早期発見し原因疾患を診断し，治療や介護の見通しをたてることは重要な課題である．上記の地域調査の結果をみると，地域には認知症とほぼ同数のMCIの人が在住しているが，もの忘れ外来などを受診するMCIの人の数は認知症の1/3以下にとどまっている．

2．対策

　認知症対策は世界全体の課題になっている．わが国は高齢化率世界一であり，先頭に立って認知症の諸課題（治療，介護，予防，新しい社会システムなど）に取り組む立場にある．

　2013年12月，ロンドンで先進8か国によるG8認知症サミットが開かれ，認知症に対して地球規模で対応することが話し合われ宣言や共同声明が出された[9]．2014年11月，その後継イベントが日本で開かれ，認知症対策を国家戦略として強力に推進することが宣言された．それを受けて，2015年1月，認知症施策推進総合戦略（新オレンジプラン）が発表された[10]．

新オレンジプランの基本的な考え方は、「認知症の人の意思が尊重され、できる限り住み慣れた地域のよい環境で自分らしく暮らし続けることができる社会の実現を目指す」ことである。その7つの柱として、①認知症への理解を深めるための普及・啓発の推進、②認知症の容態に応じた適時・適切な医療・介護などの提供、③若年性認知症施策の強化、④認知症の人の介護者への支援、⑤認知症の人を含む高齢者にやさしい地域づくりの推進、⑥認知症の予防法、診断法、治療法、リハビリテーションモデル、介護モデルなどの研究開発及びその成果の普及の推進、⑦認知症の人やその家族の視点の重視を掲げている。

2019年6月、認知症施策推進閣僚会議による「認知症施策推進大綱」が発表された[11]。「大綱」は、認知症の発症を遅らせ、認知症になっても希望を持って日常生活を過ごせる社会を目指し、認知症の人や家族の視点を重視しながら、「共生」と「予防」を車の両輪として施策を推進していくことを基本的な考え方としている。さらに大綱に続いて、認知症基本法案が議員立法として提出され審議中である（2020年6月現在）。

これらの対策を推進していくためには、認知症に関わる様々な領域、職種において、それらを適切に実践していくことができる優れた人材を育成することが急務である。自施設内や地域内での研修や、全国規模の認知症関連の研修会や学会など、研鑽を積む機会を質・量ともに向上・増加させる必要がある。そうした取り組みの1つとして、著者らは『北陸認知症プロフェッショナル医養成プラン』（認プロ）という教育事業を2014年度から実施している[12]。その中で、ウェブ上でのe-ラーニングによる認知症の講義（随時受講可能）、テレビ会議システム＋ウェブキャスト（あるいはウェブ会議システム）による認知症の症例検討会（毎月1回）やセミナーを行い、全国からの医師やメディカルスタッフの参加を得ている（2020年11月現在、約2,300名が参加）（医療・保健などの関係者はどなたでも受講可能）[12]。今後、こうしたウェブ上の教育・研修システムが大いに活用されることが期待される。

●文献

1) McKhann G, Knopman D, Chertkow H, et al. The diagnosis of dementia due to Alzheimer's disease : recommendations from the National Institute on Aging-Alzheimer's Association workgroups on diagnostic guidelines for Alzheimer's disease. Alzheimers Dement. 2011 ; 7 : 263-9.

2) 日本精神神経学会，監修．DSM-5 精神疾患の診断・統計マニュアル．東京：医学書院；2014.

3) Petersen RC, Smith GE, Ivnik RJ, et al. Apolipoprotein E status as a predictor of the development of Alzheimer's disease in memory-impaired individuals. JAMA. 1995 ; 273 : 1274-8.

4) Albert M, DeKosky S, Dickson D, et al. The diagnosis of mild cognitive impairment due to Alzheimer's disease : recommendations from the National Institute on Aging-Alzheimer's Association workgroups on diagnostic guidelines for Alzheimer's disease. Alzheimers Dement. 2011 ; 7 : 270-9.

5) 朝田 隆（研究代表者）．「都市部における認知症有病率と認知症の生活機能障害への対応」厚生労働科学研究費補助金・認知症対策総合研究事業・平成 23～24 年度総合研究報告書（平成 25 年 3 月）．2013. http://www.tsukuba-psychiatry.com/wp-content/uploads/2013/06/H24Report_Part1.pdf#search

6) 二宮利治（研究代表者）．「日本における認知症の高齢者人口の将来推計に関する研究」厚生労働科学研究費補助金 行政政策研究分野【補助金】厚生労働科学特別研究・平成 26 年度総括報告書（平成 27 年 3 月）2015. https://mhlw-grants.niph.go.jp/niph/search/NIDD00.do?resrchNum=201405037A

7) Prince M, Bryce R, Albanese E, et al. The global prevalence of dementia : a systematic review and metaanalysis. Alzheimers Dement. 2013 ; 9 : 63-75. e2.

8) Noguchi-Shinohara M, Yuki S, Dohmoto C, et al. Differences in the prevalence of dementia and mild cognitive impairment and cognitive functions between early and delayed responders in a community-based study of the elderly. J Alzheimers Dis. 2013 ; 37 : 691-8.

9) UK Department of Health G8 dementia summit agreements. 2013. https://www.gov.uk/government/publications/g8-dementia-summit-agreements.

10) 厚生労働省発表「認知症施策推進総合戦略～認知症高齢者等にやさしい地域づくりに向けて～（新オレンジプラン）について」（平成 27 年 1 月 27 日）．2015. https://www.mhlw.go.jp/stf/houdou/0000072246.html

11) 認知症施策推進関係閣僚会議「認知症施策推進大綱」（令和元年 6 月 18 日）．2019. https://www.mhlw.go.jp/content/000522832.pdf#search = %27%E8%AA%8D%E7%9F%A5%E7%97%87%E6%96

12) 文部科学省・課題解決型高度医療人材養成プログラム『北陸認知症プロフェッショナル医養成プラン（認プロ）』．http://ninpro.jp/

〈山田正仁〉

①認知症の基礎

2 認知症診療に必要な神経病理の基礎知識

　認知症とは一度正常に発達した認知機能が後天的な脳の障害によって持続的に低下し，日常生活や社会生活に支障をきたすようになった状態であり，中枢神経系を障害する様々な疾患により生じる．原因疾患は神経変性疾患，血管障害，感染症や炎症性疾患（脱髄性疾患を含む），中毒・代謝性疾患，腫瘍や外傷に大別される[1]．画像やバイオマーカーによる臨床診断が進歩してきているが，神経変性疾患のほとんどは神経病理学的に確定診断がなされているのが現状である．病理による検討では，肉眼的な観察，光学顕微鏡や電子顕微鏡による観察，特殊な染色法や免疫染色による特徴的な構造物や蓄積蛋白質の検索などが行われ，それらに基づいて疾患の病理診断がなされる．本稿では，日々の認知症診療に役立てるように認知症を生じる中枢神経疾患の病理について概説する．

A　わが国における認知症の原因疾患の頻度

　わが国の久山町における地域基盤研究において，1985〜2002 年の期間で 65歳以上の認知症を認めた 275 例について（164 例は剖検にて確定診断），疾患ごとの頻度が報告されている．その報告では Alzheimer 病（Alzheimer's disease: AD）が 45.1％と最も多く，血管性認知症（vascular dementia: VaD）（29.5％），Lewy 小体型認知症（dementia with Lewy bodies: DLB）（4.4％）と続き，2 つ以上の病理所見が合併してみられた症例は 11.6％と報告されている（表 1）[2]．高齢者タウオパチー（tauopathy）の一つである神経原線維変化型老年期認知症（senile dementia of the neurofibrillary tangle type: SD-NFT）は 2.9％であったが，剖検例に限定した場合は 4.9％であった．近年では AD や SD-NFT の頻度が増加していることが報告されている．1986〜2014 年に久山町で剖検が行われた 1,266 例の解析で，AD や SD-NFT

JCOPY　498-22893

13

Ⅰ．認知症・軽度認知障害の診断・治療へのアプローチ　①認知症の基礎

表1 久山研究の認知症 275 例における疾患ごとの頻度

原因疾患	症例数（％）
Alzheimer 病（AD）	124（45.1）
血管性認知症（VaD）	81（29.5）
Lewy 小体型認知症（DLB）	12　（4.4）
認知症性疾患の複合	33（11.6）
AD＋VaD	13（4.7）
AD＋DLB	9（3.3）
VaD＋DLB	5（1.8）
AD＋VaD＋DLB	2（0.7）
AD＋慢性硬膜下血腫	1（0.4）
DLB＋SD-NFT	1（0.4）
AD＋VaD＋甲状腺機能低下症	1（0.4）
SD-NFT＋一酸化炭素中毒	1（0.4）
その他	16　（6.2）
SD-NFT*	8（2.9）
慢性硬膜下血腫	2（0.7）
脳腫瘍	2（0.7）
頭部外傷	2（0.7）
Pick 病	1（0.4）
低酸素性脳症	1（0.4）
原因不明	9　（3.3）

*SD-NFT：神経原線維変化型老年期認知症
（Matsui Y, et al. J Neurol Neurosurg Psychiatry. 2009；80：366-70）[2]

は 1986〜1991 年の期間ではそれぞれ 15.2％，1.2％であったが，2012〜2014 年の期間では AD 33.1％，SD-NFT は 11％と報告されている[3]．一方，VaD や DLB に有意な変動はみられなかった．

B 神経変性疾患

　神経変性疾患とは神経細胞群の進行性の脱落を生じる疾患の総称である．遺伝性の神経変性疾患では原因となる遺伝子異常の解明が進んでいるが，多

2．認知症診療に必要な神経病理の基礎知識

くの孤発性の神経変性疾患では今のところ原因不明である．

　認知症を生じる神経変性疾患では，大脳皮質の障害に加えて，疾患ごとに特徴的な変性パターンをとることが多く，錐体路系，錐体外路系，小脳系，自律神経といった系統ごとに生じるため，系統変性疾患と呼ばれる．症候は変性した部位によって異なり，認知障害に加えて，錐体路系では麻痺や筋緊張の亢進，錐体外路系ではパーキンソニズム（parkinsonism），小脳系では運動失調，自律神経では起立性低血圧や発汗障害，膀胱直腸障害などが認められる．神経変性疾患における病理学的変化の基本的な特徴は，特定領域の神経細胞脱落と反応性グリアの増生（グリオーシス，gliosis）であり，それに加えて神経細胞内やグリア細胞内（細胞質内や核内）の封入体の形成，ニューロピル（neuropil）への特徴的構造物の出現や異常物質の蓄積を認める（図1）．顕著な神経細胞脱落は，肉眼的には萎縮，白色，褐色や黒色調の変色，脱色素（黒質や青斑）などとして観察でき，肉眼的観察のみで診断的な特徴が捉えられることも多い（図2）．一方，明らかな神経細胞脱落やグリオーシスを確認できなくても，核内や細胞質内に封入体を形成し，異常蛋白の凝集そのものが神経細胞やグリア細胞の機能障害を生じている病態もある．このような神経細胞脱落の分布や特徴的な封入体の出現，異常蛋白質の蓄積などをとらえることが神経病理学的な診断には必要である（図1）[4]．

1．大脳皮質の変性を主体とする疾患

　大脳皮質の神経変性を特徴とする疾患として AD，DLB，前頭側頭葉変性症（frontotemporal lobar degeneration：FTLD），嗜銀顆粒病（argyrophilic grain disease：AGD），プリオン病，SD-NFT などがあげられる．

1）Alzheimer 病

　Alzheimer 病（AD）は側頭葉内側部を主体とした大脳皮質の萎縮が肉眼的な特徴である．ミクロでは大脳皮質や海馬領域といった萎縮を認める部位にて神経細胞脱落やグリオーシスが認められ，多数の老人斑や神経細胞内に神経原線維変化（neurofibrillary tangle：NFT）がみられる．老人斑は凝集したアミロイドβ蛋白（Aβ）が細胞外に蓄積したもので（図3a），老人斑の密度による CERAD の基準がある[5]．Aβ が血管壁に蓄積した場合にアミロイドアンギオパチーを生じる（図3a）．

15

Ⅰ．認知症・軽度認知障害の診断・治療へのアプローチ　①認知症の基礎

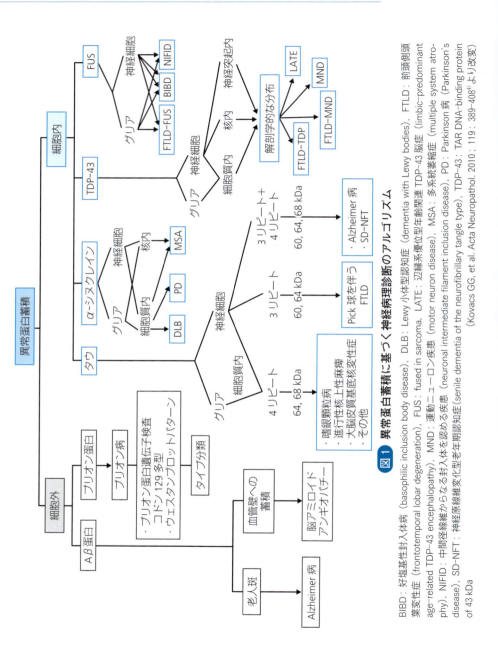

図1 異常蛋白蓄積に基づく神経病理診断のアルゴリズム

BIBD：好塩基性封入体病（basophilic inclusion body disease），DLB：Lewy 小体型認知症（dementia with Lewy bodies），FTLD：前頭側頭葉変性症（frontotemporal lobar degeneration），FUS：fused in sarcoma，LATE：辺縁系優位型年齢関連 TDP-43 脳症（limbic-predominant age-related TDP-43 encephalopathy），MND：運動ニューロン疾患（motor neuron disease），MSA：多系統萎縮症（multiple system atrophy），NIFID：中間径線維からなる封入体を認める疾患（neuronal intermediate filament inclusion disease），PD：Parkinson 病（Parkinson's disease），SD-NFT：神経原線維変化型老年期認知症（senile dementia of the neurofibrillary tangle type），TDP-43：TAR DNA-binding protein of 43 kDa
(Kovacs GG, et al. Acta Neuropathol. 2010；119：389-408[1] より改変)

2．認知症診療に必要な神経病理の基礎知識

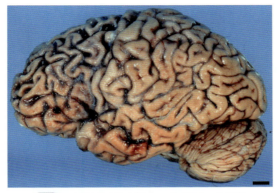

図2 前頭側頭葉変性症の左側面の肉眼像
前頭葉および側頭葉前方に葉性萎縮が認められる．
Bar＝1 cm

　NFTは微小管関連蛋白の一つであるタウ蛋白が過剰にリン酸化して不溶性となり，神経細胞に蓄積したもので，ADではflame shape型が多数出現する（図3b）．タウ蛋白は微小管関連蛋白の一つであり，神経細胞やグリア細胞にタウ蛋白が異常蓄積する疾患群はタウオパチー（tauopathy）と総称されている（図1）．ADにおけるNFTの出現についてはBraakらによってステージ分類が提唱されており，海馬領域より辺縁系から大脳皮質へと増加していくことが報告されている[6]．ADのNFTでは3リピートおよび4リピートのタウ蛋白が蓄積しており，Gallyas-Braak染色にて明瞭に染色される．
　ADの神経病理診断として，抗Aβ抗体を用いて陽性構造物の広がりを評価するThal分類，Braak神経原線維変化分類，CERADステージを用いたABCスコアが提唱されている[7]．

2）前頭側頭葉変性症（frontotemporal lobar degeneration：FTLD）

　肉眼的に前頭葉と側頭葉前方の葉性萎縮を特徴とする疾患群で，中心前回や上側頭回の後方2/3は保たれる（図2）．多数の病因からなる疾患群であり，原因蛋白としてはタウ蛋白，TDP-43，FUSといったものが報告されているが（図1），原因蛋白が明らかとなっていないものも残されている．
　タウ蛋白によるFTLD（FTLD-tau）の代表はPick病であるが，久山町に

Ⅰ. 認知症・軽度認知障害の診断・治療へのアプローチ　①認知症の基礎

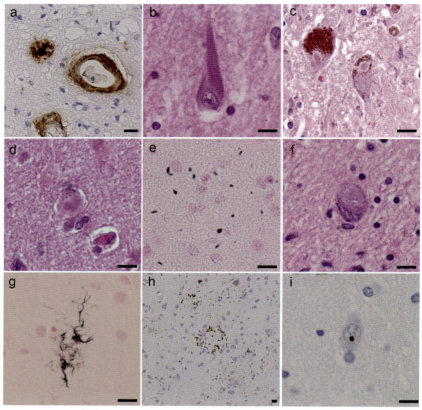

図3 認知症を生じる神経変性疾患でみられる構造物
（a）老人斑とアミロイドアンギオパチー，（b）神経原線維変化（flame shape型），（c）脳幹型 Lewy 小体，（d）皮質型 Lewy 小体，（e）嗜銀顆粒，（f）神経原線維変化（globose 型），（g）tuft-shaped astrocyte，（h）astrocytic plaque，（i）Huntington 病の核内封入体，（a）アミロイドβ蛋白に対する抗体を用いた免疫染色，（b, c, d, f）HE 染色，（e, g）Gallyas-Braak 染色，（h）リン酸化タウ蛋白に対する抗体を用いた免疫染色，（i）伸長ポリグルタミン鎖に対する抗体を用いた免疫染色，Bar＝10μm

おける地域基盤研究では0.4％と頻度は低い[2]．Pick 球と呼ばれる大脳皮質の神経細胞内にみられる球状の構造物が見られることが特徴で，3リピートのタウ蛋白が主に蓄積している．Pick 球と同じ線維成分からなる細胞質が膨化

2．認知症診療に必要な神経病理の基礎知識

した神経細胞は Pick 細胞と呼ばれている．

TDP-43 の蓄積による FTLD（FTLD-TDP）ではリン酸化 TDP-43（TAR DNA-binding protein of 43 kDa）を主要構成成分とする神経細胞やグリア細胞の細胞質内および核内の封入体，変性神経突起（dystrophic neurites）が認められる[8]．TDP-43 は筋萎縮性側索硬化症（amyotrophic lateral sclerosis：ALS）の神経細胞やグリア細胞にも蓄積が認められ，ALS から FTLD-TDP は TDP-43 の蓄積による封入体形成を共通項とする広い疾患のスペクトラムとして捉えることが可能である（TDP-43 proteinopathy）（図 1）．

家族性 ALS の一部で FUS 蛋白の遺伝子異常が報告され，タウ蛋白や TDP-43 陰性のユビキチン陽性封入体を認める FTLD（FTLD-FUS）などで FUS 陽性であることが報告されている[9]．

3）Lewy 小体病（Lewy body disease：LBD）

大脳皮質，辺縁系および脳幹部などの神経細胞質・突起内に α-synuclein が陽性となる封入体である Lewy 小体の出現を特徴とする疾患群である．Lewy 小体は形態的に明瞭なハロー（halo）が認められる脳幹型（図 3c）と halo が明瞭ではない皮質型（図 3d）に分けられる．α-synuclein に対する免疫染色で染色される神経突起は Lewy neurite と呼ばれている．神経細胞やグリア細胞の細胞質内や核内に α-synuclein の蓄積がみられる多系統萎縮症とともに α-synucleinopathy と呼ばれている（図 1）．

Lewy 小体病の代表疾患は Parkinson 病（Parkinson's disease：PD）であるが，認知症が前景にたつ Lewy 小体型認知症（dementia with Lewy bodies：DLB）や自律神経症状が目立つ純粋自律神経不全症に臨床的に分類され，α-synuclein 蓄積の広がりが関連していると考えられている．Braak らにより脳幹部や嗅球から大脳皮質に Lewy 関連病理が進展していく仮説が提唱されており[10]，皮膚の末梢神経にも Lewy 小体病理が認められることも報告されている[11]．DLB の病理診断には脳の各領域における Lewy 小体の数や分布が用いられている[12]．

4）嗜銀顆粒病

嗜銀顆粒（argyrophilic grain）の出現を特徴とし，嗜銀顆粒性認知症（argyrophilic grain dementia）とも呼ばれるが，認知症を呈さないことも多い．

Ⅰ. 認知症・軽度認知障害の診断・治療へのアプローチ　①認知症の基礎

Gallyas-Braak 染色やタウ蛋白に対する免疫染色でコンマ型や紡錘型に染色される（図 3e）. 迂回回から側頭葉内側，辺縁系に拡大し，他の神経変性疾患と関連して出現することが多いが，認知症との関連が証明され，ステージ分類（Saito stage）が提唱されている[13].

5）神経原線維変化型老年期認知症
（senile dementia of the neurofibrillary tangle type：SD-NFT）

老人斑といった Aβ の蓄積を伴わず，海馬領域に多数の NFT 出現を認める疾患である[14]. 久山町の地域基盤研究の報告では 11.0％の頻度とされ，近年増加がみられている[3]. 加齢に伴い頻度が増加し，90 歳以上では 20％を占めるとの報告もある. 2014 年に SD-NFT を含む病理学的な概念として primary age-related tauopathy（PART）が提唱された[15]. PART では認知症の有無は問わない.

2．皮質下神経核の変性を主体とする疾患

皮質下神経核を障害する疾患としては進行性核上性麻痺（progressive supranuclear palsy：PSP）（歯状核遠心路，黒質，淡蒼球，脳幹被蓋部），Huntington 病（尾状核），大脳皮質基底核変性症（corticobasal degeneration：CBD）（黒質，大脳基底核，限局性の大脳萎縮）などがあげられる. 各疾患の詳細については他項で述べられており，そちらを参照されたい.

PSP と CBD は神経細胞内およびグリア細胞内に 4 リピートのタウ蛋白が蓄積するタウオパチーに分類される. 神経細胞では球形の globose 型 NFT が多数出現する（図 3f）. グリア細胞内封入体について，PSP では tuft-shaped astrocyte（図 3g），CBD では astrocytic plaque（図 3h）がほぼ特異的に認められ，その他に線維状の構造物である argyrophilic threads やオリゴデンドログリアの細胞質内封入体である coiled body も認められる. これらは全て Gallyas-Braak 染色にて陽性となる.

Huntington 病は線条体（尾状核と被殻）の変性を特徴とし，神経細胞の細胞質内や核内に異常 huntingtin の蓄積が認められる（図 3i）. 異常蛋白の蓄積が認められる領域は神経細胞脱落やグリオーシスがみられる領域よりも広範囲である.

2．認知症診療に必要な神経病理の基礎知識

C　血管性認知症

　血管性認知症（vascular dementia：VaD）とは脳血管障害に関連して生じる認知症の総称である．しかし，個々の症例において，血管障害と認知障害との関連についての判断は必ずしも容易ではない．また，血管性病変は AD などの神経変性疾患の病変を促進する可能性があり，神経変性疾患における血管性因子の寄与が重要な研究課題となっている．

　VaD では梗塞，出血あるいは両者を生じ，大脳皮質や皮質下白質，大脳基底核などを障害することにより認知障害が生じる．比較的太い血管の動脈硬化などにより生じる皮質性梗塞によるもの，多数のラクナ梗塞や大脳白質にびまん性の脱髄を生じる Binswanger 病，脳出血によるものが主である．稀な病態として，遺伝性の cerebral autosomal dominant arteriopathy with subcortical infarcts and leukoencephalopathy（CADASIL）などが報告されており，中枢神経系の小動脈や細動脈に異常によって多数の梗塞巣を生じることにより進行性の認知症をきたす．

D　感染症，炎症性疾患

1．プリオン病

　臨床的に急速進行性の認知機能障害を認める場合は，必ず最初にプリオン病の検索を行う必要がある．非典型例で臨床診断されていない例もあるため注意が必要である．プリオン病は脳の正常型プリオン蛋白（prion protein：PrP）（PrP^c）が感染型 PrP（PrP^{Sc}）に立体構造を変化させて脳内に蓄積する疾患で，海綿状変化や PrP^{Sc} の蓄積を認める．PrP^{Sc} の沈着パターンはアミロイド斑の有無などによってシナプス型，perivacuolar 型，プラーク型などに分けられている．特徴的な病理学的変化が認められれば診断は容易であるが，孤発性プリオン病や遺伝性プリオン病の一部では異常プリオン蛋白の量が少ない場合があるため注意が必要である（MM2 視床型孤発性 Creutzfeldt-Jakob 病など）．

2．脱髄性疾患と視神経脊髄炎

　多発性硬化症は中枢神経系の脱髄を生じる疾患であり，白質に主病変があ

る．抗アクアポリン４抗体陽性の視神経脊髄炎はアストロサイトの障害が主体であり，多発性硬化症とは異なる病態を有する．脱髄性病変は発症初期には症状が消失する場合があるが，脱髄性病変を繰り返すことによって病変が蓄積し，最終的には認知障害を生じることがある．

おわりに

　認知症を生じる神経疾患の病理学的変化について概説した．認知症の原因は基本的には大脳の機能障害であり，病理では機能障害を生じている原因を形態的に捉えることが重要である．遺伝子異常や異常蛋白蓄積過程についての研究の進歩はめざましく，病態の解明や臨床診断法や治療法の開発が進んでいるが，神経変性疾患の確定診断には未だに病理学的な検索が必須である．高齢者では合併病理を呈することも多く，臨床情報から病理学的な背景を推定することが重要である．

●文献

1) Lowe J, Mirra SS, Hyman BT, et al. Ageing and dementia. In : Love S, et al. editors. Greenfield's neuropathology 8th ed. London : Hodder Arnold ; 2008. p. 1031-52.
2) Matsui Y, Tanizaki Y, Arima H, et al. Incidence and survival of dementia in a general population of Japanese elderly : the Hisayama study. J Neurol Neurosurg Psychiatry. 2009 ; 80 : 366-70.
3) Honda H, Sasaki K, Hamasaki H, et al. Trends in autopsy-verified dementia prevalence over 29 years of the Hisayama study. Neuropathology. 2016 ; 36 : 383-7.
4) Kovacs GG, Botond G, Budka H. Protein coding of neurodegenerative dementias : the neuropathological basis of biomarker diagnostics. Acta Neuropathol. 2010 ; 119 : 389-408.
5) Mirra SS, Heyman A, McKeel D, et al. The Consortium to Establish a Registry for Altheimer's Disease (CERAD). Part II. Standardization of the neuropathologic assessment of Alzheimer's disease. Neurology. 1991 ; 41 : 479-86.
6) Braak H, Braak E. Neuropathological staging of Alzheimer-related changes. Acta Neuropathol. 1991 ; 82 : 239-59.
7) Montine TJ, Phelps CH, Beach TG, et al. National Institute on Aging-Alzheimer's Association guidelines for the neuropathologic assessment of Alzheimer's disease : a practical approach. Acta Neuropathol. 2012 ; 123 : 1-11.
8) Geser F, Lee VM, Trojanowski JQ. Amyotrophic lateral sclerosis and frontotemporal lobar degeneration : a spectrum of TDP-43 proteinopathies. Neuropathology.

2．認知症診療に必要な神経病理の基礎知識

2010 ; 30 : 103-12.
9) Mackenzie IRA, Munoz DG, Kusaka H, et al. Distinct pathological subtypes of FTLD-FUS. Acta Neuropathol. 2011 ; 121 : 207-18.
10) Braak H, Del Tredici K, Rub U, et al. Staging of brain pathology related to sporadic Parkinson's disease. Neurobiol Aging. 2003 ; 24 : 197-211.
11) Ikemura M, Saito Y, Sengoku R, et al. Lewy body pathology involves cutaneous nerves. J Neuropathol Exp Neurol. 2008 ; 67 : 945-53.
12) McKeith IG, Boeve BF, Dickson DW, et al. Diagnosis and management of dementia with Lewy bodies. Fourth consensus report of the DLB Consortium. Neurology. 2017 ; 89 : 88-100.
13) Saito Y, Ruberu NN, Sawabe M, et al. Staging of argyrophilic grains : an age-associated tauopathy. J Neuropathol Exp Neurol. 2004 ; 63 : 911-8.
14) Yamada M, Itoh Y, Otomo E, et al. Dementia of the Alzheimer type and related dementias in the aged : DAT subgroups and senile dementia of the neurofibrillary tangle type. Neuropathology. 1996 ; 16 : 89-98.
15) Crary JF, Trojanowski JQ, Schneider JA, et al. Primary age-related tauopathy (PART) : a common pathology associated with human aging. Acta Neuropathol. 2014 ; 128 : 755-66.

〈坂井健二〉

①認知症の基礎

3 認知症診療に必要な 神経科学の基礎知識

　認知症は病態を指す言葉であり，一疾患名ではない．認知症の定義はいくつもあるが，基本的には，脳の後天的な機能障害により認知機能が持続的に障害され，日常生活が障害された状態の総称である．認知機能障害を起こしうる疾患には，Alzheimer 病（Alzheimer's disease : AD），Lewy 小体型認知症（dementia with Lewy bodies : DLB），血管性認知症，前頭側頭型認知症といった神経変性疾患と慢性硬膜下血腫や正常圧水頭症といった治療可能な認知症がある．

　今回は，認知症診療に必要な神経科学の基本的な知識として AD，前頭側頭型認知症をはじめとするタウオパチー，DLB をはじめとする α-シヌクレイノパチーといった代表的な神経変性疾患の病態に関わる基礎知識について文献を交えて概説する．

A　Alzheimer 病とは

　高齢者人口の増加に伴い，全世界で認知症患者は急速に増加しており，認知症，その中で最も多い AD は，特に大きな社会問題として理解されるようになっている．現在，わが国で AD 治療薬として承認されている薬剤，すなわち，アセチルコリンエステラーゼ阻害剤であるドネペジル，ガランタミン，リバスチグミン，NMDA（N-methyl-D-aspartate）受容体拮抗薬であるメマンチンは，いずれも投与を続けても患者の認知機能低下の速度は低下できないことから対症療法薬に分類される．対症療法薬では大きな限界があるため，AD 患者の認知機能低下の速度を低下させる薬剤，すなわち，早くからAD の病理過程そのものを修正できる疾患修飾療法（disease-modifying therapy : DMT）の開発が期待されている[1]．

　AD の病理学的特徴は，アミロイド β 蛋白（Aβ）から成る老人斑，タウ蛋

白（tau）から成る神経原線維変化（neurofibrillary tangles：NFT），神経細胞の消失であり，今日の AD の診断や DMT 開発研究の基盤となっている[1]．

B 老人斑と Aβ

AD の病理学的指標の1つである老人斑は細胞外への Aβ の蓄積，変性・腫大した神経突起とそれを取り巻くグリア細胞により形成されている．この Aβ は，膜貫通蛋白であるアミロイド前駆体蛋白（amyloid precursor protein：APP）の膜貫通蛋白部分から，アミノ基断端側の細胞外の28アミノ酸残基と，それに続く膜内の主に12（$Aβ_{40}$），あるいは14（$Aβ_{42}$）アミノ酸残基までの部分が β および γ 切断酵素（β, γ-セクレターゼ）という2種類の酵素によって切断されて産生される．

この2つの Aβ はたった2つのアミノ酸の違いではあるが，$Aβ_{42}$ の方が凝集しやすく，病理学的にも老人斑では $Aβ_{42}$ が先行して蓄積することが観察されており[2]，$Aβ_{42}$ の方がより毒性が強いと考えられている．

C アミロイド仮説

1991年に，常染色体優性遺伝を呈する家族性 AD（familial AD：FAD）の原因遺伝子として APP の変異が最初に同定された[3]．さらに約20種類のミスセンス変異が同定されているが，いずれも Aβ 周辺部に集積しており，そのほとんどが Aβ の産生異常や凝集を促進させることがわかっている[4,5]．さらにその後，FAD の原因遺伝子として同定された γ-セクレターゼの酵素本体をコードするプレセニリン（PS）1, 2の変異も Aβ 産生を亢進させることが証明された[6,7]．

したがって，2つの AD 関連遺伝子である APP と PS が Aβ 異常に関連した同一の pathway にあることになり，AD の発症過程において Aβ の異常が十分条件であることが分子遺伝学上，示されたことになる．

こういった知見を背景に AD の発症機序として，Aβ が APP から切り出され，異常凝集し，その結果，神経細胞内の神経原線維変化，神経細胞死，そして認知症へと繋がるとされるアミロイド仮説が提唱された（図1）[8]．

現在，このアミロイド仮説に基づいた診断法，治療法の開発が世界中で精

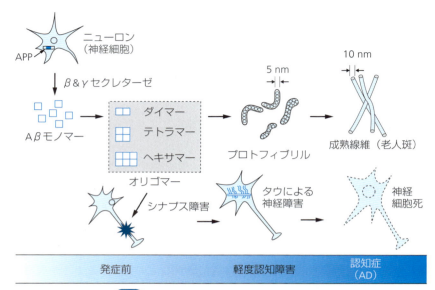

図1 ADのメカニズム：アミロイド仮説

神経細胞の膜表面にあるAPPからβあるいはγセクレターゼによってAβモノマーが切り出される．細胞外の放出されたAβモノマーは，脳内Aβ濃度が上昇すると異常凝集し，オリゴマー，プロトフィブリル，そして成熟線維が形成される．また，Aβオリゴマーはシナプス障害，タウによる神経原線維変化を引き起こし，最終的に神経細胞死を引き起こす．上記病態を背景として，臨床的に，認知機能障害が出現し始めた軽度認知障害（mild cognitive impairment），さらには生活にも支障をきたす認知症（AD）へと進行する．

力的に行われている．

D　Aβ凝集

　AβからAβ線維が形成されていく過程は，重合核依存性重合モデルに従うとされている（図2)[9]．重合核形成相は熱力学的に起こりにくく，反応全体の律速段階になっているが，いったん重合核が形成されると，線維伸長は一次反応速度論モデル，すなわち重合核，あるいはすでに存在する線維断端に前駆蛋白質であるAβが立体構造を変化させながら次々に結合することにより，速やかに進行する．神経細胞から分泌される主要なAβ分子種は，

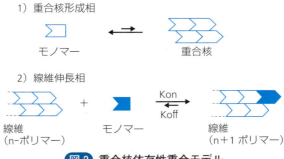

図2 重合核依存性重合モデル
(1) 病態蛋白（モノマー）が核（あるいは種）を形成する遅いフェーズ（重合核形成相），(2) それに前駆蛋白（モノマー）が次々と結合して線維が形成されていく速いフェーズ（線維伸長相）から成り立つ．
Koff：解離速度定数，Kon：結合速度定数

$A\beta_{40}$ と $A\beta_{42}$ であるが，前述のように $A\beta_{42}$ の凝集性が特に高い[9]．

E アミロイドからオリゴマーへ

前述のように $A\beta$ が凝集していく過程では，無構造の $A\beta$ モノマーから β-シートへの構造変換を起こし，続いてオリゴマーが形成され，幅約 5 nm のプロトフィブリル，さらには幅約 10 nm の成熟線維である $A\beta$ 線維が形成される（図1）[10,11]．

1990 年代は $A\beta$ モノマー自体は神経変性を引き起こさないが，凝集最終段階である線維が毒性発揮につながると推定されていた．しかし，これは実際のAD患者脳における認知症の重篤度とアミロイド斑の密度との間に有意な相関がないことが報告された後から世界は再考を迫られ[12]，より早期の凝集体である可溶性オリゴマーの方が AD の病態においてより重要な役割を果たすというオリゴマー仮説に注目が集まっている[10,11]．

オリゴマー研究の先駆けは 1990 年代後半に遡る．1997 年に Teplow らは，中間凝集体の存在を見出し，抽出されたビーズ状の凝集体をプロトフィブリルと命名した[13]．翌 1998 年に Klein らも約 53 kDa の小さな拡散性 $A\beta$ オリ

Ⅰ. 認知症・軽度認知障害の診断・治療へのアプローチ　①認知症の基礎

ゴマー，すなわち Aβ 由来拡散性リガンド（Aβ-derived diffusible ligands：ADDL）の存在を発見し，ADDL は神経細胞毒性をナノモル濃度で発揮できることを報告した[14]．類似サイズのオリゴマーとしては，56 kDa 凝集体である Aβ$_{56}^*$[15]，60 kDa の球状オリゴマーであるグロブロマー[16]などが報告され，近年では，より早期の凝集段階であるダイマーやトリマーなどの低分子オリゴマーの毒性が報告されている[10]．Shankar らは，AD 脳の可溶性画分から抽出した Aβ ダイマーがシナプス伝達を障害することを報告し[17]，我々は，Aβ モノマー，ダイマー，トリマー，テトラマーを分離・抽出し，オーダー依存性に β-シート構造の割合だけでなく，細胞毒性も増加することを明らかにした[18]．

　最近，高分子オリゴマーであるプロトフィブリルを標的にした抗プロトフィブリル抗体が第2相試験において18か月の時点で脳内アミロイド蓄積の減少とともに認知機能の一部に改善が認められたことが報告され，現在，プロトフィブリルが最重要ターゲットの1つになっている[19,20]．

F　タウオパチーとは

　前述のように AD 脳では NFT と老人斑の出現によって神経細胞障害が生じると考えられているが，NFT と老人斑のどちらが一義的な原因であるのかについては議論があった．このようななか，1998 年にパーキンソニズムを伴う家族性前頭側頭型認知症である FTDP-17（frontotemporal dementia and parkinsonism linked to chromosome 17）の原因がタウ遺伝子の変異にあると同定され[21]，少なくとも一部の疾患ではアミロイド蓄積がなくてもタウ蓄積のみで神経細胞障害を直接引き起こすことが明らかになった．

　その後，アミロイド蓄積を前提とせず，タウの細胞内蓄積が一義的な原因と考えられる神経変性疾患を包括的にタウオパチーと呼ぶようになり，代表的な疾患としては前頭側頭型認知症，進行性核上性麻痺，皮質基底核変性症などがあげられる．

G　タウ

　タウは，神経軸索内の約5万 Da の微小管結合蛋白質であり，微小管の重

3. 認知症診療に必要な神経科学の基礎知識

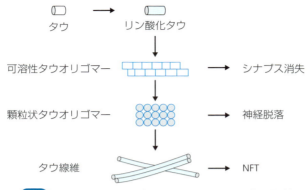

図3 タウ凝集とシナプス消失，神経細胞脱落の関係

合を促進したり，安定化する機能を持つ．このタウの異常が微小管機能異常，そして凝集・線維化を引き起こし，神経変性を導くと考えられている[22]．タウ線維は捻れた線維である paired helical filament や直線状の straight filament を呈するが，分光分析からこの線維を構成するタウはβシート構造を呈することが明らかにされている[23]．

H タウオリゴマー

タウが凝集して成熟線維を形成する過程は，Aβ と同様に重合核依存性重合モデルに従うことが推定されているが[24]，線維を形成する前に可溶性オリゴマー，顆粒状オリゴマーという2つの中間凝集体を形成する（図3）[22]．遺伝子改変動物を用いた実験にて，野生型タウトランスジェニックマウスではNFTも神経細胞脱落も生じないが加齢に伴って嗅内野の神経細胞で過剰リン酸化タウの蓄積とシナプス消失，そして同部位の神経活動低下が観察された[25]．このことは可溶性オリゴマーを含むタウの中間凝集体がシナプス消失に関与していることを示唆している．

I α-シヌクレイノパチーとは

DLBは中枢神経系に広範なLewy小体の出現を伴う認知症の総称である．DLBは認知症の10～30%を占めるとされ，ADに次ぎ，血管性認知症と並ん

Ⅰ．認知症・軽度認知障害の診断・治療へのアプローチ　①認知症の基礎

で頻度が高い．DLB の特徴には進行する認知機能障害に加えて，認知機能の動揺，パーキンソニズム，繰り返す具体的な幻視，うつ症状などなどを伴う疾患である．DLB では，中枢神経系において多数の Lewy 小体および Lewy 関連神経突起が出現し，神経細胞の脱落がみられる．Lewy 小体の主成分は α-シヌクレイン蛋白（αS）でそのほとんどが不溶性の凝集体である成熟線維からなる[26]．

αS の異常沈着は，DLB 以外にも Parkinson 病，多系統萎縮症，脳の鉄蓄積を伴う神経変性症 1 型などでも確認され，αS が線維状に凝集・沈着して神経細胞が傷害される疾患群として α-シヌクレイノパチーとよばれる．

J　αS 凝集

αS は 140 個のアミノ酸からなり，*SNCA* 遺伝子によってコードされる可溶性蛋白で，シナプス前終末と核に存在するという意味でこのように命名された．1997 年にイタリアの家族性の Parkinson 病の患者脳から検出された Lewy 小体が αS 抗体で強陽性に染色されることが確認されたことにさかのぼる[27]．その機能ははっきりしていないが，神経伝達物質の放出制御やシナプスの機能および可塑性に関与するといわれている[28]．αS が凝集して線維を形成する過程は，Aβ やタウと同様に重合核依存性重合モデルに従うことが推定されている[29]（図 2）．

従来，Lewy 小体として蓄積する αS 線維が神経毒性を発揮すると考えられていたが，Aβ やタウと同様に，より早期の凝集体であるプロトフィブリルやオリゴマーの研究に注目が集まっている[30]．αS オリゴマーによって神経細胞が障害される機序として，ライソゾームの機能障害，ミトコンドリアの機能障害，細胞膜への pore 形成による Ca^{2+} イオンの異常流入，酸化ストレスの増加などの機序が想定されている[30,31]．我々は，A30P，E46K，A53T の家族性 Parkinson 病の αS 変異は，αS 凝集の最終段階である成熟線維形成だけでなく，早期凝集段階であるオリゴマー形成にも影響を及ぼすことを報告した[32]．また，近年，神経変性疾患の進行メカニズムとして，細胞内蛋白凝集体が細胞から細胞へと広がり，伝播した先でシードとして機能し，次々と蛋白凝集体形成が加速していくという「伝播仮説」が提唱されているが，*in vitro*

および *in vivo* レベルでの αS 凝集と Aβ やタウ凝集との凝集促進効果（cross-seeding 効果）も報告されている[33-35].

おわりに

AD, FTD をはじめとするタウオパチー, DLB をはじめとする α-シヌクレイノパチーは, Aβ, タウ, αS といった病態蛋白が神経系で蓄積する疾患であり, そのメカニズムとして細胞外, あるいは細胞内の異常凝集が注目されている. 上記蛋白は, 異常立体構造をとったモノマーからオリゴマー, そしてプロトフィブリルや成熟線維といった, より多量体に凝集することにより神経細胞毒性を獲得するが, 近年, オリゴマーが最も毒性が強いとされている. よって, 病態蛋白凝集, 特にオリゴマーが, 今後, 認知症をきたしうる神経変性疾患の病変進展の阻止を狙った DMT 開発において重要なターゲットになる可能性がある.

●文献

1) 小野賢二郎, 山田正仁. アルツハイマー病の未来　疾患修飾薬の開発研究の基礎. からだの科学. 2013 ; 278 : 152-5.

2) Iwatsubo T, Odaka A, Suzuki N, et al. Visualization of Aβ42 (43) and Aβ40 in senile plaques with end-specific Aβ monoclonals : evidence that an initially deposited species is Aβ42 (43). Neuron. 1994 ; 13 : 45-53.

3) Goate A, Chartier-Harlin MC, Mullan M, et al. Segregation of a missense mutation in the amyloid precursor protein gene with familial Alzheimer's disease. Nature. 1991 ; 349 : 704-6.

4) Suzuki N, Cheung TT, Cai XD, et al. An increased percentage of long amyloid beta protein secreted by familial amyloid β protein precursor (β APP717) mutants. Science. 1994 ; 264 : 1336-40.

5) Citron M, Oltersdorf T, Haass C, et al. Mutation of the β-amyloid precursor protein in familial Alzheimer's disease increases β-protein production. Nature. 1992 ; 360 : 672-4.

6) Borchelt DR, Thinakaran G, Eckman CB, et al. Familial Alzheimer's disease-linked presenilin 1 variants elevate Aβ1-42/1-40 ratio in vitro and in vivo. Neuron. 1996 ; 17 : 1005-13.

7) Tomita T, Maruyama K, Saido TC, et al. The presenilin 2 mutation (N141I) linked to familial Alzheimer disease (Volga German families) increases the secretion of amyloid β protein ending at the 42nd (or 43rd) residue. Proc Natl Acad Sci U S

A. 1997 ; 94 : 2025-30.

8) Hardy JA, Higgins GA. Alzheimer's disease : the amyloid cascade hypothesis. Science. 1992 ; 256 : 184-5.

9) Jarrett JT, Lansbury PT Jr. Seeding "one-dimensional crystallization" of amyloid : a pathogenic mechanism in Alzheimer's disease and scrapie? Cell. 1993 ; 73 : 1055-8.

10) Ono K, Yamada M. Low-n oligomers as therapeutic targets of Alzheimer's disease. J Neurochem. 2011 ; 117 : 19-28.

11) Ono K. Alzheimer's disease as oligomeropathy. Neurochem Int. 2018 ; 119 : 57-70.

12) Dickson DW, Crystal HA, Bevona C, et al. Correlations of synaptic and pathological markers with cognition of the elderly. Neurobiol Aging. 1995 ; 16 : 285-98.

13) Walsh DM, Hartley DM, Kusumoto Y, et al. Amyloid β-protein fibrillogenesis. Structure and biological activity of protofibrillar intermediates. J Biol Chem. 1997 ; 272 : 22364-72.

14) Lambert MP, Barlow AK, Chromy BA, et al. Diffusible, nonfibrillar ligands derived from Aβ1-42 are potent central nervous system neurotoxins. Proc Natl Acad Sci U S A. 1998 ; 95 : 6448-53.

15) Lesné S, Koh MT, Kotilinek L, et al. A specific amyloid-β protein assembly in the brain impairs memory. Nature. 2006 ; 440 : 352-7.

16) Barghorn S, Nimmrich V, Striebinger A, et al. Globular amyloid β-peptide oligomer- a homogenous and stable neuropathological protein in Alzheimer's disease. J Neurochem. 2005 ; 95 : 834-47.

17) Shankar GM, Li S, Mehta TH, et al. Amyloid-β protein dimers isolated directly from Alzheimer's brains impair synaptic plasticity and memory. Nat Med. 2008 ; 14 : 837-42.

18) Ono K, Condron MM, Teplow DB. Structure-neurotoxicity relationships of amyloid β-protein oligomers. Proc Natl Acad Sci U S A. 2009 ; 106 : 14745-50.

19) Lannfelt L, Möller C, Basun H, et al. Perspectives on future Alzheimer therapies : amyloid-β protofibrils--a new target for immunotherapy with BAN2401 in Alzheimer's disease. Alzheimers Res Ther. 2014 ; 6 : 16.

20) Abbasi J. Promising results in 18-month analysis of Alzheimer drug candidate. JAMA. 2018 ; 320 : 965.

21) Hutton M, Lendon CL, Rizzu P, et al. Association of missense and 5'-splice-site mutations in tau with the inherited dementia FTDP-17. Nature. 1998 ; 393 : 702-5.

22) 高島明彦. アルツハイマー病における Tau 蛋白質の役割. 細胞工学. 2012 ; 31 : 1135-8.

23) Ballatore C, Lee VM, Trojanowski JQ. Tau-mediated neurodegeneration in Alzheimer's disease and related disorders. Nat Rev Neurosci. 2007 ; 8 : 663-72.

24) Congdon EE, Kim S, Bonchak J, et al. Nucleation-dependent tau filament forma-

tion : the importance of dimerization and an estimation of elementary rate constants. J Biol Chem. 2008 ; 283 : 13806-16.

25) Kimura T, Yamashita S, Fukuda T, et al. Hyperphosphorylated tau in parahippocampal cortex impairs place learning in aged mice expressing wild-type human tau. EMBO J. 2007 ; 26 : 5143-52.

26) Spillantini MG, Schmidt ML, Lee VM, et al. α-synuclein in Lewy bodies. Nature. 1997 ; 388 : 839-40.

27) Polymeropoulos MH, Lavedan C, Leroy E, et al. Mutation in the α-synuclein gene identified in families with Parkinson's disease. Science. 1997 ; 276 : 2045-7.

28) Clayton DF, George JM. Synucleins in synaptic plasticity and neurodegenerative disorders. J Neurosci Res. 1999 ; 58 : 120-9.

29) Wood SJ, Wypych J, Steavenson S, et al. α-synuclein fibrillogenesis is nucleation-dependent. Implications for the pathogenesis of Parkinson's disease. J Biol Chem. 1999 ; 274 : 19509-12.

30) Goldberg MS, Lansbury PT Jr. Is there a cause-and-effect relationship between α-synuclein fibrillization and Parkinson's disease? Nat Cell Biol. 2000 ; 2 : E115-9.

31) Kalia LV, Kalia SK, McLean PJ, et al. α-Synuclein oligomers and clinical implications for Parkinson disease. Ann Neurol. 2013 ; 73 : 155-69.

32) Ono K, Ikeda T, Takasaki J, et al. Familial Parkinson disease mutations influence α-synuclein assembly. Neurobiol Dis. 2011 ; 43 : 715-24.

33) Ono K, Takahashi R, Ikeda T, et al. Cross-seeding effects of amyloid β-protein and α-synuclein. J Neurochem. 2012 ; 122 : 883-90.

34) Guo JL, Covell DJ, Daniels JP, et al. Distinct α-synuclein strains differentially promote tau inclusions in neurons. Cell. 2013 ; 154 : 103-17.

35) Iljina M, Dear AJ, Garcia GA, et al. Quantifying co-oligomer formation by α-synuclein. ACS Nano. 2018 ; 12 : 10855-66.

〈小野賢二郎〉

①認知症の基礎

4 認知症疾患の診断と治療・予防の考え方

A 認知症疾患の病態・経過からみた診断と予防・治療

　認知症や軽度認知障害の診断や予防・治療には，原因疾患に関わらない共通の部分もあるが，一方で，原因疾患ごとに異なる部分もある．ここでは，原因疾患の病態・経過からみた診断と予防・治療について述べる．

　認知症は原因疾患によって経過が異なる．比較的緩徐に進行する脳疾患の場合，経過は（1）疾患の原因やリスクを有しているものの脳病変はまだ出現していない段階，（2）脳病変は出現しているが無症状で発症前（プレクリニカル）の段階，（3）発症後の段階〔軽度認知障害（mild cognitive impairment：MCI）～認知症〕の3段階に分けられる．

　それぞれの段階における診断と予防・治療について表1に示す．脳病変が出現する前の段階を考えると，診断は疾患のリスク診断であり，たとえば単一遺伝子の変異による遺伝性疾患の場合の遺伝子変異の検出，孤発性疾患の場合の発症を促進させる遺伝的因子や生活習慣関連因子の同定などがそれに

表1 認知症疾患の経過と診断・予防・治療

段階	診断方法	予防/治療
（1）脳病変が出現する前の段階	リスク検索	脳病変形成の予防（＝一次予防）
（2）脳病変はあるが発症前の段階（プレクリニカル）	画像や生化学マーカー検査	先制治療（発症の予防）（＝二次予防）
（3）発症後（軽度認知障害/認知症）	症状・診察，認知機能検査，画像・生化学マーカー検査など	発症後の治療：進行の抑制（＝三次予防），対症療法など

4．認知症疾患の診断と治療・予防の考え方

あたる．その時点における脳病変の出現抑制をめざした介入は一次予防にあたる．

　脳病変はあるが未発症のプレクリニカル段階では，バイオマーカー（画像や脳脊髄液・血液マーカーなど）による脳病変の検査が発症前診断として用いられる．その段階における治療は二次予防にあたり，発症を予防するための「先制治療」である．

　発症後は，MCI あるいは認知症段階での診断・治療〔進行の抑制（＝三次予防）や対症療法〕であり，これは通常の診療に該当する．

　以下に，認知症の代表疾患である Alzheimer 病（AD）を例に疾患の経過と診断，治療・予防を考える．

B　Alzheimer 病の経過から診断と治療・予防を考える

1．Alzheimer 病の病変形成と症状発現の過程

　AD は特徴的な病理所見〔アミロイドβ蛋白質（Aβ）沈着/リン酸化タウ蛋白質沈着/神経変性〕によって定義される．通常の孤発性 AD は加齢を背景に複数の因子が病変形成に関与すると考えられる．一方，単一遺伝子の異常による優性遺伝性 AD は比較的均一な臨床病理学的表現型を示す．

　優性遺伝性 AD を対象とする DIAN（Dominantly Inherited Alzheimer's Network）研究において，認知機能，海馬容積，脳糖代謝，アミロイドβ蛋白質（Aβ）沈着（アミロイドイメージング），脳脊髄液タウおよび Aβ_{42}が，AD 発症時（time 0）を基準として，どのように変化しているのかが示された（図1）[1]．認知機能やバイオマーカーの変化から，AD の経過は，(1) 発症前約 25 年より以前は，脳内に AD 病変がないと推定される段階，(2) 発症約 25 年前から発症時までは，脳内に AD 病変はあるが発症していない段階（プレクリニカル AD），(3) 発症後は，AD による MCI，さらに認知症の段階（MCI/dementia due to AD）の 3 段階に分類される（図1）．予防・治療の観点では，(1)，(2)，(3) のそれぞれに対応して，「一次予防」，「二次予防＝プレクリニカル AD に対する先制治療」，「三次予防＝AD による MCI・認知症に対する治療」がある（図1）．

　通常の孤発性 AD の病態形成過程（仮説）を図2A に示す．孤発性 AD は

498-22893　　　35

Ⅰ．認知症・軽度認知障害の診断・治療へのアプローチ　①認知症の基礎

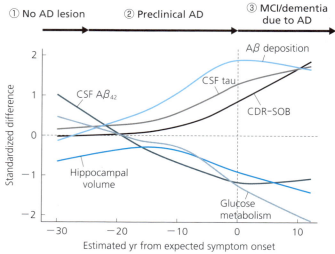

図1　優性遺伝性 Alzheimer 病（AD）において想定される発症時期からみた臨床認知症評価尺度（CDR-SB），海馬容積（hippocampal volume），脳糖代謝（glucose metabolism），脳脊髄液タウ（CSF-tau），脳脊髄液アミロイドβ蛋白質42（CSF Aβ$_{42}$），アミロイドイメージングによる Aβ 沈着（Aβ deposition）の変化，およびそれらに基づく AD の病期分類〔①AD 病変出現前（no AD lesion），②発症前 AD（preclinical AD），③AD による軽度認知障害/認知症（MCI/dementia due to AD）〕（文献1）より改変）

加齢を背景に多因子（遺伝的因子/環境因子）が原因として作用し，酸化ストレスや炎症なども介して，Aβ の凝集・蓄積，タウ蛋白質の凝集・蓄積，神経細胞障害（シナプスの減少など）・神経細胞死が進行すると考えられる．以下に，それぞれの病態を把握するための検査法（診断）（図2B）や治療戦略（図2C）について考える．

2．Alzheimer 病の診断を考える

発症後の AD による MCI・認知症の診断では，①特徴的な臨床症状・認知機能低下所見，②神経細胞障害・細胞死（神経変性）を反映する形態画像

4. 認知症疾患の診断と治療・予防の考え方

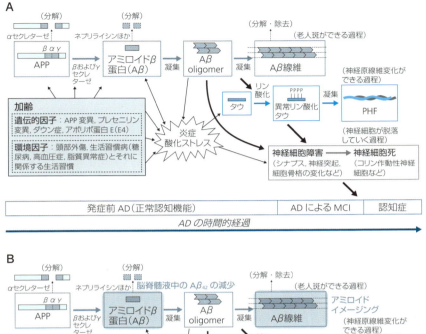

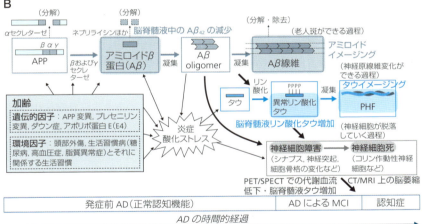

図2 Alzheimer病（AD）の発病メカニズム（仮説）(A)，ADの病態評価や診断のための各種画像検査や脳脊髄液マーカー検査（B），それぞれの病態を標的とした治療（C）を示す

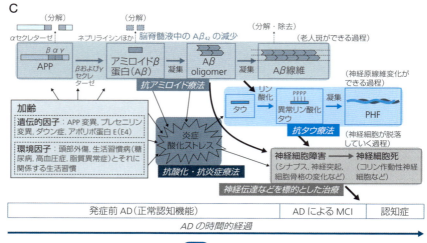

図2 つづき

(CT/MRI)所見,糖代謝・脳血流画像(PET/SPECT)所見(糖代謝PETは保険適用外)および脳脊髄液中タウ上昇所見,③異常リン酸化タウの凝集・蓄積を反映する脳脊髄液中リン酸化タウ上昇およびタウイメージング(PET)陽性所見(保険適用外),④Aβ凝集・蓄積を反映する脳脊髄液中Aβ_{42}の低下(保険適用外),アミロイドイメージング(PET)陽性所見(保険適用外)が有用である(図2B).①の臨床症候や認知機能低下所見,②の神経変性を示す所見については,AD類似の病変分布や進行を示す疾患では,ADと同様の所見を呈する可能性があり,ADに特異的ではないことに注意を要する.さらに,③のタウ蓄積および④のAβ蓄積を示す所見があれば高い診断確実度でAD診断が可能である.こうしたバイオマーカーを含む「ADによるMCI・認知症」の診断は,AβについてはNIA-AA(National Institute on Aging and Alzheimer's Association)診断基準(2011)に取り入れられ[2,3],さらにAβばかりでなくタウについても研究目的の使用の提案がなされている[4].また,②〜④を示す血液マーカーの開発が活発に行われている.

　発症前のプレクリニカルADの段階は,ADの進行過程を示唆するバイオマーカー(②の神経変性,③のタウ蓄積,④のAβ蓄積)所見があるが,①

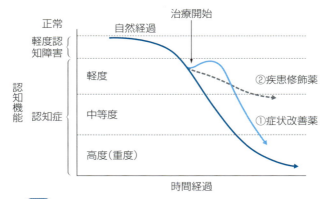

図3 Alzheimer病（AD）の自然経過と抗AD薬の効果
①神経伝達改善薬（現在使用可能）の効果：一時的に症状が改善するが，その後，無治療の場合と同様の速度で進行する．
②神経変性過程を抑制できる疾患修飾薬（現在開発中）の予想される効果：認知機能低下の進行速度をゆるやかにする．治療によって完全に神経変性を阻止できれば症状は進行しない．

の認知機能は正常あるいはMCIとはいえない軽微な認知機能低下に留まる状態として診断される．

DIAN研究で示されるような優性遺伝性ADのデータ（図1）からは，AD病変は，Aβ蓄積，タウ蓄積，神経変性，認知機能低下の順で進むものと推定される．Aβの蓄積を示す検査所見はないがAD様の神経変性や臨床症状を認める一群はsuspected non-AD pathophysiology（SNAP）と呼ばれ，ADとの鑑別診断上問題になっている（II-7参照）．

3．Alzheimer病の予防・治療を考える

ADの治療・予防の標的には，ADの病態に対応し，Aβの凝集・蓄積，タウの凝集・蓄積，神経変性（シナプス障害・神経細胞死），酸化ストレス・炎症などがある（図2C）．

発症後のADの治療についてみると，リハビリやケア以外で，現在，広く使用されている薬剤は，神経変性〔neurodegeneration（N）〕過程に対し神

経伝達を改善させる治療薬（コリンエステラーゼ阻害薬，NMDA 受容体拮抗薬）である．さらに，抗アミロイド療法や抗タウ療法などの AD 病変を修飾する治療法（疾患修飾療法）の開発が活発に行われている．神経伝達改善薬では症状改善効果が得られるが（症状改善薬），有効な疾患修飾薬によって進行がゆるやかになることが期待される（図3）．しかし，これまでの治験で，神経変性が進み認知症が進行した後では疾患修飾薬によって有意な効果が得られないことが示されてきたことから，現在，疾患修飾薬の治験の対象はMCI を中心とする早期 AD が主体となっている．

発症前のプレクリニカル AD の段階において，抗アミロイド療法，抗タウ療法，抗炎症療法などによる介入研究が行われている[5]．そこでは，標的であるアミロイド（Aβ）やタウなどのバイオマーカーに対する効果が期待され，認知機能低下の進行を有意に抑制（＝発症予防）できるかが主要な評価項目となる．また，介入は長期にわたり薬剤の安全性や費用面が問題になるため，薬剤以外で，生活習慣関連因子（運動や食品関連化合物など）による介入の有効性が期待されている．

● 文献

1) Bateman RJ, Xiong C, Benzinger TL, et al. Clinical and biomarker changes in dominantly inherited Alzheimer's disease. N Engl J Med. 2012 ; 367 : 795-804.

2) McKhann G, Knopman D, Chertkow H, et al. The diagnosis of dementia due to Alzheimer's disease : recommendations from the National Institute on Aging-Alzheimer's Association workgroups on diagnostic guidelines for Alzheimer's disease. Alzheimers Dement. 2011 ; 7 : 263-9.

3) Albert M, DeKosky S, Dickson D, et al. The diagnosis of mild cognitive impairment due to Alzheimer's disease : recommendations from the National Institute on Aging-Alzheimer's Association workgroups on diagnostic guidelines for Alzheimer's disease. Alzheimers Dement. 2011 ; 7 : 270-9.

4) Jack CR, Bennett DA, Blennow K, et al. NIA-AA Research Framework : Toward a biological definition of Alzheimer's disease. Alzheimers Dement. 2018 ; 14 : 535-62.

5) ClinicalTrials.gov available at : https://clinicaltrials.gov/

〈山田正仁〉

②認知症の症候，検査，診断

1 認知症・軽度認知障害の診断への道筋

A 認知症・軽度認知障害の診断の進め方

　認知症は一度発達した認知機能が持続的に低下し日常生活・社会生活に支障をきたすようになった状態を指すので，病歴をできるだけ正確に把握することが最も大切である．まず，病歴聴取，身体診察，神経学的診察（認知機能評価を含む）を行い，次に，詳細な認知機能検査，画像検査（形態画像・機能画像），血液検査，脳脊髄液検査などの必要な検査を行う．認知症・軽度認知障害の有無の診断，次いで原因疾患の診断を進める際のポイントを以下に述べる．

B 認知症・軽度認知障害の有無の診断

　もの忘れなど，認知障害を疑わせる訴えで受診した患者について，認知症・軽度認知障害（mild cognitive impairment：MCI）の診断の進め方の実際を図1に示す．

　まず，本当に認知障害なのかどうかを検討する（図1）．せん妄などの意識障害，うつ病などの精神疾患など，認知機能障害以外の病態や疾患（Ⅰ-①-1の表9を参照）を除外する．認知症認知機能の低下による認知機能障害と考えられる場合，社会生活・日常生活に支障が生じている認知症（Ⅰ-①-1の表1および表2の認知症診断基準を参照）であるのか，あるいは支障がない程度のMCIであるのか（Ⅰ-①-1の表3・表4のMCI診断基準を参照）を判断する（図1）．

C 認知症・軽度認知障害の原因疾患の診断

　次に，認知症やMCIの原因疾患（Ⅰ-①-1の表8を参照）について鑑別を

JCOPY 498-22893

41

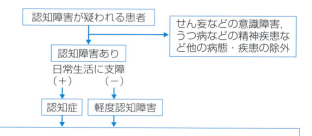

図1 認知障害（認知症・軽度認知障害）の診断の進め方の実際

進める．発症・進行様式，認知機能障害（Ⅰ-①-1の表6を参照）や行動・心理症状（behavioral and psychological symptoms of dementia: BPSD）（Ⅰ-①-1の表7を参照）の特徴，随伴する神経学的異常の特徴に注目する．

まず，緩徐進行性，亜急性進行性，急性あるいは階段状進行に大別する（図1）．緩徐進行性のものには，認知症あるいは精神症状が主体のAD（記憶障害がめだつ）や前頭側頭型認知症（性格変化・行動異常がめだつ），神経学的異常を随伴するDLB（症状変動，幻視，Parkinson症状などが特徴）や正常圧水頭症（歩行障害や尿失禁を伴う）などが含まれる．亜急性進行性の疾患にはプリオン病や進行性多巣性白質脳症などが，急性発症や階段状進行を示すものには血管性認知症・認知障害，脳炎などがあり，様々な神経学的異常を随伴する．病歴や診察所見に基づき診断を推論した上で，血液検査，各種画像検査，脳脊髄液検査などを適切に実施して診断を詰める．

重要な点は，現時点でも根本的な治療が可能な原因疾患（慢性硬膜下血腫，

正常圧水頭症などの脳外科疾患, Wernicke 脳症, 甲状腺機能低下症などの内科的疾患)（Ⅰ-①-1 の表 8 の項目③を参照）が,（それ以外の診断の場合には）確実に除外されていることを確認することである（図 1）. 忘れてはならないことは, 患者が服用している薬剤の把握である. 向精神薬以外にも, 身体疾患に対するほとんどすべての種類の薬剤は認知機能低下の原因になりうる[1]. 薬剤の種類に加え, 高齢, 脳器質的病変の合併, 肝・腎機能低下に伴う薬物代謝・排泄の変化, 薬物の多剤併用などが薬剤誘発性認知障害の要因である.

　こうした認知症の診断や病態把握のための, 病歴の聴き方や診察や診断のポイント, 神経心理検査, 画像検査, 血液・脳脊髄液検査などについて, 本章（Ⅰ-②）で詳述する. さらに, 様々な認知症の原因疾患について「Ⅱ. 認知症疾患別の診療の実際」で述べる.

● 文献
　1）篠原もえ子, 山田正仁. 薬物による認知機能障害. Brain Nerve. 2016；68：421-8.

〈山田正仁〉

②認知症の症候，検査，診断

2 認知症の病歴と診察

　認知症を起こす原因には様々な疾患があり，疾患により起こりやすい症候や予後や治療が異なるため，診断を確実に行うことが治療の第一歩になる．認知症は「脳の器質的障害によって，一旦獲得された高次脳機能が障害され，独立した日常生活・社会生活や円滑な人間関係を営めなくなった状態」と定義され，その症候の多くは日常生活・社会生活に反映されるため，病歴聴取が診断の重要な第一歩となる．さらには，認知症疾患では高次脳機能障害ばかりではなく他の神経症候や全身の症状を呈するため，診察を適切に行い，検査計画を立てる必要がある．本稿では認知症の病歴の聴取および診察のポイントについて述べる．

A 病歴聴取のポイント

　認知症者を問診するにあたっては，認知症疾患の多くが慢性疾患であること，意識障害やせん妄との鑑別が必要であることなどから，その認知機能障害の経過を知ることが重要である．しかし，認知症者および家族の多くは「もの忘れ」を主訴とし，受診段階の問題点を中心に述べようとする．診断のためには，「いつから」「どのような種類」の認知機能障害が，「どのような経過」で進行しているのかに注意しながら病歴聴取を行う必要がある．症状については，中核症状である記憶，見当識，判断力などの認知機能障害と，行動・心理症状（behavioral and psychological symptoms of dementia: BPSD）（周辺症状）である徘徊，暴言・暴力，幻覚，妄想，抑うつなどの症状について具体的なエピソードを交えて聴取する．

　問診にあたり，認知症者では症状の訴えに乏しいことが多いため，家族や介護者から普段の生活や性格の変化などに関する情報を得る．ただし，家族や介助者が患者本人に遠慮したり，患者本人が怒りだしたりすることで，十

2. 認知症の病歴と診察

分に病歴聴取が行えない場合には，本人と家人を分けて問診する必要が生じる．

認知症であるとの診断については，その定義から生活の障害度を確認することが必要となる．軽度の認知機能障害の場合，同様の生活を繰り返していく中では，症状が顕性化していないことがある．就労している患者では，仕事上のミスやトラブルの情報が有用であることが多く，可能であれば職場での情報も取得する．主婦であれば，調理の手際が変化していないか，レパートリーに偏りがないか，買い物で失敗がないか，部屋の片付けが下手になっていないかなどを聴取する．一方で，病前より配偶者や家族が，食事，更衣，入浴の準備などすべてを行っている患者では，認知症といえる認知機能障害であっても，日常生活の障害が顕性化しない場合もあり，もとの生活様式も含めて注意深く聴取する必要がある．

「排泄が難しい」という場合には，排泄のタイミングが自分で決められないことによるのか，排泄そのもの，もしくは排泄後の処理ができないということなのかを分けて聴取する必要がある．食事や入浴についても同様である．衣服については，服を定期的に変更できているか，季節にふさわしい服装をしているのか，さらには適切に更衣できるのか（着衣失行）についても聴取する．

周囲とのトラブルに関しても，それぞれのエピソードを，記憶力の低下によるものなのか，失語など理解力によるものか，性格変化などによる易怒性によるものかなど，その原因を推察しながら注意深く聴取する．

高齢者はいくつもの基礎疾患をもち治療中であることも多いことから，薬物による認知機能障害の鑑別は重要である．認知機能障害の原因となる代表的薬物を表1に示す．向精神薬ではフェノチアジン系抗精神病薬，ベンゾジアゼピン系抗不安薬，三環系抗うつ薬などで危険性が高い．中でも，抗コリン作用をもつ薬物は記銘力，注意集中力，せん妄を誘導しやすい．降圧薬，H_2受容体拮抗薬は多くの患者が内服しており，さらに近年疼痛治療としてオピオイドの内服剤や貼付剤を使用する症例が増えており，注意を要する．受診時の薬物内服状況のみならず，各々の内服開始時期と認知機能障害との関連についても検討する必要がある．

Ⅰ. 認知症・軽度認知障害の診断・治療へのアプローチ　②認知症の症候，検査，診断

表1 認知機能低下を呈しやすい薬剤

1. 向精神薬	2. 向精神薬以外	
抗精神病薬 催眠薬・鎮静薬 抗うつ薬	抗 Parkinson 病薬 抗てんかん薬 循環器病薬（降圧薬，抗不整脈 　薬，利尿薬，ジギタリス） 鎮痛薬（オピオイド，NSAIDs） 副腎皮質ステロイド 抗菌薬，抗ウイルス薬	抗腫瘍薬 泌尿器病薬 　（過活動膀胱治療薬） 消化器病薬（H_2受容体拮抗 　薬，抗コリン薬） 抗喘息薬 抗アレルギー薬 　（抗ヒスタミン薬）

　飲酒については，アルコールは認知機能障害の直接的な原因となり，また Wernicke 脳症などの認知症疾患のリスクともなり得るため，飲酒量や過去の飲酒歴についても聴取する．

　また，既往歴では，胃切除などの既往からビタミン欠乏による認知機能障害や，糖尿病・高血圧の既往から血管性認知症（vascular dementia：VaD），頭部手術歴などから硬膜移植後 Creutzfeldt-Jakob 病（CJD）などを推測できることがある．

　職歴を聴取することにより，病前および現在の認知機能を推定する判断材料とすることができる．また勤務環境などから，慢性外傷性脳症（ボクサー脳症など）や有機溶剤の吸引などの可能性も考える．

　認知症疾患で最も多い Alzheimer 病（Alzheimer's disease：AD）では緩徐に進行する近時記憶の障害が最も重要な症状である．問診では単に「もの忘れ」というだけではなく，「友人と会う約束をしたことすら忘れてしまった」「買い物をしたことを忘れて同じものばかり買ってくる」など具体的なエピソードを交えて聴取する．妄想では「もの盗られ妄想」が多く，介護者にお金を盗られたなどと訴えることがある．

　Lewy 小体型認知症（dementia with Lewy bodies：DLB）では変動する認知機能低下，繰り返す具体的な幻視，うつ症状などに重点をおいて聴取する．幻視は人や虫が見えることが多い．また，夜間の寝言や異常行動の有無を家族へ確認する．パーキンソニズムに伴う転倒や失神の病歴についても確認し

ておきたい.

VaDは脳血管障害に関連する認知症の総称である. 急性の進行と症状の固定を繰り返す「階段状の経過」を示すこともあるが, 原因となる脳血管障害によりその発症経過や認知機能障害のパターンは多岐にわたり, 他の認知症との鑑別が難しいことがある. 前頭葉機能障害と関連する症状が目立ち, 遂行機能障害, 意欲・自発性低下, 精神運動遅延, 行動異常などがみられ, 精神症状は動揺しやすく, 夜間せん妄や興奮を伴うことも多い. 脳血管障害の危険因子である, 高血圧, 糖尿病, 高脂血症などの既往や, 他臓器の血管障害(虚血性心疾患や閉塞性動脈硬化症)の既往を聴取する.

前頭側頭型認知症(frontotemporal dementia: FTD)では, 前頭葉障害にともなう性格変化について,「怒りっぽくなっていないか(易怒性)」,「店の物を盗んだりしないか(反社会的行動)」,「趣味などを楽しんでいるか(アパシー)」などを聴取する. また,「他に用事があっても, 同じ時間に同じコースで散歩をする」「同じ服を着て, 変えようとすると怒る」など行動が常同的になっていないかも聴取する. 一方で, 同じ行動を続けることが困難であり, 行動をやめて他の場所へ行ってしまう(立ち去り行動)の有無も聴取する. 進行性非流暢性失語(progressive non-fluent aphasia: PNFA)などの言語面への障害が大きい場合には, 具体的にどのような言葉が難しかったか, 錯語はなかったか, 書字や読字はどうだったのかについても聴取する.

CJDでは, 他の認知症疾患と比して進行が速く, 数か月で寝たきりとなる症例もあり, その経過が重要である. 初期にふらつきを訴えることがある.

B 診察

1. 受診態度の観察

まず, 受診態度を観察することが重要である.

AD患者では認知症がないかのように振る舞う「取り繕い反応」を見せることが多く, 例えば日付を聞かれた際に「カレンダーを見ていない」「新聞を読んでいない」と言い訳をすることが多い. 家族が主治医に病状を説明する際にも, 言い訳したり否認したりする. また, 質問に対して家人の方を振り返って「どうだったかね」と聞く "head turning sign" を示すことも多い.

47

うつや FTD の一部では，質問などへの返答の意欲が低下しており，何に対しても「わからない」「できない」と答えることがある．FTD などで前頭葉障害をきたした場合には，「太っている」とか「白髪が多い」など，主治医に対して思いつくままのことを口にすることも多い．また，同じ行動を続けることが困難であり，診察中であるにもかかわらず，他の場所へ行ってしまう「立ち去り行動」を認めることがある．

2．一般身体所見

バイタルサインに関しては，VaD で高血圧を呈していることが多い．一方で，DLB では自律神経障害により，座位での血圧測定で低血圧を呈することがある．必要に応じて，臥位と立位での血圧測定を行う（Schellong test）．ビタミン欠乏や肝性脳症，内分泌異常などでも認知機能障害を呈することもあるため，貧血，黄疸，浮腫などの有無など一般的な診察が重要である．特に高齢者では脱水や発熱などの体調不良で，自覚症状が乏しいにも関わらず，認知症様症状を呈することがあり，体温や咳嗽などをはじめとした感冒症状や，口腔や皮膚の乾燥などの脱水症状に気を付ける．

3．神経学的所見

1）頭部

DLB や進行性核上性麻痺（progressive supranuclear pulsy : PSP）などでのパーキンソニズムでは，笑顔が見られなくなるなど，表情が乏しくなる．また，眉間を繰り返し叩くと，正常では慣れて眼を閉じなくなるが，叩く度に閉じてしまう Myerson 徴候を認めることがある．PSP では眼球の上下方向の追視の障害を認めることが多い．FTD などの前頭葉機能障害では，舌圧子で唇をなぞると口をとがらせ乳児が乳を飲むような運動を示す反射（吸引反射 : sucking reflex）などの前頭葉症候がみられる．

2）四肢

不随意運動としては，DLB では手指の振戦に気づくことがある．これは，3 Hz 程度で安静時に認めることが多い．一方で CJD や大脳皮質基底核変性症などでは，ミオクローヌスと呼ばれる不規則ですばやいふるえを認めることがある．

軽度の麻痺を検出するため上肢の Barré 徴候を評価する．両手掌を上にし

2．認知症の病歴と診察

て指をそろえ，腕をまっすぐに伸ばして閉眼させる．麻痺がある場合は患側
の腕が回内する，下垂する，小指が外側に離れる（第5指徴候）などの変化
が捉えられる．錐体路徴候として腱反射亢進やBabinski反射などの病的反射
の有無をチェックする．

　DLBなどでみられるパーキンソニズムでは，筋強剛を認める．患者を十分
に脱力させ，他動的に動かした際の，手首や肘，肩関節，膝関節などで筋トー
ヌスを評価する．

　前頭葉機能障害では，患者に見えないように指やハンマーの柄で手掌をこ
すると反射的に握ってしまう強制把握（forced grasping）を認める．

3）姿勢，歩行

　患者が診察室へ入室する際の歩行，姿勢を観察することで，かなりの情報
が得られる．片足を引きずるなど，明らかな麻痺がみられれば脳血管障害な
どの存在が疑われる．明らかな麻痺がなくてもバランスが悪く，歩行中肩幅
くらいまで足を広げ，バランスを取って歩行することがしばしばある（幅広
歩行）．

　DLBなどでみられるパーキンソニズムでは，小刻み歩行，前傾・前屈姿勢
となる．ベッドでの起居動作などで，動作緩慢の所見に注意する．正常圧水
頭症（normal pressure hydrocephalus：NPH）では，開脚し，かつ歩幅が小
刻みになる特徴的な歩容を呈する．

　PSPでは姿勢反射障害が顕著であり，立位で検者側へ体を引っ張る（pull
test）と反射的に下肢が出ずに倒れてしまう．

4）認知機能

　診察の中での簡易認知機能評価として，Mini-Mental State Examination
（MMSE）[1]や改訂長谷川式簡易知能評価スケール（HDS-R）[2]を活用する．一
般的にMMSEは23点以下を，HDS-Rは20点以下を認知症疑いとする判定
が用いられることがあるが，点数だけでは認知症や軽度認知機能障害は判別
できない．病歴，返答時の態度，失点の項目などを総合的に判断する．

　ADでは，数個の単語を覚えさせ，数分後に復唱させるという「遅延再生」
の項目が初期から低下することが多い．注意力や集中力が低下すると，「数字
の逆唱」などの課題での失点が目立つ．野菜などの名称を羅列させる課題で，

JCOPY 498-22893

49

前頭葉機能障害などで保続などを認めることがある．うつなどでは，深く考えずに「わからない」と返答し，点数が低くなることがある．

　言語の評価としては，まず，発話の流暢性を評価する．進行性非流暢性失語（progressive non-fluent aphasia：PNFA）では，構音の不規則な障害が見られ，非流暢となる．また，言い間違え（錯語）の有無に注意する．呼称の障害を評価するために，簡単な物品の名称を聞く（naming）．意味性認知症（semantic dementia）では，単語の意味の理解が障害され，物品呼称の障害も認めるが，とくに「空気を読む」や「目障り」といった比喩的表現の障害が目立つ．言語理解の評価では「目を閉じる」や「右手で左の耳をつまむ」などの口頭での命令を行う．従命できない場合，ジェスチャーや文章で同じ命令を行い原因が言語理解にあるのかなどの評価を行う．AD などでは，言語面の障害で理解できないことを「難聴だからわからない」と取り繕うこともあり，注意が必要である．FTD などでの前頭葉障害では，相手の言った言葉をそのままオウム返しにこたえる反響言語（echolalia），一度回答した後に次の別の質問でも同じ回答をしてしまう滞続言語，目に入った文字をいちいち読み上げてしまう強制的音読などを認める．

　進行した認知症では，上着の袖を裏返した状態で渡すと更衣できず，そのまま着ようとしたり，前後逆に着ようとしたりする着衣失行を認めるが，失行に起因するのか，失認に起因するのかの判断は難しいことがある．また，AD の進行した状態では，鏡の中の自分の像に向かって話しかけたりする鏡像現象（mirror phenomenon）を認めることがある．

おわりに

　認知症を診察する際の問診，身体診察のポイントについて概説し，代表的な認知症の原因疾患ごとの特徴を示した．正確な病歴把握や丁寧な診察が，認知症診療の最初であり，最も重要なステップであることを強調したい．

2．認知症の病歴と診察

●**文献**

1）Folstein MF, Folstein SE, HcHugh PR. "Mini-mental state". A practical method for grading the cognitive state of patients for the clinician. J Psychiatr Res. 1975; 12: 189-98.

2）加藤伸司, 下垣　光, 小野寺敦志, 他. 改訂長谷川式簡易知能評価スケール（HDS-R）の作成. 老年精医誌. 1991; 2: 1339-47.

〈池田篤平　山田正仁〉

②認知症の症候，検査，診断

3 認知症の中核症状と行動・心理症状（BPSD）

　認知症（dementia）は一般に一旦獲得された知能・能力（認知機能）が低下したものとされ，場合によってはそれに様々な精神症状を呈する．前者を認知症の中核症状（英語圏では cognitive symptom と呼ぶのが一般的である），後者を認知症の行動・心理症状（behavioral and psychological symptoms of dementia: BPSD）と呼ぶ．BPSD は以前，周辺症状と呼ばれたものである．中核症状は，程度の差こそあれ全ての認知症患者に認められ，疾患の進行とともに増悪する．一方 BPSD はみられない症例もあり，また疾患の重症度（進行）と比例しない．さらに疾患によって特徴的な症状が出ることも注意すべき点である．

A 中核症状

　中核症状は認知機能の低下を指す．これまでは記憶障害を中心とし，見当識障害，問題解決能力・実行機能の障害，失語・失行・失認，その他注意・判断・推理・適応など多方面にわたる能力（知能）の障害と分類されていた．中でも記憶障害は認知症の必須の症状とされる．DSM-Ⅳでは認知症をきたす疾患の診断基準として，記憶障害と，記憶以外の失語・失行・失認，遂行機能の障害が1つ以上あることを共通して挙げている．しかし，認知症疾患の中には必ずしも病初期において，記憶障害をきたさない疾患（例えば血管性認知症や前頭側頭型認知症）もあることから，2013年に改定されたDSM-5[1]では，上記の診断基準は廃止され，代わりに認知機能障害（中核症状）として，①複雑性注意，②実行機能，③学習と記憶，④言語，⑤知覚-運動，⑥社会的認知の6つの領域をあげ，それらの領域の1つ，あるいはそれ以上が障害されると，神経認知障害とするとした．従来の認知機能障害と比較すると，学習と記憶（DSM-5）が記憶障害（DSM-Ⅳ），言語が失語，知覚-運動

52

が失行・失認，実行機能が実行機能障害のそれぞれをおおよそカバーしている．複雑性注意と社会的認知はDSM-5で新たに定義された認知領域である．

1．複雑性注意（complex attention）

DSM-5で新たに認知領域に取り上げられた．注意は外界からのさまざまな刺激のうち，必要とされる特定の刺激を選択し，それに集中する能力である．さらに注意はさまざまな認知機能の基盤とされる．

1）持続性注意（sustained attention）

一定時間の注意の維持，すなわち一定時間刺激に反応し続ける能力である．これが障害されると「集中力が長続きしない」といった症状が見られる．

2）選択性注意（selective attention）

競合刺激および/または注意阻害因子がある中での注意の維持，つまりいくつかの刺激の中から，必要でない刺激を抑制し，特定の刺激を選択する能力である．これが障害されると簡単に他の刺激に注意が向きやすくなる．

3）分配性注意（divided attention）

同時に2つ以上の刺激に注意を払い，他の情報を意識しながら別の情報を処理する能力である．つまり複数の刺激・情報に同時に注意を分配する機能である．この機能が障害されると2つ以上の作業を同時にこなすのが困難となる．

2．実行機能（executive function）

実行機能とは，目的をもった一連の行為を効率よく行うために必要な機能である．言い換えれば，目標を定め（意思決定），それを達成するためのプロセスを想定して，行動・行為を選択し（計画性・意思決定），行動・行為が目標から外れていないか確認し（フィードバック/エラーの訂正応答），柔軟に修正に対応する（心的柔軟性）能力である．認知症において実行機能が障害されると，日常生活の中で家事（特に料理）や買い物，仕事の場面で気付かれやすい．

作業記憶（working memory）は短時間，情報を保持し，かつそれを操作する能力である．例えばメモを見て電話番号を記憶して電話をかける際に働く記憶である．

I．認知症・軽度認知障害の診断・治療へのアプローチ　②認知症の症候，検査，診断

3．学習と記憶（learning and memory）

　記憶とは「新しい経験が保存され，その経験が意識や行為の中に再生されること」と定義される[2]．記憶の分類には，1）記憶過程による分類，2）記憶の内容による分類，3）記憶の把持時間による分類，4）時間軸による分類がある．

1）記憶過程による分類

　記憶は①記銘（registration），②把持（retention），③再生（recall）の3過程からなる．記憶の過程では，まず感覚器官を経由して情報を入力する(記銘)．意識や注意が障害されても記銘は障害されやすい．一度記銘された情報を保存することを把持（保持）という．精神科領域で行われる電気けいれん療法による記憶障害は保持障害による．再生は把持されている情報を取り出すこと，すなわち「思い出す」ことである．情報を自由に再生することを自由再生（free recall），なんらかの手がかりを利用して再生することを手がかり再生（cued recall）という．再生されたものがすでに記銘されているものと同一であると確認する作用を再認（recognition）という．つまり再認は見るもの，聞くもの，触るもの，嗅ぐもの，味わうものを自分がすでに知っているものと認知する働きである．

2）記憶の内容による分類

　記憶には言葉で表現できる内容のものと，言葉ではなかなか表現できないものがある．前者を陳述記憶（declarative memory），後者を非陳述記憶（non-declarative memory）という．

　陳述記憶にはエピソード記憶（episodic memory）と意味記憶（semantic memory）がある．エピソード記憶は個人的な経験の思い出などに関する記憶で，いつどこで何が起こったかという個人が経験する日常の出来事の記憶である．自伝的記憶（autobiographical memory）はエピソード記憶の一種で，人が人生において経験した伝記的な情報の記憶である．意味記憶は客観的事実に基づく知識に関する記憶である．言い換えれば単語や概念など言語の使用に必要な辞書的な記憶ということができる．

　一方非陳述記憶は手続き記憶（procedural memory）とも呼ばれる．運動や訓練などを経て身につく「身体で覚える」記憶である．プライミング（priming）効果は呼び水効果とも呼ばれ，一度でもチラリと見たものは二度目には見やすくなる，または反応が早まったり強まったりするという潜在的な処理・反応促進効果をいう．

3）記憶の把持時間による分類

把持時間によって，①感覚記憶（sensory memory：1秒以内），②即時記憶（immediate memory：数秒～1分），③近時記憶（recent memory：数分～数日），④遠隔記憶（remote memory：数週，数か月，数十年）がある．感覚記憶と即時記憶を合わせて短期記憶（short term memory），近時記憶と遠隔記憶を合わせて長期記憶（long term memory）と呼ぶことがある．

4）時間軸による分類

障害発生時点から現在に至るまでの記憶が障害される前向性健忘（antero-grade amnesia）と障害発生時点より過去の記憶が障害される逆行性健忘（retrograde amnesia）がある．

4．言語（language）

言語は「話す」「聞く」「書く」「読む」の4つの機能に要約される．話す，書くは口頭言語，書く，読むは書字言語と呼ばれる．一方話す，書くは表出性言語（expressive language），聞く，読むは受容性言語（receptive language）である．受容性言語は言語を通した理解力と捉えることができる．

1）表出性言語（expressive language）

換語は自由な発話の流れの中で自由に必要な語を喚起し，使用する能力（word finding）と，目の前に提示された対象を呼称する能力（confrontation naming）の2つに区別される．つまり呼称および換語とは会話の中で必要に応じて必要な語彙を自由に使いこなす能力である．これが障害されると（語健忘），名詞などの想起ができず「あれ」「それ」などの指示代名詞が目立つようになる．流暢性が障害されると発語に努力を要し，語彙数も低下する．文法（や構文）は統語と呼ばれ，語を配列し文を構成する文法規則であり，人間の言語が限られた要素から無数の文を生み出し，また初めて聞く文の文法性の判断を可能にする．これが障害されると失文法や錯文法が生じる．

2）受容性言語（receptive language）

受容性言語は言語を通した理解力と捉えることができる．これには，語の

意味理解と文法構造の理解が含まれる．これが障害されると言語的指示に誤って反応したり，正しい動作/活動ができなくなる．

5．知覚-運動（perceptual-motor）

DSM-5における知覚-運動の下位項目を見ると「視知覚」は視空間認知障害，「視覚構成」は構成障害，「知覚-運動」は肢節運動失行やactive touchの障害，「実行」は観念運動性失行や観念性失行，「認知」は相貌失認や色彩認知などの視覚性失認に相当する[3]．失行は運動障害が存在せず，行うべき行為や動作を十分に知っていながら，その行為を遂行できない状態をいう．失認は視覚，聴覚，触覚などの感覚を介して対象を認知することの障害である．DSM-5で取り上げられた失認は視覚失認と言える．

1）視知覚（visual perception）

視空間認知障害とは，個々の物体が空間において占める位置や，物と物との空間的関係についての視覚による認知が障害されるものである．空間知覚障害として，変形視，線分の定位，立体視障害が，空間認知障害としてバリント症候群，半側空間無視，地誌的（場所的）障害などがある．

2）視覚構成（visuoconstructional）

構成障害は，まとまりのある形態を形成する能力に障害が起こる．つまり部分を空間的に配置する行為能力の障害とも言える．一定の図形を描いたり積木で構築したりする行為が，自発的にも模写についても障害される．

3）知覚-運動（perceptual-motor）

肢節運動失行は熟練しているはずの運動行為が拙劣化している状態である．特に手指失行は行為に適した手指の形を正しく作ることができず，動作がぎこちなくなる．自ら指を動かす時，その運動は可能であるが指の運動感覚が障害され肢節運動失行に似た兆候を触知失行（palpatory apraxia）と呼び，能動的感覚（active touch）の障害に基づくとされる[4]．

4）実行（praxis）

観念運動性失行とは自動運動は可能であるが意図運動が不可能なものである．習得された動作の中でも言葉で動作が思い浮かぶ社会的慣習的動作の身振りやジェスチャー，パントマイムができなくなる．観念性失行では，個々の部分的動作は正しく行われるが，複合的な行為が障害され，各動作の順序

が混乱する．したがって日常慣用の物品の使用ができなくなる．

5）認知（gnosis）

視覚性失認は視覚を介した認知の障害である．人物や顔貌，表情に関する認知障害（相貌失認）や色名や色彩分類に関する障害（色彩失認）がこれに当たる．

6．社会的認知（social cognition）

これも DSM-5 で新たに取り上げられた認知領域である．社会的認知機能は，ヒトが社会のなかで適切に生活するために必要な認知機能である[5]．他者との関わりに関する認知機能と言え，情動認知や心の理論に加え，それらに基づく「行動選択」があり，これらが障害されると社会的逸脱行動につながる．

1）情動認知（recognition of emotions）

喜び，悲しみ，怒り，驚き，恐怖，嫌悪などの様々な顔の表情における情動を識別する能力である．

2）心の理論（theory of mind）

他者の心の状態（信念，感情，意図など）を類推し理解する機能で，言い換えれば，他者について，外面から観察可能な行動を見ることで観察できない心の状態について推測する能力と言える．相手の思考を認知的に分析する場合（認知的心の理論）と感情を共感的に理解する場合（感情的心の理論）がある[5]．

B 行動・心理症状（BPSD）

BPSD は，認知症患者にしばしば認められる知覚・思考内容・気分および行動の障害による症状で，①患者あるいは家族との面接によって知ることのできる心理症状（不安，うつ症状，幻覚・妄想など）と，②患者の行動の観察によって知ることのできる行動症状（興奮，暴言・暴力，性的逸脱行為，徘徊など）からなる．

BPSD の評価尺度の 1 つに Neuropsychiatric Inventory（NPI）がある[6,7]．妄想，幻覚，興奮，うつ，不安，多幸，無関心，脱抑制，易怒性（易刺激性），行動異常の 10 項目の精神症候を評価する．現在はさらに夜間行動と食

Ⅰ．認知症・軽度認知障害の診断・治療へのアプローチ　②認知症の症候，検査，診断

行動の2項目が追加されている[8]．以下 NPI の項目に沿って説明する．

1）妄想（delusions）

妄想は誤った内容を確信してしまい訂正不能のものをいう．認知症の妄想の特徴として，①体系化することは少なく，②内容は変化しやすく短絡的で，③対象は身近な人物（家族・介護者）が一般的である．物盗られ妄想は記憶障害に基づき，置き忘れたものなどを「盗まれた」と妄想的に解釈してしまうものである．その他，「ここは自分の家ではない」「家族（介護者）が偽物だ（カプグラ症候群）」「見捨てられる」「配偶者が浮気している（嫉妬妄想）」などがある．

2）幻覚（hallucinations）

現実には存在しないものを知覚することである．感覚の種類によって，幻視，幻聴，幻嗅，幻味，体感幻覚（セネストパチー）がある．認知症では幻視が最も多い．代表的な幻視として，幻の同居人（現実にはいない人を家の中で見る）がある．

3）興奮（agitation/aggression）

興奮は一般的に気持ちが高ぶり，抑えられなくなる状態である．頑固で自分のやり方に固執したり，介助や介護に抵抗（拒絶）したりする．暴言や様々な程度の暴力行為（叩く，押す，ひっかく，噛む，殴るなど）といった攻撃的行動もここに含まれる．

4）うつ（depression）

うつは，気分は憂うつで感情は悲しみ苦しむ状態である．自己評価が低くなり罪業的で，将来に対して悲観的になる．時に自殺念慮を伴う．うつ病性仮性認知症との鑑別が大切である．

5）不安（anxiety）

不安とは漠然とした（対象の明確でない）恐れである．不安を直接言語化できない場合は，身体症状（息苦しさや喘ぎ，動悸や胃不快感）として訴えたり，そわそわ落ち着かなくなったり容易に混乱するなどで現れる．興奮や異常行動と密接に関連している場合がある．

6）多幸（euphoria）

理由もないのに非常に機嫌がよかったり幸せそうだったりする状態が持続

58

することである．他の人には面白くないことでも面白がって笑ったり，あらゆることに楽天的で苦労がなさそうな爽快気分をいう．

7）無関心（apathy）

認知症における無関心は，以前行っていた家事や趣味などの活動や，周囲のことに関心がなくなった状態である．意欲がなくなり，感情の動きも少なく，他人との関わりも少なくなる．うつとは異なり，意欲の低下だけが目立ち，抑うつ気分や悲壮感は目立たない．

8）脱抑制（disinhibition）

脱抑制とは，状況に対する反応としての衝動や感情を抑制することができなくなった状態である．周囲や状況を考慮せず衝動的に行動したり，欲求のおもむくままに行動したりする．性的脱抑制の中には，あたかも性的行為と捉えられてしまうもの（場所の失見当識や着衣失行，陰部や泌尿器科疾患）や幻覚・妄想に左右されたもの（配偶者に対する嫉妬妄想など）などがあり一概に脱抑制と呼べないものもあるので注意を要する．

9）易怒性（易刺激性）（irritability）

些細なきっかけで容易に気分が変わりやすい状態で，ちょっとしたことで不機嫌になったり，急に怒り出したりする．軽度の場合は，周囲からは気むずかしく，短気になったように映る．

10）異常行動（aberrant motor behavior）

認知症患者では，徘徊や常同行動が見られることがある．徘徊は目的もなくうろうろと歩き回ることである．何かを探し回ったり，道に迷ったりなど一見徘徊に見える行動との鑑別が必要である．また徘徊と類似した症状に周徊（roaming）があるがこれは常同行動の一つである．

上記10項目に加え，夜間行動異常（night-time behavior disturbances）として，様々なタイプの不眠（入眠困難や中途覚醒，早朝覚醒）や夜間の徘徊，夜間には行わないような活動，食行動異常（appetite and eating abnormalities）として体重変化を伴う食欲の亢進・低下や食事の仕方の変化（常同行為を含む），味覚の変化などがBPSDに含まれる．

Ⅰ．認知症・軽度認知障害の診断・治療へのアプローチ　②認知症の症候，検査，診断

●文献

1) 日本精神神経学会，監修．DSM-5 精神疾患の診断・統計マニュアル．東京：医学書院；2014．p.583-634.
2) 山鳥　重．記憶の神経心理学．東京：医学書院；2002．p.262-8.
3) 二村明徳，河村　満．知覚-運動—その概念と評価法—．老年精神医学雑誌．2015；26：270-6.
4) 山鳥　重．記憶の神経心理学．東京：医学書院；2002．p.136-56.
5) 小早川睦貴．社会的認知—その概念と評価法—．老年精神医学雑誌．2015；26：277-83.
6) Cummings JL, Mega M, Gray K, et al. The Neuropsychiatric Inventory: Comprehensive assessment of psychopathology in dementia. Neurology. 1994；44：2308-14.
7) 博野信次，森　悦朗，池尻義隆，他．日本語版 Neuropsychiatric Inventory—痴呆の精神症状評価法の有用性の検討—．脳と神経．1997；49：266-71.
8) Cummings JL. The Neuropsychiatric Inventory: assessing psychopathology in dementia patients. Neurology. 1997；48（5 Suppl 6）：S10-6.

〈上原　隆〉

②認知症の症候，検査，診断

4 老年期の精神障害と認知症

A 老化の基本的特徴

　成人期の後半から老年期に入る前を初老期とよび45歳ごろから65歳まで
をさす．65歳以降を老年期とし，75歳を境に老年前期と老年後期とに分けら
れるが，身体的・精神的な老化の進み方には個人差がみられる．

　初老期には，家庭や職場などで最も役割が重くなり，周囲からの期待も大
きくなる時期である．加齢に伴う身体的衰えは部分的なため，何らかの工夫
によって代償可能な時期ではあるが，心理・社会的負担の増大から身体的負
荷を自覚するようになり，緩徐ではあるが確実に進行する老化を意識せざる
を得ない．すなわち，心身の諸機能が喪失することへの予期不安が生じてく
る．

　老年期は外見の変化や生理的機能の低下が決定的になる時期である．身体
能力の低下としては，予備力の低下，防衛反応の低下，回復力の低下，適応
力の低下がみられる．運動欲，性欲や食欲などの欲動も低下してくるが，関
心は保たれるため，欲動と感心のギャップが精神的不適応をもたらすことも
ある．

B 老化に関する心理

　成人期と老年期の過渡期には心理的問題が生じやすい．たとえば，心理的
な危機に遭遇すると「今までに，このようなことはなかった」という訴えを
聞くことが多くなるが，これまで築いてきた心身的・社会的な安定に衰退の
兆しを感じるようになるからであろう．これまでの生き方や在り方を見直
し，今後の生き方について心の準備をする時期であるが，衰えを感じずに以
前と変わらない生活を続ける人も多く見られる．

JCOPY 498-22893

61

衰えを感じない人の場合には，自分自身の老化を直視するのに大きな抵抗があるとも解釈できる．老化を否認したままで老年期に突入すると，大きなギャップに直面するリスクがある．逆に，心気的傾向に代表されるような極端な衰えへの不安を遠ざけることにもなるため，「自分はまだ若い」という意識を大切にすることには意義もある．

C 初老期から老年期の状況と危機

1．身体的側面の状況と危機

初老期から老年期にかけては，様々な生活習慣病が発症し変わらぬ身体への自信がゆらぎ始める時期である．たとえば，女性では更年期は妊娠・出産に象徴される女性性にゆらぎが生じる．

初老期以前の危機としては社会や家族といった外部状況への不安が主であったが，初老期以降は自身が老いつつあるという不安・落胆が加わり，やり残したことが沢山あるのに，それができなくなるという焦りが生じる．

冷静に老いを受け止め，残された人生について考え，迫りつつある老年期への心の準備をする時期であるが，老化が始まっているという事実を認めたくないという抵抗の時期でもあり，極端な健康志向や無謀な体力増進といった反動が形成されたり，心気的傾向といった極端な不安が見られたりする．

2．社会的側面の状況と危機

現代社会において定年退職が老年期への入り口であると言ってよいであろう．定年退職による社会的地位や役割の喪失は，職業と自己を一体化させてきた人ほど肩書きのない自己像を受け入れ難く，会社以外の人間関係が乏しいことから，退職後は孤独になりやすい．

定年退職により，自分の価値を再認識・再定義することが求められる．これまでの職業生活における役割よりも，もっと広範囲で新たな役割活動や対人関係を見つけられれば，自分の人生の別の価値をみいだす機会となる．

3．家族の変化の状況と危機

女性にとっては，子供たちが独立して家を去り，母としての役割から解放される時期に相当し，老年期よりも初老期に危機に直面しやすい．子供の独立は，女性にとって親の役割の終了，すなわち喪失を意味する場合があり，

空の巣症候群と呼ばれる．子がかすがいであった夫婦の場合にはゆらぎが生じ，熟年離婚といった破綻の原因となる場合もある．

高齢の親の介護も，少子化や核家族化のために子供達に十分な介護力がなく，家族の負担が大きくなるために，介護離婚や介護虐待などの問題を生んでいる．同様に，老々介護や高齢者の独居の問題も高齢夫婦における配偶者の病気，配偶者の死別，支援者の不在などを契機に問題が顕在化することもある．

D 老年期の精神症状の発現機序

1．発病要因は単一ではなく，多要因が複合している

精神障害の発症には，素質，遺伝要因，身体的異常所見，脳器質病変，環境上の問題点，特異な生活上の出来事など，様々な要因が関与している．発病のあり方を理解するためには，個々の要因を明らかにしたうえで，それがどのように時間的，力動的にかかわり合っていくのかを考察する必要がある．しかし，どの要因が病因として最も重要か，何がその病像形成に関与しているのかが明らかにできないこともある．

2．脳器質性病変と関連をもつ症状を起こしやすい

老年期の精神障害の発症様式は2つに大別される．一つは，急性に起こる急性脳症候群であり，意識障害を主体とするものである．運動不穏（興奮）と幻覚（多くは幻視）を伴うものをせん妄といっている．脳循環障害，脱水，感染症，薬物過量投与などによって起こる．

第二は，慢性に起こる慢性脳症候群であって，認知症を主症状とする．老年者では，血管性認知症とAlzheimer型老年認知症が代表であるが，その他の脳器質性疾患や中毒性疾患などでも起こる．

また，心身相関が著明にみられ，感染症，骨折などに伴う身体衰弱を契機に，うつ状態や認知症が発現する．逆に，うつ状態や認知症に伴って，脱水症状や寝たきり状態など身体機能の障害が起こってくる．

3．症状が非定型である

一般に非定型的な症状をとりやすいことが知られている．例えば，定型的なうつ病患者では，抑制症状や抑うつ気分を訴えるのに比較し，老年者では，

I．認知症・軽度認知障害の診断・治療へのアプローチ　②認知症の症候，検査，診断

抑制症状が著明でなく，自分の症状をよく語り，憂うつ感を訴えることが少ないものがある．むしろ，頭重，肩こり，便秘，食欲低下，疲れやすいなどの身体症状を前景に出すことが多く，いわゆる仮面うつ病の形を取りやすい．このために老年期のうつ病は，身体病と誤られやすい．

4．疾患の経過が環境要因から影響を受ける

家庭内の対人関係や，定年退職，転居などの環境や状況の変化によって，精神疾患の発症や経過が著しく影響を受ける．このことは逆に，老年期の精神障害の治療にあたって大きな意義を有しており，環境調整あるいは精神療法的な働きかけが，極めて有効なことがある．

E　高齢者の精神病性幻覚・妄想状態

1．認知症を伴わない狭義の幻覚・妄想

統合失調症は青年期に特有のものととらえられていたが，中高年になって典型的な症状が発現することがあり，遅発性統合失調症と呼ばれた．明らかな認知症があれば統合失調症とは診断しないが，認知症の初期や記憶障害が目立たない時期には，鑑別が困難である．60歳以上で発症することもあり，長期観察するとやがて認知症に移行するものもある．しかし，すべてが認知症の前駆状態というわけでもない．統合失調症の病像は多様であるが，遅発性に比較的特徴的な症状は，近隣からの被害妄想である．隣家や階上・階下などの住宅境界が接している者からの迷惑行為・嫌がらせ，侵入がテーマになりやすい．近隣への被害妄想だけなら妄想性障害と診断される．

2．妄想を伴う気分障害

老年期の気分障害において，行動制止が目立ち不活発で，記憶についての自覚的な障害が強く訴えられる場合には，認知症との鑑別が困難である．この状態はうつ病性仮性認知症（depressive pseudodementia）と呼ばれ，苦悩感情が著しく，知的機能検査の変動が大きく，これまでにもうつ病相の既往がみられるなどが認知症との鑑別の手がかりになると言われる．また，質問に答える際に正答に近い答え（near-miss answer）ではなく，「知りません」「わかりません」（don't know answer）と答えることが多いとされている．

妄想性うつ病では気分と一致した妄想が特徴的である．「取り返しのつか

ない失敗をした」「周りの人に大きな迷惑をかけてしまった」といった罪業妄
想，「職を失い，家族は路頭に迷ってしまう」「入院費を支払うことができな
い」といった貧困妄想，「末期癌だ」「認知症で治らない」といった心気妄想，
などがみられ微小妄想と総称される．罪業妄想から「警察に捕まえられる」
といった被害妄想が生じることもある．患者は病識を欠き，自分の心の内を
周囲に語ろうとしないことがあるので，自殺の危険性が高い．「自分は死んで
しまって，もはや感覚のある身体がなくなってしまった」「本当に死んでし
まって，休息を得ることは永久にできない」と確信する妄想を虚無妄想ある
いは否定妄想と呼び，コタール症候群として知られている．多くはうつ病に
ともなって現れる．

　稀ではあるが，60歳以降で発症する誇大妄想を含む典型的な躁病エピソー
ドもある．

3．その他

1）シャルルボネ症候群

　認知機能障害のない高齢者が，視力低下をきたした場合に現れる．現実の
体験と区別し難く，ありありと体験され，色彩に富む動きのある幻視である．
人物，動物，建物，風景などのありふれた物や景色が，奇妙に歪曲したり拡
大・縮小したりして出現してくる．意識清明下において体験され，見えてい
るものが実在しないという認識は保たれている．

2）脳脚幻覚症

　脳脚被蓋の病巣により生じ，多くは夕暮れになると，生き生きとした色彩
のある動植物や人物などの幻視が現れ，時に幻聴や幻触を伴う．見えている
ものが実在しないという自覚する一方で，体験を楽しむ．睡眠覚醒リズムの
逆転をともなうことが多い．

3）体感異常症（セネストパチー）

　身体各部の異常感覚を，奇異な表現で執拗に訴えるが，客観的身体所見を
欠く．「脳がドロドロに溶けている」「腸管がねじれている」など．その病理
に精神科的疾患が存在し症状のひとつとして出現するものと，体感異常のみ
が主症状となるセネストパチー単独発症の2つに大別できる

①慢性疼痛：口腔内の痛みなどを執拗に訴える症例は，身体部位別にみても

頻発する傾向があるとされ歯科を受診するケースが多いが，対応に苦慮することがある．口腔領域という特殊性に加え，加齢による変化も大きい部位であることなどが要因と考えられることから，これらを病態説明に取り入れながらアプローチしていくことが重要と考えられる．

②皮膚寄生虫妄想：中高年の女性に多くみられ，皮膚の表面あるいは直下を虫様の生物が這い回るという体感異常である．身体感覚の異常であり，幻覚とも妄想ともみなすことができる．訴えを信じない人たちに事実として認めさせようとする目的で，極端な証拠探索行動が行われることが多い．多くはクモのような昆虫であり，本人にはそれが見えるといい，駆除を求めて保健所などに執拗に訴えることもある．

4）遅発性パラフレニー

遅発性パラフレニーは，60歳以降に発病するもので女性に多く，離婚あるいはもともと結婚していなかった単身生活者にみられることが多い．系統化された妄想がみられるが，人格は保たれている．1/3の患者において幻覚，ことに幻聴が認められる．統合失調症の家族歴，病前性格として妄想性人格がみられ，視覚または聴覚の障害を伴うことが多い．

妄想の契機として隣人とのトラブルや金銭的なトラブルが目立ち，孤立した生活をおくり周囲との接触が少ないなどの生活面の特徴がある．妄想の内容としては，被害的な内容や関係妄想が多く，誰かが家のなかに入って物をもってゆく，物の位置を動かすなどと確信し，次第に妄想的な言動に発展していく．その他，嫉妬妄想，被毒妄想，憑きもの妄想，家族全体が迫害されるという妄想，家のなかに他人が住み込んでいるという妄想（幻の同居人 phantom boarder）が認められることもある．遅発性パラフレニーは，抗精神病薬による治療が奏効することが多い．社会的に孤立しているという状況が妄想形成に関わることを考慮すれば，入院などの環境変化がよい結果を生むことも理解できる．

F　認知症に関連する高齢者の妄想

1．被害感を主徴とする場合

被害感を主とするものとしては，財産が侵害されたり，私物が盗まれたり

といったもの盗られ妄想が代表的である．Alzheimer病などの認知症により置き場所を忘れることが原因で，自分が失くしたとは全く思っておらず，無くなったのは盗まれたからと断定しているため，探すことはほとんどない．認知症の初期に見られることが多く，認知症の中期以降で施設入所のレベルになると少なくなる．圧倒的に女性に多く見られ，盗まれたと訴えられるのは財布や現金，貯金通帳などが多い．盗んだ犯人とされるのはかかわる時間の長い人や，何でも言いやすい人であり，嫁や娘，施設職員に疑いの目が向くことが多い．

「いじめられる」，「嫌われている」，「殺される」などの被害妄想もしばしばみられる．看視される，追跡されると執拗に訴える場合もある．これら盗害や被害妄想を呈する心理的背景としては，物事が思うように運ばないことから生じる不全感や不安，家族の態度が以前とは変わってくることによる疎外感や寂しさがある．すなわち，老化から生じてくる機能不全に対する不安，不満を冷静に受け止めることは困難であり，むしろ「自分ではなく，相手が悪い」と周囲への反発や被害者意識に転じることは，感情の流れとして了解できる．したがって妄想に対する対応として重要なのは，患者の訴えの奥にある孤独感，不全感を汲み取り，その辛さに寄り添うことであろう．表面的な攻撃性に処するのではなく，訴えを共感的に聞くことで，妄想が軽減することはしばしば経験される．

2．人物誤認にかかわる妄想

人物誤認に関連した一連の妄想を妄想性人物誤認症候群と言い「カプグラ症候群」「幻の同居人」「鏡徴候」「テレビ徴候」などがあり，認知症に見られることが多い．

「カプグラ症候群」は，「自分の身近な人間が本来の人物によく似た替え玉に置き換えられている」という妄想的確信を持つ病態で，1923年にカプグラらが「自分の娘が替え玉として周囲のさまざまな人にすり替わっている」と確信した53歳女性の症例を報告した．当初は女性に特有で統合失調症や気分障害などの症状の一つとされたが，現在では認知症や頭部外傷でも出現することが知られている．「身近な人が，そっくりの他人にすり替わっている」という典型的な替え玉妄想から，記憶の不一致から生じる誤認型，視野の外に

誰かいるという実体的意識性ないし域外幻覚，さらにはせん妄状態で生じるものまで，多様な場合がある．

「幻の同居人」は他人が自分の家に住み込んでいると確信する症状で，訴えとしては「誰かが部屋にいる」「子どもが沢山いる」などの訴えがきかれる．女性に多く見られ，認知症の程度は軽度のことが多い．また，この徴候が見られる場合には，幻視，人物誤認，作話などを伴っており，脳器質性変化による認知機能障害を基盤に，孤独や自己を脅かすものへの恐れや警戒心といった心理的背景を持って発症すると解釈されている．

「鏡徴候」は重度の認知症にみられることが多く，鏡に映った自己像を自分自身と認識できず他人と取り違えるために，鏡に向かって話しかけたり，食べ物を与えようとしたりするものを言う．

「テレビ徴候」は，テレビの映像が現実の空間で起きていることだと信じている状態をいう．テレビの出演者と会話したり，「あの人が家に入り込んできて困る」と言ったり，場面に反応してテレビに向かって怒ったり泣いたりすることがある．

3. 家族という観点からの妄想

日常の介護を受けることによって「家族に迷惑をかけている」と負い目を感じる高齢者は多い．自分でできることがどんどん少なくなるとともに，その負い目はどんどん強くなっていく．認知症が進行すると，「自分は家族にとって邪魔な存在なのだ」という思い込みが生じ，少しでも家を留守にしたり，家族だけで外出したりすれば「自分はもう必要とされていない」と深い孤独を感じるようになる．

嫉妬妄想は，配偶者に対して「浮気をしているのではないか」と誤解する妄想で，始終相手を疑い責めたて白状させようとする．相手の行動を監視する，些細な事柄を不貞に結び付けて解釈し，あたかも浮気現場に遭遇したようなことを言う．「失われた」と患者が思い込んでいるパートナーに対する自分の権利を取り戻そうとする心の動きがあると解釈されている．

おわりに

老年期に起きる精神障害は，青年期や壮年期に起きるそれよりも，心理社

会的，身体的な環境要因が強く関与している．さらに，認知症の存在が精神症状を強めている．したがって，これらの病態の治療には生物・心理・社会からの統合的なアプローチが必要である．

●**文献**

1）松下正明，編．新世紀の精神科治療　第3巻　老年期の幻覚妄想—老年期精神科疾患の治療戦略．東京：中山書店；2005.
2）日本精神神経学会，監修．DSM-5 精神疾患の診断・統計マニュアル．東京：医学書院；2014.
3）日本老年精神医学会，編．改定・老年精神医学講座；総論．東京：ワールドプランニング；2009.

〈川﨑康弘〉

②認知症の症候，検査，診断

5 認知症診療に必要な 神経心理学検査

　神経心理学検査は認知症診断のための最も重要性な検査である[1]．しかし，日常臨床で神経心理検査の網羅的実施は現実的ではない．家族の情報と本人の言動から低下した認知機能領域を推察し，Mini-Mental State Examination[2]，Alzheimer's Disease Assessment Scale-cognitive subscale[3]，改訂版長谷川式簡易知能検査[4]など簡易検査を用いて客観的に評価し，さらに地域社会活動，家庭生活および趣味・関心，介護状況を加味した Clinical Dementia Rating[5]を用いて全般的な重症度を評価するのが実践的である．しかし，簡易検査に留まらず，その下位項目の結果に基づいてさらに掘り下げて検査を

表 1 代表的な認知機能検査バッテリー

評価内容	検査名	引用文献
全般的簡易検査	Mini-Mental State Examination（MMSE）	2
	Alzheimer's Disease Assessment Scale-cognitive subscale（ADAS-cog）	3
	改訂長谷川式簡易知能評価スケール（HDS-R）	4
記憶	ウェクスラー記憶検査（WMS-R）	8
	リバーミード行動記憶検査（RBMT）	9
言語	WAB 失語症検査—日本語版（WAB）	11
	標準失語症検査（SLTA）	12
知覚	標準高次視知覚検査（VPTA）	14
行為遂行	標準高次動作性検査（SPTA）	17
前頭葉機能	前頭葉機能簡易検査（FAB）	19
注意機能	標準注意検査法（CAT）	21

5．認知症診療に必要な神経心理学検査

進めるべきである．本稿では日常診療で実施可能な検査に重点を置き，詳細なテストバッテリーは検査名の紹介に留める（表1）．さらなる学習には山鳥著「神経心理学入門書」[6]を薦める．

A 利き手の判定

　まず，利き手，意識，感覚運動障害および精神症状を評価する必要がある．特に利き手は左右半球の局在評価に重要である．エジンバラ利き手テストなどのテストバッティーを用いないまでも様々な日常行為における利き手を確認すべきである．右利きが多いため，本稿では言語処理優位半球を左半球，非言語・空間処理優位半球を右半球として解説する．

B 記憶障害

　記憶は記銘，保持，追想/再認の一連の過程から成る．

　記憶内容を基に言語で想起される陳述記憶と運動行為など非言語的な想起に関わる非陳述記憶に大別される．陳述記憶は自己体験の想起に関するエピソード記憶と事象の概念や意味・用途など知識の想起に関する意味記憶に分かれる[7]．

　さらに記憶保持時間を基に，即時記憶（数秒〜数分），近時記憶（数分〜数時間），遠隔記憶（数週〜数10年）に分類される．即時記憶は数列や単語呈示直後の復唱で評価するが，注意の関与が大きい．近時記憶は呈示した事象を他の精神活動後に想起させる遅延再生課題によって評価する．特に最近の自己体験に関する記憶を近時エピソード記憶という．海馬を含む側頭葉内側が関与し，Alzheimer型認知症診断の最も重要な指標である．予め家族から聴取した数日間の体験を質問して健忘の存否を探り，簡易検査の3単語遅延再生課題で確認するのが簡便で実践的ある．簡易検査で見逃される軽症例では，ウェクスラー記憶検査[8]の下位検査である論理的記憶（文章内容の記憶）や言語性対連合（単語ペアの記憶）が有用である．さらに生活記憶を評価するリバーミード行動記憶検査[9]も汎用される．最後に遠隔記憶の評価には自伝的出来事を丁寧に聴取しその健忘を時系列で整理するとよい．

　追想・再認記憶障害は作話を伴う．作話は本人が事実と信じる点が虚言と

異なる．当惑作話は想起困難時の"取り繕い"の一種であり，Alzheimer型認知症でみられる．空想作話は質問を超えて内容が発展する作話で代表的疾患にKorsahov（コルサコフ）症候群がある．同じく追想・再認障害に記憶錯誤がある．追想過程で空間および時系列の混乱と内容の歪曲が起こる．前頭葉眼窩と内側面の損傷が関連する．記憶錯誤は一見でたらめで妄想と誤診されることもあり，家族から類似の体験がないか聴取する必要がある．

C 言語機能の障害—失語・失読・失書—

1．話し言葉の障害—失語—

Wernicke-Lichtheim（ウェルニケ-リヒトハイム）の模式図を用いて説明する（図1）．言語中枢には，入力系の左上側頭回後部Wernicke（ウェルニケ）野（A）と出力系の左下前頭回Broca（ブローカ）野（M）がある．Wernicke野では，入力音声が言葉を形成する音（音韻表象）として認識される．次に音韻表象を意味表象に結び付け言葉の意味が理解される．意味表象の中枢として概念中枢（B）が想定され，複数部位のネットワークが関与する．Wernicke野損傷①による皮質性感覚失語では音韻認識障害のため音

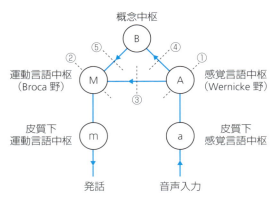

図1 Wernicke-Lichtheimの言語中枢
失語症の障害部位．1：皮質性感覚失語，2：皮質性運動失語，3：伝導失語，4：超皮質性感覚失語，5．超皮質性運動失語

5．認知症診療に必要な神経心理学検査

表2 失語タイプと失書失算

	皮質性 運動失語	超皮質性 運動失語	皮質性 感覚失語	超皮質性 感覚失語	伝導失語
自発発語	×	×	障害（錯語）	保存（錯語）	保存（錯語）
音声理解	○	○	×	×	○
復　唱	×	○	×	○	×
音　読	×	○	×	○	障害
読　解	○	○	× 音声より軽度	×	○
自発書字	障害	障害	保存（誤）	保存（錯字）	保存（誤）
書き取り	保存（誤）	○	×	○	保存（誤）

声理解が困難となる．一方，発話では思考や意思を反映した意味表象が音韻表象に変換され，引き続き話し言葉へと変換される．Broca 野は音韻から音声への変換過程の中枢であり，その損傷②による皮質性運動失語では，喚語困難（言葉が浮かばない），失文法（語句配列ができない文産生障害や電文調発話），構音筋群の運動プログラミング障害による発話失行/失構音（一貫性を欠く表記困難な音節の誤りと発話の流暢性欠如）が生じる．伝導失語③では Wernicke 野と Broca 野を繋ぐ弓状束の損傷のため音韻表象の伝達が困難となる．音声理解や自発発話は可能だが復唱が困難となる．復唱困難は皮質性感覚/運動失語でもみられる．一方，意味表象と音韻表象間の変換異常④⑤により超皮質性失語が生じる．復唱が可能な点が皮質性失語と異なる．以上，失語は言語理解，自発発話の流暢性と復唱を基に分類される（表2）．

　言語理解と発話障害に伴い錯語（単語の誤り）が生じる．錯語は音韻性錯語と語性錯語に大別される．音韻性錯語は音韻表象の異常によって生じる．音節が置換され「さくら」が「さまら」などと誤る．音韻性錯語は音韻形成が関与する左上側頭回，縁上回，中心後回に責任病巣があり，皮質性感覚失語と伝導失語の病巣と一致する．一方，語性錯語は喚語困難に伴って出現する．単語が別の単語に入れ替わる．皮質性運動失語に関連する左下前頭回後

JCOPY 498-22893

73

部病変では同じカテゴリーの単語と入れ替わり，「えんぴつ」を「けしごむ」などと誤る（意味性錯語）．超皮質性感覚失語に関連する左角回や左下側頭回後部病変では別のカテゴリーの単語と入れ替わり，「えんぴつ」を「ほうちょう」などと誤る（無関連錯語）．

　従来失語症は脳血管症候群を基に類型化されたが，変性性認知症に伴う失語とは症状パターンに相違がある．ここでは失語が他の認知機能低下に先行して出現する原発性進行性失語（primary progressive aphasia：PPA）[10]の言語症候について説明する．非流暢/失文法型 PPA は前頭側頭葉変性症の進行性非流暢性失語に該当する．音韻から出力音声への変換が困難となり，補足運動野を含む左前頭葉内側病変と関連する失文法と左中心前回病変と関連する発話失行が生じる．皮質性運動失語では発話失行と失文法の両者が必発だが，非流暢/失文法型 PPA にはこの2症状が個別に出現するサブタイプが存在する．意味型 PPA は前頭側頭葉変性症の意味性認知症に該当し，中下側頭回前部に病変がある．視覚像の形態認知と属性（意味表象）の統合が困難なため視覚像の呼称が障害される．左側病変に限れば超皮質性感覚失語の一型だが，右側病変に及べば非言語的意味（物品の用途など）が理解できず道具使用ができない．語減少型 PPA は Alzheimer 病非典型例の一つで，縁上回や角回を含む左頭頂小葉と境界の側頭葉に病変がある．このため音韻照合・想起とその短期記憶が困難となり，喚語障害と文や句の復唱障害が生じる．伝導失語との相違は音韻性錯語が必発でないことと単語の復唱が保たれることである．

2．読み書きの障害─失読・失書─

1）非失語性失書失読

　聴覚（聞く），視覚（読む），体性感覚（なぞる）の言語情報は，その音韻表象が左角回で統合的に処理され，運動（書く，話す）を司る前頭葉に伝達される．両側視覚野と左角回間の切断により文字（視覚情報）の入力が遮断され純粋失読が生じる．しかし視覚野以外と角回の連絡は保たれており書字やなぞり読みは可能である．一方，左角回病変よる角回性失読失書では失読だけでなく書字やなぞり読みが困難となる．

　角回とは別に側頭葉後下部病変により漢字の選択的失読失書が生じる．こ

5．認知症診療に必要な神経心理学検査

の部位には視覚像の形態情報処理に関与する腹側皮質視覚路が走行する（後述）．漢字が音韻としてだけでなく形態として処理されるためである．さらに同経路前方に病変がある意味型 PPA でも漢字の読み書きが困難となる[10]．漢字の読みは複数あり意味に基づき選択される．意味型 PPA では意味の付与が困難となり読みが誤って選択される．「海老」は意味を理解して初めて「エビ」と読めるが，意味がわからなければ「カイロウ」と誤る．これを表層性失読という．

2）失語性失読失書

失語と共通の情報処理過程の障害によって生じる失読と失書がある．その共有箇所を考慮すれば，各失語タイプ特有の読字（音読，読解）と書字（自発書字，書き取り）の障害が理解できる（表2）．

音読と書き取りは復唱と処理過程（音韻の入力系から出力系への伝達）が共有するため，その障害は皮質性失語と伝導失語で出現する．一方，読解と音声理解は共通の情報過程（音韻表象を意味表象と照合）を有するため読解困難は音声理解と同様に皮質性および超皮質性感覚失語でみられ，自発書字と自発発話も共通の過程（意味表象から音韻表象への変換）を有するため自発書字障害は自発発話障害と同様に皮質性および超皮質性運動失語で出現する．

3．言語機能検査

診察では自然な話しかけにより，言語流暢性を評価する．単語や短文の復唱，口頭指示に対する反応（言語理解），物品呼称，音読・読解，自発書字は簡易検査に含まれ，概ね必要な項目はカバーされる．詳細な検査としてWAB 失語症検査[11]と標準失語症検査[12]がある．

D　知覚機能の障害—失認—

感覚異常では説明できない対象認知障害を失認という．本稿では，視覚失認，視空間失認，身体失認について説明する．失認の種類と実臨床で可能な検査法は表3に示す．

1．視覚の情報処理系

視覚情報は2つの経路で処理される[13]．後頭葉から頭頂葉を経て前頭葉へ

I．認知症・軽度認知障害の診断・治療へのアプローチ　②認知症の症候，検査，診断

表3 代表的失認・失行の日常診療で実施可能な検査法

主な認知機能	検査法
失認	
統合型視覚失認	図形の模写と名称（模写と名称ともに不可）
連合型視覚失認	図形の模写と名称（模写は可だが名称は不可）
身体部位失認	本人と検査者の身体部位の名称または指さしを要求する質問
手指失認	本人と検査者の手指の名称または指さしを要求する質問
左右失認	本人と検査者の手の左右を質問
半側空間無視	線分2等分テスト，図形模写，線分抹消テスト
地誌的失見当識	自宅またはその周辺の地図の描画
相貌失認	家族あるいは有名人の写真を見せ，誰かを問う
失行	
肢節運動失行	日常活動動作の巧緻性の観察，fist-edge-plam テスト
口部顔面失行	「口を膨らます」，「目を閉じる」などの口頭指示
観念運動失行	口頭にてパントマイムを指示
観念失行	日用品を渡して使用を指示
構成障害	図形の模写（模写は不可，呼称は可），指形態の模倣
着衣失行	衣服の着脱の観察
計算力	暗算（1～2桁の簡単な計算）と筆算（1～3桁程度）

と投射する背側皮質視覚路は視覚対象の空間配置（物体間あるいは物体と主体間の空間関係）に関する視空間認知に関与し，後頭葉から側頭葉を経て辺縁系へと投射する腹側皮質視覚路は視覚像の形態と属性に関する視覚認知に関与する．包括的検査バッテリーに標準高次視知覚検査がある[14]．

2．視空間認知の障害

1）Balint（バリント）症候群

視覚対象に向けた視線を固定できない精神性注視麻痺，一つの視覚対象しか認知しない視覚性注意障害，視覚対象を把持できない視覚失調の3徴から

なる．責任病巣は両側後頭葉-頭頂葉である．

2）半側空間無視（左半側無視）

右半球頭頂-後頭葉接合部病変により，左側空間の視覚対象が無自覚に認識困難となる．図形模写では図形の左側を描かないが，図形の名称や属性は理解する．さらに線分2等分課題では分割線が右へ偏位する．

Alzheimer 病非典型例である後部大脳皮質萎縮症（posterior cortical atrophy）の両頭頂葉型では後述の Gerstmann（ゲルストマン）症候群に加え，Balint 症候群や半側空間無視が早期から出現する[15]．

3）地誌的失見当識

道順障害と地誌的記憶障害がある．徘徊の一因となる．道順障害には以下の3つの失認が関与する．①左半側無視のため行動が右側へ偏向し，行き先を間違える．責任病巣は右頭頂後頭葉である．②視空間失認のため道順が不規則に選ばれる．責任病巣は右頭頂側頭葉領域にある．①と②は背側皮質視覚路と関連する．③後述の視覚失認により目印となる建物が認識できず，道がわからなくなる．相貌失認をしばしば合併する．責任病巣は相貌失認と同じく右側頭葉が考えられ，腹側皮質視覚路が関連する．

地誌的記憶障害は自宅の間取りとその周辺や国内の地理関係に関する視覚イメージの障害である．間取りや地図の描画課題が用いられる．右側頭葉後方部が責任病巣である．

3．視覚像の認知

1）視覚失認

形態情報処理に関与する腹側皮質視覚路によって，一次視覚野で個別処理された視覚要素（光の強弱，大小，色，方向など）が統合し"形ある像"と認知され，引き続き視覚像に名称や用途などの属性が付与される．形態の認識困難を統覚型視覚失認といい，線の大小や傾きなど視覚要素の模写は可能だが視覚像の模写が困難となる．腹側皮質視覚路の起始である後頭葉損傷で生じる．視覚像認知後の属性付与には，辺縁系との連絡による記憶照合が関与する．属性付与が障害されると，模写はできても何であるかを理解できない連合型視覚失認が生じる．腹側皮質視覚経路後方に病変のある後部大脳皮質萎縮症の後頭側頭葉型では相貌を含めた視覚像や文字の視覚認知障害が早

期に出現し[15]，前方に病変のある意味型 PPA では，左側病変により視覚像への言語的意味づけ（名称など）が，右側病変により視覚像の非言語的意味づけ（用途など）が困難となる[10]．

2）画像失認

画像認識では単体の対象ではなく，状況全体の認知が問われる．複数対象の同時認知が必要である．錯綜図が最も簡単な検査である．Parkinson 病において，錯視および錯綜図課題成績不良と両側側頭–頭頂–後頭接合部および右下側頭回の関連が報告されている[16]．

3）相貌失認

身近な人や著名人の顔が識別困難となるが，顔以外の弁別困難も伴う．腹側皮質視覚路が走行する右後頭側頭回（紡錘状回）が責任病巣である．右側頭葉萎縮の強い意味型 PPA では視覚像の非言語的意味付けの障害により相貌失認が起こる．

4）身体失認

自己身体部位間あるいは外界と身体の空間関係の認識困難であり，Gerstmann 徴候（手指失認，左右失認，失読，失算）の1徴である．身体部位（特に手指）の呼称課題や指示課題が用いられる．責任病巣は左半球角回～後頭葉にあり，視覚–体性感覚–言語の統合が関与する．しかし，上記の課題は言語を介した課題であり，非言語課題では右半球関与の身体失認も報告されている．

E　行為遂行の障害―失行―

運動実行器官は正常だが，目的に沿った行為の困難を失行という．検査バッテリーに標準高次動作性検査[17]がある．失行の種類と実臨床で可能な検査法を表3に示す．

1）肢節運動失行

熟練運動が拙劣になる．麻痺でみられる単一運動要素の障害はないが，複数要素の連続運動が拙劣になる．運動前野の運動プログラミング障害と体性感覚からのフィードバック障害が関与し，運動前野–運動野–体性感覚野が責任病巣である．検査として fist-edge-palm テスト（「握りこぶしを作る」，「手

刀を作る」，「手掌を下に向ける」の一連動作の反復）が有名である．非対称性拙劣運動は大脳皮質基底核変性症の代表的症状である．

2）観念運動失行

短い言葉で運動イメージが容易に喚起される日常的行為の障害でパントマイムの失行ともいう．「お辞儀」などの動作や「歯ブラシを持って歯を磨く真似」などの道具を使う真似を口頭指示し，その身振りを評価する．動作の意味に関する言語情報や動作企図に必要な体性感覚情報の統合が不可欠であり，責任病巣は左頭頂葉にある．

口部顔面失行は広義の観念運動失行の一つで，「舌を出す」，「口を膨らませる」などの口頭指示に対する顔面や口部の運動障害である．非流暢/失文法型PPAでみられる．

3）観念失行

単一道具の操作障害である．道具の名称や用途はわかっても操作ができない．道具を渡しその操作を評価する．観念失行の責任病巣は左頭頂葉で観念運動失行の病巣の後方にある．複数の道具操作から成る行為の障害は前頭葉の関与も考えられるため観念失行には含めない．

4）構成障害

空間配置の行為に関する障害をいう．外界の構成障害には図形模写や時計描画が用いられ，自己身体の構成障害には手指パターン（逆さキツネ，ハトなど）の模倣が用いられる．責任病巣は頭頂葉である．左側では空間を構成する行為自体の関与が，右側では行為というよりは視空間認知の関与が考えられる．

5）着衣失行

衣服の上下，裏表，左右を間違え着衣行為が困難となる．半側空間無視など他の認知機能障害や運動拙劣や失調など運動障害による着衣困難ではなく，衣服と自己身体の空間関係の認識が関与する．失行というよりは空間失認と考えるべきで，右頭頂葉に責任病巣がある．

F 失算

計算には数や演算記号の概念や演算法則の理解が必要である．言語機能と

Ⅰ．認知症・軽度認知障害の診断・治療へのアプローチ　②認知症の症候，検査，診断

の関連が大きく，その責任病巣は左頭頂葉にある．失算には右頭頂葉も関与する．2桁以上の数字の筆算では空間認知障害により数配列や段取りが混乱する．汎用される"7"の連続減算は注意の影響を受けるため，計算力低下とは即断できない．

G　遂行機能（実行機能）

　遂行機能は，認知機能の上位に位置し，他の機能を目的に沿って正しく効率的に作動させる司令塔的機能である．目標設定，計画立案，計画実行，効率的遂行の4段階より成る．前頭葉がその役割を担う．代表的な前頭葉検査に，Go-No-Go Test（常同の抑制），Wisconsin Card Sorting Test（概念の転換），Stroop Test（干渉の制御），言語流暢課題（流暢性），Trail Making Test（注意の配分・転換），親近性テスト（記憶の組織化）がある[18]．日常臨床では前頭葉機能簡易検査（Frontal Assessment Battery：FAB）が実用的である[19]．FABは，類似課題（概念化），言語流暢性，fist-edge-palm テスト（運動プログラミング），干渉課題，Go-No-Go 課題（常同の抑制），把握課題（被影響性）の6項目で構成され，短時間で簡単に施行でき，前頭側頭型認知症の診断に有用である[20]．

●文献

1) 高橋三郎，大野　裕，監訳．DSM-5 精神疾患の診断・統計マニュアル．東京：医学書院；2014.

2) 杉下守弘，訳．MMSE-J 精神状態短時間検査．東京：日本文化科学社；2012.

3) 呉田陽一，権藤恭之，稲垣宏樹，他．日本語版 Alzheimer's Disease Assessment Scale（ADAS-J cog）「単語記憶課題拡張版」の信頼性の検討．老年精神医学雑誌．2007；18：417-25.

4) 加藤伸司，長谷川和夫，他．改訂長谷川式簡易知能評価スケール（HDS-R）の作成．老年精神医学雑誌．1991；2：1339-47.

5) 目黒謙一．認知症早期発見のためのCDR判定ハンドブック．東京；医学書院．2008.

6) 山鳥　重．神経心理学入門．東京：医学書院；1985.

7) Squire RL. Memory and Brain. Oxford University Press；1987. 河内十郎，訳．記憶と脳―心理学と神経科学の統合．東京：医学書院；1984.

8) 杉下守弘，訳．WMS-R ウエクスラー記憶検査 Wechsler Memory Scale-Revised. 東京：日本文化科学社；2001.

9) 綿森淑子, 原 寛美, 宮森孝史, 他訳. 日本版 RBMT リバーミード行動記憶検査. 千葉; 千葉テストセンター: 2002.

10) Gorno-Tempini ML, Hillis AE, Weinstraub S, et al. Classification of primary progressive aphasia and its variants. Neurology. 2011 ; 76 : 1006-14.

11) WAB 失語症検査 (日本語版) 作製委員会. WAB 失語症検査—日本語版. 東京: 医学書院; 1986.

12) 日本高次脳機能障害学会, 編. 標準失語症検査マニュアル 改訂第 2 版. 東京: 新興医学出版社; 2003.

13) Goodale MA, Milner AD. Separate visual pathways for perception and action. Trends Neurosci. 1992 ; 15 : 20-5.

14) 日本高次脳機能障害学会, 編. 標準高次視知覚検査 (VPTA : Visual Perception Test for Agnosia). 東京: 新興医学出版社; 1997.

15) Crutch SJ, Schott SM, Rabinovici GD, et al. Consensus classification of posterior cortical atrophy. Alzheimers Dement. doi : 10.1016/j.jalz.2017.01.014.

16) Ishioka T, Hirayama K, Hosokai Y, et al. Illusory misidentifications and cortical hypometabolism in Parkinson's disease. Mov Disord. 2011 ; 26 : 837-43.

17) 日本高次脳機能障害学会, 編. 標準高次動作性検査 (SPTA) 失行症を中心として. 改訂第二版. 東京: 新興医学出版社; 2011.

18) 鹿島晴雄, 加藤元一郎. 前頭葉機能検査—障害の形式と評価法—. 神経進歩. 1993 ; 37 : 93-110.

19) Dubois B, Slachevsky A, Litvan I, et al. The FAB : A frontal assessment battery at bedside. Neurology. 2000 ; 55 : 1621-6.

20) Nakaaki S, Murata Y, Sato J, et al. Reliability and validity of the Japanese version of the Frontal Assessment Battery in patients with the frontal variant of frontotemporal dementia. Psychiatry Clin Neurosci. 2007 ; 61 : 78-83.

21) 日本高次脳機能障害学会, 編. 標準注意検査法・標準意欲評価法. 東京: 新興医学出版社; 2006.

〈東間正人〉

②認知症の症候，検査，診断

6 認知症の血液・脳脊髄液検査

　認知症および認知症様状態をきたす内科疾患の鑑別に血液，脳脊髄液（cerebrospinal fluid：CSF）検査が有用である．また，認知症全体の約6割を占める Alzheimer 病（Alzheimer's disease：AD）の診断に CSF マーカーが有用である[1,2]．本稿では認知症の診断に役立つ血液，CSF 検査について概説する．

A 脳脊髄液検査の基礎知識

　CSF は脳室およびくも膜下腔を満たしており，中枢神経系の保護，脳組織間の生理活性物質の輸送などを含む物理化学環境の恒常性を保つ役割を担っている．AD などの神経変性疾患では，CSF の外観，圧，細胞数，蛋白濃度，糖濃度すべてに特異的な異常はみとめない．認知症の原因疾患の鑑別で CSF 検査が重要となるのは，亜急性あるいは慢性に経過する脳炎，髄膜炎である．脳炎，髄膜炎が疑われる場合は，感染因子検索のため塗抹標本のグラム染色，抗酸菌染色，墨汁染色，細菌培養，真菌培養，ウイルス DNA 特定のため polymerase chain reaction（PCR）などを行う．

B 認知症および認知症様状態をきたす内科疾患の診断に役立つ血液，脳脊髄液検査

　内分泌・代謝性疾患，膠原病，呼吸器疾患，腎疾患，肝疾患，中毒性疾患など，数多くの内科疾患は認知症および認知症様状態をきたす．

1．内分泌・代謝性疾患/栄養障害

　認知症および認知症様状態をきたす内分泌・代謝性疾患/栄養障害を表1に示す．

6．認知症の血液・脳脊髄液検査

表1 認知症および認知症様状態をきたす内分泌・代謝性疾患/栄養障害と鑑別のために実施する血液検査

疾患	実施する血液検査
副甲状腺機能低下症	カルシウム，副甲状腺ホルモンなど
下垂体機能低下	下垂体ホルモンなど
副腎皮質機能低下	副腎皮質ホルモンなど
甲状腺機能低下症	FT3，FT4，TSH，抗甲状腺抗体，抗ミクロゾーム抗体など
糖尿病性昏睡 繰り返す低血糖	血糖など
低ナトリウム血症	電解質（ナトリウム）など
Wernicke 脳症	ビタミン B_1
ビタミン B_{12} 欠乏	ビタミン B_{12}
ペラグラ（ニコチン酸欠乏症）	ニコチン酸（ナイアシン，ビタミン B_3）

1）Wernicke 脳症

ビタミン B_1 欠乏により Wernicke 脳症が生じる．Wernicke 脳症の三徴は意識障害，眼球運動障害，失調性歩行である．

2）ビタミン B_{12} 欠乏症

ビタミン B_{12} 欠乏では，脊髄，末梢神経，脳，視神経，自律神経などの障害をきたす．脳症では性格変化，集中力低下，記憶障害，うつ・躁状態，幻覚，妄想などを呈する．

2．膠原病・自己免疫疾患

認知症および認知症様状態をきたす膠原病・自己免疫疾患を表2に示す．

1）中枢神経系ループス

中枢神経系ループスとは，全身性エリテマトーデス（SLE）を原因として起こる中枢神経系障害を指す．中枢神経系ループス患者では抗リン脂質抗体陽性であることが多い．他に血液検査にて抗核抗体，抗 dsDNA 抗体，抗 Sm 抗体，抗 ribosomal P 抗体が陽性になり，低補体血症がみられる．CSF 検査

Ⅰ. 認知症・軽度認知障害の診断・治療へのアプローチ　②認知症の症候，検査，診断

表2 認知症および認知症様状態をきたす膠原病・自己免疫疾患と鑑別のために実施する血液検査

疾患	実施する血液検査
中枢神経系ループス	抗核抗体，抗 sdDNA 抗体，抗 Sm 抗体，抗リン脂質抗体，抗 ribosomal P 抗体，補体など
Sjögren 症候群 ＊辺縁系脳炎を生じることがある	血清抗 SS-A/Ro 抗体，血清抗 SS-B/La 抗体など
神経サルコイドーシス	血清 ACE，カルシウムなど
神経 Behçet 症候群	HLA-B51，補体など
橋本脳症	抗サイログロブリン抗体，抗サイロペルオキシダーゼ抗体，αエノラーゼ N 末端抗体

では，細胞数増多，蛋白増多，糖低下，IgG index 増加，IL-6 増加を認める．

2）神経サルコイドーシス

　中枢神経系の神経サルコイドーシスでは，髄膜病変，実質内肉芽腫性病変，水頭症（上衣細胞，脈絡膜への浸潤），血管病変，脳症を生じ，認知症などの精神症状やけいれん発作をきたすことがある．神経サルコイドーシスの血液検査では血清 ACE 高値，血清カルシウム高値をみとめる．CSF 検査では，リンパ球主体の細胞増多，蛋白上昇をみとめることがある．しかし約 1/3 の患者では CSF の異常所見はみとめない．

3）神経 Behçet 病

　慢性進行性の脳実質病変による神経 Behçet 症候群では髄膜刺激症状，局所神経症状のあと，徐々に認知障害，人格障害，歩行障害が進行することがある．頭部 MRI で大脳病変，脳幹病変をみとめることが多く，病変部位により局所神経症状が異なる．血液検査では，炎症所見として末梢白血球増多，赤沈の亢進，CRP 上昇，血清補体価の上昇をみとめる．HLA-B51 はおよそ 60％で陽性である．CSF 検査では，髄膜炎を反映して好中球の増加，髄液蛋白の上昇をみとめることがあるが特異的所見ではない．

4）橋本脳症

橋本脳症は慢性甲状腺炎（橋本病）に伴う自己免疫的機序によって神経精神症状を呈する病態である．橋本脳症では意識障害，精神症状，けいれん，認知症，失調，不随意運動などが生じる．血液検査では抗甲状腺抗体（抗サイログロブリン抗体や抗サイロペルオキシダーゼ抗体）が陽性となる．また，解糖系酵素の1つであるα-エノラーゼのN末端に対する自己抗体が血清中で陽性となる．

3．中毒性疾患

一酸化炭素（CO）中毒は石炭，練炭，灯油，プロパンガス，天然ガスなどの不完全燃焼や自動車の排気ガス等の吸入で発症する．急性期CO中毒からいったん回復後，神経学的悪化を呈する症例があり，間歇型CO中毒とよばれる．血液検査では動脈血または静脈血でCO-Hb濃度を測定する．急性CO中毒においてCO-Hb濃度が40〜50％以上では意識障害をきたす．

4．呼吸器・肝・腎疾患

認知症および認知症様状態をきたす呼吸器・肝・腎疾患を表3に示す．

1）過炭酸ガス血性昏睡（CO_2ナルコーシス）

過炭酸ガス血性昏睡は高炭酸ガス（CO_2）血症が引き起こす意識障害である．肺・胸郭系の異常，呼吸中枢の異常，末梢神経や呼吸筋障害など種々の疾患により生じうる．高CO_2血症は頭痛，頻脈，顔面紅潮，血圧上昇，振戦，

表3 認知症および認知症様状態をきたす呼吸器・肝・腎疾患と鑑別のために実施する血液検査

疾患	実施する血液検査
呼吸不全 ＊CO_2ナルコーシス	動脈血ガス分析
低酸素脳症	（病歴から判断）
肝性脳症	アンモニア，アミノ酸分析
Wilson病	銅，セルロプラスミン
腎性脳症	クレアチニン，BUN

傾眠をきたす。急激に増悪した高 CO_2 血症では意識障害，けいれん，乳頭浮腫が生じる。CO_2 ナルコーシスの確定診断には動脈血ガス分析が必須である。

2）低酸素脳症

低酸素脳症は循環不全または呼吸不全により脳への十分な酸素供給ができなくなり脳に障害をきたした病態をいう。低酸素脳症では脳死，遷延性植物状態のほか，けいれん発作，小脳失調，Parkinson 症候群や認知機能障害などが生じる。

3）肝性脳症

肝障害により芳香族アミノ酸などが肝臓で代謝されることなく血液脳関門を通過して脳内に入り正常な神経伝達を阻害すると肝性脳症をきたす。基礎疾患により症状は異なるが，つじつまの合わない言動，混乱した状態，羽ばたき振戦などの症状をみとめる。血液検査では，肝機能評価のための検査を行う。血小板低値，プロトロンビン時間延長，アンモニア高値をみとめ，アミノ酸分析ではフィッシャー比（分岐鎖アミノ酸と芳香族アミノ酸のモル比）が 1 以下に低下する。

4）Wilson 病

Wilson 病は 13 番染色体長腕にある銅輸送膜蛋白である ATPase（ATP7B）の遺伝子異常による銅の先天性代謝性疾患である。ATP7B の欠損により肝細胞内に銅が過剰蓄積し，その一部が血液を介して全身臓器に蓄積する。神経系では被殻，淡蒼球，大脳皮質，小脳の障害が生じる。症状は錐体外路症候として振戦，筋強剛，舞踏運動，アテトーゼ，ジストニアなどを生じるほか，うつ，神経症，人格障害，知的退行などの精神症状をみとめることがある。血液検査では血清銅の低値，血清セルロプラスミン低値をみとめる。尿検査では尿中への銅排泄量の増多をみとめる。

5．神経感染症

1）神経梅毒

神経梅毒はスピロヘータ（*Treponema pallidum*）による中枢神経系の感染症である。脳実質に炎症が波及すると記憶力低下，判断力低下および精神症状をきたす。血液検査で RPR，TPHA が陽性となる。CSF 検査で細胞数増多をみとめる。また，CSF 中 RPR，TPHA が陽性となる。

2）HIV 脳症

HIV 脳症はヒト免疫不全ウイルス（human immunodeficiency virus：HIV）
による中枢神経系の感染症である．症状としては精神運動活動の全般的な緩
慢化が特徴で，運動失調，振戦を伴うことがある．血液検査では末梢血 CD4
陽性 T 細胞と HIV-1 RNA コピー数を調べる．

C　Alzheimer 病や他の認知症疾患の診断のための
　血液・脳脊髄液マーカー

1．Alzheimer 病診断におけるアミロイドβ蛋白とタウ蛋白

1）アミロイドβ蛋白とタウ蛋白

老人斑と神経原線維変化は AD の主要な病理変化である．老人斑の主要構
成成分はアミロイドβ蛋白（amyloid β protein：Aβ）で，C 末端の違いによ
り Aβ_{40}と Aβ_{42}に分類され，Aβ_{42}は Aβ_{40}より凝集しやすい．老人斑では主に
Aβ_{42}の沈着がみられる．Aβ は主に神経細胞で産生・分泌され，分泌された
Aβ は CSF または血液脳関門を介して血液中へ排泄される（Aβ クリアラン
ス）．Aβ は脳と CSF，血液の間で平衡状態を保っている．もう一つの主要な
AD の病理変化である神経原線維変化（neurofibrillary tangle：NFT）は，
異常リン酸化タウ蛋白が主要構成成分である．タウ蛋白は 45〜55 kDa の微
小管関連蛋白質で，チュブリンが重合して微小管を構成する際の促進因子と
して機能している．

2）脳脊髄液アミロイドβ蛋白とタウ蛋白

AD では脳に Aβ が沈着すると CSF への Aβ クリアランスが低下し，CSF
中の Aβ_{42}濃度が低下すると考えられている．また，AD 患者のCSF では Aβ_{42}
が低下し Aβ_{40}は変化しないため CSF 中 Aβ_{40}/CSF-Aβ_{42}比が増加する[2]．

また，タウ蛋白はヒト脳では選択的スプライシングにより 6 つのアイソ
フォームが発現しているが，CSF 中では 25〜32 kDa の N 末端側断片として
存在し，一部リン酸化されている．総タウ蛋白（total tau protein：tau）は
リン酸化の有無にかかわらず，すべてのタウ蛋白のアイソフォームを測定し
ている．CSF-tau は AD で正常対照群に比して有意に上昇するが，AD 以外
の多くの疾患（Creutzfeldt-Jakob 病，多発性硬化症など）においても神経細

I．認知症・軽度認知障害の診断・治療へのアプローチ　②認知症の症候，検査，診断

胞や軸索障害の結果，非特異的に上昇する[3,4]．一方 CSF 中のリン酸化タウ蛋白（phosphorylated tau protein：ptau）はこれらの疾患では正常あるいは軽度の増加をみとめるのみであり，AD により特異的な診断マーカーである．特に 181 番目のスレオニンが異常リン酸化された $CSF-ptau_{181}$ が AD 特異的に上昇することが知られている．近年，217 番目のスレオニンが異常リン酸化された $CSF-ptau_{217}$ は $CSF-ptau_{181}$ よりも高い感度，特異度でアミロイド PET により脳 $A\beta$ 蓄積が証明された AD による認知症と，前頭側頭葉変性症，Lewy 小体病を鑑別できることが報告された[5]．

AD では $CSF-A\beta_{42}$ 低下，CSF-tau および $CSF-ptau_{181}$ 上昇がみられるが，それぞれ単独よりも $A\beta_{42}$ と tau あるいは $A\beta_{42}$ と $ptau_{181}$ を組み合わせることでよりよい診断感度，特異度を示す[1]．AD 3133 例と正常対照 1481 例のメタアナリシスでは $CSF-A\beta_{42}$ 444 pg/mL 以下かつ，CSF-tau 195 pg/mL 以上を異常（カットオフ）とした場合に感度 82％，特異度 89％と報告された[1]．また，US-ADNI の報告ではベースラインの $CSF-A\beta_{42}$ 値が高いと 12 か月後の認知機能低下が有意に少なく，$CSF-A\beta_{42}$ 値は認知症進行予測に有用なマーカーであることが示唆された[6]．

当科における $CSF-A\beta_{42}$，CSF-tau，$CSF-ptau_{181}$ および $CSF-ptau_{181}/CSFA\beta_{42}$ の測定結果を図 1 に示す．AD 群とコントロール群（中枢神経系に器質的異常がない機能性疾患や，末梢神経障害患者）との比較では，AD 群は有意に $CSF-A\beta_{42}$ 低下，CSF-tau，$CSF-ptau_{181}$ および $CSF-ptau_{181}/CSF-A\beta_{42}$ 上昇を示した．

3）血中アミロイド β 蛋白とタウ蛋白

血漿 $A\beta_{40}$，$A\beta_{42}$ および $APP_{669-711}$ の量比（composite biomarker）および血漿 $A\beta_{42}/A\beta_{40}$ 比は，アミロイド PET による脳 $A\beta$ 蓄積を高精度に予測できることが報告された[7,8]．また，血漿 $A\beta_{42}/A\beta_{40}$ 比は加齢とともに低下し，Apolipoprotein E（ApoE）遺伝子（*ApoE*）$\varepsilon4$ 保有者で非保有者に比して低値となるため，年齢と *APOE* $\varepsilon4$ 保有有無を考慮した血漿 $A\beta_{42}/A\beta_{40}$ 比はさらに高い脳 $A\beta$ 蓄積の予測精度を示した[8]．

血漿 $ptau_{181}$ は AD で特異的に上昇し，アミロイド PET による脳 $A\beta$ 蓄積を精度よく予測できることが報告された．さらに，AD におけるタウ PET に

6．認知症の血液・脳脊髄液検査

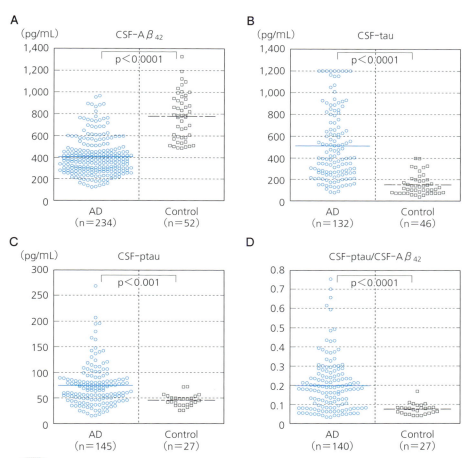

図1　AD群および疾患対照群におけるCSF-Aβ_{42}（A），AD群および疾患対照群におけるCSF-tau（B），AD群および疾患対照群におけるCSF-ptau（C），AD群および疾患対照群におけるCSF-ptau/CSF-Aβ_{42}（D）

よるタウ病理の拡がりを示したBraakステージの進行にともない，血漿ptau$_{181}$の上昇がみられることも示された[9,10]．血漿ptau$_{217}$も血漿ptau$_{181}$と同様に高い精度でアミロイドPETによる脳Aβ蓄積を予測できた[11]．

2．Lewy小体病診断における脳脊髄液中α-シヌクレイン

　Lewy小体病の神経細胞内のLewy小体の主な構成成分はα-シヌクレイン

（αSyn）である．αSyn は 140 アミノ酸からなる一本鎖ポリペプチドであり，特に脳シナプス前末端に強く発現している．CSF 中 αSyn を増幅して高感度に検出する方法〔Protein misfolding cyclic amplification（PMCA）や real-time quacking-induced conversion（RT-QUIC）など〕が開発され，αSyn オリゴマーや αSyn seeds 濃度の測定が Lewy 小体病の検出に有用であることが示唆された[12,13]．

3．プリオン病診断における脳脊髄液中 14-3-3 蛋白，異常型プリオン蛋白

プリオン病の代表的なタイプである Creutzfeldt-Jakob 病では，CSF 中の 14-3-3 蛋白と総タウ蛋白が診断に有効である[14,15]．また，異常型プリオン蛋白を増幅して高感度に検出する RT-QUIC 法の開発により Creutzfeldt-Jakob 病患者の CSF 中の異常型プリオン蛋白を検出することができるようになり，診断上の有効性が示された[16]．さらに RT-QUIC 法による異常プリオン蛋白の検出と MRI 拡散強調画像の皮質または基底核高信号の検出を組み合わせることで孤発性 Creutzfeldt-Jakob 病の診断精度が上がることが報告された[17]．

おわりに

認知症および認知症様状態をきたす内科疾患の鑑別に有用な血液・CSF 検査および AD の CSF マーカーついて概説した．AD の診断マーカーとして CSF-$A\beta_{42}$，CSF-tau および CSF-$ptau_{181}$の有用性は確立している．今後，AD の血液マーカーの臨床応用や Lewy 小体病や他の神経変性疾患の CSF マーカー開発推進と，より非侵襲的な血液マーカーの開発が期待される．

●文献

1) Sunderland T, Linker G, Mirza N, et al. Decreased β-amyloid 1-42 and increased tau levels in cerebrospinal fluid of patients with Alzheimer's disease. JAMA. 2003 ; 289 : 2094-103.

2) Maddalena A, Papassotiropoulos A, Muller-Tillmanns B, et al. Biochemical diagnosis of Alzheimer disease by measuring the cerebrospinal fluid ratio of phosphorylated tau protein to β-amyloid peptide 42. Arch Neurol. 2003 ; 60 : 1202-6.

6. 認知症の血液・脳脊髄液検査

3) Shoji M, Kanai K, Matsubara E, et al. Taps to Alzheimer's patients : a continuous Japanese study of cerebrospinal fluid biomarkers. Ann Neurol. 2000 ; 48 : 402.

4) Noguchi M, Yoshita M, Matsumoto Y, et al. Decreased β-amyloid peptide42 in cerebrospinal fluid of patients with progressive supranuclear palsy and cortico-basal degeneration. J Neurol Sci. 2005 ; 237 : 61-5.

5) Barthelemy NR, Bateman RJ, Hirtz C, et al. Cerebrospinal fluid phosphor-tau T217 outperforms T181 as a biomarker for the differential diagnosis of Alzheimer's disease and PET amyloid-positive patient identification. Alzheimers Res Ther. 2020 ; 12 : 26.

6) Petersen RC, Aisen PS, Beckett LA, et al. Alzheimer's disease neuroimaging initiative (ADNI) clinical characterization. Neurology. 2010 ; 74 : 201-9.

7) Nakamura A, Kaneko N, Vilemagne V, et al. High performance plasma amyloid-β biomarkers for Alzheimer's disease. Nature. 2018 ; 554 : 249-54.

8) Schindler SE, Bollinger JG, Ovod V, et al. High-precision plasma β-amyloid 42/40 predicts current and future brain amyloidosis. Neurology. 2019 ; 93 : e1647-59.

9) Karikari TK, Pascoal TA, Ashton NJ, et al. Blood phosphorylated tau 181 as a biomarker for Alzheimer's disease : a diagnostic performance and prediction modelling study using data from four prospective cohorts. Lancet Neurol. 2020 ; 19 : 422-33.

10) Janelidze S, Mattsson N, Palmqvist S, et al. Plasma P-tau181 in Alzheimer's disease : relationship to other biomarkers, differential diagnosis, neuropathology and longitudinal progression to Alzheimer's dementia. Nat Med. 2020 ; 26 : 379-86.

11) Barthelemy NR, Horie K, Sato C, et al. Blood plasma phosphorylated-tau isoforms track CNS change in Alzheimer's disease. J Exp Med. 2020 ; 217 : e20200861.

12) Shahnawaz M, Tokuda T, Waragai M, et al. Development of a biochemical diagnosis of Parkinson disease by detection of α-synuclein misfolded aggregates in cerebrospinal fluid. JAMA Neurol. 2017 ; 74 : 153-72.

13) Groveman BR, Orru CD, Hughson AF, et al. Rapid and ultra-sensitive quantitation of disease-associated α-synuclein seeds in brain and cerebrospinal fluid by αSyn RT-QuIC. Acta Neuropathol Commun. 2018 ; 6 : 7.

14) Zerr I, Bodemer M, Gefeller O, et al. Detection of 14-3-3 protein in the cerebrospinal fluid supports the diagnosis of Creutzfeldt-Jakob disease. Ann Neurol. 1998 ; 43 : 32-40.

15) Sanchez-Juan P, Green A, Ladogana A, et al. CSF tests in the differential diagnosis of Creutzfeldt-Jakob disease. Neurology. 2006 ; 67 : 637-43.

16) Atarashi R, Satoh K, Sano K, et al. Ultrasensitive human prion detection in cerebrospinal fluid by real-time quaking induced conversion. Nat Med. 2011 ; 17 : 175-8.

17) Rudge P, Hyare H, Green A, et al. Imaging and CSF analyses effectively distinguish CJD from its mimics. J Neurol Neurosurg Psychiatry. 2018 ; 89 : 461-6.

〈篠原もえ子　山田正仁〉

②認知症の症候，検査，診断

7 認知症の画像検査

認知症における画像検査の目的

　認知症の原因としては，Alzheimer 病（Alzheimer's disease：AD）などの脳変性疾患，脳血管障害，正常圧水頭症，慢性硬膜下血腫，辺縁系脳炎，Creutzfeldt-Jakob 病（Creutzfeldt-Jakob disease：CJD），脳腫瘍など様々な疾患がある．画像検査の目的は，これらの疾患の鑑別診断，重症度評価，経過観察あるいは治療効果判定をすることである．画像検査の手法としては，MRI，CT，SPECT，PET など多岐に渡るが，本稿では各画像検査の特徴を簡潔に述べ，次に主な疾患ごとの画像を供覧することで，どのような場合にどのような画像検査を行うのかを概説する．

1．MRI

　頭部 MRI は多くの認知症疾患で最初に行うべき画像検査であり，最も重要な役割は，脳血管障害の評価と脳腫瘍，慢性硬膜下血腫，正常圧水頭症など変性疾患以外の器質的疾患の除外である．また，変性疾患においても進行性核上麻痺や多系統萎縮症などの診断に有用である．撮影法としては，T1 強調像，T2 強調像，T2*像あるいは Susceptibility-weighted imaging（SWI）像，FLAIR 像，拡散強調画像，MRA などを必要に応じて組み合わせる．特に AD の診断に Voxel-based specific regional analysis system for Alzheimer's disease（VSRAD）解析を行う場合には 3D-T1 強調像が必須である．また，海馬の萎縮や正常圧水頭症の評価には冠状断が有用である．最近では脳血流を見る撮像法である Arterial spin labeling（ASL）像を撮ることもある．一般には造影検査は不要であるが，脳腫瘍が疑われる場合などには造影検査が必要になることもある．MRI の利点としては，コントラストに優れる，被曝がない点などが挙げられる．一方，磁性体の体内金属や体内電子機器，閉所恐怖症など MRI 検査が施行できない症例も存在する．また検査に数十分要する

ことがあり，十分な安静が保てない場合には検査の質が低下する．

2．CT

MRIが施行できない場合，あるいは不穏などで長時間検査が困難な場合には頭部CTを施行すべきである．MRIほどの詳細な情報は得られないが，多くの器質的疾患はCTでも診断可能である．

3．脳血流SPECT

脳血流SPECTは機能画像であり，血流は神経細胞のシナプス活性を反映するとされる．また，画像統計解析により異常の程度を数値化しやすい．このため，ADなど変性認知症の鑑別診断，重症度評価，経過観察に有用である．変性認知症を疑った場合，MRIなど解剖画像で異常が見られない場合も存在し，したがって両者は相補的に用いるべきである．また，辺縁系脳炎など種々の疾患に伴う血流変化を鋭敏に捉えることが可能であり，経過観察や治療効果の判定にも有用である．ただ，検査時間は20〜30分程度要するため，安静が保てない場合は検査ができない症例も存在する．光や音刺激による脳活動の影響を避けるため，静かな環境でアイマスク着用あるいは薄暗い環境下で検査を行う．

4．^{123}I-MIBGスキャン

心筋交感神経を見る検査であるが，Lewy小体型認知症（dementia with Lewy bodies：DLB）[1]やParkinson病[2]などLewy小体関連疾患では心筋への^{123}I-MIBG集積が減少することが知られている．撮像法は，^{123}I-MIBGを静脈投与10〜15分後（早期像）と3時間後（後期像）に胸部正面像を撮り，必要に応じてSPECT像を撮る．このように総検査時間は3時間以上要するが，胸部正面像だけであれば実際の検査時間は5〜10分程度であり，患者への負担は比較的少ない．解析方法としては，胸部正面像で心筋と縦隔に関心領域を設定し，心/縦隔集積比（H/M）を算出するのが一般的である．

5．^{123}I-ioflupane SPECT（ダットスキャン）

ドーパミントランスポーター機能を見る検査であり，Parkinson症候群やLewy小体関連疾患の診断に有用である[3]．撮像法は，^{123}I-ioflupaneを静脈投与3〜4時間後にSPECT像を撮る．実際の検査時間は30〜40分とやや長いため，十分な安静が保てない場合には検査の質が低下する．評価法としては

線条体への集積の視覚的評価に加え，定量値として specific binding ratio（SBR）を算出する.

6. ^{18}F-FDG PET

脳のブドウ糖代謝を見る検査である．脳のブドウ糖代謝は上記の脳血流SPECT と同様にシナプス活性を反映するため，変性認知症の鑑別診断，重症度評価，経過観察などに有用であるが，脳血流 SPECT よりも診断精度が高いとされる．撮像法は，^{18}F-FDG を静脈投与 30 分から 60 分後に PET を撮る．また，前処置として少なくとも 4 時間以上の絶食が必要である．光や音刺激による脳活動の影響を避けるため，^{18}F-FDG の投与や検査は静かな環境でアイマスク着用あるいは薄暗い環境下で行う．現時点では^{18}F-FDG PETによる認知症診断が保険適応となっていないため，臨床研究の一環として施行されることが多い.

7. アミロイド PET

AD では発症の 15～20 年前から脳にアミロイドβ蛋白の蓄積が見られる．これを PET を用いて非侵襲的に可視化する手法がアミロイド PET である（図1）．後述するタウ PET とともに，神経病理イメージングとも呼ばれる．アミロイド PET で用いられる放射性薬剤としては，^{11}C-PIB，^{18}F-flutemetamol，^{18}F-florbetapir などがある．最も臨床データの蓄積があるのは^{11}C-PIB であるが，^{18}F-flutemetamol と^{18}F-florbetapir は半減期が長い（110 分）ので放射性薬剤メーカーからの供給が期待でき，サイクロトロンや薬剤合成設備を持たない施設でも，PET カメラさえあれば使用可能である．また，撮像法や読影法は放射性薬剤によって異なるが，^{11}C-PIB の場合，^{11}C-PIB 静脈投与 50～70 分後像を撮り，脳灰白質の集積を視覚的に評価する．定量値としては，小脳を参照部位とした大脳灰白質の集積比（SUVR）を算出することが一般的である．なお，現時点では保険適応となっていないため，臨床研究の一環として施行される.

8. タウ PET

アミロイド蛋白よりも直接的に脳神経障害に関与するとされるタウ蛋白のPET による可視化が可能となり，注目を集めている．放射性薬剤としては^{11}C-PBB3，^{18}F-THK シリーズなどがあるが，タウ蛋白以外への集積が問題

7．認知症の画像検査

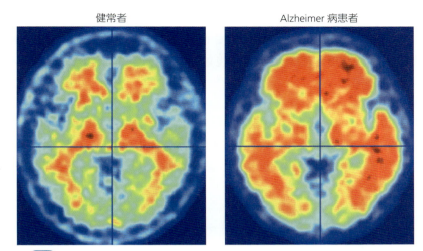

図1 健常者（左）および Alzheimer 病患者（右）の ^{11}C-PIB アミロイド PET 画像

健常者では白質への非特異的集積のみであるが，Alzheimer 病患者では大脳灰白質への集積が著明である．

となっている．最近では，タウ蛋白への選択性により優れた第2世代の放射性薬剤が開発されつつある．タウ蛋白は AD だけでなく，いわゆるタウオパチーと呼ばれる疾患でも蓄積しており，これらの疾患の診断も期待される．アミロイド PET と同様，現時点では臨床研究の一環として施行されている．

A 画像統計解析法

1．VSRAD

松田らにより開発された Voxel-based morphometry の手法を用いて大脳灰白質の萎縮を自動的に検出するソフトウエアである．入力画像としては 3D-T1 MRI を用いる．最近のバージョンでは DARTEL と呼ばれる解剖学的標準化手法を用いており，より正確な萎縮評価が可能となっている[4]．AD の補助診断に用いられている．

2．3D-SSP

箕島らにより開発された脳血流 SPECT および脳 FDG PET 用の画像統計

解析法で，当初は脳 FDG PET 用であったが脳血流 SPECT にも用いられるようになった[5]．AD の補助診断に用いられ，脳萎縮による部分容積効果を比較的受けにくいとされる．元画像の視覚的評価より診断精度に優れることが示されている．

3．eZIS

松田らにより開発された SPM を元にした脳血流 SPECT 用の画像統計解析法である[6]．3D-SSP は血流低下を脳表面に投影するのに対し，eZIS では脳表面と断層像に表示する特徴がある．診断精度は，どちらも同等であると思われる．

B　主な疾患ごとの画像の特徴

1．正常加齢

正常な脳であっても加齢とともに脳の形態，血流やドーパミントランスポーター機能などが大きく変化することに注意する必要がある．形態的には，加齢とともに脳の萎縮が進むことが知られているが，特に Sylvius 裂周囲で顕著である．一方，血流や糖代謝は前部帯状回での低下が特徴的である．ドーパミントランスポーター機能も加齢とともに低下することが知られている．したがって，画像を診断する際には加齢による変化を考慮して異常を捉える必要がある．

2．Alzheimer 病（AD）

AD では，海馬を含む側頭葉内側部の萎縮が形態上の特徴である（図2）．しかし若年発症の AD では側頭葉内側部の萎縮が目立たず，後部帯状回の萎縮が見られることもある[7]．視覚的評価に加え，VSRAD による画像統計解析を行うと萎縮の程度を客観的に評価することが容易となる（図3）．一方，脳血流 SPECT では頭頂側頭葉，後部帯状回，楔前部の血流低下が特徴であり（図4），脳萎縮の部位（側頭葉内側部）と異なることに注意が必要である．

3．Lewy 小体型認知症（DLB）

DLB では，脳血流 SPECT で後頭葉まで血流低下が広がっていることが特徴であるが，図5を見てもわかるように，AD との鑑別が難しいことがある．このような場合，^{123}I-MIBG スキャンで心筋集積の低下を見たり，^{123}I-

7．認知症の画像検査

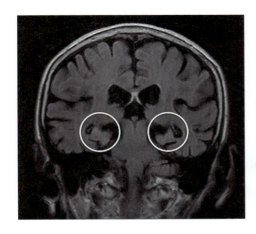

図2 Alzheimer病患者のT1強調MRI冠状断層像
海馬の萎縮が特徴である（サークル）．

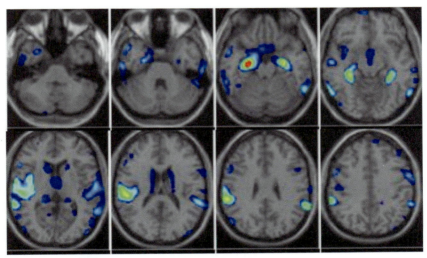

図3 Alzheimer病患者のVSRAD解析のZスコア画像
萎縮の強い部位が黄色～赤色で表示される．

Ⅰ．認知症・軽度認知障害の診断・治療へのアプローチ　②認知症の症候，検査，診断

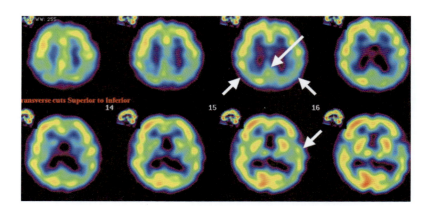

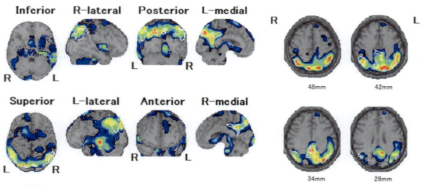

図4 Alzheimer 病患者の脳血流 SPECT 画像（上）．頭頂葉，側頭葉，後部帯状回に血流低下を認める（矢印）．
eZIS 解析の Z スコア画像（下）．血流低下の強い部位が黄色～赤色で表示される．

ioflupane SPECT で線条体への集積低下を見ることで，鑑別することが可能となる．

4．前頭側頭型認知症

　前頭側頭型認知症では，前頭葉や側頭葉の萎縮が特徴である．萎縮は必ずしも左右対称ではなく，片側性に見られることも多い．脳血流 SPECT では，萎縮の程度以上に強い血流低下が見られることが多い．

7. 認知症の画像検査

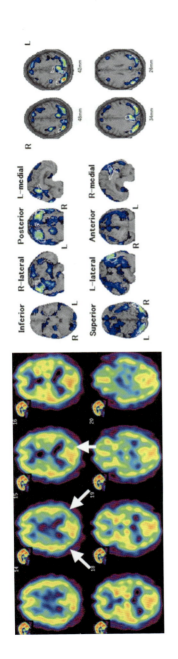

図5 Lewy小体型認知症患者の脳血流SPECT画像（上左），eZIS解析のZスコア画像（上右）頭頂葉に加えて後頭葉に血流低下を認めるが，Alzheimer病との鑑別は必ずしも容易ではない．^{123}I-MIBGスキャン（下）では，心筋集積の著明な取り込み低下を認める．

99

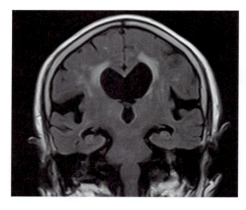

図6 正常圧水頭症患者の FLAIR 冠状断層像
シルビウス裂周囲の脳萎縮が強いのに対し，高位円蓋部ではくも膜下腔の狭小化が見られる（Disproportionately enlarged subarachnoid-space hydrocephalus：DESH）．

5．正常圧水頭症

正常圧水頭症のMRIでは，脳室の拡大が特徴であるが，特に冠状断で高位円蓋部のくも膜下腔の狭小化，シルビウス裂と脳底部のくも膜下腔拡大，脳梁角の鋭角化（＜90度）が特徴である．以上の所見をDisproportionately enlarged subarachnoid-space hydrocephalus（DESH）と呼ぶ（図6）．脳血流SPECTでは高位円蓋部の相対血流増加が特徴で，特にeZIS画像で見るとわかりやすい（図7）．

6．Creutzfeldt-Jakob 病（CJD）

CJDは亜急性に進行する認知症で発症することが多い．MRIでは拡散強調画像やFLAIR像で大脳基底核，大脳皮質の高信号が見られる（図8）．脳血流SPECTでは，MRIでの高信号に一致した領域に血流低下が見られる（図9）．

まとめ

認知症診断において画像検査は欠かせないものとなっている．しかし認知症診断で最も重要なのは詳細な病歴聴取と神経学的所見の把握であることは言うまでもなく，これらの臨床情報を元に適切な画像検査を組み合わせることで，より正確な診断に繋がることに留意する必要がある．

7. 認知症の画像検査

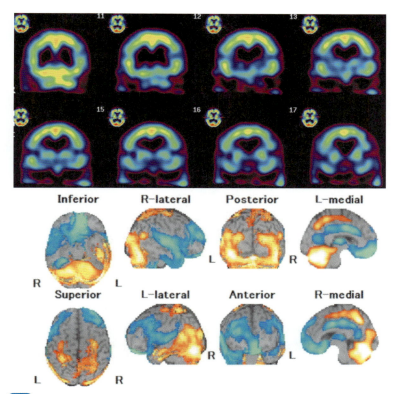

図7 正常圧水頭症患者の脳血流 SPECT 画像（冠状断層像）（上）および eZIS 解析の Z スコア画像（下） 高位円蓋部の相対血流増加を認める．

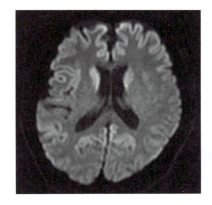

図8 Creutzfeldt-Jakob 病患者の拡散強調 MRI 画像
尾状核や大脳皮質に高信号を認める．

Ⅰ．認知症・軽度認知障害の診断・治療へのアプローチ　②認知症の症候，検査，診断

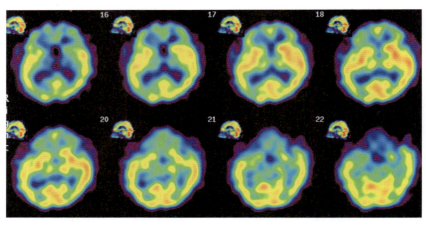

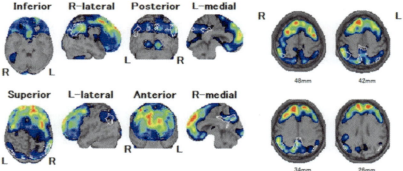

図9 図8のCreutzfeldt-Jakob病患者の脳血流SPECT画像（上）およびeZIS解析のZスコア画像（下）
拡散強調MRI画像での高信号に一致して血流低下を認める．

●文献
1) Komatsu J, Samuraki M, Nakajima K, et al. ^{123}I-MIBG myocardial scintigraphy for the diagnosis of DLB: a multicentre 3-year follow-up study. J Neurol Neurosurg Psychiatry. 2018; 89: 1167-73.
2) Taki J, Nakajima K, Hwang EH, et al. Peripheral sympathetic dysfunction in patients with Parkinson's disease without autonomic failure is heart selective and disease specific. Eur J Nucl Med. 2000; 27: 566-73.
3) Okano N, Niitsu M, Tanaka J, et al. Comparison of dopamine transporter SPECT and ^{123}I-MIBG myocardial scintigraphy to assess clinical severity in patients with

Parkinson disease. Clin Nucl Med. 2017; 42: 7-14.

4) Matsuda H, Mizumura S, Nemoto K, et al. Automatic voxel-based morphometry of structural MRI by SPM8 plus diffeomorphic anatomic registration through exponentiated lie algebra improves the diagnosis of probable Alzheimer Disease. AJNR Am J Neuroradiol. 2012; 33: 1109-14.

5) Minoshima S, Frey KA, Koeppe RA, et al. A diagnostic approach in Alzheimer's disease using three-dimensional stereotactic surface projections of fluorine-18-FDG PET. J Nucl Med. 1995; 36: 1238-48.

6) Matsuda H, Mizumura S, Nagao T, et al. Automated discrimination between very early Alzheimer disease and controls using an easy Z-score imaging system for multicenter brain perfusion single-photon emission tomography. AJNR Am J Neuroradiol. 2007; 28: 731-6.

7) Shima K, Matsunari I, Samuraki M, et al. Posterior cingulate atrophy and metabolic decline in early stage Alzheimer's disease. Neurobiol Aging. 2012; 33: 2006-17.

〈松成一朗〉

②認知症の症候，検査，診断

8 認知症の電気生理学的検査
─脳波─

A 脳波判読の基礎知識[1]

　脳波は脳活動を最も鋭敏に計測する検査法である．大脳皮質神経細胞の興奮によって発生した局所電流が頭蓋骨を通って頭皮上を流れる．その電流を2電極間の電圧差として計測したものが脳波である．脳波評価にはどの電極ペア（導出法）で計測した脳波を判読するかが重要である．導出法には，頭皮電極と耳朶電極の電圧差を計測する基準電極導出法（単極誘導とも言う）と近接する頭皮電極間の電圧差を計測する双極導出法がある．双極導出法には前後方向と左右方向の導出法があり，それぞれ前後と左右の差を評価するのに有用である．

　最も重要な脳波所見は，閉瞼覚醒時の後頭部α律動すなわち基礎波である．このα律動の主要な発生源は視覚野にある．8 Hz以上の周波数，後頭優位の分布，周波数の左右対称性，開瞼によるα減衰を基準に評価する．特に周波数の減少すなわち徐波化は意識障害を含む全般的脳機能低下を反映する．

　一方，単発あるいは連続出現する徐波の混入には，脳機能低下の非特異的随伴所見である場合もあるが，器質病変に一致した特異性の高い所見もある．

B 代表的認知症疾患とせん妄の脳波

　脳波は意識レベルの変化に敏感で，せん妄に代表される意識変容によって周波数の徐波化，後頭優位性の不明瞭化および開瞼によるα減衰の欠如が生じる（図1）．さらに単発あるいは連発する徐波や前頭部間欠的律動的δ活動（frontal intermittent rhythmic delta activity：FIRDA）を伴うこともあるが，これらは非特異的所見であり，あくまでも意識水準の指標は基礎波の徐波化である．これらの異常所見は，症候学的には診断困難な軽微な意識障害

8．認知症の電気生理学的検査―脳波―

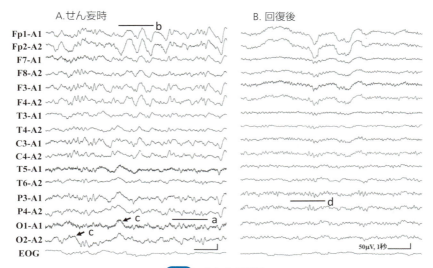

図1 せん妄の脳波

60歳男性．診断：栄養障害によるせん妄．入院直後より言動がまとまらず徘徊がみられた．当初は認知症が疑われた．
A：せん妄時脳波．基礎律動の徐波化（a：4〜6 Hz）に加え，前頭部間欠性律動性δ活動（FIRDA：b）と単発の徐波（c）が混入する．
B：回復後脳波．基礎波は 7〜9 Hz に回復する（d）．
耳朶を基準とする基準電極導出法にて記録．

の診断を可能とする．身体疾患あるいは薬剤を原因とする認知機能低下は，原因の改善・除去により治癒可能な症例も多い．脳波は認知症疾患自体の診断よりは類似の認知機能低下を起こす意識障害の鑑別に極めて有用であり，その後の検査を進め治療戦略を練る上で重要な検査である．

Alzheimer 型認知症（Alzheimer's disease：AD），Lewy 小体型認知症（dementia with Lewy bodies：DLB）および前頭側頭葉変性症（frontotemporal lobar degeneration：FTLD）も認知機能低下に伴って，基礎波の徐波化と単発の徐波の混入を進行的に認めるが，せん妄と比較して異常は軽度である[2]．局在病変と基礎波の発生源である後頭葉との位置関係に基づき，DLB，AD，FTLD の順で基礎波の徐波化が強い．DLB（図2B）は AD と比較し

Ⅰ．認知症・軽度認知障害の診断・治療へのアプローチ　②認知症の症候，検査，診断

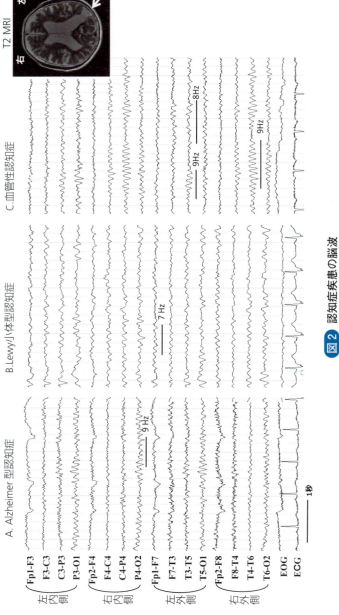

図2 認知症疾患の脳波

A：Alzheimer 型認知症．87 歳女性．MMSE＝22/30．左右対称の後頭部優位α律動（9 Hz）が維持されている．
B：Lewy 小体型認知症．90 歳女性．MMSE＝23/30．基礎波は徐波化し（7 Hz），後頭部優位性も不明瞭となる．
C：血管性認知症．75 歳男性．MMSE＝19/30．構成障害と計算力低下が出現．頭部 MRI にて左半球に陳旧性梗塞（矢印）を認める．左半球の基礎波の徐波化を認める（左：8〜9 Hz，右：9 Hz）．
前後方向の双極導出法にて記録．

て，後頭部α律動が徐波化し，側頭部徐波および FIRDA が高頻度に出現する[3,4]．DLB における基礎波の徐波化は認知機能の時間変動と関連する[5]．AD 初期では，周波数は軽度に徐波化するか正常範囲内にある（図 2A）．FTLD は，後頭部α律動に影響しない前頭葉に病変があるため，進行例でも基礎波の徐波化はみられない症例も多い[6]．

血管性認知症（vascular dementia：VaD）では，虚血病変の部位と範囲に応じて，脳波異常が出現する．病変が後頭葉あるいはその近傍にあれば病側の基礎波が徐波化するが（図 2C），病変が後頭葉から遠隔にあれば基礎波は正常である．加えて病変に一致して局在性徐波の混入が見られる．

C 認知症とうつ病の鑑別

うつ病の思考抑制が認知症の認知機能低下と症候学的に鑑別できないこと（偽認知症），認知症がしばしばうつ状態を合併することから，臨床症状のみでうつ病と認知症を鑑別することが困難となることも多い．うつ病では基本的に脳波異常がないため，うつ病と認知症の鑑別に脳波が役立つ症例も多い[7]．少なくとも基礎波の徐波化があれば，一見うつ症状に見える状態が認知症あるいは低活動型せん妄である可能性を考慮すべきである．

D Creutzfeldt-Jakob 病（Creutzfeldt-Jakob disease：CJD）の脳波

初期の脳波所見では，やや不規則で不定型な徐波が連続的に出現するが，進行に伴い一定の周期をもつ周期性同期性放電（periodic synchronous discharge：PSD）となる．PSD は孤発性 CJD に特徴的で，感度は 40～70％，特異度は 74～86％と報告されている[8]．図 3 の症例では，初発症状である道順障害の出現時期（A）に，空間認知に関連する右半球に限局したδ波（a）が不規則かつ持続的に出現している．この所見では CJD と診断できないが，右半球に何らかの機能低下が起こっていると推察できる．左半側無視の出現時期（B）に初めて，同じく右半球に限局して PSD（b）が出現する．片側性ではあるが，この脳波所見と経過から CJD と診断できる．さらに失語症状の出現時期（C）となり，PSD の出現部位が言語機能の関与する左半球へ拡大

Ⅰ. 認知症・軽度認知障害の診断・治療へのアプローチ　②認知症の症候, 検査, 診断

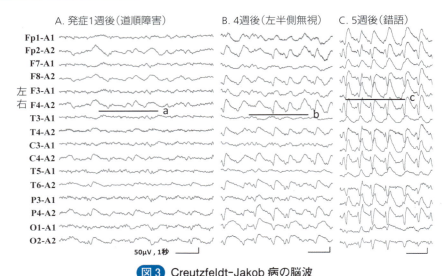

図3 Creutzfeldt-Jakob 病の脳波

57歳男性. 右利き. 畑から帰宅できなくなり受診.
A：発症1週後. 道順障害が出現. 右半球に限局する不規則なδ帯域徐波（a）が連続して出現.
B：発症4週後. 左半側無視が出現. 右半球に限局して周期性同期性放電（PSD）（b）が出現.
C：発症5週後. 失語症状が出現. PSD（c）が左半球へと拡大.
耳朶を基準とする基準電極導出法にて記録.

し（c）, 教書的な PSD 所見となる. この症例では, 症状と脳波異常所見の進行が強く関連している. CJD に限らず限局性の脳波異常があれば, 局在の一致する神経心理学的症状を精査する必要がある.

E　認知症とてんかんの鑑別

てんかんの年間発症率は全年齢では10万人当たり25〜70人であるが, 70歳以上では100人, 80歳以上では150人と増加し, 高齢者の発症率が高い[9,10]. 高齢てんかんは複雑部分発作の頻度が高く, 先行する単純部分発作いわゆる前兆や自動症を伴わないことも多いため, 症状が見逃される症例も多い. さらに発作後もうろう状態が遷延し, 数時間から時に数日に及ぶこともあるた

8．認知症の電気生理学的検査―脳波―

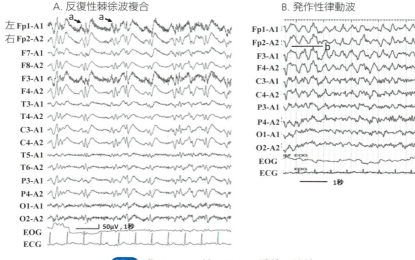

図4 非けいれん性てんかん重積の脳波
A：71歳男性．意味不明の言動と徘徊が出現．当初はせん妄と診断．反復性棘徐波複合（a）が出現．
B：66歳女性．突然，つじつまの合わない会話が出現し，走行する車から突然降りようとする．持続性のδ律動（b）が前頭部優位に出現．
耳朶を基準とする基準電極導出法にて記録．

め，ADの健忘あるいはDLBの認知機能の時間変動と誤る可能性が生じる．脳波によるてんかん性異常波の検出が必要となる．

加えて，高齢者は非けいれん性重積状態（non-convulsive status epilepticus：NCSE）の発症率が若年成人より3～10倍高い[11,12]．NCSEの意識変容とせん妄の鑑別は困難なことも多く，診断上脳波検査が必須である．NCSEの脳波異常は様々なパターンをとるが反復性の棘徐波複合（図4A）と発作性δ/θ律動（図4B）が多い[13]．

Ⅰ．認知症・軽度認知障害の診断・治療へのアプローチ　②認知症の症候，検査，診断

●文献

1) 東間正人．脳波所見をどう読むか—92 症例の臨床現場から．東京：新興医学出版社；2010.

2) Harner RN. EEG evaluation of the patient with dementia. In : Benson FD, et al. editors. Psychiatric Aspects of Neurological Diseases, vol. 1. New York : Grune and Stratton ; 1975. p.63-82.

3) Briel RC, McKeith IG, Barker WA, et al. EEG findings in dementia with Lewy bodies and Alzheimer's disease. J Neurol Neurosurg Psychiatry. 1999 ; 66 : 401-3.

4) Calzetti S, Bortone E, Negrotti A, et al. Frontal intermittent rhythmic delta activity (FIRDA) in patients with dementia with Lewy bodies : a diagnostic tool?　Neurol Sci. 2002 ; 23 (Suppl 2) : S65-6.

5) Walker MP, Ayre GA, Cummings JL, et al. Quantifying fluctuation in dementia with Lewy bodies, Alzheimer's disease, and vascular dementia. Neurology. 2000 ; 54 : 1616-25.

6) Stigsby B, Johannesson G, Ingvar DH. Regional EEG analysis and regional cerebral blood flow in Alzheimer's and Pick's disease. Electroencephalogr Clin Neurophysiol. 1981 ; 51 : 531-47.

7) Boutros NN, Struve F. Electrophysiological assessment of neuropsychiatric disorders. Semin Clin Neuropsychiatry. 2002 ; 7 : 30-41.

8) Steinhoff BJ, Räcker S, Herrendorf G, et al. Accuracy and reliability of periodic sharp wave complexes in Creuzfeldt-Jakob disease. Arch Neurol. 1996 ; 53 : 162-6.

9) Hauser WA, Banerijee PN. Incidence and prevalence. In : Engel J Jr, et al. editors. Epilepsy : a comprehensive textbook. 2nd ed. Philadelphia : LWW ; 2008. p.45-56.

10) Olafsson E, Ludvigsson P, Gudmundsson G, et al. Incidence of unprovoked seizures and epilepsy in Iceland and assessment of the epilepsy syndrome classification : a prospective study. Lancet Neurol. 2005 ; 10 : 627-43.

11) Knake S, Rosenow F, Vescovi M, et al. Incidence of status epilepticus in adults in Germany : a prospective, population-based study. Epilepsia. 2001 ; 42 : 714-8.

12) Vignatelli L, Rinaldi R, Galeotti M, et al. Epidemiology of status epilepticus in a rural area of northern Italy : a 2 year population-based study. Eur J Neurol. 2005 ; 12 : 897-902.

13) Kaplan PW. EEG criteria for nonconvulsive status epilepticus. Epilepsia. 2007 ; 48 (Suppl 8) : 39-41.

〈東間正人〉

②認知症の症候，検査，診断

9 認知症の遺伝学的検査

　認知症疾患は，多くの因子が発症に関与していると考えられている多因子疾患であるが，遺伝学的な背景が認知症発症やその表現型に影響を与える[1]．認知症発症の遺伝学的検査は，疾患易罹患性を調べる遺伝子多型についての検査と単一遺伝子の変異によって発症する単一遺伝子疾患の診断のための検査に大きく２種類に分けられ，それぞれの疾患について様々な遺伝的因子の関与が報告されている[1]．特に Mendel 型遺伝形式を呈する遺伝性認知症では，原因遺伝子が同定されているものも多く（表1），遺伝子変異を同定することで診断を確定することが可能である[2,3]．本稿では，代表疾患として Alzheimer 病（Alzheimer's disease：AD），前頭側頭葉変性症（frontotemporal lobar degeneration：FTLD），Lewy 小体型認知症（dementia with Lewy bodies：DLB），血管性認知症（vascular dementia：VaD）における遺伝学的検査について述べ，認知症疾患の遺伝学的検査を行うにあたっての注意点について概説する．

A　Alzheimer 病

1．Alzheimer 病（AD）とは

　AD は，老人斑，神経原線維変化，神経細胞の脱落の３つの脳病理所見を特徴とする．老人斑の主成分はアミロイドβ蛋白（amyloid β protein：Aβ）で，アミロイド前駆蛋白（amyloid precursor protein：APP）に由来し，APP を切断する酵素（α, β, γ セクレターゼ）によって切断される．神経原線維変化の主成分は過剰にリン酸化されたタウである．老人斑や神経原線維変化に関連して神経細胞が障害されて神経細胞脱落が起こると考えられている．家族性 AD では，Aβ 産生に関わる単一遺伝子の変異によって起こることが知られている．一方，孤発性 AD は加齢を背景として，遺伝的因子や環境因

I．認知症・軽度認知障害の診断・治療へのアプローチ　②認知症の症候，検査，診断

表1 Mendel型遺伝形式をとる家族性認知症の主要な原因遺伝子

Alzheimer病

遺伝子名	略語	OMIM	遺伝子座	遺伝形式	蛋白	病理所見
Amyloid precursor protein	APP	104760	21q21.3	常染色体優性	APP	Aβ, tauopathy
Presenilin 1	PSEN1	104311	14q24.2	常染色体優性	Presenilin 1	Aβ, tauopathy
Presenilin 2	PSEN2	600759	1q42.13	常染色体優性	Presenilin 2	Aβ, tauopathy

前頭側頭葉変性症

遺伝子名	略語	OMIM	遺伝子座	遺伝形式	蛋白	病理所見
Microtubule-associated protein tau	MAPT	157140	17q21.31	常染色体優性	tau	tauopathy
Progranulin	GRN	138945	17q21.31	常染色体優性	progranulin, granulin	TDP-43 proteinopathy
Chromatin-modifying protein 2B	CHMP2B	609512	3p11.2	常染色体優性	charged multivesicular body protein 2b	P62-positive inclusion
Valosin-containing protein	VCP	601023	9p13.3	常染色体優性	transitional endoplasmic reticulum ATPase	TDP-43 proteinopathy
Chromosome 9 open reading frame 72	C9orf72	614260	9p21.2	常染色体優性 孤発例	chromosome 9 open reading frame 72	TDP-43 proteinopathy
Fused in sarcoma	FUS	608030	16p11.2	常染色体優性	Fused in sarcoma	fused in sarcoma

Lewy小体型認知症

遺伝子名	略語	OMIM	遺伝子座	遺伝形式	蛋白	病理所見
α-synuclein	SNCA	163890	4q22.1	常染色体優性	α-synuclein	synucleinopathy

血管性認知症

疾患名	遺伝子名	OMIM	遺伝子座	遺伝形式	蛋白	病理所見
CADASIL	NOTCH3	125310	19p13.12	常染色体優性	Notch3	vasculopathy of small arteries
CARASIL	HTRA1	600142	10q26.13	常染色体劣性	Htra1	vasculopathy of small arteries

OMIM: Online Mendelian Inheritance in Man (http://www.ncbi.nlm.nih.gov/omim), APP: amyloid precursor protein, Aβ: amyloid b protein, TDP-43: transactive response DNA-binding protein of 43 kDa, CADASIL: cerebral autosomal dominant arteriopathy with subcortical infarcts and leukoencephalopathy, CARASIL: cerebral autosomal recessive arteriopathy with subcortical infarcts and leukoencephalopathy

(文献2, 3より改変)

子が多因子性に作用することが原因と考えられている．以下に，ADの遺伝的因子について記載する．

2．家族性 Alzheimer 病

　家族性 AD の原因遺伝子として，APP 遺伝子とプレセニリン 1 遺伝子，プレセニリン 2 遺伝子の 3 つの遺伝子が知られている[1,4,5]．プレセニリンは APP を細胞内膜内でγ切断するγセクレターゼの活性部位である．APP の N 末端がβセクレターゼによって，細胞内の C 末端側がγセクレターゼ（プレセニリン複合体）によって切り出されることによって Aβ が生成される．

　APP の N 末端側の変異では，βセクレターゼによって切断されやすくなり，生成される Aβ が増加する[5]．C 末端側の変異では，40 残基の $A\beta_{40}$ に比べて 2 アミノ酸付加された $A\beta_{42}$ の生成量が増大し，$A\beta_{42}$ は $A\beta_{40}$ より不溶性の線維を形成しやすく細胞毒性も高く，家族性 AD の発症に関係している[5]．

　プレセニリンは，γセクレターゼの活性部位を構成する分子である．プレセニリン 1 およびプレセニリン 2 の変異は，$A\beta_{42}$ の産生を増加させ AD 発症に関与する[5]．

3．孤発性 Alzheimer 病における遺伝子多型

　孤発性 AD に関与している遺伝的な素因としては，アポリポ蛋白 E（apolipoprotein E：APOE）遺伝子が知られている[6]．APOE 遺伝子は ε2，ε3，ε4 の 3 つの多型があることが知られており，その中で ε3 が最も頻度が高い．ε4 は孤発性 AD の危険因子であることが知られており，ε4 の保有遺伝子数が増えると孤発性 AD のリスクは高まり，発症年齢が若年化する[6]．また，ε2 を保有する AD の脳では老人斑が少ないことが報告されている[6]．

　APOE 遺伝子 ε4 は強力な遺伝子的危険因子であるが，ε4/ε4 保有者でも AD を発症しない場合があり，APOE 遺伝子 ε4 は原因遺伝子ではなく，遺伝的危険因子と理解すべきで，日本神経学会，米国神経学会，欧州神経学会のガイドラインでは APOE 遺伝子多型のルーチン検査は推奨されていない[2,7,8]．

Ⅰ．認知症・軽度認知障害の診断・治療へのアプローチ　②認知症の症候，検査，診断

B　前頭側頭葉変性症

1．前頭側頭葉変性症（FTLD）とは

　FTLD は，初老期に発症し，前頭葉と側頭葉を中心とする神経細胞の変性・脱落により，行動異常や精神症状，言語症状などを特徴とする進行性疾患である[2]．FTLD は病理学的もしくは遺伝的に確定診断がついた症例に対して使われ，臨床診断名としては前頭側頭型認知症（frontotemporal dementia：FTD）も使われている[2]．FTLD は臨床症状をもとに，行動障害型前頭側頭型認知症（behavioral variant FTD：bvFTD），意味性認知症（semantic dementia：SD），進行性非流暢性失語（progressive non-fluent aphasia：PNFA）の 3 型に分類される．神経病理学的には，中枢神経に microtubule-associated protein tau（MAPT），TAR DNA-binding protein with molecular weight 43 kDa（TDP-43），fused in sarcoma（FUS）といった蛋白の沈着を認めることが知られている[2,3]．

2．家族性前頭側頭葉変性症の原因遺伝子

　前頭側頭型認知症を呈する前頭側頭葉変性症には，家族歴を有するものがある．それらの家族性前頭側頭葉変性症の原因遺伝子として複数の遺伝子が報告されており，それぞれの遺伝子変異によって，異なる蛋白が中枢神経系に沈着する（表1）[3]．欧米では FTLD 症例の 30〜50％に家族歴を認めるが，日本ではほとんど家族歴を認めない[2]．特に *C9orf72* 遺伝子の異常は欧米では最も頻度の高い原因だが，わが国における頻度は極めて低い[2]．

C　Lewy 小体型認知症

1．Lewy 小体型認知症（DLB）とは

　DLB は，αシヌクレインを主要構成成分とする Lewy 小体の出現を神経病理学的特徴とし，神経病理診断では認知症疾患の約 20％を占めるとされ，AD に次いで多い変性性認知症疾患である．同様に Lewy 小体を神経病理学的特徴とする Parkinson 病（Parkinson's disease：PD）を認知症より前に発症していた場合，Parkinson 症候が認知症発症の 1 年以上前から存在する場合は認知症を伴う PD（Parkinson's disease with dementia：PDD）と呼び，

認知症発症がParkinson症候発症前，あるいはParkinson症候後1年以内であればDLBと呼ぶが，この呼び方の違いは研究などで用いられる操作的な基準に過ぎない．

2．家族性Lewy小体型認知症の原因遺伝子

家族性DLBの原因遺伝子としては*SNCA*のミスセンス変異，および重複変異がある[2,9]．その他の遺伝子も含めて，遺伝的要因がDLB発症に関与していることは間違いないが，遺伝子変異とDLBの発症についての詳細はまだ不明な点が多く，臨床的には遺伝学的検査を勧める段階になく，まだ研究段階である[9]．

D　血管性認知症

1．血管性認知症（VaD）とは

VaDは脳血管障害が原因となる認知症であり，その発症には様々な異なる病態が関与している．VaDは，①多発梗塞性認知症，②戦略的な部位の単一病変による認知症，③小血管性認知症，④低灌流性血管性認知症，⑤出血性血管性認知症，⑥その他に分類される．VaDで最も多い病型は，小血管病性認知症で，ラクナ梗塞，白質病変が特徴的である．

2．家族性血管性認知症の原因遺伝子

遺伝性の血管性認知症であるcerebral autosomal dominant arteriopathy with subcortical infarcts and leukoencephalopathy（CADASIL），cerebral autosomal recessive arteriopathy with subcortical infarcts and leukoen-cephalopahty（CARASIL）は，広範な白質病変，ラクナ梗塞，脳微小出血，脳萎縮を示し，側頭極における白質病変が特徴的である[2]．

CADASILは，平均40歳代で発症する脳血管障害で，ラクナ梗塞を繰り返しながら神経症状が悪化していく[10]．片頭痛と脳血管障害が典型的な初発症状で，CADASILの20～40％で，脳血管障害を起こす約15年前から前兆のある片頭痛を認めている[10]．遺伝形式は常染色体優性遺伝で，原因遺伝子として第19番染色体短腕（19p.13.12）の*NOTCH3*の異常であることがわかっており，これまでに150以上の変異が報告されている．

CARASILは，若年発症の認知症，歩行障害，腰背部痛，禿頭を特徴とす

Ⅰ．認知症・軽度認知障害の診断・治療へのアプローチ　②認知症の症候，検査，診断

る疾患で，20歳代より腰背部痛と禿頭を認め，30歳代より歩行障害や認知機能障害を認めることが多い[10]．ほとんどの症例は，わが国と中国からの報告である[10]．遺伝形式は常染色体劣性遺伝で，原因遺伝子として第10染色体長腕（10q26.13）上の *HTRA1* 変異によって生じることが報告されている[10]．

E　遺伝学的検査を行う時の注意点

　遺伝学的検査を実施するにあたって，担当医師から被検者に対して，検査の目的，方法，予想される検査結果，検査の精度，被検者の取りうる選択肢，実施に当たっての医療上の危険性などについて十分に説明し，同意を得る必要がある．また，遺伝学的検査は，十分な知識・経験を有する専門家による遺伝カウンセリングを受けた後に行う．発症者を対象とする遺伝学的検査は，発症者の確定診断を目的として行われるが，結果的にその情報が血縁者に影響を与える可能性があることについて，検査前に十分に説明し理解を得ておく必要がある．未発症の遺伝学的検査は，臨床遺伝専門医などとの連携，臨床遺伝医学診療部門への紹介など，適切な専門的対応にゆだねることが推奨されている[11]．

●文献

1) Loy CT, Schofield PR, Turner AM, et al. Genetics of dementia. Lancet. 2014; 383: 828-40.
2) 日本神経学会，監修．認知症疾患診療ガイドライン2017．東京：医学書院；2017.
3) Bang J, Spina S, Miller BL. Frontotemporal dementia. Lancet. 2015; 386: 1672-82.
4) Bettens K, Sleegers K, Van Broeckhoven C. Genetic insights in Alzheimer's disease. Lancet Neurol. 2013; 12: 92-104.
5) Rosenberg RN, Lambracht-Washington D, Yu G, et al. Genomics of Alzheimer disease: a review. JAMA Neurol. 2016; 73: 867-74.
6) Verghese PB, Castellano JM, Holtzman DM. Apolipoprotein E in Alzheimer's disease and other neurological disorders. Lancet Neurol. 2011; 10: 241-52.
7) Knopman DS, DeKosky ST, Cummings JL, et al. Practice parameter: diagnosis of dementia (an evidence-based review). Report of the Quality Standards Subcommittee of the American Academy of Neurology. Neurology. 2001; 56: 1143-53.
8) Waldemar G, Dubois B, Emre M, et al. Recommendations for the diagnosis and management of Alzheimer's disease and other disorders associated with dementia: EFNS guideline. Eur J Neurol. 2007; 14: e1-26.

116

9. 認知症の遺伝学的検査

9) McKeith IG, Boeve BF, Dickson DW, et al. Diagnosis and management of dementia with Lewy bodies : Fourth consensus report of the DLB Consortium. Neurology. 2017 ; 89 : 88-100.

10) Sondergaard CB, Nielsen JE, Hansen CK, et al. Hereditary cerebral small vessel disease and stroke. Clin Neurol Neurosurg. 2017 ; 155 : 45-57.

11) 日本神経学会, 編. 神経疾患の遺伝子診断ガイドライン 2009. https://www.neurology-jp.org/guidelinem/sinkei_gl.html.

〈浜口 毅　山田正仁〉

②認知症の症候，検査，診断

10 認知症診断のための組織生検

　認知症の背景疾患の診断は，病歴や臨床症候，血液・脳脊髄液検査，画像検査など様々な手段を用いて総合的に行うが，これらの方法を行っても病態の解明が困難な場合がある．特に，非特異的な症状のみを呈し，特徴的な臨床症状や検査所見を欠く症例においては診断に難渋する．神経病理学的検査は，疾患特異性の高い所見を直接証明し，病態に迫る本質的な方法の一つである．神経病理学的検査のために用いる生体検査（生検）の種類として，古典的な脳生検の他，近年，皮膚や消化管粘膜など比較的侵襲性の低い末梢組織を生検し，病理学的なバイオマーカーとして用いる方法が検討されている．

　本稿では，脳生検および末梢組織生検について概説し，これら生検術の適応となる代表的な認知症疾患ならびに病理所見の特徴について解説する．

A　生検の種類

1．脳生検

　脳生検の目的は正確な診断を行うことであるが，脳は一度失われた部分の再生は原則として行われず永続的な機能障害が残存する恐れがあるため，脳生検は脳生検以外の検査法によって診断が困難であり，治療可能な疾患を鑑別診断する必要がある場合に行う，最終手段と言える．

　認知症の場合，その背景疾患として脳腫瘍（原発性・転移性脳腫瘍，悪性リンパ腫など），脱髄性疾患や血管炎など非腫瘍性病変が疑われるものの腫瘍との鑑別が必要となる場合，また感染症による占拠性病変があり脳生検以外の検査法で起炎菌の同定が困難な場合など，病態の正確な把握を目的に対象となり得る．

　脳生検の方法には開頭脳生検のほか，CT や MRI でのガイド下に針生検術を行う定位的脳生検がある．正確な病理診断が得られるというメリットがあ

10. 認知症診断のための組織生検

る一方で，脳生検は侵襲を伴う検査であることや治療により病理像が修飾される可能性があること，採取される組織が小さいためサンプリングエラーが生じる可能性があり，その結果病理診断に難渋する場合があるという欠点についても留意する必要がある．そのため，術前に生検部位に関して主治医と脳外科医，放射線科医など関連する複数の診療科間で十分議論しておく．脳生検の合併症として，出血，感染，外傷性てんかんなどが挙げられる．

採取した組織に対して，組織染色や免疫組織化学染色，電子顕微鏡などによる形態学的検索，病原体の検出を目的とした培養，PCR，異常蓄積蛋白質の検出を行うため，事前に検体の処理・保存法について十分協議する．

2．末梢組織生検

神経変性疾患は，神経細胞群の進行性の脱落と，特定領域の神経細胞内やグリア細胞内，神経線維への特徴的構造物の出現や異常蛋白の蓄積を特徴とし，この異常蛋白の蓄積が疾患の発症や病態に関与すると考えられている．そのため，異常蛋白を生検で検出しバイオマーカーとして早期診断に活用することが期待されている．近年，脳生検に比べて侵襲性の低い末梢組織からの生検を行い疾患特異的な異常蛋白を検出する試みが行われている．

1）末梢神経生検

末梢神経生検では通常腓腹神経生検が行われる．腓腹神経を選択する理由として，腓腹神経の神経線維は感覚線維と自律神経線維で構成され運動神経をほとんど含まないため生検後運動麻痺をきたさないこと，下肢の遠位部にあるため末梢神経障害で病変が出現しやすいこと，解剖学的部位が同定しやすいこと，電気生理学的検査が可能なため所見の対比が可能であること，などが挙げられる．

認知症の場合，中枢神経系に加え末梢神経にも病態が及ぶような炎症性疾患（血管炎やサルコイドーシスなど）や腫瘍（悪性リンパ腫など）を背景疾患に疑う場合に対象となり得る．血管壁への炎症細胞浸潤，サルコイド結節，リンパ腫細胞の浸潤など，末梢組織における神経障害の病態を直接証明する所見を得られるほか，障害される神経線維の選択性から病態を推測することが可能である．生検の合併症として，出血をはじめ，切除した神経支配領域の感覚低下や疼痛などがある．

2）皮膚生検

皮膚には血管や汗腺，毛包，立毛筋のほか，知覚神経や自律神経などの末梢神経も豊富に含まれることから，皮膚生検で採取される組織内から異常蛋白を検出し，早期診断に活用する試みが近年行われている．

皮膚生検は侵襲性が低く後遺症が残ることもほぼなく，また組織の採取も簡便であるという利点がある．一方で，皮膚の神経分布は部位によって異なるため，皮膚生検での採取部位は慎重に選ぶ必要がある[1]．神経変性疾患のほか，遺伝性脳血管障害や腫瘍においても有用性が報告されている．

3）筋生検

筋生検は徒手筋力テストの結果や骨格筋画像検査（MRIなど）を参考に，障害されている筋を採取する．組織染色の他，ミトコンドリア酵素の評価や筋鞘膜構造構成蛋白など免疫組織化学的評価も可能である．認知症の場合，代謝性疾患（ミトコンドリア病など）などで筋障害の合併が疑われる症例に対象となる．

4）消化管生検

消化管生検によって，消化管粘膜組織に蓄積する異常蛋白を検出することを診断に活用する試みが行われている．認知症の場合，Lewy小体型認知症や核内封入体病などの変性疾患で診断に有用となる可能性が報告されている．

B 認知症疾患における生検診断

診断法として生検の有用性が確立している認知症疾患はまだ少ない．生検が診断に有用な可能性がある代表的な認知症疾患と，その組織所見について以下に述べる．

1．変性疾患

1）Lewy小体型認知症

Lewy小体型認知症（dementia with Lewy body：DLB）は，臨床的に進行性の認知機能障害に加え，認知機能の変動，幻視，レム睡眠行動異常症，パーキンソニズムを特徴とする[2]．病理学的にはリン酸化αシヌクレインを主要構成成分とするLewy小体やLewy神経突起が大脳皮質，辺縁系，脳幹などに多数出現し，それに伴う神経細胞脱落がみられる．

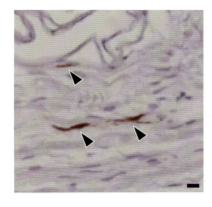

図 1 Lewy 小体型認知症症例の肋間筋筋層内の末梢神経に蓄積したリン酸化αシヌクレイン（矢頭）
リン酸化αシヌクレインに対する抗体を用いた免疫染色，bar＝10μm.

　DLB では末梢の自律神経系にもリン酸化αシヌクレインの蓄積が認められることから，皮膚生検が DLB 診断のバイオマーカーになる可能性が模索されている（図1）．142 剖検例を用いた後ろ向き研究では，DLB 症例 52 例中 21 例（40.4％）の皮膚にリン酸化αシヌクレイン陽性構造物が認められた[3]ほか，DLB 18 例に皮膚生検（頸部，大腿，下腿）を行った結果，全例にリン酸化αシヌクレイン陽性所見を認めたことが報告されている[4]．
　また，消化管生検により，DLB の消化管神経叢におけるリン酸化αシヌクレインの蓄積を免疫組織化学染色を用いて検出すること[5]，protein misfolding cyclic amplification（PMCA）法を用いて消化管生検検体からαシヌクレインの凝集を検出すること[6]が報告されている．
　今後，これらの生検が DLB 診断の有用なバイオマーカーになる可能性が期待される．

2）核内封入体病

　核内封入体病（neuronal intranuclear inclusion disease：NIID）とは，緩徐進行性の神経変性疾患であり，認知機能障害を高頻度に呈するほか，縮瞳や失調，意識障害を臨床症状として認める[7]．頭部 MRI 画像では白質脳症や diffusion weighted image（DWI）画像で皮髄境界に沿う高信号領域を呈する[7]．そして，病理学的にはヘマトキシリン・エオジン染色標本でエオジン好性に染色される封入体が，中枢神経系および末梢神経系の神経細胞やグリ

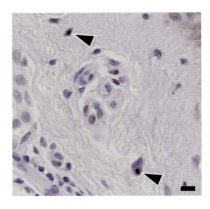

図2 核内封入体病症例の真皮の線維芽細胞に認めたユビキチン陽性核内封入体（矢頭）
ユビキチンに対する抗体を用いた免疫染色，bar＝10μm．

ア細胞の核内，さらに一般臓器の細胞の核内において認められるという特徴がある[7]．そのため，確定診断は病理診断に基づく．これまで腓腹神経生検[8]，直腸生検[9]による生前診断が行われてきたが，より侵襲性が低く特異的な所見が得られる皮膚生検が有用であることが報告され，皮膚生検で確定診断が可能になった．

皮膚生検は，適切な密度で汗腺細胞や脂肪細胞が採取できるという理由から，外果から10cm中枢側の部位から採取することが推奨されている[7]．抗ユビキチン抗体や抗p62抗体を用いて免疫染色を行うと，NIIDでは脂肪細胞や線維芽細胞，汗腺細胞にユビキチンおよびp62陽性の核内封入体を高頻度に認めることが報告されている[7,10]（図2）．症状および頭部画像所見からNIIDを疑う症例においては，皮膚生検を積極的に考慮する必要がある．

2．血管障害

1）Cerebral autosomal dominant arteriopathy with subcortical infarcts and leukoencephalopathy（CADASIL）

遺伝性血管性認知症のうち，CADASILは，Notch3の遺伝子異常により生じる常染色体優性遺伝性疾患であり，臨床的には片頭痛や再発性の脳梗塞，大脳白質病変，そして進行性の認知機能障害を呈する[11]．病理学的特徴は血管平滑筋の基底膜に隣接して沈着するオスミウム好性顆粒状物質（granular osmiophilic material：GOM）を認めることである．GOMはNotch3細胞外

ドメインで構成され，脳血管のみならず全身の細動脈において認められる[12]．低侵襲である皮膚生検が組織診断に用いられることが多く，Notch3 細胞外ドメインの免疫染色や電子顕微鏡による GOM の証明が有用である．CADASIL 症例における皮膚生検での GOM の特異度は 100％と報告されている一方で，感度は低いとする報告もあるため[11]，技術的な要素に左右される可能性がある．

2）脳アミロイドアンギオパチー関連炎症

脳アミロイドアンギオパチー（cerebral amyloid angiopathy：CAA）関連炎症は脳または髄膜の血管へのアミロイド β 蛋白（amyloid β protein：Aβ）の沈着に対する免疫反応によって生じる炎症である．急性または亜急性の認知機能障害や行動異常を認めることが多く，頭痛や痙攣発作も比較的高頻度に認められる．CAA 関連炎症に関して提案されている診断基準では，40 歳以上で急性に発症する神経症状を呈し，MRI の T2 強調画像や fluid attenuated inversion recovery（FLAIR）画像での高信号，髄膜や大脳皮質の造影効果，過去の出血を示唆する磁化率強調画像での鉄沈着所見を認める場合にほぼ確実例とされ，病理学的に血管壁への Aβ の沈着や血管周囲もしくは血管壁内への炎症細胞浸潤を伴う場合を確実例とされている[13]．CAA 関連炎症に対して副腎皮質ステロイドの大量投与やシクロホスファミドといった免疫抑制薬の使用によって神経症状や画像所見が改善したとする報告が多数あり[13]，臨床的に CAA 関連炎症が疑われる場合は積極的に脳生検などによる組織診断を行うことが推奨される．臨床症状と頭部画像所見から診断する場合，probable と診断される感度は 82％，特異度 97％と報告されている[14]．

3．感染症

進行性多巣性白質脳症（progressive multifocal leukoencephalopathy：PML）は，JC ウイルス（JC virus：JCV）が脳のオリゴデンドログリアに感染し，多発性の脱髄病変を呈する感染症である．大脳白質が病変の主体だが，小脳半球や基底核に病変を形成する場合もある[15]．細胞性免疫の低下を背景に発症するため，ヒト免疫不全ウイルス感染症のほか，血液疾患，自己免疫疾患，薬剤関連など背景疾患は多岐に渡る．PML の臨床症候は亜急性に進行する認知機能障害，構音障害，片麻痺や失語など多彩である．細胞性免疫の

低下を認める患者がこれらの臨床症候を呈し，頭部 MRI で多巣性の白質病変を認める場合は PML を疑い，脳脊髄液でのポリメラーゼ連鎖反応（polymerase chain reaction：PCR）による JCV DNA の検査を行う．脳脊髄液での PCR 検査が陰性であっても，PML の蓋然性が高い場合は PCR 検査の再検や脳生検も考慮する．脳生検の組織所見では，オリゴデンドログリアの核が両染性のすりガラス状封入体によって腫大し，髄鞘が脱落する．JCV の感染を組織検体から証明する方法として，免疫組織化学による JCV 蛋白の検出，電子顕微鏡によるウイルス粒子の同定，*in situ* hybridization や PCR による JCV DNA の検出がある[16]．

4．腫瘍

悪性リンパ腫のうち中枢神経原発悪性リンパ腫は，臨床症状として発生部位に関連した局所症状や頭蓋内圧亢進症状のほか，精神症状や認知機能障害を呈する．頭部 MRI では，腫瘍は浮腫や造影効果を認めることが多い一方，腫瘤を形成せずびまん性に浸潤し腫瘍として認識することが困難な場合もある．最終的には脳生検による診断が必要である．

一方で血管内リンパ腫は，WHO 分類では intravascular large B-cell lymphoma として成熟 B 細胞性リンパ腫の一型に分類され[17]，リンパ腫細胞が血管内に限局して増殖する．皮膚と中枢神経系に病変を形成することが多く，神経症状としては脳血管障害，脳症，脊髄症，末梢神経障害などを呈し，亜急性に進行する認知機能障害を認めることもある[18]．臨床症状から血管内リンパ腫が疑われる場合，症状を有したり画像で異常を認めたりする臓器からの生検診断を行う．中枢神経系に障害を有する場合は脳生検が適応となるが，侵襲性が大きく，また全身状態が不良の場合はリスクが高く困難なケースもある．近年，血管内リンパ腫の診断においてランダム皮膚生検の有用性が報告されている[19]．皮膚病変があればその部位から生検するが，皮膚病変が明らかでない場合，正常に見える皮膚でも病変が浸潤していることがあるため，ランダムな皮膚生検が勧められる[19]．皮膚生検の組織所見では，皮下脂肪織内の小血管の内腔に大型の B 細胞性リンパ腫細胞が充満している像を認める．免疫染色では腫瘍細胞は CD19，CD20 や CD79a などのマーカーが陽性となる[20]．

おわりに

認知症疾患の診断において施行される生検法と，適応される代表的な認知症疾患とその生検所見について概説した．生前の確定診断が困難な神経変性疾患をはじめとする認知症疾患においては，より侵襲性の低い臨床検査により生前に臨床診断が可能となることが求められ，今後は末梢組織生検も病理学的なバイオマーカーとなることが期待される．

●文献

1) Lauria G, Hsieh ST, Johansson O, et al. European Federation of Neurological Societies/Peripheral Nerve Society Guideline on the use of skin biopsy in the diagnosis of small fiber neuropathy. Report of a joint task force of the European Federation of Neurological Societies and the Peripheral Nerve Society. Eur J Neurol. 2010; 17: 903-12.

2) McKeith IG, Boeve BF, Dickson DW, et al. Diagnosis and management of dementia with Lewy bodies: Fourth consensus report of the DLB Consortium. Neurology. 2017; 89: 88-100.

3) Ikemura M, Saito Y, Sengoku R, et al. Lewy body pathology involves cutaneous nerves. J Neuropathol Exp Neurol. 2008; 67: 945-53.

4) Donadio V, Incensi A, Rizzo G, et al. A new potential biomarker for dementia with Lewy bodies: Skin nerve α-synuclein deposits. Neurology. 2017; 89: 318-26.

5) Ito S, Takao M, Hatsuta H, et al. Alpha-synuclein immunohistochemistry of gastrointestinal and biliary surgical specimens for diagnosis of Lewy body disease. Int J Clin Exp Pathol. 2014; 7: 1714-23.

6) Fenyi A, Leclair-Visonneau L, Clairembault T, et al. Detection of alpha-synuclein aggregates in gastrointestinal biopsies by protein misfolding cyclic amplification. Neurobiol Dis. 2019; 129: 38-43.

7) Sone J, Mori K, Inagaki T, et al. Clinicopathological features of adult-onset neuronal intranuclear inclusion disease. Brain. 2016; 139: 3170-86.

8) Sone J, Hishikawa N, Koike H, et al. Neuronal intranuclear hyaline inclusion disease showing motor-sensory and autonomic neuropathy. Neurology. 2005; 65: 1538-43.

9) Barnett JL, McDonnell WM, Appelman HD, et al. Familial visceral neuropathy with neuronal intranuclear inclusions: diagnosis by rectal biopsy. Gastroenterology. 1992; 102: 684-91.

10) Sone J, Tanaka F, Koike H, et al. Skin biopsy is useful for the antemortem diagnosis of neuronal intranuclear inclusion disease. Neurology. 2011; 76: 1372-6.

11) Markus HS, Martin RJ, Simpson MA, et al. Diagnostic strategies in CADASIL.

Neurology. 2002 ; 59 : 1134-8.

12) Ishiko A, Shimizu A, Nagata E, et al. Notch3 ectodomain is a major component of granular osmiophilic material (GOM) in CADASIL. Acta Neuropathol. 2006 ; 112 : 333-9.

13) Chung KK, Anderson NE, Hutchinson D, et al. Cerebral amyloid angiopathy related inflammation : three case reports and a review. J Neurol Neurosurg Psychiatry. 2011 ; 82 : 20-6.

14) Auriel E, Charidimou A, Gurol ME, et al. Validation of clinicoradiological criteria for the diagnosis of cerebral amyloid angiopathy-related inflammation. JAMA Neurol. 2016 ; 73 : 197-202.

15) Tan CS, Koralnik IJ. Progressive multifocal leukoencephalopathy and other disorders caused by JC virus : clinical features and pathogenesis. Lancet Neurol. 2010 ; 9 : 425-37.

16) 厚生労働科学研究費補助金難治性疾患政策研究事業「プリオン病及び遅発性ウイルス感染症に関する調査研究班」, 編. 進行性多巣性白質脳症（progressive multifocal leukoencephalopathy : PML）診療ガイドライン 2020. http://prion.umin.jp/guideline/guideline_PML_2020.pdf

17) 日本血液学会, 編. 造血器腫瘍診療ガイドライン 2018 年版. http://www.jshem. or.jp/gui-hemali/table.html

18) Glass J, Hochberg FH, Miller DC. Intravascular lymphomatosis. A systemic disease with neurologic manifestations. Cancer. 1993 ; 71 : 3156-64.

19) Asada N, Odawara J, Kimura S, et al. Use of random skin biopsy for diagnosis of intravascular large B-cell lymphoma. Mayo Clin Proc. 2007 ; 82 : 1525-7.

20) Murase T, Yamaguchi M, Suzuki R, et al. Intravascular large B-cell lymphoma (IVLBCL) : a clinicopathologic study of 96 cases with special reference to the immunophenotypic heterogeneity of CD5. Blood. 2007 ; 109 : 478-85.

〈進藤(中村)桂子　山田正仁〉

②認知症の症候，検査，診断

11 認知症・軽度認知障害の診断と鑑別を要する精神疾患・病態

　認知症と他の精神疾患の鑑別の際に，まずは各認知症の特徴を十分に把握することが重要だが，病初期や非典型的な臨床像・検査所見を呈する認知症症例では鑑別が困難な場合も多い．せん妄などの軽度の意識障害やうつ病などは，認知症と類似の症状を呈するものの，治療可能であることから鑑別疾患として重要性が高い．本稿では，表1に示す認知症と鑑別すべき精神疾患[1]のなかから，せん妄，うつ病，および解離性健忘について症例を提示して解説する．

A　認知症とせん妄の鑑別

　せん妄とは意識混濁，錯覚・幻覚，興奮などを特徴とする意識障害であり，特に高齢，認知症，脳血管性障害の既往など意識障害の素因を持つものが，脳の器質的障害や脳機能に影響を与える全身性の障害に罹患した際に出現しやすい．またオピオイド，ベンゾジアゼピン，ステロイド，H_2受容体拮抗薬

表1 認知症または軽度認知障害と鑑別すべき病態

- せん妄
- 物質中毒または物質離脱
- 知的能力障害（知的発達症）
- 統合失調症
- 解離性健忘または他の解離症群における健忘
- うつ病
- 双極Ⅰ型障害
- 年齢に関連する認知の低下

（高橋三郎，監訳，DSM-5鑑別診断ハンドブック．医学書院；2015[1]より作成）

Ⅰ．認知症・軽度認知障害の診断・治療へのアプローチ　②認知症の症候，検査，診断

表2 せん妄と認知症との鑑別

	せん妄	認知症
発症	急激	緩徐
日内変動	あり 夜間や夕刻に悪化	変化に乏しい
症状の持続	数時間から数週間	永続的
認知機能障害の経過	一時的低下	持続的低下
意識	軽度混濁，変容	清明
記憶・見当識	混乱がみられる 変動して障害される 即時再生の障害	進行性に障害される 近時記憶の障害
思考・会話	まとまりがなく，断片的	内容の貧困化 語健忘
知覚	視覚性の錯覚・幻覚	異常は目立たない
睡眠覚醒リズム	常に障害	時に障害
環境・薬剤の関与	多い	ほとんどない
脳波	徐波化	正常（ときに軽度徐波化）

（中島健二，他編．認知症診療 Q & A 92．中外医学社；2012[2]より一部改変）

といった薬剤はせん妄誘発のリスクが高い．しばしば認知症との鑑別が問題となるが[2]，日内変動や急激な発症，脳波の徐波化などはせん妄を示唆する（表2）．症例1は認知症が疑われた薬剤性せん妄の症例であり，鑑別に脳波が有用であった．

症例1．71歳　女性

【主訴】 もの忘れ（陳述：夫）

【既往歴】 関節リウマチ，脊柱管狭窄症（手術3回）

【処方】 プレドニゾロン（プレドニン®），ブプレノルフィン（ノルスパンテープ®），プレガバリン（リリカ®），ロキソプロフェン（ロキソニン®），メトトレキサート（メソトレキセート®），ブロチゾラム（レンドルミン®）ほか（計

13 種類)

【現病歴】 X-6 年より関節リウマチのため近医に通院していたが, A 病院整形外科に転医し薬が増えた X 年 9 月上旬より, 夜中にふらついて歩けなくなったり, 尿失禁したりするようになった. 日中もぼんやりしていることが多くなり, 薬を飲んでいないのに「飲んだ」と言い張ることがあった. 9 月 16 日の早朝には「コンビニに働きに行かないと」と繰り返し訴えた (コンビニでの仕事歴なし). このため認知症の疑いで 9 月 19 日に当科を紹介初診した.

【神経学的所見】 特記事項なし

【検査所見】 血算・生化学的検査 (甲状腺機能を含む) で特記事項なく, 簡易認知機能検査では Mini-Dementia Scale (MDS)[3] で 23.5/36 点 (見当識および遅延再生課題で減点) と軽度認知症相当であった. 頭部 CT では側脳室前角周囲の低吸収域を認めたが, 明らかな萎縮はなかった.

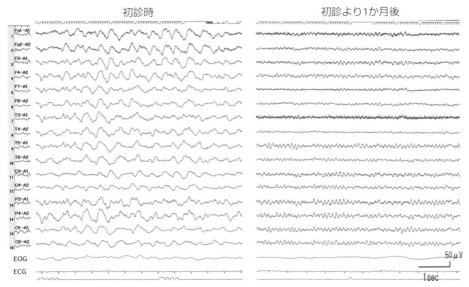

図 1　閉瞼安静時の脳波所見

初診時には高振幅 δ 波がびまん性にみられるが, 1 か月後 (せん妄症状改善後) には 9 Hz 程度の α 波が基礎波を形成している.

Ⅰ．認知症・軽度認知障害の診断・治療へのアプローチ　②認知症の症候，検査，診断

【初診時診断】せん妄の疑い

【主要症状】①まとまりのない行動，②見当識障害，③日内変動：ぼんやりしている時間帯と比較的しっかりしている時間帯あり，④元来の認知機能は良好，⑤内服歴：ステロイド，オピオイド，ベンゾジアゼピンの使用，⑥脳画像所見：深部白質の虚血性変化

【治療経過】脳波検査で徐波化を認め（図1），せん妄と診断した．紹介元と協議のうえ，プレドニゾロン，ブロチゾラム，およびブプレノルフィンを中止し，関節リウマチに対しては抗炎症剤中心の処方となった．これにより速やかにせん妄症状および脳波所見が改善した．

【考察とまとめ】せん妄の原因となりやすい複数の薬剤が処方されてより比較的急激に変動を伴う認知機能障害が生じており，脳波所見とあわせてせん妄と診断された症例である．薬剤整理により速やかに改善し，また診断およびせん妄改善の判定に脳波検査が有効であった．

B　認知症とうつ病の鑑別

　うつ病は典型的には抑うつ気分，興味や喜びの減退，食欲や睡眠の障害，焦燥，疲労感，罪責感，注意集中困難，希死念慮などを呈する精神疾患である．老年期うつ病では記銘力や判断力の低下を訴えることが多く（仮性認知症），認知症との鑑別が問題となるが，臨床的特徴（表3）から両者の鑑別はある程度可能と思われる[4]．

　一方，認知症では高頻度に抑うつ症状やアパシーを認め，また認知症とうつ病はしばしば合併する．うつ病は Alzheimer 型認知症の危険因子としても注目され，また Lewy 小体型認知症（dementia with Lewy bodies：DLB）の初期には抑うつ症状が出現しやすく，認知症の診断に先立ってうつ病と診断されていることも多い．症例2はうつ病と診断されていた初期 DLB 疑いの症例である．「認知症かうつ病か」といった二者択一的な鑑別診断を行う意義は乏しいが，高齢者の難治性うつ病の場合には認知症の可能性も常に考慮すべきである．

11. 認知症・軽度認知障害の診断と鑑別を要する精神疾患・病態

表3 うつ病性仮性（偽性）認知症と認知症の鑑別の要点

	うつ状態（仮性認知症）	認知症
発症	日時はある程度明確	緩徐なことが多い
経過	発症後，症状は急速に進行し，日内・日差変動を認める	経過は一般に緩徐で，変動が少ないことが多く，一般に進行性
持続	数時間～数週間	永続的
もの忘れの訴え	強調する（誇張的）	自覚がないこともある
自己評価	自分の能力低下を嘆く	自分の能力低下を隠す（取り繕い的）
言語理解・会話	困難でない	困難である
答え方	質問に「わからない」と答える	誤った答え，作話やつじつまを合わせようとする
症状の内容	最近の記憶も昔の記憶も同様に障害	昔の記憶より最近の記憶の障害が目立つ
典型的な妄想	心気妄想・罪業妄想・貧困妄想	もの盗られ妄想
抗うつ剤治療	有効	無効

（日本神経学会，監修．認知症疾患治療ガイドライン 2010 コンパクト版 2012．医学書院；2012[4]）より一部改変）

症例2．74歳　女性

【**主訴**】　常に背中が痛い（陳述：本人）

【**既往歴**】　上行結腸癌手術（56歳時）

【**現病歴**】　X-19年より背部痛や不眠があり抗不安薬を使用していた．X-9年に抑うつ気分，意欲低下などがみられ，うつ病の診断でB病院精神科より抗うつ剤が処方され症状は軽減した．X-2年9月頃より身体感覚の異常（「足の指から粘液が漏れ出てくる」など）を訴え，また同時期より物忘れがみられ，Alzheimer病疑いでリバスチグミン（リバスタッチ®）が開始された．X-1年12月頃より背部痛が増強し，抑うつ気分や意欲低下に加えイライラや希死念慮を認めたため，X年1月29日に当科へ紹介入院した．

I. 認知症・軽度認知障害の診断・治療へのアプローチ　②認知症の症候，検査，診断

【入院時処方】デュロキセチン（サインバルタ®）20 mg,

リバスチグミン 9 mg

【神経学的所見】明らかな Parkinson 症状なし

【入院時診断】反復性うつ病性障害

【主要症状】①背部痛，②身体感覚の異常：「足の底がザラついて粘液が漏れてくる」など，③意欲低下，④抑うつ気分，⑤焦燥感，⑥希死念慮

【検査所見】血算・生化学的検査（甲状腺機能を含む）で特記すべき異常なく，MDS で 28.5/36 点（注意・計算，遅延再生・再認，および立方体模写の課題で減点）と軽度認知障害（mild cognitive impairment：MCI）相当であった．ハミルトンうつ病評価尺度得点（17 項目）は 12 点と軽度の抑うつに相当した．脳波検査では規則的な α 律動を認め，徐波や突発波の混入はなかった．頭部 MRI 検査でびまん性に軽度脳萎縮を認めた．脳血流 SPECT では，両側頭頂葉，後部帯状回，および後頭葉の血流低下を認めた．MIBG 心筋シンチグラフィでは，心縦隔比が早期相，遅延相共に低下していた．DAT スキャンでは線条体への集積低下を認めた．ノイズ版パレイドリアテストでは錯視反応率が 20% と高率であった．

【治療経過】抑うつ症状に対してミルダザピン（レメロン®）15 mg および抑肝散 2.5 g を追加した．身体感覚の異常は体感幻覚様であり，また病歴聴取により①怒鳴るような寝言が頻繁にあること，②過去にスルピリド（ドグマチール®）を使用した際に手指振戦を認めたこと，および③X-1 年に幻視体験（「駐車場の箱から人の手がパラパラと出てきた」）を認めたことが明らかとなった．また入院中に手指振戦および起立性低血圧を認めた．検査結果とあわせて DLB を疑い，リバスチグミンを増量したところ，抑うつ症状も改善し X 年 3 月 6 日に退院した．

【考察とまとめ】本症例の認知機能は MCI レベルであり，また DLB 臨床診断基準[5]の中核的特徴を満たすとは言えないものの，DLB の多くの特徴を有し，疑い症例と考えられた．DLB では 20～30% 程度に抑うつ症状がみられ，その出現時期は記憶の障害から平均 5 年程度先行する[6]．DLB は臨床症状が多彩であり，特に病初期には診断が困難なことも多いが，近年では MIBG 心筋シンチグラフィや DAT スキャンといった DLB の診断に参考となる検査が

普及しつつある．高齢者の抑うつ症状に対しては DLB を含めた脳器質性疾患の検討が重要と思われた．

C 認知症と解離性健忘の鑑別

　解離性健忘は，ストレスと関連した健忘により自覚的な苦痛や社会的な障害を生じる場合に診断され，精神作用物質の影響や認知症を含む他の神経精神疾患では症状を説明できないことが診断基準に含まれる[7]．解離性健忘では，通常は外傷的な出来事に関連する限定された記憶の欠落が生じることが認知症との鑑別点とされる[1]．しかし実際には，解離性健忘が全般的な領域に及ぶこともあり，必ずしも記憶欠落の範囲のみで鑑別できるわけではない．このため解離性健忘を疑う際には，認知症を含めた脳の器質性疾患を除外する必要がある．器質因に基づく認知機能障害であっても初期に精神疾患が疑われることがあり，ここでは精神科初診時に解離性健忘が疑われた脳炎の症例を提示する（症例 3）．

症例 3．63 歳　女性

【主訴】 物忘れ，不安（陳述：夫）

【既往歴】 高血圧にて加療中

【家族歴】 娘が双極性障害で精神科通院中

【現病歴】 X−3 年に父が亡くなった際に親族と遺産トラブルとなった．X−1年，それまで介護をしてきた母が亡くなり，同様のトラブルを強く懸念するようになった．同年 11 月に家族旅行に行ったが，旅行中の記憶が抜けていた．その後も「記憶が途切れる感じ」が度々あり，約束の時刻をよく確認するようになった．胸苦感や頭重感を訴え涙を流すことが度々あり，X 年 1 月4 日に当科を初診した．

【神経学的所見】 特記事項なし

【初診時検査所見】 血算・生化学的検査（甲状腺機能を含む）で特記すべき異常なく，MDS で 26/36 点（見当識，注意・計算，および遅延再生・再認の課題で減点）と軽度認知症相当であった．頭部 CT では両側淡蒼球の生理的石灰化を除き，特記すべき所見はなかった．

Ⅰ．認知症・軽度認知障害の診断・治療へのアプローチ　②認知症の症候，検査，診断

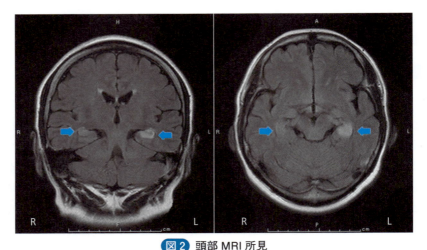

図2 頭部 MRI 所見
FLAIR 画像で両側性（左優位）に海馬領域の高信号を認める（矢印）．

【初診時診断】解離性健忘の疑い
【主要症状】①健忘：数日前の記憶がなく，直前のことを頻繁に確認する，②不安症状，③抑うつ気分，④葛藤要因：遺産トラブルへの懸念，⑤精神疾患の家族歴
【治療経過】ミルタザピン（レメロン®）15 mg およびエチゾラム（デパス®）0.5 mg が処方されたが，健忘症状は進行し，1月23日の頭部 MRI 検査（FLAIR 画像）にて両側海馬領域の高信号を認めた（図2）．このため当院神経内科に入院し，髄液では炎症所見や悪性所見なく，ヘルペスウイルス陰性，N-methyl D-aspartate 抗体陰性であったが，血清の抗 voltage-gated potassium channel（VGKC）抗体が強陽性であり，抗 VGKC 受容体陽性辺縁系脳炎と診断された．諸検査にて悪性腫瘍の合併はみられず，脳波検査では徐波や突発波の混入はなかった．ステロイドパルス療法により海馬病変の縮小，健忘の軽快（MDS で 35/36 点）が得られ退院した．
【考察とまとめ】認知機能障害と精神症状を呈し精神科を初診した抗 VGKC 受容体陽性辺縁系脳炎の症例である．本脳炎は非ヘルペス性辺縁系脳炎の約20％を占め，海馬に多く存在する Leuchine-rich glioma inactivated 1 などが

抗原となり，認知障害，けいれん，自律神経障害，低ナトリウム血症，不眠などを呈する．壮年期発症で亜急性の経過をとり，悪性腫瘍や自己免疫疾患の合併が約3割にみられる．免疫療法の治療反応性は良好であり，認知症や様々な精神疾患の鑑別疾患として重要と考えられた．

おわりに

認知症や認知症様症状をきたす疾患は多く，その病態は多彩であるが，特に治療可能な疾患に関しては早期の適切な診断が求められる．認知症と鑑別すべき精神疾患としては，せん妄やうつ病が重要であり，症例を提示して解説した．また明らかな器質因に基づく認知機能障害であっても初期に精神疾患が疑われることがあり，さらに様々な精神疾患（統合失調症，双極性感情障害，うつ病など）が後の認知症発症のリスク因子であることが示されている[8]．すなわち精神症状を呈する高齢者に対しては常に認知症や脳器質性疾患との鑑別を考慮することが重要である．

●文献

1) 高橋三郎，監訳．DSM-5鑑別診断ハンドブック．東京：医学書院；2015.
2) 中島健二，和田健二，編．認知症診療 Q&A 92．東京：中外医学社；2012.
3) 倉知正佳，金　英道，葛野洋一，他．Mini-Dementia Scale―痴呆の早期診断のために―．臨床精神医学．1991；20：451-5.
4) 日本神経学会，監修．認知症疾患治療ガイドライン2010コンパクト版2012．東京：医学書院；2012.
5) McKeith IG, Boeve BF, Dickson DW, et al. Diagnosis and management of dementia with Lewy bodies: Fourth consensus report of the DLB Consortium. Neurology. 2017; 89: 88-100.
6) Fujishiro H, Iseki E, Nakamura S, et al. Dementia with Lewy bodies: early diagnostic challenges. Psychogeriatrics. 2013; 13: 128-38.
7) 日本精神神経学会，監修．DSM-5精神疾患の分類と診断の手引．東京：医学書院；2014.
8) Zilkens RR, Bruce DG, Duke J, et al. Severe psychiatric disorders in mid-life and risk of dementia in late- life (age 65-84 years): a population based case-control study. Curr Alzheimer Res. 2014; 11: 681-93.

〈高橋　努〉

③認知症の治療・ケア・支援・予防

1 治療・ケアの計画と診断・治療方針の患者・介護者への説明

　認知症とは脳の病変により記憶・思考・判断・注意・遂行機能などの複数の認知機能が後天的に低下し社会・家庭生活に支障をきたすようになった状態である．医師は治療可能な認知症（甲状腺機能低下症，Wernicke 脳症，ビタミン B$_{12}$欠乏症，Korsakoff 症候群，脳炎，正常圧水頭症，硬膜下血腫，脳腫瘍など）を迅速に鑑別するとともに，Alzheimer 型認知症や Lewy 小体型認知症，前頭側頭型認知症を代表とする変性疾患や血管性認知症などの根治療法が不可能な認知症について治療やケアの計画を立案しなければならない．生活状況や検査結果・診察より今後起こりえる症状を予測し，患者・介護者の希望を聞きだし，情報を共有することが方針を決定していく際に重要となる．

A 軽度認知障害における治療・ケアの計画

　軽度認知障害（mild cognitive impairment：MCI）は社会生活に支障をきたさない程度の記憶障害もしくは記憶以外の認知領域の軽度な障害が出現している時期を指す．MCI は健忘を主体とする amnestic MCI と健忘のない non-amnestic MCI に分類され，数年の経過で認知症に移行する可能性がある．特に amnestic MCI は Alzheimer 型認知症への転化が年間 5〜10%とする報告[1]もあり，Alzheimer 型認知症に移行しやすいことを患者・介護者に説明し，今後の治療方針の決定に役立てる．

　治療・介入を行う際に注意すべき点は，MCI への抗認知症薬投与には認知症への転化を抑制するエビデンスがないことである．患者・介護者が抗認知症薬を希望される場合は，メリット・デメリットを説明した上で薬物治療を行うか決定していくべきである．エビデンスが十分でないものの現時点でMCI の進行抑制が期待できる方法として，有酸素運動や認知トレーニングな

どの非薬物療法が挙げられる．有酸素運動は単独で認知機能の改善（特に遂行機能）に効果があり，中強度（3 METs）以上の運動を 45 分以上継続して行うことが推奨されている[2]．また患者は遂行機能障害や意欲低下により，自宅に閉じこもりがちな生活となっていくことが多い．積極的な社会活動への参加や知人との交流を行い，家庭内でも遂行可能な役割を担うことは，MCI の進行予防だけでなく健康的な生活を送る上で重要なことであり，かつ MCI から認知症への進展を予防させる効果を期待できる．

　認知トレーニングを薦めるにあたっての注意点は，患者の認知機能にあったトレーニングを行うことである．単調，あるいは難解すぎてもトレーニングの効果は得られないため，患者一人一人に合ったトレーニングを行う必要がある．少し難度の高い課題を頭で考えながら体を動かすデュアルタスクの課題が推奨され，国立長寿医療研究センターが開発したコグニサイズなどを参考にするとよい．

　その他，中年期以降の聴力障害・高血圧症・脂質異常症，高齢期の喫煙・うつ・身体的不活動・糖尿病が社会生活における認知症のリスクとされており，積極的な予防や治療が不可欠である．

B　Alzheimer 型認知症における治療・ケアの計画

　Alzheimer 型認知症の症状は中核症状（認知症状）と行動・心理症状（behavioral and psychological symptoms of dementia : BPSD）（周辺症状）に分かれる．中核症状とは記憶障害や遂行機能障害・視空間認知障害・言語障害などの症状，BPSD は中核症状を基盤に出現する徘徊・暴言・暴力などの行動面の症状や抑うつ・幻覚・妄想などの精神症状を指す．Alzheimer 型認知症者の認知機能改善のため，抗認知症薬（ドネペジル・ガランタミン・リバスチグミンなどのアセチルコリンエステラーゼ阻害薬や NMDA 受容体拮抗薬であるメマンチン）の使用が勧められており，患者・介護者とメリット・デメリットについて話し合った上で投与を検討する．BPSD 出現時には抗認知症薬以外に抗精神病薬や抗てんかん薬などを使用する場合もある．抗認知症薬を開始する際には根治療法ではないことを予め患者・介護者に説明しておくことが重要である．患者・介護者は認知機能の改善を望んでおり，

抗認知症薬投与後に「変化がない」「もの忘れが悪化している」など，薬剤の効果に落胆されるケースを筆者は経験している．抗認知症薬の継続が重要であることを話し，「軽度認知障害における治療・ケアの計画」の項目でも記載した通り非薬物療法も積極的に勧める．また，患者・介護者は維持量に達するまでの増量に対し「認知機能が悪化したから増量されたのではないか」と抵抗感を示すことが多いが，初回投与時に副作用発現防止のため少量で投与開始することを説明しておくとよい．

　その他，介護認定制度や地域包括支援センターの役割などを患者・介護者に説明し，希望があれば相談や手続きを進めることも重要である．患者が病気に対し不安やストレスを抱えるのは当然であるが，介護者も介護に対する負担を感じていることが多い．負担に感じる内容としては「患者の今後の変化への不安」「患者の行動への対応に困る」「患者のそばにいると気が休まらない」などが挙げられ，介護者によっては共倒れ状態に陥ってしまう人もいる．軽度認知症の時期より制度やサービスを説明することで，認知症は介護者だけで看るのではなく，利用できる社会資源を最大限活用し，解決策を検討しながら地域全体で治療・ケアを行っていくものという考え方を持ってもらう．制度・サービスを利用しやすい状態につなげていくことも認知症に携わる医療者の役割として重要である．

　医師は認知症患者に対し薬剤の調整も行わなければならない．高齢者では多剤を服薬していることが多く（polypharmacy），服薬方法や服薬時間が煩雑になっている．高齢者では6剤以上服薬すると転倒などの有害事象が増加することが報告されており[3]，さらに認知機能障害があると健常人と比較しアドヒアランスが低下することから，基本的には薬剤の減量・中止を進めていく．ただし，抗てんかん薬や抗うつ薬，循環器病薬，ステロイドなどの急激な減量・中止は症状を悪化させる可能性があることから慎重に減量・中止を行う．高齢期に入ると食生活の変化や腎機能の低下により，厳格な血糖・血圧コントロールがかえって低血糖発作や低血圧による転倒などを誘発する可能性が報告されている．薬物用量は通常の1/2量（向精神薬は1/4量）から開始し（small），なるべく短い期間の投与に留める（short），1日3回服用から2回あるいは1回に切り替える等の簡単な服薬方法（simple）を検討し

1．治療・ケアの計画と診断・治療方針の患者・介護者への説明

表1 認知症患者への薬物療法の原則

1．簡単な処方……Simple*
2．少量投与………Small*
3．短期間投与……Short*
4．多剤服用を避ける
5．薬物コンプライアンス（アドヒアランス）を確認する
6．副作用の予告

*British Medical Formula の三原則
（日本神経学会，監修．認知症疾患診療ガイドライン 2017．医学書院；2017[4]を参考）

なければならない（表1）[4].

　重度認知症の場合は，介護者と医療従事者の間の意思疎通や良好な関係性の構築も重要となる．熱心に介護してきた介護者は BPSD に対し過小に評価・申告していることがあり，医師が患者・介護者のことを十分に理解し，具体的な質問を行うことで早めに発見・介入が可能となる．特に易怒性・興奮・暴言・暴力などの症状は，問診を行っている時にふと介護者の口から出てくることもあり，見逃さずより詳しく状況を聞き出すように心掛ける．また外来診療を行っていると，介護サービスの利用を促していてもなかなかサービスの利用に繋がらない症例を多く経験する．患者・介護者の意思を尊重し，ともに計画を立てていくためにも，なぜサービス利用に繋がらないのかを検討しながら可能な治療・ケアを行っていく．

　認知症が終末期になり，寝たきりの状態になった際には，どこで最期を迎えるか本人の意志を尊重し，また家族で相談してもらい，ケアの計画を立案する必要がある．この時期に注意しなければならないのは褥瘡と誤嚥性肺炎・低栄養である．食事を口に詰め込んで食べてしまう患者は誤嚥しやすく，食事に興味がなくなった患者は食事が進まず低栄養となりやすい．低栄養となり体動も減少した患者は褥瘡にも注意する必要がある．せっかく自宅で最期を迎える選択をしていても褥瘡による疼痛や感染症によって入院を余儀なくされる場合がある．自宅での最期を望まれる際に訪問診療や訪問看護を提案することも一案である．

図1 BPSDに対する薬物療法・非薬物療法

C 脳血管性認知症における治療・ケアの計画

　基本はAlzheimer型認知症に対する治療・ケアと同様であるが，脳血管性認知症に多くみられる症状としてアパシーや遂行機能障害，感情の制御障害，注意障害，麻痺症状などがある．アパシーや遂行機能障害は社会生活を営む能力を初期から低下させてしまうため，積極的なサポートが必要である．感情の制御障害は感情のコントロールができないため，易怒性や興奮などが出現しやすい．そのため介護者の疾患への理解を促し，患者・介護者の双方の負担を減らすようケアの計画を立てていく必要がある．注意障害や麻痺症状は転倒による骨折・打撲のリスクとなる．骨折による介護負担の増加は患者・家族が望む治療・ケアの選択肢を狭めてしまうため，患者・介護者にリスクを説明し運動リハを勧める．

　脳梗塞の再発予防目的に処方される抗血小板薬や抗凝固薬は，症例によっては脳出血や消化管出血のリスクを高める場合があり，注意が必要となる．薬剤管理の面において服薬コンプライアンスや家族の内服管理が可能であるかなどを考慮しつつ，診察時での皮膚の出血や皮下出血や採血での腎機能を確認し，薬物療法が安全に継続可能であるのかを判断する必要がある．

　その他，脳血管障害の後遺症で最も問題となるのが嚥下機能の低下であ

る．認知症患者では食べるスピードを調節することが難しく，通常の脳梗塞後の患者と比較し誤嚥のリスクが高い．そのため，口腔ケアや嚥下訓練をより重点的に行っていく必要がある．口腔ケアの効果として，虫歯や歯周病の予防だけでなく，口臭の予防や味覚の改善，唾液分泌の促進も含まれる．適切な歯ブラシを選び，歯垢，舌苔の除去を図るとともに，唾液腺マッサージを行い，口の中を保湿・清潔な状態を保つことが推奨される．「食事中のムセ」，「痰がよく出る」など嚥下機能の低下を疑う症状が出てきた場合は，嚥下機能評価を行い，必要があれば嚥下リハビリを行うべきである．外来で簡便にできる嚥下機能評価としては改訂水飲みテスト（modified water swallow test: MWST）が一般的である．

D Lewy小体型認知症における治療・ケアの計画

　Lewy小体型認知症は認知機能障害や幻視，妄想，うつ症状，アパシー，レム睡眠行動異常，錐体外路症状（振戦，小股歩行），自律神経症状（起立性低血圧，排尿障害）などの様々な症状が出現する変性疾患である．記憶障害以外の認知機能障害が初発になる場合があることや認知機能障害に先行して多様な精神神経症状が出現することが多いため早期の診断が困難であるが，介入すべき症状を見逃さず適切な時期に適切な治療・ケアを行う．

　Lewy小体型認知症の中核的特徴には「注意や明晰さの著明な変化を伴う認知の変動」「繰り返し出現する構築された具体的な幻視」がある．「認知の変動」については患者・介護者には時間や日によって認知機能低下の差が激しいこと，その時々にあった介護・ケアを行うよう説明する．「具体的な幻視」は影が人に見えるなどの錯視や誰かが家の中にいるという誤認妄想が多い．幻視に対し患者が不安を感じている場合は，傾聴・受容することが重要である．また，錯視の原因の除去や少量の抗認知症薬の使用も検討する．

　Lewy小体型認知症の中核的特徴の一つであり，認知機能障害に先行して出現することが多いレム睡眠行動異常も注意が必要である．レム睡眠中に夢の内容に関連した異常行動が見られるため，患者・介護者ともに怪我をするリスクが高く，早期に発見し診断・治療ができるよう患者・家族に説明する．その他，認知機能障害に先行して出現することが多い便秘症や自律神経

Ⅰ. 認知症・軽度認知障害の診断・治療へのアプローチ　③認知症の治療・ケア・支援・予防

障害，抑うつ症状にも治療・ケアの方針を立てる．

　抗精神病薬を使用する場合は薬剤過敏性（neuroleptic-induced super-sensitivity）に注意する．重度の薬剤過敏性（認知機能低下，Parkinson 症状，傾眠，悪性症候群など）の出現頻度は Alzheimer 型認知症投与群と比較し明らかに多く，2 週間以内に出現することが多い[5]．そのため，幻覚・幻視・妄想があっても日常の生活に支障がなければ，抗精神病薬の安易な使用は控えるべきである．

E　前頭側頭葉変性症における治療・ケアの計画

　前頭側頭葉変性症は臨床症状に基づき行動障害型前頭側頭型認知症（bvFTD），意味性認知症（SD），進行性非流暢性失語（PNFA）に分類される．

　ここではその中でも介護者に負担がかかることが多い bvFTD について記載する．bvFTD の特徴としては，同じルートを徘徊するなどの常同行動，集中力がなくなる，言葉がなかなか出てこない，反社会行動を認める，などの特徴的な症状が出現する．常同行動や環境・日課を変えることによって不安やイライラが増加し，暴力につながることがあるため，介護者には「常同行動を強制的に止めない」，「環境や日課は変えない」，「反社会的行動が多くみられる場合は受診・主治医に相談する」ことを説明する．反社会的行動や介護者のフォローが困難な常同行動が出現している場合は行動変容を行う．

　SD や PNFA は失語が主な臨床症状であり，介護者の失語に対する理解を促し，日常生活を円滑に進められるよう工夫していくのがよい．

　認知症ケアの基本は「パーソンセンタードケア（person-centered care）」とされ，パーソンフッド（personhood，その人らしさ）の維持を大切にすることが，認知症ケアの基本となる．その人その人が可能な社会資源を利用し周囲の人と交流しながら住み慣れた環境で健康に生活できるよう，認知症ケアを実践していくことが医療者の役割である．

1．治療・ケアの計画と診断・治療方針の患者・介護者への説明

●**文献**

1) Mitchell AJ, Shiri-Feshki M. Rate of mild cognitive impairment to dementia—meta-analysis of 41 robust inception cohort studies. Acta Psychiatr Scand. 2009 ; 119 : 252-65.

2) Northey JM, Cherbuin N, Pumpa KL, et al. Exercise interventions for cognitive function in adults older than 50 : a systematic review with meta-analysis. Br Sports Med. 2017 ; 52 : 154-60.

3) Kojima T, Akishita M, Kameyama Y, et al. High risk of adverse drug reactions in elderly patients taking six or more drugs : analysis of inpatient database. Geriatr Gerontol Int. 2012 ; 12 : 761-2.

4) 日本神経学会，監修．認知症疾患診療ガイドライン 2017．東京：医学書院；2017.

5) Ballard C, Grace J, McKeith I, et al. Neuroleptic sensitivity in dementia with Lewy bodies and Alzheimer's disease. Lancet. 1998 ; 351 : 1032-3.

〈奥野太寿生　森本茂人〉

③認知症の治療・ケア・支援・予防

2 認知症高齢者にみられる 身体疾患と薬物動態

　厚生労働省令和元年の簡易生命表によると，日本人の平均寿命は，男性 81.41 歳・女性 87.45 歳となり過去最高を示した．平均寿命の長さを世界の 国・地域と比較すると，男性では，1 位は香港（82.34 歳），2 位はスイス （81.7 歳）についで世界 3 位である．女性では，香港（88.13 歳）についで 2 位である．

　わが国の 65 歳以上の高齢者人口は，昭和 25 年には総人口の 5％に満たな かったが，昭和 45 年に 7％を超え，さらに，平成 6 年には 14％を超えた．高 齢化率はその後も上昇を続け，現在 27.3％に達している[1]．平成 27 年 1 月厚 生労働省により，令和 7 年の認知症患者は，現状の約 1.5 倍となる 700 万人 を超えるとの推計が発表され，これに軽度認知症を加えると，約 1,300 万人 となり，65 歳以上の 3 人に 1 人が認知症ということになる．

　認知症とは，「いったん正常に発達した認知機能が，後天的な障害により持 続的に低下し，社会生活に著しい支障をきたすようになった状態」と定義さ れる．認知症は，高齢者に多い疾患であると同時に経過の長い疾患である． そのため，その経過中に様々な身体疾患を合併する．身体疾患の合併は，生 命予後に影響を及ぼしたり，行動心理症状（behavioral and psychological symptoms of dementia: BPSD）を発現させる要因となり，日常生活動作を 低下させる．

　そこで，本稿においては，認知症高齢者にみられる身体疾患と薬物動態に ついて述べる．

A 認知症高齢者の病態および疾患の特徴

　認知症高齢者の疾患の特徴となる 10 項目を，表 1 に示した[2]．第 1 に多臓 器に疾患が認められることである．認知症高齢者では，加齢に伴う臓器の機

2．認知症高齢者にみられる身体疾患と薬物動態

表 1 認知症高齢者の疾患の特徴

1）多臓器に疾患が認められる（multiple pathology）．
2）疾患の症状が非定型的であり，無症状のことや精神障害を伴うことがある．
3）独立した日常生活をおくることを阻害する多くの症候と機能障害がある．
4）急性疾患からの回復が遅延し，合併症を続発する．
5）検査値の変動をきたしやすく，ホメオスターシスや制御系の失調を起こしやすい．
6）薬物の使用が多くなり，副作用の発現が増加する．
7）社会的要因や環境の変化により，病状が変動する．
8）フレイル，認知症超高齢者（90 歳以上）などでは手術の適応が問題となる．
9）長期介助を要するため，福祉との連携とチーム医療が必要となる．
10）終末期医療の機会が多くなり，死をどのように迎えるかが問題となる．

（小澤利男．Geriatric Medicine．1994；32：509-15[2]より一部改変）

表 2 認知症高齢者に合併しやすい身体症状

1．運動症状	パーキンソニズム，不随意運動，パラトニア，痙攣，運動麻痺
2．廃用症候群	筋萎縮，拘縮，心拍出量低下，低血圧，肺活量減少，尿失禁，便秘，誤嚥性肺炎，褥瘡
3．老年症候群 （一部 1，2 と重複）	転倒，骨折，脱水，浮腫，食欲不振，体重減少，肥満，嚥下困難，低栄養，貧血，ADL 低下，難聴，視力低下，関節痛，不整脈，睡眠時呼吸障害，排尿障害，便秘，褥瘡，運動麻痺
4．その他	嗅覚障害，慢性硬膜下血腫，悪性症候群

（日本神経学会，監修．認知症疾患治療ガイドライン 2010．医学書院；2010．p.129）[3]

能低下によるためである．表 2 に認知症高齢者に合併しやすい身体症状[3]，表 3 に認知症高齢者に多い疾患を示す[4]．それぞれの病態や疾患が，互いに因果関係を有することもあり，まったく無関係のこともある．

　第 2 に疾患の症状が非定型的であり，無症状のことや精神障害を伴うことがある．全身倦怠，虚脱感，意識障害などの非定型症状は，発症から比較的早期に出現する[5]．同じ疾患に罹患しても認知症高齢者では，成人と異なっ

Ⅰ．認知症・軽度認知障害の診断・治療へのアプローチ　③認知症の治療・ケア・支援・予防

表3 認知症高齢者に多い疾患

神経精神疾患	脳血管障害，痴呆，Parkinson 病，うつ病
循環器疾患	高血圧，狭心症，心筋梗塞，動脈硬化症，心不全
呼吸器疾患	慢性気管支炎，肺気腫，肺炎，肺癌，肺結核
消化器疾患	胃癌，大腸癌，胃潰瘍，大腸憩室症，胆石症，肝硬変
腎・尿路疾患	前立腺肥大症，神経因性膀胱，尿路感染症，前立腺癌
内分泌・代謝疾患	甲状腺機能低下症，糖尿病，痛風，高脂血症
血液疾患	貧血，悪性リンパ腫
運動器疾患	骨粗鬆症，変形性膝関節症，脊椎管狭窄症，関節リウマチ
感覚器疾患	白内障，難聴
口腔内疾患	歯の喪失，歯肉炎

（大西利男．In：井村裕夫，他編．最新内科学大系　老年の診療．中山書店；1995．p.35-9[4]より一部改変）

た症状を呈することが多い．例を挙げれば，心筋梗塞に罹患していても胸痛を訴えない．肺炎に罹患していても発熱・咳・痰がなく，食欲不振や意識障害のみを呈することが多い．症状が非定型的であるということは，特に75歳以上の認知症高齢者に多く，認知症高齢者で意識障害，全身倦怠感，食思不振，認知症の増悪などの非特異的症状が認められた際には，その背後に重大な疾患が隠されている可能性が多いことに留意する必要がある[6]．

第3に独立した日常生活をおくることを阻害する多くの症候と機能障害がある．寝たきりと認知機能障害が特に重要である．これらは，加齢とともに個人差は大となっていく．

第4に急性疾患からの回復が遅延し，合併症を続発する．また，認知症高齢者の疾患は非可逆的であることが多い．

第5に検査値の変動をきたしやすく，ホメオスターシスや制御系の失調を起こしやすい．認知症高齢者では水分量が若年者の2/3程度であり，細胞内水分が減少しており，水分が欠乏しても渇きを訴えることが少ないので脱水を起こしやすい．

第6に薬物の使用が多くなり，副作用の発現が増加する．認知症高齢者は，多臓器に疾患があり内服している薬剤も多い．そのために，副作用の発現が増加する．認知症高齢者では腎機能・肝機能が低下している人が多い．可能な範囲で薬剤を整理することにより，患者の状態が改善することをよく経験する．また，認知症高齢者でアセチルコリンエステラーゼ阻害薬（AChEI）を内服しているときには常に徐脈の有無を確認する必要がある．同様に逆流性食道炎と胃潰瘍にも注意が必要である．

第7に社会的要因や環境の変化により，病状が変動する．種々の機能障害を抱える高齢者は，社会や家族に依存する状況になりやすい．

第8にフレイル，超認知症高齢者（90歳以上）などでは手術の適応が問題となる．日常診療において，認知症高齢者の癌合併を多く経験する．手術では術前に何らかの合併症を有する率が高く，術後合併症では認知症悪化，術後せん妄，肺炎の合併が多い．また，在院日数の延長が認められるが，手術・在院死亡率には差を認めない．

第9に長期介助を要するため，福祉との連携とチーム医療が必要となる．

第10に終末期医療の機会が多くなり，死をどのように迎えるかが問題となる．人生観，死生観などの価値観は，人によりまた，家庭により大きく異なる．常に認知症高齢者および家族の考え方をよく理解し話し合うことが大切である．

B 認知機能に影響を与える薬物

認知症高齢者では，加齢に伴い臓器機能が低下する．また，多臓器に疾患があり内服している薬剤も多い．そのために，副作用の発現が増加する．また，腎機能・肝機能が低下していることが多い．可能な範囲で薬剤を整理することによって，状態が改善することがよくある．薬物起因性の認知症症状には次のような特徴を有する．注意力低下から傾眠傾向にいたる意識障害を併発している．薬物服用に応じた認知機能障害の程度の経時的な変化を認める．急激かつ激烈な経過をとる「せん妄」症状を示すものが含まれる．薬物の中止により状態が改善することがよくある．逆に薬物の過剰投与により，いわゆる薬物拘束を起こしうる．表4にはこれらの深層構造を抑制し，認知

Ⅰ. 認知症・軽度認知障害の診断・治療へのアプローチ　③認知症の治療・ケア・支援・予防

表4 認知機能に影響を与える薬剤

系　統	薬物（一般名）	商品名	理由，おもな副作用
睡眠薬（バルビツレート系）	ベントバルビタール	ラボナ	中枢性副作用，依存症
	アモバルビタール	イソミタール	同上
	バルビタール	バルビタール	同上
	合剤	ベゲタミン A，ベゲタミン B	中枢性副作用，抗コリン作用
睡眠薬（ベンゾジアゼピン系）	フルラゼパム	インスミン，ダルメート，ベノジール	過鎮静，転倒，抗コリン作用，筋弛緩作用，長時間作用
	ハロキサゾラム	ソメリン	同上
	クアゼパム	ドラール	長時間作用型
	トリアゾラム	ハルシオン	健忘症状
抗不安薬（ベンゾジアゼン系）	クロルジアゼポキシド，ジアゼパムをはじめとするベンゾジアゼピン系抗不安薬	コントール，バランス，セルシン，セレナミン，セレンジン，ホリゾンなど	過鎮静，転倒，抗コリン作用，筋弛緩作用，長時間作用
抗うつ薬	アミトリプチリン，イミプラミン，クロミプラミンなどの三環系抗うつ薬	トリプタノール，トフラニール，アナフラニールなど	抗コリン作用，起立性低血圧，QT 延長
抗そううつ薬	炭酸リチウム	リーマス	
抗パーキンソン病薬	レボドパ	ドパストン，ドパゾール，ドパール	抗コリン作用（運動異常を特徴とする）
	アマンタジン	シンメトレル，アテネジンなど	
	ブロモクリプチン	パルキゾン，パーロデルなど	
	トリヘキシフェニジル	アーテン，トレミン，セドリーナ，ピラミスチンなど	抗コリン作用
抗てんかん薬	フェノバルビタール	フェノバール，ルミナール	中枢性副作用，転倒（眼振を特徴とする）
	フェニトイン	アレビアチン，ヒダントール，フェニトイン N	同上
消化性潰瘍治療薬	H₂ブロッカー（シメチジン，ファモチジンなど）	タガメット，ガスター	
降圧薬	レセルピン	アポプロン，レセルピエムなど	うつ，インポテンツ，鎮静，起立性低血圧
	プロプラノロール	インデラル，ノルモテンス，ソラシロール，サワタール LA	
循環器薬	リドカイン	キシロカイン，オリベス，リドクイック	
	メキシレチン	メキシチール，メキシレートなど	
	ジギタリス	ジゴキシン，ジゴシン，ラニラビッド，ジギラノゲン C など	
その他	ステロイド	グリコラン，メルビンなど	
	甲状腺末	チロキシン	
	アミノフィリン	アルピナ，キョーフィリン，ネオフィリン	
	テオフィリン	スロービッド，テオドール，テオロング，ユニフィル	
	インターフェロン		
	抗ヒスタミン薬		
	抗がん薬		
	抗結核薬		

148

2．認知症高齢者にみられる身体疾患と薬物動態

機能に影響を与える薬剤を示す．総合感冒薬や消化性潰瘍治療薬等にも認知
機能に影響を与えることがあるため注意が必要である．

C　せん妄と認知症

　せん妄は，入院や睡眠障害を契機として発症することが多い．意識混濁と
意識変容，健忘と見当識障害，精神運動異常，睡眠・覚醒障害，日内変動な
どを特徴とする．せん妄と認知症の違いは，せん妄は，一般的に夜間に増悪
し，一日のうちで症状がはげしく変動したり，認知症ではあまり見られない
幻視・幻覚などが出現したりする．せん妄は一般的に回復が可能であり，回
復不能な認知症と誤診しないように注意する必要がある．ベンゾジアゼピン
系睡眠薬のニトラゼパム，フルラゼパム，降圧薬のプロプラノロールでは悪
夢の訴えが多く，抗コリン薬によるせん妄では即時記憶や中間記憶の想起障
害の訴えが多い．

おわりに

　認知症高齢者にみられる身体疾患と薬物動態について述べたが，これらの
記述などを参照し，はじめから副作用の少ない薬剤を選択し，慎重に処方量
の調整を行う．また，常に副作用の出現に注意するなど，予防と早期発見が
重要である．

●文献
1）内閣府．平成 28 年版高齢社会白書．
2）小澤利男．老年医学的総合評価法について．Geriatric Medicine. 1994; 32: 509-15.
3）日本神経学会，監修．認知症疾患治療ガイドライン 2010．東京；医学書院；2010.
　　p.129.
4）大西利男．In: 井村裕夫，他編．最新内科学大系（79）関連領域疾患 3 老年の診療．
　　東京：中山書店；1995．p.35-9.
5）Resnick NM, Marcantonio ER. How should clinical care of the aged differ? Lancet.
　　1997; 350: 1157-8.
6）折茂　肇．高齢者一般外来に有用な老年病診断学の知識．Geriatric Medicine.
　　2004; 42: 5-8.

〈大黒正志〉

③認知症の治療・ケア・支援・予防

3 抗認知症薬による治療

　認知症の治療には薬物療法と非薬物療法があり，どちらも同等に重要である．本稿では認知症治療薬の作用機序，具体的使用法について述べる．

　まず最初にエビデンスレベル・推奨グレードにつき提示する[1]．

推奨グレード

1．（強い）「実施する」，または，「実施しない」ことを推奨する

2．（弱い）「実施する」，または，「実施しない」ことを推奨する

エビデンスレベル総体としての強さ

A．強　　　B．中　　　C．弱　　　D．とても弱い

A Alzheimer 型認知症

　Alzheimer 病（Alzheimer's disease：AD）は初老期，老年期に認知症を呈する代表的変性疾患であり，認知症の半数以上を占める．潜在性に発症し，緩徐進行性である．もの忘れで発症することが圧倒的に多く，進行に伴い見当識の障害，頭頂葉の障害が加わる．すなわち，視空間認知障害，および構成失行が生じ，道に迷う，車庫入れができない，そして洋服を着ることができなくなる．取り繕い上手であり，もの盗られ妄想が見られる場合もある．初期には局所神経症状がみられることは少ない．徘徊が出現することもある．病理学的には老人斑，神経原線維変化が出現し（図1），それぞれアミロイド β 蛋白（Aβ）と高度にリン酸化したタウ蛋白により構成される．なお，AD は病態生理に基づいて発症前段階（preclinical AD），AD による軽度認知障害〔mild cognitive impairment（MCI）due to AD〕，そして AD による認知症（Alzheimer 型認知症）の3つに分類される．

　Alzheimer 型認知症の診断は進行性の記憶障害，ならびに記憶以外の認知機能障害（失語，失行，失認，実行機能障害）による．また日常生活に支障

3．抗認知症薬による治療

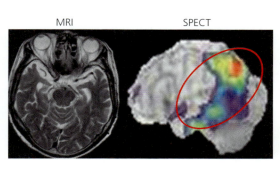
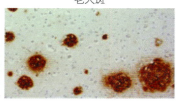
老人斑

神経原線維変化

図1　Alzheimer病のMRI，SPECT画像および病理所見

をきたしているかの確認を行う．まず，せん妄，うつを除外する．必ず頭部CT/MRI検査は行い，慢性硬膜下血腫，特発性正常圧水頭症，脳腫瘍などを除外する．血液検査により，甲状腺機能低下症，ビタミン欠乏症（B_1, B_{12}, 葉酸）などを否定する．そのうえで血管性認知症（VaD），Lewy小体型認知症（DLB），前頭側頭葉変性症（FTLD）などの鑑別を行う．いわゆるADのバイオマーカーとしては，アミロイドPETや脳脊髄液検査による$A\beta_{42}$の低下，タウの増加があげられるが，すべての施設で実施可能ではない．病初期の頭部CT検査では側脳室下角の拡大，MRI検査では海馬を中心とした脳の萎縮がみられ，進行とともにびまん性の脳萎縮となる．SPECT画像検査では，頭頂側頭葉連合野，後部帯状回の血流低下がみられる（図1）．

1．Alzheimer型認知症の特徴

認知症には中核症状と行動・心理症状（BPSD）の2つがみられる．中核症状は記憶障害，見当識障害，理解，判断力の低下，実行力障害である．またBPSDには不安，焦燥，うつ状態，幻覚・妄想，徘徊，興奮・暴力，不潔行為が含まれる．

Alzheimer型認知症には現時点で根本治療がなく，家族も含めてQOLを一日でも長く維持することが目標となるため，認知機能の低下を遅くし，妄

I．認知症・軽度認知障害の診断・治療へのアプローチ　③認知症の治療・ケア・支援・予防

表1　Alzheimer 型認知症治療薬の特徴

薬剤	ドネペジル	ガランタミン	リバスチグミン	メマンチン
分類	ピペリジン系	アルカロイド系	カルバメート系	アダマンタン誘導体
作用機序	AChE 阻害	AChE 阻害 nAChR アロステリック 増強作用	AChE 阻害/ BuChE 阻害	NMDA 受容体拮抗
適用	①軽～中等度 5 mg ②重度 10 mg	軽～中等度 24 mg	軽～中等度 18 mg	中等～重度 20 mg
用量	①3 mg（2 週） →5 mg ②5 mg（1 月） →10 mg	8 mg（1 月） →16 mg（1 月） →24 mg	①4.5 mg（1 月） →9 mg（1 月） →13.5 mg（1 月） →18 mg ②9 mg（1 月） →18 mg	5 mg（1 週） →10 mg（1 週） →15 mg（1 週） →20 mg
用法	1 日 1 回	1 日 2 回	1 日 1 回 パッチ剤	1 日 1 回
半減期 （時間）	70～80	5～7	3.4	60～80
最高濃度到達 （時間）	3～5	0.5～1	8	1～7
代謝	肝臓 CYP3A4，2D6	肝臓 CYP2D6，3A4	非 CYP	腎排泄

（日本神経学会，監修，認知症疾患診療ガイドライン 2017. 医学書院；2017. p.227）

想，徘徊，不眠，暴力など認知症に伴う BPSD に適切に対処することが極めて重要である．

2．Alzheimer 型認知症の中核症状に対して

中核症状の記憶障害に対して用いられるのは，コリンエステラーゼ阻害薬（ChEI）と，NMDA 受容体拮抗薬である（表1）.

1）ChEI

AD で障害される海馬の神経伝達物質がアセチルコリン（ACh）であることから ChEI の開発が行われた．Meynert 基底核から前頭，頭頂，後頭皮質

3．抗認知症薬による治療

図2 アセチルコリン線維の投射およびコリンエステラーゼ阻害薬の作用

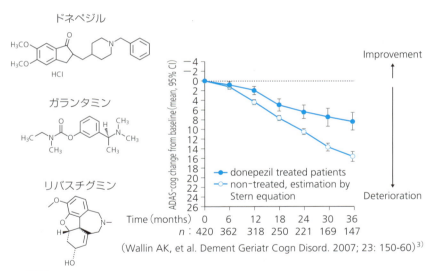

図3 コリンエステラーゼ阻害薬の構造式およびドネペジル長期投与による進行抑制効果の可能性

への投射，そして中隔核やBroca対角帯核から海馬へのACh線維の投射がみられる（図2）．2021年時点で3種類のChEIが保険適用となっている．最初に発売されたドネペジル（アリセプト® ほか）は，最初の1〜2週間は3mg

1錠分1朝食後から開始し，5 mg 1錠分1朝食後に増量する．重症の場合，5 mg で4週間経過後，10 mg 1錠分1朝食後に増量する（1A）．長期投与により進行が緩やかになる可能性も示唆されている（図3）．同系統の薬剤としてガランタミン（レミニール®）が日本では2011年に発売された．この薬剤はヒガンバナ科の植物から抽出された天然成分であり，1951年にソ連で開発された重症筋無力症の治療薬であった．ChE 阻害作用に加えて，ニコチン性アセチルコリン受容体（nAChR）に対するアロステリック増強作用もある．適応は軽度，中等度の Alzheimer 型認知症である（1A）．肝代謝性であり，使用法は1回4 mg，1日2回から開始．4週間後に1回8 mg，1日2回に増量する．重症の場合，変更前の用量で4週間以上投与後，1回12 mg，1日2回までとする．中等度の肝機能障害者では半減期が約30%延長するため4 mg を1日1回から開始し，少なくとも1週間投与後に4 mg を1日2回に増量する．この場合の上限は1日16 mg とする．なお，中等度，高度腎機能障害・血液透析患者では肝代謝性薬剤ではあるが，50%から75%の量に減量する．

　リバスチグミン（リバスタッチパッチ®，イクセロンパッチ®）は ACh エステラーゼのみならず，ブチリルコリンエステラーゼの阻害作用も有する貼付薬であり，同じく2011年に発売された．適用は軽度および中等度 Alzheimer 型認知症である（1A）．投与法は4.5 mg，9 mg，13.5 mg，18 mg と4週ごとに4.5 mg ずつ増量する．あるいは9 mg から開始し，18 mg に4週ごとに増量する2ステップ漸増法も認められている．

　ChEI の副作用として消化器症状（胃のもたれ，胸焼け，空腹時のみぞおちの痛み，下痢），体重減少がみられることがある．患者にはだいたい10人に1人はこのような症状がでることを説明しておくとよい．なお，徐脈，失神が認められたときは，減量，中止を考慮する．血中 ChE の値を参考にすべきである．そのほか興奮，易怒性が生ずることもある．その場合は介護者に，「神経伝達の効率が改善したことによる易怒性」であり，薬効果自体はあるものの，思わしくない方向に表れていることを十分に伝え，まずは減量，それでも改善しないときは中止する．これらが完全に収まったのちに少量から慎重に再開する．けいれん発作を誘発することもあり，注意が必要である．

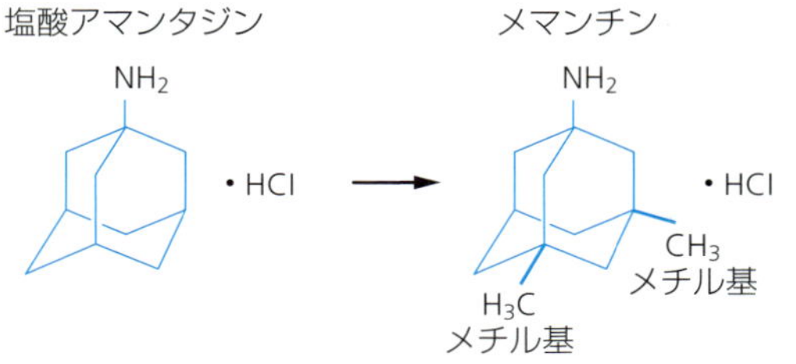

3．抗認知症薬による治療

塩酸アマンタジン　　　　　　　　メマンチン

Cockcroft & Gault 式

$$CLcr = \frac{(140 - Age) \times Weight}{72 \times Scr} \quad (\times 0.85 \quad 女性)$$

図4 **メマンチンの構造式およびクレアチニンクリアランスの計算式**

　リバスチグミンは貼付薬であり消化器症状が出現しにくい利点があるが，上記の副作用に加えて，皮膚症状（かぶれ）が高度となる例もある．予防法としては，毎日貼る場所を変える，貼付の前日にヘパリン類似物質（ヒルドイド®）を塗布する．湿疹ができた場合は，リンデロン軟膏を塗布する，などがあげられる．2019年に新基剤が導入されて以降皮膚症状は軽減した．

　なお，全般的注意としてドネペジル，ガランタミン，リバスチグミンは投与初期の副作用を回避するために開始用量や漸増期間が設定されている．ChEI は効果なし・不十分の場合，あるいは副作用のみられた場合は他のChEI に変更することも考慮する．また重症であっても併用は行わず，必ず単独で使用する．ムスカリン受容体拮抗作用を有する過活動膀胱治療薬は作用を減弱させるおそれがあるため，併用に気をつける．

2）NMAD 受容体拮抗薬

　メマンチン（メマリー®）はアマンタジンにメチル基が2か所付加された薬剤（図4）であり，腎排出性である．グルタミン酸の NMDA 受容体に結合し，その働きを拮抗することで，脳神経細胞内への過剰な Ca イオンの流入を阻害し，過剰な興奮を抑え，神経細胞死を防ぐ．すなわち進行を抑制する働きが期待される．実際は興奮・攻撃性，易刺激性，食欲・食行動変化などBPSD を和らげる効果も期待できる．適応は中等度および高度 Alzheimer 型

認知症（1A）である．またドネペジル，ガランタミン，あるいはリバスチグミンと併用投与できる．

メマンチンの投与法は1日1回5mgから開始．1週間ごとに5mg増量し，維持量は20mgとする．高度腎機能障害患者〔クレアチニンクリアランス（CLcr）30mL/分以下〕，透析患者では，患者の状態を観察し1日1回10mgまでとする．メマンチンの副作用としてめまい，傾眠，頭痛がある（1B）．特にめまい，ふらつきのため転倒するおそれがあることを処方時に十分説明する必要がある．朝よりも夕食後，あるいは眠前投与のほうが副作用は少ない．副作用が出現した場合は10mgに減量する．特に低体重の高齢女性ではCLcrは血中クレアチニン（Cr）値がそれほど高くないわりに著しく低下している場合も多い．例えば80歳女性，体重40kgの場合，血中Cr値が1.0mg/dLでCLcrは約30mL/分である（図4）．

なお，メマンチン投与の際は中等度アルツハイマー型認知症あるいは高度アルツハイマー型認知症という傷病名を必ず記載する必要がある．かかりつけ医に逆紹介する際にはその旨を記載するとよい．

3．Alzheimer型認知症治療のアルゴリズム

①軽症：各薬剤の特徴を考慮して，ChEIのいずれか1剤を選択して投与する．効果がないか不十分，効果減弱，あるいは副作用で継続できない場合は他のChEIへの変更を考慮する．

②中等度：各薬剤の特徴を考慮して，ChEIの1剤かメマンチンを選択し投与する．効果がないか不十分，あるいは副作用で継続できなくなった時は他のChEIかメマンチンに変更，あるいはChEIとメマンチンの併用を考慮する．

③重症：ドネペジル5〜10mg，あるいは，メマンチン，両者の併用を考慮する．いずれの薬剤も効果がなかったり，副作用で継続できなくなった場合は投与中止を考慮するが，薬剤の中断により認知機能低下が急速に進行する例があり，投与中止の判断は慎重に行う（図5）．

4．Alzheimer型認知症の行動・心理症状（BPSD）に対して

ADをはじめとする認知症におけるBPSDには幻覚，妄想，徘徊，暴力行為，抑うつ，不眠，誤認，猜疑心，焦燥，不安がみられる．BPSDに対する

3．抗認知症薬による治療

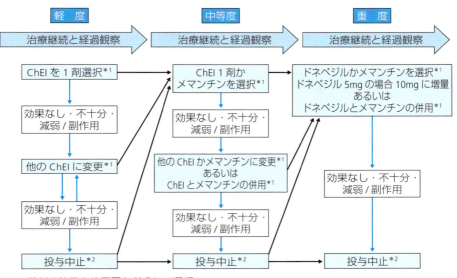

*1 薬剤の特徴と使用歴を考慮して選択．
*2 急速に認知機能低下進行例があり，投与中止の判断は慎重に．

図5 Alzheimer型認知症重症度別の治療薬選択アルゴリズム
（日本神経学会，監修．認知症疾患診療ガイドライン2017．医学書院；2017．p.227）

薬物療法の進め方の原則としては，「かかりつけ医のためのBPSDに対応する向精神薬使用ガイドライン（第2版）」に詳しく記載されている[2]．要約すると，デイサービス導入など非薬物的介入を最優先とする．激越，攻撃性，妄想，幻覚，抑うつ，錯乱，せん妄，等の精神症状はChEI，メマンチンなどの抗認知症薬，H_2ブロッカー，第一世代抗ヒスタミン薬，ベンゾジアゼピン薬剤，三環系抗うつ薬，その他抗コリン薬で引き起こされる可能性がある．関連性が疑われる場合には投与の中止も考慮する．抗認知症薬の副作用を否定したうえで保険適用上最大用量以下までのメマンチンやChEIの増量，もしくは投与開始を考慮するが，逆に増悪させることもあり注意が必要である．改善しない場合新たに加えたChEIやメマンチンは減量，中止のうえ向精神薬，抑肝散や気分安定薬の使用を検討する，となっている．以下に個別に列記する．不安に対してはリスペリドン（2C）（リスパダールOD錠®）は0.25～1mgを夕食後，あるいは就寝前が推奨される．そのほかオランザピン

（ジプレキサ®）5 mg〜10 mg を夕食後，あるいは就寝前投与（2C），クエチアピン（セロクエル®錠）25〜100 mg 分 1 就寝前（2C）の治療が推奨される．

焦燥性興奮（agitation）に対しては，リスペリドン，アリピプラゾール（2C）が用いられるが，保険適用外である．抑肝散，チアプリド，カルバマゼピン，セルトラリン，エスシタロプラム，トラゾドンの使用も検討する（2C）．

Alzheimer 型認知症患者の幻覚・妄想に対しては，リスペリドン，オランザピン，クエチアピン，アリピプラゾールの使用を考慮してよい（2C）．うつ状態に対しては，選択的セロトニン再取り込み阻害薬 selective serotonin reuptake inhibitor：SSRI），セロトニン・ノルエピネフリン再取り込み阻害薬（serotonin-norepinephrine reuptake inhibitor：SNRI）などの抗うつ薬の使用を考慮してよい（2C）．暴力，不穏に対する薬物療法として焦燥性興奮に対する対処法が期待できる．徘徊に対しては，リスペリドンの使用を考慮してよいが，科学的根拠は不十分である．性的逸脱行動には脱抑制を増悪させる薬剤（ベンゾジアゼピン系，ドパミンアゴニスト）を使用している場合は中止を考慮し，SSRI，非定型抗精神病薬，トラゾドンの使用を考慮する．

1）非定型抗精神病薬について

非定型抗精神病薬の副作用として悪性症候群，遅発性ジスキネジア，錐体外路症状があげられる．米国 FDA は，認知症関連の精神疾患に対する治療を行っている高齢の患者での定型抗精神病薬，非定型抗精神病薬の投与は死亡リスクを増加する（1.6〜1.7 倍）ことを医療専門職に通告したと発表した．よって，低用量で開始し，症状をみながら漸増する．副作用の少ないセロトニン・ドパミン受容体拮抗薬（リスペリドン），もしくはドパミン受容体部分刺激薬（アリピプラゾール）を使用する．2 剤以上併用しないことが肝要である．

B　Lewy 小体型認知症

Lewy 小体型認知症（dementia with Lewy bodies：DLB）は 1976 年以降の小阪らの一連の報告で明らかにされ，1995 年に命名された新しい疾患概念

である．2017年に改訂版の臨床診断基準が発表された．DLBでは認知症が出現する前から認知機能の変動，鮮明な幻視（虫が見える，夜間にお孫さんの顔だけ見えるなど），具体的内容の妄想，Parkinson症状，レム期睡眠行動異常症（REM sleep behavior disorder：RBD），抗精神病薬に対する過敏性，起立性低血圧，便秘，夜間頻尿などの自律神経症状，抑うつなど多彩な症状が出現する．なお，Parkinson病（PD）では認知症を伴うことが多い〔認知症を伴うPD（PDD）．現在はPD，PDD，DLBを総称してLewy小体病と呼ぶ〕．DLBはADについで頻度の高い認知症をきたす疾患であり，神経病理診断では認知症患者の20％を占めるとされる．

診断は，鮮明な幻視がみられ，認知機能の変動があり，錐体外路症状を伴う場合に疑う．RBDはDLBを強く示唆する所見である．画像診断ではMIBG心筋シンチでの左心室と縦郭での取り込み比（H/M比）の低下，Dopamine transporter SPECT（DAT scan）による大脳基底核での取り込み低下，SPECT検査による後頭葉を中心とした血流低下などが有用である．

1．DLBの臨床症状に応じた治療方針のアルゴリズム

DLBには認知機能障害，幻覚，妄想，うつ症状，アパシー，RBDをはじめとする認知症のBPSD，錐体外路症状，自律神経症状がみとめられる．症状はさまざまであり，患者ごとの治療の主要な標的とすべき臨床症状を見定め，治療方針を立てる（図6）．

2．DLBの治療薬

1）DLBの認知機能障害に対する治療

認知機能低下やBPSDに対してAlzheimer型認知症治療薬であるChEIが第一選択薬となる．現時点でドネペジルのみが保険適用となっている（1B）．投与法は，ドネペジル1回3mg1日1回朝食後に2週間投与する．前述の副作用がなければ1回5mg1日1回に増量し，維持する．さらなる効果を期待する場合には1回10mg1日1回に増量することが可能である．症状に応じて1回5mg1日1回に減量可能である．

ドネペジルに過敏症がみられる場合，消化器症状が強い場合は以下の薬剤も考慮する（適応外）．リバスチグミン1日1回4.5mgを貼付．4週間後問題がなければ9mgに増量．4週間継続．さらに1日13.5mgに増量，4週間

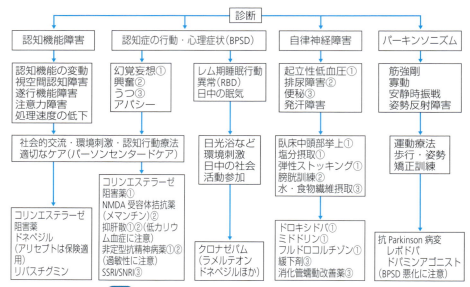

図6 DLBの症状に応じた治療方針のアルゴリズム

図中の番号は症状と治療の対応関係を表す（例：①の症状には①の薬剤を用いる）．一部の治療については適応外使用も含む．
（日本神経学会，監修，認知症疾患診療ガイドライン2017．医学書院；2017．p.249）

継続．1日18 mgまで増量可能（適応外）．ガランタミンの効果も期待できる．1回4 mg 1日2回朝・夕食後．4週投与し副作用がなければ1回8 mg, 1日2回に増量．さらに4週投与後1回12 mg, 1日2回に増量し維持する．

　上記のChEIに忍容性がない場合や，興奮が強い場合にNMDA受容体拮抗薬を考慮する．使用法はメマンチン1回5 mg 1日1回朝か夕食後，1週間後に1回10 mg 1日1回朝か夕食後，さらに1週間後1回15 mg 1日1回，1回20 mg 1日1回に増量可能である（適応外）．Alzheimer型認知症の場合と同様にドネペジルをはじめとするChEIとの併用が可能である．

2）DLBのBPSDやRBDに対する治療

　ドネペジルを中心とするChEIの投与を基本薬剤として，BPSDに対する効果が乏しい場合以下の薬剤を追加する．ツムラ抑肝散エキス顆粒（2.5 g/包）1回1包　1日2〜3回食前（2C）．抑肝散は明の時代の古文書にも記載

されており，元来子供の夜泣きに対する薬剤であった．原則として食前投与であるが，煩雑になり飲み忘れが生ずる場合には食後に他の薬剤との同時服用も可能である．眠前のみ，あるいは夕食後と眠前のみの投与でもよい．抑肝散の副作用は低カリウム血症（重症例では横紋筋融解症），浮腫，高血圧であり血液検査で K 値に注意する．

これでも BPSD に対する効果が乏しい場合は，ごく少量の非定型抗精神病薬を加えることも可能である（適応外）．しかし DLB では向精神薬に過敏症状があるため，できるだけ避ける．クエチアピン（25 mg）1 回 0.5〜1 錠を投与する．または，リスペリドン（1 回 0.5〜1.0 mg）1 日 1〜2 回．眠前，あるいは昼食後と眠前に投与する．

DLB の RBD に対してクロナゼパムが有効（2C）だが，ふらつき，転倒の副作用が出現しうるため，できるだけ 1 回 0.25〜1.0 mg 1 日 1 回眠前投与程度の少量にとどめるべきである．

3）DLB の運動障害が目立つ場合の治療薬

DLB では Parkinson 症状がしばしばみられる．病初期には PD として治療されるケースもある．パーキンソニズムが目立つ場合には少量のレボドパ投与を行うことを原則とする．なおドパミンアゴニストにより幻視，妄想の悪化をきたすことも少なくないためできるだけ併用を避ける，またはごく少量にとどめる．またトリヘキシフェニジル（アーテン®）やパロキセチン（パキシル®）などの抗コリン薬は記憶障害・実行機能障害を惹起することがあり，その際には投薬を漸減，中止する．抗コリン薬は，認知症のある患者，および高齢者では使用を控えた方がよい．

C 　血管性認知症

血管性認知症（vascular dementia：VaD）は，脳梗塞，脳出血などの脳血管障害に起因する認知症の総称である．最近は脳血管障害に起因する血管性軽度認知障害（vascular mild cognitive impairment：VaMCI）から認知症までを含む幅広い概念として血管性認知障害（vascular cognitive impairment：VCI）という願念も提唱されている．もちろん病変部位の局在や広がり，成因により VaD の症候，経過はさまざまである．NINDS-AIREN（1993

年）の分類は以下のとおりである.

a） 多発性脳梗塞性認知症（皮質領域を中心とする大小梗塞）

b） 戦略的な部位の単一病変による認知症（皮質領域では，優位側角回，前大脳動脈領域，中大脳動脈領域，後大脳動脈領域，皮質下領域では視床，前脳基底部など）

c） 小血管病変性認知症（多発小梗塞型，Binswanger 型）

d） 低還流性血管性認知症

e） 脳出血性血管性認知症

f） その他

　うち，小血管病変型が最多で全 VaD の半数以上を占め，多くは皮質下性 VaD である.

　なお，VaD では Alzheimer 型認知症と異なり記憶障害よりも遂行機能障害，意欲，自発性の低下が目立つ．抑うつ，アパシーがみられやすい．血管障害の部位により，片麻痺，歩行障害，偽性球麻痺による嚥下障害や構音障害がみられる．尿失禁，下肢優位のパーキンソニズムも伴う.

　診断は，①認知症の存在，②頭部 CT，MRI による脳血管障害の存在の確認，③脳血管障害発症と認知症発症の間に明確な時間的関連性の存在，卒中発作の前後で非血管性の神経変性疾患を示唆する緩徐進行性の認知障害の病歴が明らかでない．そのほか Hachinski Ischemic Score も Alzheimer 型認知症との鑑別の上で参考となる（階段状悪化）．なお，高齢者では VaD に様々な程度の AD 病変が合併していることが少なくない（混合性認知症）.

1．VaD の治療

　認知症の中核症状と BPSD に対する治療が必要であるが，それよりも脳血管障害の発症予防が VaD の予防になるという観点から，中年期の高血圧に対する降圧療法（1B），禁煙（1B），身体運動（2C），中年期からの体重管理（肥満予防）（2C）をはじめとするリスクファクター管理が最も重要であろう．心房細動に対する抗凝固薬の投与が望ましく（2C），非心原性脳梗塞後の抗血小板薬投与も考慮される.

1）VaD の中核症状の治療

　保険適用外であるが，ドネペジル（2B），ガランタミン（2B），リバスチグ

ミン（2C）などの ChEI 薬が有効である，という大規模臨床試験の報告がある．メマンチン（2B）の処方も勧められる（適応外）．

2）VaD の BPSD の治療

リスペリドンなどの非定型抗精神病薬は VaD に伴う認知症の BPSD に有効である（保険適応外）．VaD の意欲低下・自発性の低下に対しては，アマンタジンが有効である．シンメトレル® 錠（50 mg）1 回 1 錠 1 日 2〜3 回の投与を行う．ニセルゴリン（サアミオン® 錠）（5 mg）1 回 1 錠 1 日 3 回も有効であり，両者とも保険適用である．イチョウの葉エキス（Ginkgo biloba）は VaD を含む認知症の治療に有効とされている．せん妄，不安に対してチアプリド（グラマリール® 錠）（25 mg）1 回 1 錠 1 日 1〜3 回，あるいはツムラ抑肝散エキス顆粒（2.5 g/包）1 回 1 包 1 日 2〜3 回食前を考慮する．

D　前頭側頭葉変性症

AD，DLB に次いで多い変性疾患に伴う認知症が FTLD である．用語的に臨床診断名には前頭側頭葉型認知症（frontotemporal dementia：FTD）を，病理診断名には前頭側頭葉変性症（frontotemporal lobar degeneration：FTLD）を用いることが多い．FTLD は臨床的に行動型 FTD（behavioral variant FTD：bvFTD）と意味性認知症（semantic dementia：SD），そして進行性非流暢性失語症（progressive non-fluent aphasia：PNFA）の 3 型に分類される．また bvFTD の一部には運動ニューロン疾患に伴う場合もある．病理学的には大きく分けて FTLD-tau，FTLD-TDP，FTLD-FUS の 3 つに分類される．

診断としては，タイプにより異なるが，常同行動，脱抑制，食行動異常，意味記憶障害（一般物品の意味がわからなくなる），相貌失認，発語の障害，食行動異常を呈し，初期には記憶障害は目立たない．神経学的に前頭葉症候（強制把握，口とがらし反射）を認めることもあり，認知機能評価バッテリーでは Frontal Assessment Battery（FAB）の低下が目立つ場合が多い．画像診断では，前頭葉，側頭葉を中心とした萎縮がみられ，左右差がみられることもある．また SPECT 検査では特に前頭葉，側頭葉を中心とした血流低下がみられる．

Ⅰ．認知症・軽度認知障害の診断・治療へのアプローチ　③認知症の治療・ケア・支援・予防

１．FTLD の治療薬

　現時点では FTLD の認知機能障害を改善する薬剤はない．Alzheimer 型認知症治療薬として用いられる ChEI やメマンチンの FTLD にみられる認知機能低下，行動異常に対する効果に対しては一定の見解は得られていない．なぜなら FTLD ではセロトニンとドパミン系の減少がみられるが，ACh 系は比較的保たれるからである．FTLD の行動障害に対する治療の原則は，非薬物的介入が不十分な時に初めて薬物療法による介入を試みる．非薬物療法としては，手続き記憶と常同性の保持を利用した作業，料理，編み物を一日の日課に組み入れる方法の有効性や，グループホームにおけるケアの有効性も報告されている．

　薬物療法として SSRI の使用が推奨されている（2C）．たとえばフルボキサミン（デプロメール® 25 mg）1 回 1 錠 1 日 2～3 回．パロキセチン（10 mg）1 回 1～2 錠 1 日 1 回夕食後など．特に甘い物などの過食には SSRI が有効である．無気力には非定型抗精神病薬が反応する場合もある．

E　軽度認知障害

　軽度認知障害（mild cognitive impairment：MCI）は，認知症とも知的に正常とも言えない中間状態を指し，①もの忘れの訴え，②神経心理検査による年齢に比しての記憶障害の確認，③一般的な認知機能が正常，④家事や仕事などの日常生活動作（ADL）が概して正常，⑤認知症でない，という特徴を示し，amnestic MCI と non amnestic MCI に分類される．近年 AD を背景とした MCI（MCI due to AD）という用語がよく用いられる．

１．MCI から認知症へのコンバート予防に有効な薬物療法

　MCI 患者に対するドネペジル（保険適応外）の認知機能改善効果は示されているが，MCI から認知症へのコンバート率の低下の科学的根拠は示されていない．しかし AD を背景にした MCI に対し 1 年間ドネペジルを投与すると海馬萎縮の進行を 45％抑えたという報告がある[1]．エストロゲン，および NSAIDs は無効，あるいは害を示す科学的根拠が示されている．Ginkgo biloba やビタミン E は科学的根拠が示されていない．

3．抗認知症薬による治療

F　今後の抗認知症薬について

γセクレターゼ阻害薬，免疫グロブリン大量投与，Aβワクチン療法の治験も失敗に終わり，ドネペジル，ガランタミン，リバスチグミン，メマンチン以外に新たに発売に至ったAlzheimer型認知症治療薬は2021年1月の時点では1つもない．すでに認知症を発症しているAD患者では，Aβもリン酸化タウも脳内に多量に沈着し，神経細胞死も生じているため，ここから治療を開始しても認知症からの回復は難しいであろう．もしMCI due to AD，理想的にはpreclinical stage of AD（Aβやタウは蓄積し始めているが，認知機能は正常な状態）に対し有効な新規治療薬を投与すれば，進行を十分遅らせることできるのではないだろうか．最近のADの治験の対象はMCI due to ADあるいはpre clinical ADに焦点が当てられており，その効果が期待される．

G　疾患修飾薬について

疾患修飾薬（disease-modifying drug：DMD）とは，ADの病態の本質的な過程に作用して，疾患の進行を抑制する薬剤である．Aβに作用する薬剤が代表的であるが，それ以外にも，タウ蛋白に作用する薬剤，シナプス可塑性や神経保護に関するもの，代謝，炎症に関連するものなど多岐にわたる．ClinicalTrials.govによると，2020年2月現在ではADに対し全世界で121の薬剤を用いた治験が行われており，29の薬剤が第Ⅲ相試験（フェーズ3）に入っており，うち17薬剤（59％）がDMDである[4]．

2017年以降に行われたDMDを用いた第Ⅲ相試験について概説する．Aβを産生する酵素βセクレターゼに対する阻害薬（BACE阻害薬）の治験が複数実施された．しかしベルベセスタットは軽症から中等症のAlzheimer型認知症，およびMCI due to ADに対して有効性を示すことができず，2018年に試験がすべて中止となった．同様に他のBACE阻害薬であるエレンベセスタットもMCI due to ADに対し有効性を示すことができず，2019年9月突然試験の中止が発表された．2019年より始まったMCI due to AD，および早期Alzheimer型認知症に対する抗AβプロトフィブリルBAN2401の

I．認知症・軽度認知障害の診断・治療へのアプローチ　③認知症の治療・ケア・支援・予防

第Ⅲ相試験は 2021 年 1 月現在グローバルで進行中である．ついに，2020 年 8 月米国で MCI due to AD，および早期 Alzheimer 型認知症に対する可溶性 Aβ オリゴマーなどに対するモノクロナール抗体：アデュカヌマブの申請が FDA に受理された．日本でも同年 12 月に厚生労働省に新薬承認申請がされた．早期の承認が期待される．DMD を用いた AD 治療はまさに新時代を迎えたといえよう．

●文献

1) 日本神経学会，監修．認知症疾患診療ガイドライン 2017．東京：医学書院；2017．

2) かかりつけ医のための BPSD に対応する向精神薬使用ガイドライン（第 2 版）．厚生労働省．http://www.mhlw.go.jp/file/06-seisakujouhou-12300000-Roukenkyoku/0000140619.pdf

3) Wallin AK, Andreasen N, Eriksson S, et al. Swedish Alzheimer Treatment Study Group Donepezil in Alzheimer's disease: what to expect after 3 years of treatment in a routine clinical setting. Dement Geriatr Cogn Disord. 2007; 23: 150-60.

4) Cummings J, Lee G, Ritter A, et al. Alzheimer's disease drug development pipeline: 2020. Alzheimer's Dement. 2020; 6: e12050.

〈濱野忠則〉

③認知症の治療・ケア・支援・予防

4 認知症のケア

　認知症とはいったん正常に発達した知的機能が持続的に低下し，複数の認知障害があるため社会生活に支障をきたすようになった状態である．認知症の症状は記憶障害，見当識障害，判断力低下などの中核症状と，認知症の行動・心理症状（behavioral and psychological symptoms of dementia: BPSD）に分けられる．中核症状に対する治療として薬物療法が一般的に行われているが，それ以外にも適切な介護，ケア，非薬物療法などを組み合わせバランスのとれた治療をすることで理想的な治療を行うことができると考えられている．この項目では主に認知症のケアについて紹介する．

A　認知症のケアの基本・原則

　認知症のケアは従来，患者の攻撃的行為，不潔行為，妄想などのさまざまな症状を「問題行動」と捉え，それらをいかに抑制しなくしていくかに注目して行われてきた．これらは問題解決型のケアであり，画一的なケアになりがちであったが，近年，認知症の症状を中核症状と BPSD に分ける観点から BPSD の出現する原因にスポットライトを当てたケアが行われるようになってきている．中核症状と異なり BPSD は必ずしも全ての認知症患者に見られるわけでなく程度もさまざまであり，個別の対処が必要となる．また，ケアの基本となる概念としては Kitwood が 1997 年に紹介したパーソンセンタードケアが知られている[1]．これは生活する個人を対象としてその人の独自の個性を尊重してその人らしさを中心とするケアであり，認知症のケアをその人らしさを維持する全人的なケアと定義し，BPSD についても，その人が何かを伝えようとするメッセージと捉えて，そのメッセージを理解する努力からケアが始まると考えるものである．浦上ら[2]によると，認知症の中核症状に対しては表 1 のような対応が望ましいものとされ，また，BPSD の出現原

JCOPY 498-22893

167

表1 認知症の中核症状とケアの視点

- **もの忘れ**（直前のもの忘れが起こる）
  - もの忘れを責めず，根気よく対応すること
- **見当識の障害**（時間，場所，人物がわからなくなる）
  - 生活リズムの確立と環境の工夫，整備を行うこと
- **思考力や判断力の障害**（思考の連続性がなくなる）
  - 情報の簡潔化と判断の手順を減らすこと
- **実行機能の障害**（物事の手順がわからなくなる）
  - 言葉かけによって手順を1つずつ説明すること

（大内尉義, 監修. 老年医学の基礎と臨床Ⅱ. ワールドプランニング；2009. p.487-8）[2]

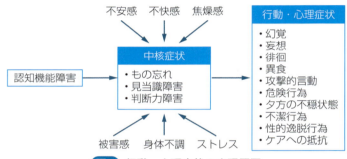

図1 行動・心理症状の出現原因

（加藤伸司. In：高齢者痴呆介護研究・研修センターテキスト編集委員会, 編. 高齢者痴呆介護実践講座Ⅱ. 第一法規；2002. p.151）
（大内尉義, 監修. 老年医学の基礎と臨床Ⅱ. ワールドプランニング；2009. p.487-8）[2]

因として図1[2]のような状況が想定されている．KitwoodたちはBPSDに対して，以下の5つの問いかけをすることで解決できないかと問いかけている[3]．
①それは本当に問題なのか
②どうしてそれが問題なのか
③誰にとっての問題なのか
④行動によってなにを伝えようとしているのか
⑤生活の質を高める方法で解決できないか

多様な要因で出現するいわゆる BPSD への対応については中核症状への対応以上に個別的な支援が必要になるが，それらは Kitwood の考えに基づくと，

①潜在的な力を発見し活用すること

②できない部分だけを援助すること

③成功体験を蓄積すること

④失敗体験を回避すること

の 4 つに大別することができる．認知症の人には記憶障害があっても，情動の記憶が残ることが時々経験される．上記の 4 点に注意することで認知症の人が真に求める，生活の質を高めうるケアを行うことが可能となると思われる．

介護者は認知症の人が好きな音楽をかけたり，興味を持っているものなどを身近に置くなどして不安を軽減し，安心感を与えるような働きかけをすることが有効である．本人が誤った認識で間違っていることを言ったり幻覚について話している時には頭ごなしに否定せず，なるべく話を聞いてあげることで不安は軽減するだろうし，意見を伝える時には本人が把握できるように端的なメッセージを与えるようにし，本人のペースに合わせて行動するようにする．一方，介護者の心のゆとりが失われてしまうとそのゆとりのなさが本人に移ってしまい，介護の質が下がってしまうため，介護者も自分の時間をもつなどの息抜きをしたり，周囲で協力してくれる友人や制度を活用して，一人で抱え込まないようにするべきである．また，状況によっては早い段階で福祉・介護サービスの利用を考えることも必要である．

認知症疾患診療ガイドライン 2017 によれば，認知症の非薬物療法としては以下のものが挙げられている（表2)[4]．その中でも代表的なものについて簡単に解説する．

1）認知機能訓練

記憶，注意，問題解決など，認知症の特定の領域に焦点をあて，個々の機能レベルに合わせた課題を，紙面やコンピュータを用いて行う．

2）認知刺激

見当識などの能力を高めるために豊かなコミュニケーションを駆使する

Ⅰ. 認知症・軽度認知障害の診断・治療へのアプローチ　③認知症の治療・ケア・支援・予防

表2 認知症の非薬物的介入

認知症患者への介入	認知機能訓練，認知刺激，経皮的電気刺激療法（経頭蓋，末梢），運動療法，音楽療法，回想法，ADL 訓練，マッサージ，レクリエーション療法，光療法，多感覚刺激療法，支持的精神療法，バリデーション療法，鍼治療，経頭蓋磁気刺激療法，筋弛緩法など
介護者への介入	心理教育，スキル教育，介護者サポート，ケースマネジメント，レスパイトケア，介護者のセルフケア，認知行動療法など

（日本神経学会，監修. 認知症疾患診療ガイドライン 2017. 医学書院；2017. p.67-70）[4]

（具体的にはスタッフが時間を問わずに本人と接することができる全ての機会を捉えて現在の情報を与え続ける）というリアリティオリエンテーション法から発達した手法であり，認知機能や社会機能の全般的強化を目的とする．Alzheimer 型認知に対して認知機能障害が改善したという報告がある．

3）運動療法

有酸素運動が有効との報告が多いものの，その効果は一定していない．

4）回想法

過去の体験を振り返りその課程に対して共感的，受容的に対応することで，高齢者の心理的安定や人格統一を図る手法である．その人のライフストーリーを共有することで，他者との接点が増えるという利点がある．

5）音楽療法

個人かそれとも集団か，演奏かそれとも鑑賞かという違いがあり，BPSD に対して効果があったとする報告がある．

　同ガイドラインによれば，「認知刺激などの認知機能に働きかける非薬物療法や運動療法は認知症の認知機能障害に対する効果があり，運動療法は日常生活動作 activities of daily living（ADL）の改善に，音楽療法は BPSD に対する効果がある可能性があるとされている．また，介護者に対する適切な介入は，燃え尽きなどに予防的に働き，介護者に対する構造化された心理教育（知識の学習，コミュニケーションスキル，行動マネジメント，認知行動

4．認知症のケア

療法の組み合わせ）は介護者の燃え尽きやうつを軽減させる」と示されており，そのエビデンスレベルは2C（実施することを提案する）とされている．

B　認知症の程度によるケアの違い

前述のように，全人的な認知症のケアを行うためにはケアの対象となる人の身体・社会的状態やこれまでの生活歴，環境要因などを把握した上で，対象者の得意なことや保たれている機能に着目したケアを行うことが効果的である．

認知症のケアはあくまで対象者の生活を豊かにすることが目的であり，そのために地域，医療，福祉の総合的な観点から展開していく必要がある．根本の姿勢は対象者の重症度に影響されるものではないが，実際的には対象者毎に強みとなる部分，家族からの要請も異なるため，適切なアセスメントが必要であり，アセスメントを経て立案したケアプランは定期的に見直し，修正することで適切なものにしていく必要がある．このプロセスを繰り返すことで，対象者の実情に即したケアが可能となる．

ケアを行うに当たって，まず必要となるのはアセスメントである．認知症患者のアセスメントは大きく分けて質問式と観察式に分けられる．以下にその一部を示す．

質問式

1）改訂長谷川式簡易知能評価スケール（HDS-R）

日本で最も広く用いられていた認知症スケールである長谷川式簡易知能評価スケール（HDS）が1991年に改訂されたもの．年齢，見当識，単語の再生と遅延再生，計算，数字の逆唱，物品の視覚記銘，言語の流暢性の9つの設問からなる．

2）Mini-Mental State Scale（MMSE）

1975年にFolsteinらによって開発された[5]現在国際的に最も広く用いられる質問式の検査である．記憶，見当識，計算，3つの言葉の遅延再生，命令指示，概念構成，図形模写など11の項目からなる．

3）Alzheimer's Disease Assessment Scale-Cognitive（ADAS-COG）

1983年にMohsらによって開発されたAlzheimer型認知症の症状尺度[6]の

認知機能下位尺度である．その日本語版では単語再生，口頭言語能力，言語の聴覚的理解，自発語における喚語困難，口頭命令に従う，手指および物品呼称，構成失行，観念運動，見当識，単語再生，テスト教示の再生能力の11項目により評価する．

観察式

1）Clinical Dementia Rating（CDR）

国際的に最も広く使われている観察式の検査であり，本人の状態を十分に把握する家族・介護者からの聞き取りが必要となる．記憶，見当識，判断力と問題解決，地域社会活動，家庭生活および趣味・関心，介護状況の6項目からなり，評価する職種による信頼性の違いは見られない[7]．

2）Functional Assessment Staging（FAST）

Reisberg らによって1984年に開発された[8]．日常生活動作を総合的に評価することで，Alzheimer 型認知症の重症度を判定する指標であり，CDR と共に国際的に用いられている．正常老化を含めて7段階に重症度が設定されており，それぞれの重症度毎におおまかな予後が示されている．

以上のようなアセスメントを身体診察，画像検査，身体検査等と併せて定期的に行うことで，患者本人および家族が求めるケアが可能となると思われる．

ここでは認知症の原因として最多である Alzheimer 型認知症の重症度毎に注意すべき点を挙げる．

1）軽症の方

CDR で1まで，FAST で1から4に該当する群では，日常生活に介助を要する必要性はほとんどない．このため本人というよりは，家族に疾患について知ってもらうよう働きかけて今後の見通しを知っておいてもらうことに加え，家族自身の予備力についても医療者は知っておく必要がある．軽症であっても BPSD が出現してくる可能性はあるので，その都度対応が必要である．この時期に上手に関わることができると，その後の本人の QOL に良い影響をもたらすことができるであろう．

4．認知症のケア

2）中等度の方

CDR で 2，FAST で 5 と 6 に該当する群である．多くは見当識障害が出現しており，徐々に遂行機能障害もみられるようになる．そうなると料理や運転など日常生活に必要な機能も障害されてくるため，日常生活への介助を要するようになる．この時期になると，概日リズムを保つという観点から介護保険制度の利用はより強く勧められる．また，遂行機能障害に伴い，これまで行ってきた自宅や所属する共同体での役割が急速に失われるので，本人の残存能力に合わせた役割を与えるように勧めることが重要である．軽症の時期と比較して BPSD の出現頻度が増すため，適宜家族から情報を聴取する．また，背景にせん妄などの意識障害がある可能性もあるため，本人の心身の状況や服薬状況などを細かく把握していく必要がある．この時期には本人が住み慣れた環境でなるべく長く過ごせるように働きかけるように注意すべきである．必要があれば成年後見人制度や，家族の休息のためのショートステイの導入なども考えられるべきである．

3）重度の方

CDR で 3，FAST で 7 に該当する群．この時期にはほとんどの対象者が自宅から施設へ生活の場所を移していると思われ，ケアの大半は身体合併症の予防あるいは，悪化を防ぐことが目的となるであろう．Alzheimer 型認知症では運動機能は比較的保たれることが多いので，この時期の最初の目的は歩行機能を保つことと考えても良いかもしれない．仮に重度まで進行していても，味覚や嗅覚が保たれることが多いので食事に工夫をしたり，それらを刺激することで誤嚥を防いだり，覚醒度を高めるような働きかけもなされている．

C 認知症カフェなどの地域での取り組み

2015 年 1 月 27 日に厚生労働省は「認知症施策推進総合戦略（新オレンジプラン）」を策定した．この中で標準的な認知症ケアパス（状態に応じたサービス提供）の作成を到達目標に組み入れており，より住み慣れた地域で生活できる社会を目指している．新オレンジプランの「認知症の人の介護者への支援」内に『認知症の人の介護者の負担を軽減するため，認知症初期集中支援チームなどによる早期診断・早期対応を行うほか，認知症の人やその家族

が，地域の人や専門家と相互に情報を共有し，お互いを理解し合う認知症カフェなどの設置を推進する』と記載されており，2013年からは国の財政支援が開始されているようである．

認知症カフェはオランダで始まったアルツハイマーカフェが原型と言われ，ヨーロッパ各国やアメリカなどに広がったものである．詳細は成書を参考にして頂きたいが，認知症の人やその支援者が社会と関わりを持つこと，それらの方々が情報交換できることを目的として，現在はボランティアの力を借りて地域包括支援センター，NPO法人，認知症の家族会などが主体となり開かれている．これらの施策の中心となるのが2015年から地域支援事業で位置づけられた認知症地域支援推進員であり，地域実情に応じた認知症施策の推進（医療・介護・地域資源と専門相談など）を役割とするものである．地域の実情に応じた対応が可能であるので，医療と介護の連携などにも役に立つと思われる．

●文献

1) Kitwood T. 高橋誠一, 訳. 認知症のパーソンセンタードケア（Dementia reconsidered: the person comes first). 東京: 筒井書房; 2005.

2) 大内尉義, 監修. 浦上克哉, 編. 老年医学の基礎と臨床Ⅱ 認知症学とマネジメント. 東京: ワールドプランニング; 2009. p.487-8.

3) Kitwood T, Bredin K. 高橋誠一, 監訳. 寺田真理子, 訳. 認知症の介護のためにしっておきたい大切なこと パーソンセンタードケア入門（Person to Person: Guide to the Care of Those with Failing Mental Powers). 東京: 筒井書房; 2005.

4) 日本神経学会, 監修. 認知症疾患診療ガイドライン2017. 東京: 医学書院; 2017. p.67-70.

5) Folstein MF, Folstein SE, McHugh PR. "Mini-mental state": A practical method for grading the cognitive state of patients for the clinician. J Psychiatr Res. 1975; 12: 189-98.

6) Rosen WG, Mohs RC, Davis KL. A new rating scale for Alzheimer's disease. Am J Psychiatry. 1984; 141: 1356-64.

7) McCulla MM, Coats M, Van Fleet N, et al. Reliability of clinical nurse specialists on the staging of dementia. Arch Neurol. 1989; 46: 1210-1.

8) Reisberg B, Ferris SH, Anand R. Functional staging of assessment of dementia of Alzheimer's disease. Ann NY Acad Sci. 1984; 435: 481-3.

〈木戸幹雄〉

③認知症の治療・ケア・支援・予防

5 認知症のリハビリテーション

A 認知症のリハビリテーション

　認知症の治療には薬物療法と非薬物療法があり，リハビリテーション（リハ）は非薬物療法に含まれる．リハの目的は認知症の中核症状を維持改善し，認知症の行動・心理症状（behavioral and psychological symptoms of dementia：BPSD）（周辺症状）をコントロールすることにより，日常生活の質を高めることである．通常，薬物療法と非薬物療法のどちらか一方が単独で用いられることは少なく，対象者の状況に応じて併用される[1,2]．

　まず，認知症リハの方針や目標を決めるため，対象者の状態を評価する．認知症のタイプや症状と程度，BPSD の有無や程度，既往歴の有無を確認する．本人，家族や介護者から日常生活の様子や困っていることなどを聴取し，日常生活活動（ADL），手段的日常生活活動（IADL）の自立度を調べる．各種神経心理学的検査により，認知機能を調べる．必要に応じて，身体機能の検査測定を行う．情報収集および検査測定の結果をもとに，対象者の認知機能や生活上の問題点を整理し，リハの方針や目標を設定し，リハプログラムを実施する．このような評価は，リハを始める前だけではなく，経過中も随時行い，リハプログラム内容の継続，変更について検討する．

B リハビリテーションプログラム

　リハプログラムは大きく3つに分けられ，認知機能に直接働きかける方法，残存機能を活かす方法，環境設定がある．

　図1は Alzheimer 病における中核症状（認知機能障害）と BPSD（行動・心理症状）の経過である[3]．対象者の病状，認知機能障害や BPSD の程度により，リハプログラムにおける3つの方法の配分が変わる（図2）．病気が初

JCOPY 498-22893

175

Ⅰ. 認知症・軽度認知障害の診断・治療へのアプローチ　③認知症の治療・ケア・支援・予防

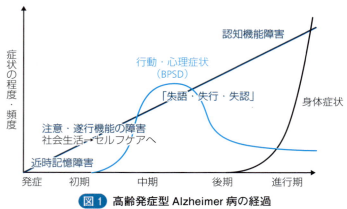

図1 高齢発症型 Alzheimer 病の経過

(河村　満, 専門編集. 認知症, アクチュアル　脳・神経疾患の臨床. 中山書店; 2012 より一部改変)

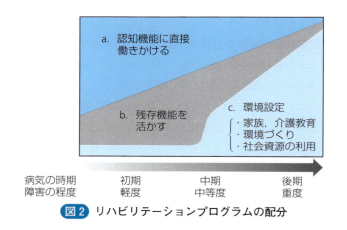

図2 リハビリテーションプログラムの配分

期の頃, あるいは認知機能障害が軽度の場合は, 認知機能に直接働きかける方法を多く配分し, 並行して残存機能を活かす方法を行う. 環境設定の配分は少ない. 病気が進行し, 障害が重くなるにつれて, 認知機能に働きかける方法と残存機能を活かす方法の割合は少なくなり, 環境設定の配分が多くなる. 対象者の残存機能を最大限に活かせるようにする一方で, 改善が困難な

5. 認知症のリハビリテーション

機能はその使用を少なくし，対象者の負担軽減をはかる．

リハプログラムの目標とするところは認知症があっても残存機能を活用しながら生活障害を軽減し，尊厳をもって豊かな生活を送ることにあるため，病期によらずリハプログラムと対象者の望むところにズレがないか注意を要する．特に認知症が進むと，新しい出来事を覚えることが難しくなるため，リハプログラムを行うことで対象者の混乱が大きくなる場合には，認知機能障害の程度や生活環境などを考慮した上で，別のプログラムへの変更も検討する．

実施にあたっては，認知症を有する高齢者は認知症のない人と比べて，健康状態や身体機能の中で特に視力，口腔，および尿生殖器に問題のあること[4]，Alzheimer 病患者では認知機能が低下するほど併存疾患数が増加すること[5]が報告されている．このため，体調や健康状態を確認しながらリハプログラムを実施できるとよいが，対象者は自身の体調を言葉で説明したり，健康状態の変化を記憶に留めて人に伝えることが難しい場合がある．家族・介護者から体調に関する情報を得るとともにリハ中およびリハ前後の表情や動作の観察，バイタルサイン測定などを行い，安全管理に努める．認知症の人の体調不良を疑う具体例として，運動後に容易に脈拍数あるいは血圧が上昇し，回復に時間がかかる，弱い運動でも「きつい」と表現し休憩を要求する，いつも参加していたレクリエーションなどへの参加を拒否する，円背姿勢がひどくなる，などがある[6]．

1. 認知機能に直接働きかける方法

認知機能訓練，運動療法，認知刺激などがある．

認知機能訓練は記憶，注意，問題解決など，認知機能の特定の領域に焦点をあて，課題を行う[7]．記憶訓練は記憶を補助する方法を学び，日常的に使用できるよう繰り返す．間隔伸張法は建物の名前などを記憶してもらい，答える間隔を次第に伸ばしていく反復訓練であり，内的記憶戦略利用は覚える情報を減らし，言語的および視覚的な補助手段を利用する方法である．認知症を有する方の学習は，試行錯誤よりも正解を提示しながら練習を進める「誤りなし学習法」が効果的であると考えられている[8]．記憶補助手段を利用する方法には，メモやホワイトボードに日々の予定を書き込む，携帯電話の

アラーム機能の利用を習慣づける，引き出しに何がしまわれているのかがわかるよう，外側にイラストシールを貼るなどもある．遂行機能は，物事を計画し，計画通り実行できているかモニタリングし，修正する機能であり，認知症の前段階で，記憶機能とともに低下しやすいとされている．遂行機能に対するプログラム例として，買い物，散歩コースなどの題材を使って計画する課題[9]がある．

　運動療法においては，有酸素運動が認知機能に効果的であるとされている[10,11]．有酸素運動とは，ウォーキング，体操，サイクリング，ゆっくり泳ぐなど，全身の大きな筋肉を使う運動のことである．有酸素運動は中等度強度，1回20〜30分程度，週3日以上の頻度が一般的であるが，運動習慣のない方は10分程度から始める．運動時間を徐々に延長していくことで筋骨格系のトラブル発生を避け，より安全に行うことができる．運動における中等度強度とは，対象者の体力の40〜60％程度に相当し，Borg scaleによる主観的運動強度では，「11　楽である」から「13　ややきつい」の間である．有酸素運動に筋力トレーニングやバランス運動を組み合わせた運動療法により，身体機能的な効果として持久力，体力の向上，ADLの維持改善が期待できる．このように身体機能の改善を目的とした運動療法の効果は，認知症の有無や重症度で差がないと報告されている[12]．

2．残存機能を活かす方法

　手続記憶訓練，芸術療法，回想法などがある．

　手続記憶訓練は，手続き記憶を利用する方法である．手続記憶とは長期記憶の一つで，技能や手順など体で会得した記憶のことである．Alzheimer型認知症において，認知症が進行しても比較的保たれる記憶能力とされている[13,14]．例えば，上着を着る動作はこれまで繰り返し行ってきた動作であるが，認知症の進行に伴い，日常生活で困難になることがある．対象者が動作を行っている状況を確認し，介助者が，服を必ず表にした状態で手渡しているか？　一度に複数の指示をせず，対象者の動きに応じた指示をしているか？　など，介助方法の指導と合わせて練習することによって動作が可能になれば，生活を組み立て直すことにもつながる．

　芸術療法は，手芸，絵画，音楽などを行う．その過程を通じて，もてる能

力を発揮する，できばえをほめられる，皆で喜び合う，対象者が自尊心を高める，生きがいを見出すなど，様々な効果が期待できる．

回想法は昔を思いだして語る方法であり，国内では介入法として，よく用いられる．昔の新聞，写真，生活用具などを題材にする．記憶の想起により人生の連続性の自覚が促され，語った自分の人生を他の人と共有し，共感することで情緒的安定が得られるとされている．注意点として，うつや不安感を誘発しないよう，対象者にとって嫌な思い出となる話題は避けることが大切である．

3．環境設定

家族・介護者への教育，環境づくり，社会資源の活用などがある．

家族・介護者への教育においては，家族の心的負担を受け止めつつ，適切な介助を行えるようアドバイスすることが重要となる．認知症の中核症状に加えて BPSD が出現すると，家族が対象者に理想的な対応をすることが難しい場合がある．あるいは家族・介護者の理解不足による対応から，対象者のBPSD が助長されることもある．対象者と十分に向き合われていたとしても自身の対応が不十分なのではないかと考えるご家族もいる．家族・介護者に認知症について正しい知識を提供し，支援する．例えば，対象者の現在の状態を医学的視点から家族に説明する，接し方や介助方法をアドバイスするなどがある．対象者のこれまでの人生を振り返り，終末期をどのように過ごすのかをご家族に考えていただく時間をとることも必要となるかもしれない．

環境づくりの一覧を表1[15]に示す．対象者が心地良く，安全面に配慮され，介護者が介護しやすい環境づくりが求められる．認知症の方は環境が変わることで症状が悪化する場合があり，なじみのある環境，昔からの習慣を崩さないような配慮は重要である．

経過中の身体機能について，Parkinson 症状を呈する方に対しては，転倒に注意する．また，認知症が重度になり，意思の疎通や随意運動が乏しくなった時期には，褥瘡，関節拘縮，誤嚥を予防するため，適切なポジショニングなどの環境設定を行う[16]．

社会資源の活用に関する情報提供は，日常生活において選択の幅を広げ，適切な時期のサービス利用にもつながる．リハを集中的に受けることができ

Ⅰ. 認知症・軽度認知障害の診断・治療へのアプローチ　③認知症の治療・ケア・支援・予防

表1 環境づくり

本人を緊張させている刺激を点検し取り除く
　音，人の声，強すぎる光，夜間の照明，空調の風の吹き出し，広すぎる場，なじみのない物など

安心していられる居場所の確保
　本人の行動パターンの把握，なじみのものを活かした居場所づくり

心地よい五感刺激のある環境づくり（可能な限り本人が好むもの）
　五感に心地よい刺激（音楽，BGM，なじみの生活音）・味・食材，空気・風・臭い，触れるもの・握れるもの・抱けるもの

見当識を強化する場づくり
　本人にわかる目印（トイレ，居室，ベッド，大切な物の置き場所など），月日や季節がわかる暦，カレンダー，風物，個性（服装・髪形など）を活かした職員の身づくろいや持ち物

自分を取り戻せる場づくり
　本人や家族の写真，思い出のもの，本人がなじんだ服装，お気に入りの品々，大切にしている本人にとってのたからもの

わかる力，できる力を引き出すもの・場面づくり
　本人がわかる，読めるシンプルな説明文書，チラシ，予定を書いた本人用ボード，メモ
　家事，育児，仕事など本人の習慣動作や楽しみごとを自然にやれる「もの（小道具）」の調達

自然や地域との交わりの場面づくり
- 自然光，風，緑，生き物に触れる場面を作る
- 家族はもちろん，町の人々，子どもたちと触れ合う場面づくり
- 戸外に出る，過ごす機会づくり
　（玄関先，建物周囲，日向ぼっこ，散歩，買い物，ドライブ，
　なじみの場，行きたい場，会いたい人のところ）

（永田久美子. MB Med Reha. 2015 ; 183 : 63-73）[15]

る施設入所や通所などのサービスもある．社会資源の活用については，「8. 認知症の人と家族の支援」の項を参照されたい．

5．認知症のリハビリテーション

C リハビリテーションによる軽度認知障害，認知症の 進行抑制効果の現状

　現在，リハによる軽度認知障害，認知症の進行の抑制効果について，その有効性を示唆する報告はあるものの，十分なエビデンスは得られていない[7]．

　運動療法においては，Alzheimer 型認知症の認知機能を改善する効果[17]，あるいは認知機能の低下をより緩徐にする可能性を示す報告がある[18]．定期的な食事指導，血管リスクの管理，運動，認知トレーニングを用いた多面的介入により，軽度認知障害を有する方の認知機能が改善した報告[19]があることから，複数プログラムの提供が効果を高める可能性が考えられる．

　芸術療法において，音楽療法は認知機能よりも BPSD，不安などの改善効果が報告されている[7]．芸術療法の効果は小規模データによる報告のみであるが[7]，対象者の嗜好に応じてリハプログラムに取り入れることは，認知機能維持に有効と考えられる．

　回想法は12のランダム化比較試験をメタ解析した研究により，認知機能の改善や抑うつ症状の軽減が示唆されている[20]．

● 文献
　1）遠藤英俊．よくわかる認知症 Q & A．東京：中央法規；2012．p.54-5．
　2）大沢愛子，森　志乃，尾崎健一，他．認知症の非薬物療法とは？．MB MedReha. 2015；183：128-32．
　3）今村　徹．アルツハイマー病，MCI．In：河村　満，専門編集．認知症，アクチュアル 脳・神経疾患の臨床．東京：中山書店；2012．p.199-210．
　4）Martin-Garcia S, Rodriguez-Blazquez C, Martinez-Lopez I, et al. Comorbidity, health status, and quality of life in institutionalized older people with and without dementia. Int Psychogeriatr. 2013；25：1077-84．
　5）Doraiswamy PM, Leon J, Cummings JL, et al. Prevalence and impact of medical comorbidity in Alzheimer's disease. J Gerontol A Biol Sci Med Sci. 2002；57：M173-7．
　6）金谷さとみ．認知症の標準的解釈とリハビリテーション介入．東京：文光堂；2017. p.128-9．
　7）日本神経学会，監修．認知症疾患診療ガイドライン 2017．東京：医学書院；2017. p.135-6，157-8，230-1．
　8）de Werd MM, Boelen D, Rikkert MG, et al. Errorless learning of everyday tasks in

I. 認知症・軽度認知障害の診断・治療へのアプローチ　③認知症の治療・ケア・支援・予防

  people with dementia. Clin Interv Aging. 2013; 8: 1177-90.

9) 三村　將, 菅野圭子. 軽度認知症患者の学習効率に関する要因. 精神経誌. 2005; 107: 1314-9.

10) Erickson KI, Voss MW, Prakash RS, et al. Exercise training increases size of hippocampus and improves memory. Proc Natl Acad Sci U S A. 2011; 108: 3017-22.

11) Baker LD, Frank LL, Foster-Schubert K, et al. Effects of aerobic exercise on mild cognitive impairment: a controlled trial. Arch Neurol. 2010; 67: 71-9.

12) Blankevoort CG, van Heuvelen MJ, Boersma F, et al. Review of effects of physical activity on strength, balance, mobility and ADL performance in elderly subjects with dementia. Dement Geriatr Cogn Disord. 2010; 30: 392-402.

13) van Halteren-van Tilborg IA, Scherder EJ, Hulstijn W, et al. Motor-skill learning in Alzheimer's disease: a review with an eye to the clinical practice. Neuropsychol Rev. 2007; 17: 203-12.

14) Scherder E, Dekker W, Eggermont L. Higher-level hand motor function in aging and (preclinical) dementia: its relationship with (instrumental) activities of daily life--a mini-review. Gerontology. 2008; 54: 333-41.

15) 永田久美子. 認知症ケアの特徴とは. MB Med Reha. 2015; 183: 63-73.

16) 山口晴保. アルツハイマー型認知症の症状と経過. In: 山口晴保, 編. 認知症の正しい理解と包括的医療・ケアのポイント. 3版. 東京: 協同医書出版; 2016. p.72-6.

17) Farina N, Rusted J, Tabet N. The effect of exercise interventions on cognitive outcome in Alzheimer's disease: a systematic review. Int Psychogeriatr. 2014; 26: 9-18.

18) Ströhle A, Schmidt DK, Schultz F, et al. Drug and exercise treatment of Alzheimer disease and mild cognitive impairment: a systematic review and meta-analysis of effects on cognition in randomized controlled trials. Am J Geriatr Psychiatry. 2015; 23: 1234-49.

19) Ngandu T, Lehtisalo J, Solomon A, et al. A 2 year multidomain intervention of diet, exercise, cognitive training, and vascular risk monitoring versus control to prevent cognitive decline in at-risk elderly people (FINGER): a randomised controlled trial. Lancet. 2015; 385: 2255-63.

20) Huang HC, Chen YT, Chen PY, et al. Reminiscence therapy improves cognitive functions and reduces depressive symptoms in elderly people with dementia: a meta-analysis of randomized controlled trials. J Am Med Dir Assoc. 2015; 16: 1087-94.

〈横川正美　菅野圭子〉

③認知症の治療・ケア・支援・予防

6 認知症の嚥下障害に対するリハビリテーション〜言語聴覚士の立場から〜

A 安全な摂食と認知機能

　ヒトが安全に食物を摂取するために，最初に働く大事な機能が認知機能である．食物を視覚的に認知し，その形状や色合い，匂いなどから可食性や味，硬さなどを予測し，使用する食器や食具を想定し，食物を口から取り込む準備を進める．視聴覚・触覚からの情報が大脳へ入力されると大脳はそれらを統合し，食具を選び，それを持った上肢を伸ばして適切な量の食物を取り，口へ運ぶという筋活動への司令を出力する．入口である口唇がまず食物を捕え，続いて前歯，舌尖部が口唇と協働して食物を取り込み瞬時に咀嚼の必要性を判断し，咀嚼かそのまま咽頭へ移送するかの工程を進める．そして，その工程の稼働中も常に経験や記憶と結びつけて行動が制御され，安全な摂食活動が進められる．

　さて，それらのいずれかの認知機能，つまり大脳での情報処理と運動中枢の統合に問題が生じると，安全に摂食嚥下活動が行えない状況に陥る危険性が増す．認知症はその背景や症状が様々であるが，比較的高齢者が多く，摂食嚥下に関する問題を潜在的に抱えている場合も少なくないため，生命維持の観点からも安全管理を進めたい．また，「おいしく食べる楽しみ」を維持することは，QOL を保障するためにも支援したいところである．

B 認知症のある摂食嚥下障害の背景

　一般的な摂食嚥下障害へのリハビリテーションの基本は，適切な評価を行い現れている症状とその症状を引き起こしている病態の関係を明らかにし，病態に合った方法を選択して訓練を行い，症状の改善を目指す．たとえば，嚥下時の喉頭挙上不全により誤嚥をきたしやすいということであれば，喉頭

挙上不全の背景にある舌骨上筋群の筋力低下に対して筋力増強のための訓練を用いる.

しかし, 認知症を合併する摂食嚥下障害例では, 症状を引き起こしている背景が複雑で病態がつかみにくいことがある. たとえば, 物品や事象の認知障害や行動上の注意力の低下に加えて摂食意欲の低下があるなど, 複数の理由から「食べられない」という症状が現れる. 認知症の疾患によっては, 早食い, 過食, 異食などがみられることもある. また, 病態を明らかにするためのVFやVEなどの精密な検査も, 適応が難しい場合が多い. さらに, 向精神薬や鎮静薬などの中には嚥下反射の惹起を低下させるものもあるので注意が必要である.

以上のように背景が複雑で対応策が導き出しにくい状況があるが, 誤嚥や窒息を引き起こさないように適切な形態の食物を提供することや, 本人, 家族のモチベーションを強化しながら進めることが大切であり, そのために専門職の連携を強化して対応することが事態を少しでもよい方向へ導く道につながると思われる.

C 認知症による障害への対応

認知症に合併する摂食嚥下障害の特徴と対応について述べる.

1. 病態の特徴と見極め

摂食嚥下に関係する症状や行動は, 認知症の病態との関連が深い. 食物の認知が困難であると食べる意思, 意欲が起こらない, あるいは食物でないものを口にしてしまう異食といった行動が起こりえる. 他人のものを食べてしまう背景には, 食膳の境界線や他人のものである認識ができていないという認知・判断力の障害がある.

また, 認知症による摂食嚥下困難の症状は, 初期から中期では各病型の病態を反映した症状や行動が認められやすい. 中期以降は症状の進行に伴い摂食嚥下症状も混沌とし, 病型別の病態は不明確になることが多いとされている[1]. また, 臨床的にはそれぞれの個別性が高く, 摂食だけでなく各個人の全体像をみながら摂食に関する問題点を捉え, 解釈して対応することが求められる.

6．認知症の嚥下障害に対するリハビリテーション〜言語聴覚士の立場から〜

2．各摂食嚥下行動と考えられる解釈・対応[2,3)]

　次に，比較的多くみられる摂食行動と考えられる解釈，対応法の一部を紹介する．

- 口に食物を溜め込んだ状態で摂食行動が中断し，飲み込もうとしない．

　考えられる解釈…食べたくないという意思表示．口中の食物を認識できない．食物の質感から予測した動きが困難で食塊を送り込めない．疲労．

　対応…食物の認識を進める：声掛けで食事に注意を向ける．習慣的動作の活用：持たせるなど（おにぎり→海苔は窒息を避けるため，もみのりのように小さくちぎったものを使う）．食意を刺激する：好物，味・温度の異なる食物を交互に使う．赤ちゃんせんべい法（表1）[4)]などで咀嚼を誘発し追加嚥下を促す．安全な食形態＝咀嚼を要しないものなどへ変更する．食事回数を増やす，間食で補う．

- 口元にスプーンを当てても口を開けない．顔をそむける．吐き出す．手で食物をさえぎる．

　考えられる解釈…食べたくないという意思表示．食事，食物と認識していない．味覚の変化．開口を含めた口腔期の障害（送り込めない）．

表1 赤ちゃんせんべい法

作用機序・意義	パリパリしたものを取り込む（歯で噛み込む）ときの刺激で咀嚼が誘発され，stage Ⅱ transport*を利用し，口腔内にため込んだ食物を咽頭に送り込む
主な対象	認知が不良で，食べ物をそのまま口にため込んで行動が止まってしまうが，咽頭期の障害は比較的軽度な症例
方法	赤ちゃんせんべいひとかけらを追加して口に入れたり，前歯で噛ませたりすると，咀嚼運動が誘発されやすく，それに伴い口にためていた食べ物が咽頭に送り込まれ嚥下が起こる
注意事項	咀嚼運動が可能な口腔内の環境（舌運動，歯牙）が整っていること．口腔内に入れてから行動が止まってもミキサー食状態になり安全

*stage Ⅱ transport＝第二期輸送：食物を咀嚼しながら咽頭へ送り込む一連の輸送運動

（小島千枝子．訓練法．In：嚥下障害ポケットマニュアル．第3版．東京：医歯薬出版；2011より改変）

JCOPY 498-22893

185

- 自食, 介助とも扱いやすいスプーン

K-スプーン：コラボ(燕市)製

- スプーンを持った手を介助する方法

- 使い慣れた自分の湯呑を持たせる

- スプーンの持たせ方

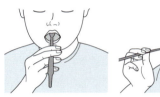

図1 食器やスプーンを持たせ，手と開口運動の連動を促進する[5]

　対応…食物を見せてから口腔内へ運ぶ．口唇へスプーンで触れる：食べ始めることの意識化．味覚刺激，好みの物の活用．使い慣れた食器の使用：湯呑，茶碗など．食器やスプーンを持たせ，手と開口運動の連動を促進する（図1）．

- 食器をいじっているだけで食べようとしない．食器以外のものに触れようとして食べようとしない．落とした食べ物に執着する．
  考えられる解釈…食べ方がわからない（失行），食器に目移りする（注意・空間性定位の低下）．食事に注意が集中できずに分散（注意の低下）．食物に見えない・幻視など．
  対応…食器の数を減らす（一皿への盛り付けなども），一品ずつ出す．弁当箱の利用．わかりやすい食器の色を選ぶ（図2）．盛り付け直し・見やすくする．透明エプロンなどの装着（エプロンの柄に注意が向くことを避ける）．
- 食事以外の刺激に反応し食事が進まない．他人の食事に手を出す．食事途中での立ち去り．

6．認知症の嚥下障害に対するリハビリテーション〜言語聴覚士の立場から〜

図2 わかりやすい色の食器を選ぶ

考えられる解釈…注意持続の障害（テレビ，会話，人通りなどに阻まれる），注意障害による衝動的行為，脱抑制，被影響性亢進，身体状況（尿意，疲労など）．

対応…食事環境の整備（人，物への注意が分散しないように），食事そのものに注意を向ける工夫，おにぎりなど手にもって食べられる食物にする．安定する時間帯に食を提供するなど．

- 配膳された食物を部分的に残す．一つの食器にしか手をつけない．
考えられる解釈…食事時のポジショニング不良で見えない，取れない．半側空間無視や視空間認知の障害により対象をすべて認知できていない．常同行為や保続行為によりほかの対象に移動できない．
対応…半側空間無視への対応．ポジションを非無視側が壁になる位置にするなど工夫する．無視側へ注意が向けられるよう導く．食器を一つずつ出す．

- 食べるペースが速い．食物を口腔内に詰め込む．
考えられる解釈…元から早い食べ方．注意障害によるペーシングの障害．口腔期の不良により咽頭への送り込み不良．脱抑制（前頭側頭型認知症）．
対応…小さいスプーンの使用．スプーン手渡しによる量とペースの調整．小さな器で一品ずつ提供．松花堂弁当箱の利用[6]．声掛けによるペースコントロールとフィードバック．

Ⅰ. 認知症・軽度認知障害の診断・治療へのアプローチ　③認知症の治療・ケア・支援・予防

D　対応上必要な着眼と留意点

　認知症に伴う摂食嚥下障害例への対応において，必要と思われる着眼と留意点について述べる.

1．入力の保障：視聴覚の問題チェックと対応

1）視覚的問題への対応

　白内障，緑内障，黄斑変性症など，加齢により発症する可能性のある眼科疾患に注意し，治療や対応ができていない場合は特に，視覚的な問題を補うよう留意する（図2）.

2）加齢性難聴

　軽度の難聴を含めると，80歳以上の高齢者では約8割に聴力の低下が認められるとの報告がある[7]. 高齢者への対応においては明らかに聞こえていないと判断できるほどではなくても，聴力の低下により聞き間違える可能性があることを念頭に置いて対応したい. コミュニケーションの工夫として，はっきり，ゆっくり，顔を見て話すこと，急に話題を変えずに会話し，伝わっているかどうか確認しながら進めることなどが留意点である.

3）言語障害

　失語症による理解障害や意思表示の困難がある場合は，文字（漢字単語で示す）や図で示す，イエス・ノーで答えてもらい確認しながら会話を進めるなどの工夫を試みるとよい.

4）無視

　視覚的入力や気付きの問題で認識されない場合は，丁寧に注意を向けてからコミュニケーションを進める.

2．操作性の保障

　手指の操作性が低下していると，食器や食具を扱いにくいことがある. 認知の問題に運動面の問題が加わると，心理的負担や意欲の低下あるいは易怒性につながることもあるので留意が必要である. 図3のような持ちやすく滑りにくい食器や食具の工夫が役立つ場合がある.

3．咽頭期障害への対応

　摂食嚥下障害がある場合の対応として，いかなる場合でも可能な限り誤嚥

6. 認知症の嚥下障害に対するリハビリテーション〜言語聴覚士の立場から〜

図3 手指の操作性低下への対応
持ちやすく滑りにくい食器・食具の工夫.

を避けるよう努めたい．咽頭期に起こる誤嚥を避けるために，次の点に留意し安全な摂食を心掛ける．以下は，認知症の有無にかかわらず重要な対応であることを念頭に置き，認知症を伴う際には状況に応じて可能な範囲で行えるよう努めたい．

1) 食事前後，就寝前の口腔衛生の徹底

口腔衛生の徹底は食後ばかりでなく，食前にも大切である．汚濁した口腔内では味覚が低下するばかりでなく，汚れを嚥下する際に誤嚥が生じる危険性があるからである．また，口腔内のみでなく咽頭，喉頭周辺の唾液や痰の貯留を除去してから摂食を始めることも大切である．「えー」と高めの発声をしてみて，澄んだ声が出ることを確認してから摂食を進めるとよい．声が澄んでいない場合は咳払いや吸引で残留物を除去する．さらに，就寝前の口腔，咽頭の清掃も夜間就寝中の誤嚥を避けるために大切である．

2) 食事時の覚醒

しっかりと覚醒して食べ始めること，食べることを意識して摂食を進めることは，安全な食事の基本である．食事を進めるうちに傾眠する場合は，疲労を考慮して摂食姿勢を調整したり，適宜介助を入れる，嚥下しやすい献立を取り入れるなどの工夫をする（図1）．

3) 姿勢

円背や前傾姿勢になってくる場合は，テーブルと椅子の高さの調整を検討する．ベッド上や車椅子の場合は，背もたれや枕などの位置を確認し，頭頸部に負荷がなく楽な姿勢であることや，頸部が伸展して誤嚥を招きやすい姿勢にならないよう留意する．

Ⅰ．認知症・軽度認知障害の診断・治療へのアプローチ　③認知症の治療・ケア・支援・予防

4）咳嗽力

　誤嚥をしかけたり，してしまった場合でも，強い咳嗽ができると，喀出でき，肺炎に至らせない可能性が上がる．口元にタオルを当てるなどして，しっかりと咳嗽できる環境を作り咳嗽を促したい．むせがみられたときは，咳嗽しやすい姿勢を導き，しっかりと喀出を促せるとよい．

5）介助

　状況に応じて介助を入れることは望ましいが，安易な介助で本人の摂食意欲を阻害したり，できる機能を奪うようなことがないよう留意したい．時間を要することがあるが，本人の意思を尊重し，ゆっくり見守るよう努めたい．

E　まとめ—対応の基本

　以上，認知症に合併する摂食嚥下障害への対応を述べたが，最後に対応の基本として留意したいことをまとめる．

　まず，それぞれの症状をきたしている背景を理解し，その機能低下に応じた対応をすることが大切である．その際，視聴覚の問題が起こっている可能性に留意しながら丁寧にコミュニケーションをとり，現象や現症から問題を推察し，同じ目の高さで対応を進める．同時に，危険を避けるために咽頭期障害，誤嚥の有無に注意を払い，安全性に配慮することが大切である．

　文字で表現すると，このようなことが要点となるが，認知症をもつ方々の状況は個別性が高く，現実には想定通りには進められないことが多い．一つ一つ，一人一人の臨床での経験が生かされていくことに期待する．

●文献

1) 小谷泰子．認知症の症状進行と嚥下障害の関係．In：野原幹司，編．認知症患者の摂食・嚥下リハビリテーション．東京：南山堂；2001．p.31-3.
2) 聖隷嚥下チーム，編：認知症への対応．In：嚥下障害ポケットマニュアル．第3版．東京：医歯薬出版；2011．p.150.
3) 長谷川賢一．言語聴覚士が行う観察とスクリーニングテスト．In：摂食嚥下障害学．東京：医学書院；2014．p.102-4.
4) 聖隷嚥下チーム，編．赤ちゃんせんべい法．In：嚥下障害ポケットマニュアル．第3版．東京：医歯薬出版；2011．p.99.
5) 聖隷嚥下チーム，編．訓練法．In：嚥下障害ポケットマニュアル．第3版．東京：

医歯薬出版；2011．p.117-8.

6）柏村浩一，田中早貴，藤谷順子．松花堂弁当箱の使用により食事摂取方法が安全になった1症例の経験．日摂食嚥下リハ会誌．2013；17：251-3.

7）増田正次．高齢者の難聴．日老医誌．2014；51：1-10.

〈清水充子　山脇正永〉

③認知症の治療・ケア・支援・予防

7 認知症の行動・心理症状（BPSD）の予防・治療

　認知症では，脳内の様々な領域における神経細胞の脱落や機能低下が，学習・記憶，実行機能，言語などの認知機能の低下を引き起こす．さらに，脳機能の変化，心理学的要因，社会的要因などが複雑に絡み合って，行動レベルおよび心理レベルの症状が多く発現し，認知症の行動・心理症状（behavioral and psychological symptoms of dementia: BPSD）と総称される．BPSD は，患者や介護者に大きな苦痛をもたらし，在宅介護を困難にする最大の要因のひとつである．また，感染，外傷，低栄養などの身体合併症の発症リスクを上げ，これにより認知機能低下を加速させ，さらに重度な BPSD を招く悪循環を形成しがちである．すなわち，認知症の治療や介護では，BPSD への対応が極めて重要となる．本稿では，BPSD の発生に関与する要因について述べた上で，予防，非薬物療法，薬物療法について解説する．

A　BPSD の発生にかかわる要因と予防

　BPSD の発生メカニズムには，未解明の部分も大きいが，遺伝子変異，障害されている認知機能，脳内の伝達物質のアンバランス，合併する身体疾患，服用薬物などの生物学的要因に加え，発症前の性格傾向，取り巻く環境や長年の習慣の急激な変化，介護者の接し方などが関与する．

　認知機能障害の程度と BPSD の重度は相関するとされるが，認知症発症前の知能は BPSD の重度と逆相関することが報告されている[1]．幻覚・妄想・不穏言動・不安などは女性に多く，攻撃性は男性に多い[2]．若年の患者では不安や抑うつ症状が多く，機能が比較的保たれている場合は易刺激性が目立つ[3]．前頭葉機能の障害で生じる行動を計画し遂行する機能の低下は，焦燥・攻撃性を増加させ，幻覚・妄想・抑うつなどを悪化させる要因となっている[4]．認知症の種類も BPSD の種類を規定する要因で[5]，例えば，前頭側頭

型認知症では脱抑制，自発性や意欲や興味の低下，徘徊などが目立ち[4]，Lewy 小体型認知症では，幻覚や抑うつが多く認められる[5]．Alzheimer 型や Lewy 小体型では概日リズムの異常が多く認められ，日中の焦燥や夜間の徘徊と病的体験を増長する[6]．全身合併症，特に心疾患・尿路感染症・痛みなど，そして室内の高温などにより生じる苦痛も，BPSD の発生につながる．

認知症の日常生活における様々な面での機能低下は，患者のアイデンティティを揺るがせ自尊心を大きく損なう．これに対して生じる様々な心理的な反応が BPSD の発生に影響を与えるが，そのような心理反応は患者の病前性格に左右される．例えば，発症前に疑い深く攻撃的で，他者を支配したがる性格を有する場合は，BPSD を生じやすいといわれる[7]．また，病前の神経質な性格が問題行動や妄想に寄与している可能性も指摘されている[8]．

認知症患者では，それまで慣れ親しんだ習慣や環境が急に変わると BPSD を呈するリスクが上昇することはよく知られている[9]．これは特に中等度の認知機能障害を有する患者で顕著で，別な環境への移動後 3 か月間に，抑うつ，焦燥，問題行動などが生じやすくなり，死亡率も上昇する．

介護者側の要因も BPSD の発生に影響を与える[10]．認知症の発症前に患者との関係に問題があった介護者は，患者の苛立ちの表出を介護者に対しての当てつけと解釈してしまい BPSD をより悪化させる傾向がある．不適切な介護は，特に妄想，攻撃性，過活動などの BPSD に関係する．一方，患者の身体への接触や許容範囲を超えての介護者の身体的接近は，患者にとっては侵襲的で攻撃性に結び付きやすい．しかし，患者によっては適切な身体への接触が，気持ちを落ち着かせる効果があり，患者個人にあわせた接し方を考慮する必要がある．

以上の BPSD 発生にかかわる様々な要因を考慮して，それぞれの患者について認知症の種類，認知機能障害の程度や種類，性別，年齢，病前性格，最近のまたは予測される環境変化，介護者との関係，介護者の知識や経験などの因子を同定することが，BPSD の発症リスクを評価する上で重要である．そして，これらの因子の中から，何が調整可能なのかを考慮することが，BPSD の予防や悪化防止に有効である．

施設などの入所後の環境変化の影響を和らげて概日リズムを維持するため

I. 認知症・軽度認知障害の診断・治療へのアプローチ ③認知症の治療・ケア・支援・予防

には，①安心して散歩できる空間を確保する，②リラックスできる室内の照明や壁の色，バックグランドの音楽または音を取り入れる，③家庭的な家具を置き，室内の雰囲気を患者の好みに合ったものにする，④日中に十分光が入る工夫をする，などの空間的な配慮と共に，①日課を決めて，変更する必要があっても一気にせずに徐々に進める，②食事や就寝の時間を一定にする，③就寝前の過剰な水分，カフェイン，ニコチン，アルコールの摂取を控える，④夜間の光や雑音を最小限にする，⑤日中に体を動かす機会を作る，などの一日のスケジュールに合わせた配慮も BPSD の予防に役立つ．

　介護では，①暖かい思いやりを持った態度，②患者を急がせないこと，③規則や日課に固執しすぎないこと，④柔軟に患者の変化を受け入れること，⑤過度の期待をしないこと，⑤患者の個性を尊重すること，⑥患者の主体性を生活や介護にうまく取り入れることなどが，患者へのストレスの軽減と BPSD の予防に役立つと考えられる．

B　BPSD への非薬物的アプローチ[11]

　BPSD を持つ患者へのアプローチとして大事なことは，まず心理社会的なアプローチを試みることである．また，患者の背景，興味・関心，能力を鑑みた上で行うと心理社会的介入は最も効果的である．治療原則として，どんな症状が最も関連しているか吟味し，行動（きっかけとなる状況）とその結果（何が悪くして良くするか）を特定する．介護者が，「不意に」起こったと感じる症状でも注意深く観察すると，契機となる要因が特定できることがある．また，いつ，どこで，誰と，どの程度持続し，どんな影響が誰に及んだのか，また何が良くして悪くしたのか，行為なのか精神的な症状なのかを正確に把握する．

　症状評価には，頻度と重症度の行動を介入前後で 1 日にわたり経時的に日記のように記録し，症状はグラフ化し，症状の有無，軽度，中等度，重症と症状を評価する．評価指標として The Cohen-Mansfield Agitation Inventory[12] は過去 2 週間の 29 の行動の頻度を評価可能であり，The Neuropsychiatric Inventory[13] は過去 1 か月間の幻覚，妄想，興奮，無為，睡眠障害の頻度と重症度を評価できる．

C　各症状への対応[14]

1．攻撃性，易刺激性，焦燥・興奮

これらの症状は，介護者がBPSDを助長していることを意識しないで，せかす，行為を遮る，自尊心を傷つけるなどの不用意な対応により出現することがある．身体接触ケアにおいても，なぜ触られたか理解できない場合もある．怒りの場面を詳細に聞き出し原因を精査し，言語以外のコミュニケーション能力は保たれている場合が多いので，せかさず，笑顔や言葉使いに留意し対応することが重要である．

2．妄想

訴えを否定せず妄想の背景にある不安な気持ちと理由を十分に傾聴することが重要である．もの盗られ妄想では，置忘れが原因の場合，収納場所を決めることが有効な場合もあるが，周囲との人間関係や生活不安など様々な背景が存在する．不安な思いを十分傾聴し，一緒に探すことを提案し納得できる方法を探し安心感を保つことが目標である．

3．不安・抑うつ

記憶障害により，辻褄が合わないことを認識し，自信を失い，不安が高まっていく．周囲が病態を受入れ「今」を心地よくするケアの継続で不安は軽減する．抑うつには，自責の念，喪失体験が関わっている例もある．十分に傾聴し，能力に相応な活動に参加させ，保たれた能力を実感させることが有効である．

D　非薬物療法の例

1．作業療法

"Tailored Activities Program"（TAP）は認知症患者の望ましくない行動を減少させることを目標にした作業療法プログラムである[15]．TAPの原則は，患者の能力，興味，役割に合わせて特別にあつらえた活動を選択することである．また，活動を単純化するためと，患者の将来の機能的低下に順応できるように介護者にも訓練を勧める．それは介護者に自己効力感を向上させるのに役立つからである．TAPによるBPSDの発生率の低下と，付回し，

焦燥，暴言，繰返しの質問などの問題行動の低下が報告されている[15]．

2．音楽療法

患者が若い頃に楽しんだ音楽を聴かせることが焦燥を減らすのに有効との報告がある[16]．また，アパシーの治療として，生演奏と事前収録の音楽を聞かせた群で比較し，中等度から重度の認知症患者において，事前収録よりも生演奏を聴かせた患者群で，短期間であるがアパシーの軽減効果の報告がある[17]．集団での音楽の不安・焦燥の効果についての調査では，打楽器演奏の施行が，通常介護を受けた群より有意に不安を軽減させたことが報告されている[18]．

3．運動療法

少人数に対してだが，鋭敏性，柔軟性，平衡感覚を強化する水中エクササイズを BPSD の集団に，週に 2 回，12 週間施行した研究がある[19]．この研究では，心理的な幸福度で改善がみられ，BPSD の項目数と BPSD に関連したスタッフのストレスが軽減した．

4．光療法

Burns らは，48 人の認知症患者に 10000 ルクスの光を 2 週間にわたり 2 時間の曝露をし，睡眠の質は改善したが，焦燥には有意な差はなかったと報告している[20]．Dowling らは，光照射の時間帯を朝と昼と室内灯のみの群で無作為化し比較検討したが，焦燥と攻撃性に関しては朝と昼の光照射が同様に効果を示し，異常行動に関しては，朝の光照射が効果を示した[21]．

5．認知リハビリテーション

Brunelle-Hamann らは，軽〜中等度の認知症患者に 4 週間にわたり週に 2 回，折り紙，コンピュータ，テレビのリモコン操作などの作業を行わせた[22]．その結果，妄想症状は有意に減少したが，異常行動は健常群に比して有意に増加した．

6．アロマセラピー

ラベンダーとひまわりの香りを吸入させる無作為化クロスオーバー試験では，ラベンダーに有意に焦燥を軽減させる効果が認められた[23]．Yang らは，アロマセラピーとアロマ指圧マッサージについて調査し，アロマ指圧マッサージとアロマセラピーの焦燥改善効果を報告している[24]．

7. 認知症の行動・心理症状（BPSD）の予防・治療

7. タッチセラピー

タッチセラピーはマッサージや頭蓋仙骨療法も含む治療である．二重盲検試験にて3日間5〜7分タッチセラピーを1日2回施行した群では，施行しない群にくらべ有意にBPSDが軽減した[25]．

E BPSD の薬物療法[26,27]

薬物療法の対象となるのは，中等度から重度に患者および家族の生活の質や機能に影響を与えている場合である．薬物療法は安全性に配慮し，非薬物療法と組み合わせて用いる．すべての患者は，薬物療法に伴う潜在性の危険性について，情報提供されるべきである．よくある副作用と脳血管疾患や死亡などのまれではあるが重篤な副作用について検討し，錐体外路症状，起立性低血圧，抗コリン性の副作用，鎮静，転倒についてのモニターが必要である．抗精神病薬への過敏性をチェックし，処方前にLewy小体型認知症かどうかを考慮する．可能な限り短期間，少量の使用にし，可能な限り中止する．早急な用量調整が必要でない限り，増量間隔は週1回程度とする．12週間以内の治療が推奨される．適切な量での治療を4〜6週間行い，標的となる症状の頻度や重症度や衝撃を緩和できない場合は，次の薬剤を用いる．多くの研究では，抗精神病薬は安全に中止することができ，行動症状も悪化させない．抗精神病薬の中止を成功させる予測因子は，毎日の服用量が少ないこと，もともとの行動症状の重症度が低いことである．中止後，半年後も行動症状に有意差はなかったことを示す研究が一つあるが，ほとんどの研究はもっと短い期間でみている．長期の死亡率をみた研究では，抗精神病薬を中止したことと，12か月，24か月，36か月後の死亡率の減少との関連を示す報告がある[28]．

F 各種薬物の効果

抗精神病薬は，幻覚妄想，焦燥，攻撃性に最も効果的である[27]．非定型が定型よりも好まれる傾向にある．Alzheimer型認知症の焦燥に対して，リスペリドン，オランザピン，クエチアピン，プラセボを比較した多施設共同研究がある．効果がないために中止するまでの期間はリスペリドンとオランザ

Ⅰ. 認知症・軽度認知障害の診断・治療へのアプローチ　③認知症の治療・ケア・支援・予防

ピンが，クエチアピンとプラセボに比べて長かった[29]．特に攻撃的な行動や精神病症状に対してリスペリドンは概ね 1 mg/日の量でプラセボよりも効果的であった．リスペリドンは，プラセボに比較して有意な効果を示せなかった報告もある．看護施設における研究で，オランザピンの 5 mg，10 mg は焦燥と攻撃性を有意に改善した[30]．

　選択的セロトニン再取り込み阻害薬であるシタロプラムには抗うつ効果ばかりではなく，認知症患者の焦燥，攻撃性，不安，幻覚，妄想などを改善する効果が報告されている[31]．コリンエステラーゼ阻害薬は抑うつ状態，不安，不快感，アパシーに効果が報告されているが，焦燥や攻撃性には効果は認められていない[27]．一方，メマンチンは焦燥や攻撃性を改善する可能性がある[27]．抗てんかん薬とくにカルバマゼピンは，他の薬の効果がなかった時の焦燥の治療の選択肢になるかもしれない[27]．認知症の焦燥にバルプロ酸を用いることは，明らかな効果が期待できず，過鎮静や尿路感染症などの発生を高めるため推奨されない[32]．

G　各種薬物の副作用[26,27]

　非定型抗精神病薬により，脂質異常症，耐糖能異常，体重増加，転倒と骨折の危険性と，錐体外路症状，起立性低血圧，鎮静，死亡率および脳血管イベントは増加する．2005 年に米国の FDA（Food and Drug Administration）が行った警告では，主に血管および感染症が原因で相対的な死亡率が 1.7 倍増加するという[33]．脳梗塞の危険性を特に FDA は強調した．FDA の警告はその後，すべての抗精神病薬に拡大された．抗精神病薬による死亡率の増加は 1〜2% である．

　定型抗精神病薬では，錐体外路症状（徐脈，振戦，仮面様顔貌），低血圧や抗コリン作用（口渇，便秘，尿閉，せん妄）がみられる．長期間の使用で遅発性ジスキネジアの危険性が増加する．高齢者に 1 年間治療を続けた場合の発生率は 25% である．このため定型抗精神病薬による認知症患者への使用は 8〜12 週間以内がすすめられる．副作用が出た時，薬剤量を減らすか中止すべきであるが，それにより起きる反応の重篤さや代替薬について考慮が必要である．せん妄や抗コリン性の副作用がみられるため錐体外路症状に対して

7．認知症の行動・心理症状（BPSD）の予防・治療

の抗コリン薬の使用はすすめられない．長期間の抗精神病薬への曝露は，それが定型薬あるいは非定型薬であっても，認知機能を悪化させることが報告されている[34,35]．

コリンエステラーゼ阻害薬の主な副作用は，下痢や胃腸の不快感，食欲低下などの胃腸症状である．コリン類似の心臓への作用としてブロックを含むもともとあった不整脈を悪化させる可能性がある．

ベンゾジアゼピンでは，過鎮静（傾眠）や失調，健忘，錯乱がもっともよくみられる副作用である．転倒の危険性は短時間作用型も長時間の半減期のものも同様であるが，開始直後がより大きい危険性がある．4〜6週以上ベンゾジアゼピンを用いた後は，中止による離脱症状を防ぐために漸減する．

H　BPSDの各症状に推奨される薬物[36]

以上の知見を踏まえBPSDの各症状に効果がある可能性のある薬物は以下のとおりである．各薬物とも適応外処方である場合が多いので，使用する際は家族と本人に十分に説明を行った上で承諾を得る．また効果の判定を適切に行い長期処方をなるべく避ける努力も必要である．

不安：リスペリドン，オランザピン，クエチアピンなどの非定型抗精神病薬

焦燥性興奮：非定型抗精神病薬低用量（リスペリドン，アリピプラゾール），抗うつ薬（セルトラリン，エスシタロプラム，トラゾドン），気分安定薬（カルバマゼピン），その他（抑肝散，チアプリド）

幻覚・妄想：非定型抗精神病薬（リスペリドン，オランザピン，クエチアピン，アリピプラゾール）

うつ症状：抗うつ薬（SSRI，SNRI）

アパシー：コリンエスラーゼ阻害薬

●文献
1) Starr JM, Lonie J. Relationship between behavioral and psychological symptoms of dementia and cognition in Alzheimer's disease. Dementia Geriatr Cogn Disord. 2007 ; 24 : 343-7.
2) Steinberg M, Corcoran C, Tschanz JT, et al. Risk factors for neuropsychiatric symptoms in dementia : the Cache County Study. Int J Geriatric Psychiatry.

2006 ; 21 : 824-30.

3) Savva GM, Zaccai J, Matthews FE, et al. Prevalence, correlates and course of behavioral and psychological symptoms of dementia in the population. Br J Psychiatry. 2009 ; 194 : 212-9.

4) Senanarong V, Cummings JL, Fairbanks L, et al. Agitation in Alzheimer's disease is a manifestation of frontal lobe dysfunction. Dementia Geriatr Cogn Disord. 2004 ; 17 : 14-20.

5) Chiu MJ, Chen TF, Yip PK, et al. Behavioral and psychologic symptoms in different types of dementia. J Formos Med Assoc. 2006 ; 105 : 556-62.

6) Evans LK. Sundown syndrome in institutionalized elderly. J Am Geriatr Soc. 1987 ; 35 : 101-8.

7) Murayama N, Iseki E, Endo T, et al. Risk factors for delusion of theft in patients with Alzheimer's disease showing mild dementia in Japan. Aging Ment Health. 2009 ; 13 : 563-8.

8) Meins W. Impact of personality on behavioral and psychological symptoms of dementia. Int Psychogeriatr. 2000 ; 12 (Suppl) : 107-11.

9) Eriksson S. Impact of environment on behavioral and psychologial symptoms of dementia. Int Psychogeriatr. 2000 ; 12 (Suppl) : 89-93.

10) Perren S, Schmid R, Herrmann S, et al. The impact of attachment on dementia-related problem behavior and spousal caregivers'well-being. Attach Hum Dev. 2007 ; 9 : 163-78.

11) International Psychogeriatric Association, Module 5 Non-pharmacological treatments, IPA Complete Guides to Behavioral and Psychological Symptoms of Dementia. 2002. http://www.ipa-online.org

12) Cohen-Mansfield J, Werner P. The effects of an enhanced environment on nursing home residents who pace. Gerontologist. 1998 ; 38 : 199-208.

13) Cummings JL. The Neuropsychiatric inventory : assessing psychopathology in dementia patients. Neurology. 1997 ; 48 : S10-16.

14) 高橋　智, 藤沢　豊. BPSD の非薬物療法. 最新医学. 2011 ; 66 : 198-206.

15) Gitlin LN, Winter L, Burke J, et al. Tailored activities to manage neuropsychiatric behaviors in persons with dementia and reduce caregiver burden : a randomized pilot study. Am J Geriatr Psychiatry. 2008 ; 16 : 229-39.

16) Garland K, Beer E, Eppingstall B, et al. A comparison of two treatments of agitated behavior in nursing home residents with dementia : simulated family presence and preferred music. Am J Geriatr Psychiatry. 2007 ; 15 : 514-21.

17) Holmes C, Knights A, Dean C, et al. Keep music live : music and the alleviation of apathy in dementia subjects. Int Psychogeriatr. 2006 ; 18 : 623-30.

18) Sung HC, Lee WL, Li TL et al. A group music intervention using percussion instruments with familiar music to reduce anxiety and agitation of institutionalized older adults with dementia. Int J Geriatr Psychiatry. 2012 ; 27 : 621-7.

7. 認知症の行動・心理症状（BPSD）の予防・治療

19) Neville C, Henwood T, Beattie E, et al. Exploring the effect of aquatic exercise on behaviour and psychological well-being in people with moderate to severe dementia: a pilot study of the Watermemories Swimming Club. Australas J Ageing. 2014; 33: 124-7.

20) Burns A, Allen H, Tomenson B, et al. Bright light therapy for agitation in dementia: a randomized controlled trial. Int Psychogeriatr. 2009; 21: 711-21.

21) Dowling GA, Graf CL, Hubbard EM, et al. Light treatment for neuropsychiatric behaviors in Alzheimer's disease. West J Nurs Res. 2007; 29: 961-75.

22) Brunelle-Hamann L, Thivierge S, Simard M, et al. Impact of a cognitive rehabilitation intervention on neuropsychiatric symptoms in mild to moderate Alzheimer's disease. Neuropsychol Rehabil. 2015; 25: 677-707.

23) Lin PW, Chan WC, Ng BF, et al. Efficacy of aromatherapy (Lavandula angustifolia) as an intervention for agitated behaviours in Chinese older persons with dementia: a cross-over randomized trial. Int J Geriatr Psychiatry. 2007; 22: 405-10.

24) Yang MH, Lin LC, Wu SC, et al. Comparison of the efficacy of aroma-acupressure and aromatherapy for the treatment of dementia-associated agitation. BMC Complement Alterm Med. 2015; 15: article 93.

25) Woods DL, Dimond M. The effect of therapeutic touch on agitated behavior and cortisol in persons with Alzheimer's disease. Biol Res Nurs. 2000; 4: 104-14.

26) International Psychogeriatric Association, Module 6 Pharmacological Treatment. IPA Complete Guides to Behavioral and Psychological Symptoms of Dementia. 2002. http://www.ipa-online.org.

27) Ballard CG, Gauthier S, Cummings JL, et al. Management of agitation and aggression associated with Alzheimer disease. Nat Rev Neurol. 2009; 5: 245-55.

28) Ballard C, Hanney ML, Theodoulou M, et al. The dementia antipsychotic withdrawal trial (DART-AD): long-term follow-up of a randomized placebo-controlled trial. Lancet Neurology. 2009; 8: 151-7.

29) Schneider LS, Tariot PN, Dagerman KS, et al. Effectiveness of atypical antipsychotic drugs in patients with Alzheimer's disease. N Engl J Med. 2006; 355: 1525-38.

30) Street JS, Clark WS, Gannon KS, et al. Olanzapine treatment of psychotic and behavioral symptoms in patients with Alzheimer disease in nursing care facilities: a double-blind, randomized, placebo-controlled trial. The HGEU Study Group. Arch Gen Psychiatry. 2000; 57: 968-76.

31) Leonpacher AK, Peters ME, Drye LT, et al. Effect of citalopram on neuropsychoatric symptoms of Alzheimer's dementia disease: evidence from The CitAD Study. Am J Psychiatry. 2016; 173: 473-80.

32) Lonergan E, Luxenberg J. Valproate preparations for agitation in dementia. Cochrane Datebase Syst Rev. 2009: CD003945.

33) Schneider LS, Dagerman KS, Insel P. Risk of death with atypical antipsychotic

drug treatment for dementia : meta-analysis of randomized placebo-controlled trials. JAMA. 2005 ; 294 : 1934-43.

34) Devanand ER, Sackeim HA, Brown RP, et al. A pilot study of haloperidol treatment of psychosis and behavioral disturbance in Alzheimer's disease. Arch Neurol. 1989 ; 46 : 854-7

35) Vigen CL, Mack WJ, Keefe RS. Cognitive effects of atypical antipsychotic medications in patients with Alzheimer's disease : outcomes from CATIE-AD. Am J Psychiatry. 2011 ; 168 : 831-9.

36) 日本神経学会, 監修. 認知症疾患診療ガイドライン 2017. 医学書院 ; 2017.

〈金田礼三　長澤達也　橋本隆紀〉

③認知症の治療・ケア・支援・予防

8 認知症の人と家族の支援

　人口の高齢化率が7%以上の社会を「高齢化社会」，14%以上を「高齢社会」と呼ぶ．我が国は1970（昭和45）年に高齢化社会となり，その24年後の1994（平成6）年に高齢社会となった．高齢化社会から高齢社会への到達年数はフランス114年，スウェーデン82年，ドイツ42年などであり，我が国の高齢化がいかに急速に進行しているかが理解できる．そして2015（平成27）年の高齢化率は26.7%と4人に1人が高齢者となり，2060年には39.9%に達すると推計されている．

　このように人類史上未曽有の超高齢社会を迎えた我が国では，これまでも様々な社会の変化やニーズの多様化に対応し，数多くの高齢者保健福祉施策や制度が策定されてきた．1963（昭和38）年に**老人福祉法**にはじまり，1982（昭和57）年には**老人保健法**が制定され，2000（平成12）年には**介護保険法**が施行された．最近では2012（平成24）年に認知症施策推進5か年計画（オレンジプラン）が，そして2015（平成27）年には認知症の人のさらなる増加に対し国を挙げて対応しようと，認知症施策推進総合戦略（**新オレンジプラン**）が策定された．

　本稿では具体的な介護保険サービス[1]と新オレンジプラン[2]に示された様々な取り組みを解説し，また認知症高齢者の権利擁護についても触れたい．

A 介護保険制度

1．法の趣旨と対象者

　介護を家族だけの負担ではなく社会全体で支える仕組みとすることや，社会保険方式を導入し給付と負担の関係を明確にすることなどを目的に介護保険制度が制定された．本人の自己決定権を尊重し，疾病や障害ではなく残存能力に注目して，住み慣れた地域で，できる限り自立した生活が送れるよう

に支援することを基本理念としている.

制度運営の主体である保険者は市町村および特別区である. 被保険者は,市町村に住所を有する者で, 65歳以上を**第1号被保険者**, 40歳以上65歳未満を**第2号被保険者**という. 財源は, 国が25%, 都道府県が12.5%, 市町村が12.5%であり, 残り50%は第1号, 第2号保険料である. 保険給付の対象は, 要介護認定を受けて要介護状態にある被保険者である. **要介護**とは, 身体上または精神上の障害があるために, 入浴, 排泄, 食事などの日常生活における基本的な動作の全部または一部について, 6か月にわたり継続して常時介護を要すると見込まれる状態である. これに対して, 要介護まではいかないまでも日常生活に支障があり, 放置すると要介護に移行する可能性の高い状態を**要支援**という. 要支援もこれまでは保険給付の対象であったが, 2017 (平成29) 年4月からは市町村が行う「介護予防・日常生活支援総合事業 (**総合事業**)」に移行した.

第2号被保険者の場合, 要介護に至った原因が**特定疾病**であるものが対象となる. 特定疾病として若年性認知症やがん末期, 脳血管障害, 糖尿病の3大合併症など16種類の疾病が規定されており, 交通事故などの外傷後遺症や統合失調症などの精神疾患は対象とならない. これらは65歳になるまで障害者自立支援サービスを利用することになる.

2. 要介護認定の流れ

要介護認定を行う介護認定審査会は各市町村に設置され, 医療, 保健, 福祉の学識経験者で構成される. 被保険者が市町村に申請すると, 市町村は申請から30日以内に要介護認定を行う必要がある. まず認定調査員が74項目の基本調査を行い, 全国一律のコンピュータ判定による一次判定が行われる. 審査会では, 一次判定結果と主治医の意見書, 調査時の特記事項を踏まえ, 主に介護の手間と状態の維持・改善可能性の観点から二次判定を行う. 本人の状態の審査であり, 一人暮らしなど社会的な要因は勘案しないのが原則である. 市町村は審査結果を受けて, 要支援1, 2と要介護1〜5, または非該当の8段階の認定を行い, 被保険者に通知する. 有効期間は3〜24か月だが, 新規では12か月が多く, 更新の場合, 状態が安定していれば24か月とされることが多い.

8．認知症の人と家族の支援

　主治医意見書で記載が必要な障害高齢者の日常生活自立度（寝たきり度）と認知症の日常生活自立度（認知症自立度）を説明する．寝たきり度は，J，A，B，Cの4段階に分かれ，それぞれがさらに2つに分かれる．Jは自力で外出できるもの，Aは自力で歩けるが生活圏が屋内のもの，Bは車椅子での生活，Cはベッド上の生活がほとんどのものを指す．認知症自立度は，Ⅱからが認知症の状態であり，Ⅱaは買い物や，事務，金銭管理にミスが出たり，時々迷子になるレベル，Ⅱbは服薬の管理ができない，一人で留守番ができないレベルとされる．Ⅲは中等度から高度の認知症状態で，常時の監視や介護が必要になるとⅣ，精神症状や身体合併症のため専門医療が必要なものはMランクとされる．認知症自立度Ⅱ以上が「介護保険法上の認知症」とされるものであり，運転免許取り消しの判断根拠にもなる．

　介護支援専門員（ケアマネージャー）は，介護サービスの給付計画（ケアプラン）を作成し，介護サービス事業者や医療機関，家族と連絡をとり，サービス調整などを行う．対象者や家族にとって最も身近であり，在宅介護を円滑に行う上で重要な役割を担っている．このケアマネージャーの基礎となる資格は医療系，福祉系多岐にわたるが，現在のケアマネージャーの8割以上が福祉系の基礎資格者である．医療的側面から対象者を捉えることは不得手なことが多く，医師との関係構築が難しい場合もあり，現在の介護保険制度の問題点である．

3．具体的な介護サービス

　介護給付（介護サービス）の内容は，①居宅サービス，②**地域密着型サービス**，③施設サービスに分けられる（表1）．居宅サービスには14種類のサービスがある．**訪問介護**とは，ホームヘルプサービスのことである．ヘルパーが食事，入浴，排泄などの介護や，掃除，洗濯，買い物，調理などの生活支援を行う．また通院のための移送や付き添いを行うこともできる．しかし草むしりやペットの世話，散歩の付き添いなど日常生活援助の範囲を超えたサービスは行えない．つまり訪問介護は，基本的なADL（activities of daily living）と，家事や調理など生きるために不可欠なIADL（Instrumental ADL）の一部についてはカバーするが，銀行でお金を下ろす，趣味のグランドゴルフへ行くといった社会的な活動には利用できない．これらの援助は家族が行

Ⅰ．認知症・軽度認知障害の診断・治療へのアプローチ　③認知症の治療・ケア・支援・予防

表1 介護サービスの内容

居宅サービス	地域密着型サービス
1．訪問介護	1．認知症対応型通所介護
2．訪問入浴介護	2．小規模多機能型居宅介護
3．訪問看護	3．認知症対応型共同生活介護
4．訪問リハビリテーション	4．夜間対応型訪問介護
5．通所介護	5．地域密着型特定施設入居者生活介護
6．通所リハビリテーション	6．地域密着型介護老人福祉施設入所者生活介護
7．短期入所生活介護	7．定期巡回・随時対応型訪問介護看護
8．短期入所療養介護	8．複合型サービス
9．福祉用具貸与	**施設サービス**
10．特定福祉用具販売	1．介護老人福祉施設
11．住宅改修	2．介護老人保健施設
12．居宅療養管理指導	3．介護療養型医療施設
13．特定施設入居者生活介護	
14．居宅介護支援	

うべきという発想らしいが，今後一人暮らし高齢者が増えるに当たり懸念されるところである．**訪問看護**と**訪問リハビリテーション**は，医療保険でも介護保険でも利用することができる．**通所介護**がいわゆるデイサービスであり，**通所リハビリテーション**がデイケアである．福祉施設で行われるのがデイサービス，病院や老人保健施設といった医療施設で行われるのがデイケアと理解すればよい．**短期入所**はいわゆるショートステイのことだが，特養ホームなどの福祉施設で行われるのが生活介護，老健や療養型病床で行われるのが療養介護となる．特定施設入居者生活介護とは都道府県知事の指定をうけた有料老人ホーム，軽費老人ホーム，適合高齢者専用賃貸住宅などを指す．

　地域密着型サービスとは，できる限り住み慣れた地域での生活が継続できるように創設されたサービス体系で，市町村が事業者の指定や監督を行う．**小規模多機能型生活介護**とは，施設への「通い」を中心にして，時々短期間そこに宿泊したり，自宅への訪問介護などを行うといった，柔軟な対応のとれるサービスであり，利用時間なども融通が利く．いわば近所の知り合いの

家に，毎日好きなときに遊びに行き，時にそこに泊ったり，逆に家に遊びに来てもらうようなイメージであり，また料金は介護度に応じた定額制である．理想的な介護サービスとも言えるが，まだ整備されていない市町村もある．**認知症対応型共同生活介護**とは，いわゆるグループホームのことである．施設サービスは3つあり，介護老人福祉施設が特養ホームのことである．老健施設は常勤の医師がいて，病院と自宅の中間施設であり，リハビリテーションの場と定義される．一方の特養ホームは生活の場であり，終の棲家となる．**医療介護総合確保推進法**の規程により，平成27年4月から特養には原則要介護3以上でないと入所できなくなった．また看取り加算により，特養ホームで看取ることが広く行われるようになってきており，医師が常駐する特養も増えつつある．

B 新オレンジプランにおける取り組み

認知症サポーターとは，特定非営利活動法人「地域ケア政策ネットワーク全国キャラバンメイト連絡協議会」が実施する「認知症サポーターキャラバン事業」における認知症サポーター養成講座を受講・修了した者を称する名称である．認知症サポーターは認知症を正しく理解し，認知症の人や家族の良き理解者たりうる存在であり，役場や銀行などの職員，最近は小中学生にも広がっている．

認知症にかかる地域医療体制構築の中核的な役割を担う医師として**認知症サポート医**の養成が行われている．実施主体は都道府県および指定都市で，国立長寿医療センターが1泊2日の研修を行う．サポート医の役割は，かかりつけ医認知症対応力向上研修の企画立案を行い，かかりつけ医の相談役・アドバイザーとなるほか，地域における認知症連携の推進役を期待されている．また診療報酬上の認知症ケア加算の算定要件にも含まれたため，病院勤務医にもサポート医は増えている．

認知症疾患医療センターは，認知症疾患に関する鑑別診断，BPSD（behavioral and psychological symptoms of dementia）と身体合併症に対する急性期治療や専門医療相談を保健・医療・介護機関などと連携を図りながら行うと共に，夜間や休日の救急対応も行う．さらに地域保健医療・介護関係者に

Ⅰ. 認知症・軽度認知障害の診断・治療へのアプローチ　③認知症の治療・ケア・支援・予防

連絡協議会や研修会を通じて技術援助を行い，地域における認知症疾患の保健医療水準の向上を図らなければならない．認知症疾患医療センターは平成30年9月現在，全国で429か所整備されている．センターは3つのタイプに別れ，まず大学病院などに設置され，より高度な検査などが行える基幹型（16施設），各地域の拠点として機能を発揮する地域型（359施設），地域における身近な存在を重視した連携型（54施設）がある．

　地域包括支援センターは，地域住民の保健・福祉・医療の向上，虐待防止，介護予防マネジメントなどを総合的に行う機関である．各区市町村に設置されるが，外部委託も可能であり，小さな市町村は直営が多く大きな都市は外部委託が多い．センターには，保健師，主任ケアマネージャー，社会福祉士が置かれ，専門性を生かして業務に当たっている．要支援を対象とした**介護予防支援事業所**としても機能している．

　初期集中支援チーム[3]は，地域包括支援センターや，認知症疾患医療センターのある病院に設置され，構成メンバーは保健師，看護師，作業療法士など医療保健福祉の国家資格者2名以上と専門医1名以上である．主に医療・介護サービスを受けていないか中断した者を対象とし，認知症アセスメントシート（DASC21），Zarit介護負担尺度日本語版8項目（Z-JBI8），認知症行動障害尺度（DBD13）で対象者を評価し，訪問活動などを行う．医療・介護サービスにつなぐまでを短期集中的に支援することを目的としており，目安は最長6か月である．さらに円滑に引継ぎが行われたかを支援終了2か月後にモニタリングすることになっている．初期集中支援チームは平成30年度までに全市町村で整備される予定である．

　認知症ケアパスは「いつどこで何をするべきか」という「ケアの流れ」をわかりやすくまとめたものである．市町村が作成し，症状の進行にあわせた具体的なケア方法や，利用できる医療・介護サービスなどが記載されている．**認知症カフェ**は，「認知症の人と家族，地域住民，専門職などの誰もが参加でき，集う場」であり，決まったプログラムなどはなく，参加者が主体的に過ごせる空間であり，全国的に広がりをみせている．

8．認知症の人と家族の支援

C 認知症の人の権利擁護に関する制度

　成年後見制度とは，精神上の障害により判断能力が不十分な者について，契約の締結等を代わって行う代理人など，本人を援助する者を選任し，本人が誤った判断に基づいて契約を締結した場合に，それを取り消すことができるようにすることなどにより，これらの者を保護する制度である．成年後見制度には法定後見と任意後見の2種類あり，法定後見はすでに判断能力が不十分な人に対する制度，任意後見は将来に備えた制度である．法定後見は本人の判断能力の程度により，後見，保佐，補助の3類型に分かれる．**後見**は日常的に必要な買い物も自分ではできず誰かに代わってやってもらう必要がある程度の者，**保佐**は日常的に必要な買い物程度は単独でできるが，不動産，自動車の売買や自宅の増改築，金銭の貸し借り等，重要な財産行為は自分ではできないという程度の者，**補助**は重要な財産行為は，本人の利益のために誰かに代わってやってもらった方がよい程度の者である．手続きの流れなど詳細は法務省のホームページ[4]に，診断書や鑑定書の記載方法は「成年後見制度における鑑定書・診断書作成の手引」[5]に詳しい．

　地域福祉権利擁護事業とは，市町村の社会福祉協議会が，認知症や知的障

表2 地域福祉権利擁護事業と成年後見制度

	地域福祉権利擁護事業	成年後見制度
所管庁	厚生労働省	法務省
対象者	精神上の理由により日常生活を営むのに支障がある者	精神上の障害により事理弁識する能力が十分でない者
担い手	社会福祉協議会	補助人，保佐人，成年後見人
手続き	社会福祉協議会に相談，申込	家庭裁判所に申立
援助の種類	・福祉サービスの情報提供，助言 ・日常的金銭管理 ・書類等の預かり	財産管理・身上監護に関する法律行為
費用	契約締結までは公費補助締結後は利用者負担	すべて本人の財産から支弁

害などで判断能力が低下した人と契約し，協議会の生活支援員が，日常の金銭管理や福祉サービスを受けるための手助けをする事業である．悪質な訪問販売などの契約は，本人の意思に沿ってクーリングオフの代行はできるが，契約取り消しまではできない．表2に地域福祉権利擁護事業と成年後見制度を比較した．

D 若年性認知症への支援

　簡単に若年性認知症の人と家族の支援に触れる．介護保険サービスも利用できるが，要介護状態になる前の初期段階や高齢者向けのサービスに馴染まない場合は精神障害者用のサービスを利用するとよい．まず，医療費の一部を公費で負担する**自立支援医療制度**が利用できる．精神疾患で通院治療が必要な人が対象で，所得に応じて1か月あたりの医療費の上限額が決まっているので，精神科デイケアなどに通う時はメリットが大きい．**精神障害者保健福祉手帳**は，精神疾患で長期にわたり日常生活や社会生活に障害のある人が対象で，初診日から6か月以上たつと取得できる．日常生活の障害の程度に応じ1級から3級の等級があり，税制上の優遇措置や携帯電話の基本使用料の割引，生活福祉資金の貸付，公共料金の割引などが受けられる．また，**障害年金**は初診日から1年6か月以上経過した後に申請できる．新オレンジプランには若年性認知症対策が謳われており，各都道府県で相談窓口を設置し，**若年性認知症支援コーディネーター**を配置することになった．医療，介護のことばかりでなく，経済的な問題や就労支援，家族会の情報など，その地域で活用できる様々なサービスを紹介してもらえる．

● 文献
1) 厚生労働省．介護保険制度の概要．http://www.mhlw.go.jp/
2) 厚生労働省．認知症施策推進総合戦略（新オレンジプラン）．
http://www.mhlw.go.jp/
3) 国立研究開発法人国立長寿医療研究センター．平成28年度認知症初期集中支援チーム員研修テキスト．http://www.ncgg.go.jp/
4) 法務省．成年後見制度～成年後見登記制度～．http://www.moj.go.jp/
5) 裁判所．成年後見制度における鑑定書・診断書作成の手引．
http://www.courts.go.jp/

〈北村　立〉

③認知症の治療・ケア・支援・予防

9 若年性認知症を支える

　若年性認知症は高齢者に発症する認知症と比較し，患者本人，そして家族に及ぼす影響は甚大である．筆者自身も，患者本人はもとより，主たる介護者となる配偶者や両親達の苦悩を目の当たりにしてきた．65歳未満で発病した患者を現在の年齢にかかわらず若年性認知症と表記することが行政レベルで一般的になっている．制度利用上は，利用時点で65歳未満であることを意味している[1].

A 若年性認知症と高齢者に生ずる認知症を区別すべきか

　そもそも認知症を若年者に発症するものと高齢者に生ずるものとを区別する必要性があるかについては様々な意見がある．Alois Alzheimer による最初の Alzheimer 病（Alzheimer's disease : AD）症例も初診時 51 歳であり，今日の基準では若年性認知症となる．病理学的にも高齢者に生ずる AD と同一と考えてよい．また，若年性認知症の中で占める割合が高い血管性認知症や前頭側頭葉変性症についてもしかりである．よって医学的には若年性認知症と高齢者に生ずる認知症を区別すべき理由はないかもしれない．しかし社会的には患者本人，および配偶者を中心とした家族に及ぼす影響の大きさは高齢者に生ずる認知症と比べて格段の差があることに異論はないであろう．両者を区別すべき理由は以下の通りである．

①この世代が働き盛りであり，家族や社会で重要な役割をになっており，病気により仕事や行動に支障がでると，本人，家族のみならず社会的影響が大きい．

②介護が配偶者に限られ，配偶者も十分に仕事ができなくなる．

③本人や配偶者の親の介護が重なる．

　映画化されたリサ・ノバ著「アリスのままで」には以下の記載がある．「AD

JCOPY 498-22893

211

Ⅰ. 認知症・軽度認知障害の診断・治療へのアプローチ　③認知症の治療・ケア・支援・予防

は若年性の患者の方が老人性の患者よりも進行がずっと速いが，病気になったまま生きる時間がはるかに長いのが普通だ．つまり脳の病気がかなり若く健康な体に住み着いている病気だ」[2].

B 若年性認知症の有病率

2017 年度～2019 年度の Awata らの調査では，18 歳から 64 歳の人口 10 万人当たり 50.9 人とされている（95％信頼区間：43.9～57.9）．全国の若年性認知症患者は約 35,700 人と推知される[3]．年齢別有病率を表 1 に示す．50 歳以降では，認知症全体の有病率は急激に上昇し，5 歳刻みの人口階層において 1 階層上がるごとにほぼ倍増している．すなわち，若年性認知症でも加齢の影響が考えられる．若年性認知症に占める各疾患の割合は図 1 のとおりである[3]．高齢者に生ずる認知症と比較して血管性認知症や，前頭側頭葉変性症の占める割合が高く，高齢者に多い Lewy 小体型認知症の比率が高くないという特徴があるといえよう．

C 若年性認知症における苦労

①重症なぶんだけ介護が負担になる．若年性 AD では進行が速い印象があ

表 1 若年性認知症の年齢階層別有病率

年齢（歳）	人口 10 万人当たり有病率		
	男性	女性	総数
18～29	4.8	1.9	3.4
30～34	5.7	1.5	3.7
35～39	7.3	3.7	5.5
40～44	10.9	5.7	8.3
45～49	17.4	17.3	17.4
50～54	51.3	35.0	43.2
55～59	123.9	97.0	110.3
60～64	325.3	226.3	274.9

（Awata T, et al. Psychogeriatrics. 2020；20：817-23）[3]

9．若年性認知症を支える

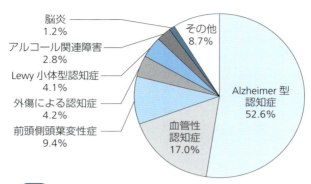

図1 若年性認知症の基礎疾患の内訳（Awata T, et al. Psychogeriatrics. 2020；20：817-23）[3]

り，重症になるとそれだけ介護が負担となる．
②経済的影響：特に男性の場合，一家の大黒柱でもあり経済的な問題が生じうる．特に住宅ローンや教育費，親の介護も重なることも想定される．
③心理的影響として，子供が未成年であること，高齢の両親も理解不足である場合がある．

D 若年性認知症の生活状況

図2のごとく，入浴，排泄に困難をきたす割合が高いが，歩行は自立している割合が高い（図2）[4]．環境因子により心理的ストレスが生じやすく，そうなると易怒性，興奮，攻撃性，焦燥，妄想，抑うつ，意欲低下などの認知症の行動・心理症状（BPSD）が生じやすく，患者に対する対応の仕方を工夫する必要がある．またBPSDが生じた場合は抗精神病薬・漢方薬が有効である．また認知機能障害に対してはコリンエステラーゼ阻害薬（ChEI）やNMDA受容体拮抗薬を考慮する（「Ⅰ-②-3．抗認知症薬による治療」参照）．また環境因子，心理的ストレス自体が認知機能障害を悪化させる要因となりうる．

1．自動車の運転

若年性認知症では，認知機能の低下が軽度な時期から自動車運転に支障をきたしうる．たとえば右折や左折の際に，よく見ていない，バックの時に後

図2 若年性認知症のADLの程度（小長谷洋子，編．本人・家族のための若年性認知症サポートブック．東京：中央法規；2010)[4]

ろをよく見ていない，蛇行運転するなどがみられる．また，視空間認知障害によりガードレールに接触する，買い物に行ったときに車をどこに止めたかわからないなどが生じうる．さらにブレーキとアクセルを踏み間違えたなどの問題が生ずる．2017年3月12日の道路交通法の改正に準じ，適宜運転を中止（運転免許を返納）するよう指導する必要がある．その際に本人の自尊心を傷つけないよう十分に配慮する必要がある．2017年度〜2019年度の調査結果では40.6％が免許証を返納し，42.6％は運転を中止しているが，免許証は返納していない．

2．買い物

何回同じ店に行っても，店の商品の配列が覚えられないことがある．その場合，店の人に遠慮せず，場所を尋ねるとよい．効率よく買い物をするという考えを捨て，のんびり買い物を楽しむとよいであろう．またクレジットカードで買い物をしたことを忘れることがあり請求書をみて不安になるため，カードの利用をやめるとよい[4,5]．

3．片付け

整理整頓ができなくなり，探し物をしている時間が長くなる．また探しているうちに何を探しているのかわからなくなる．対策として，帰宅後鍵，財布，携帯を目に見える定位置に置く．また，夏場はクーラーのリモコンを定

位置に置くなどの対策をとる[4,5].

4．介護拒否，攻撃的行動，暴力などに対して

入浴をいやがるケースは多く，「明日入る」「風邪をひいている」などの言い訳をする．実際は本人の更衣が苦手，浴室の床で転ぶかもしれない，水への潜在的恐怖心などが関与する．攻撃的行動は，行動を注意・静止するときや，着衣や入浴の際に，十分に本人に説明しないとき生じやすい．そして型にはめようとするときに不満が爆発して生ずる．暴力をふるうことにも本人なりに理由がある．わざとしたのではないのに「してはいけない」と命令口調でおこられたり，自尊心をきずつけられ，訴えをまともに聞いてもらえないという怒りから暴力に結びつくこともある．その際は，自分の身を守るため，その場を離れる．また認知症になっても性的欲求がなくなることはない．いやらしいことをいう場合は，さりげなく受け止め別の話題に変える．性器を見せたがる場合，裸になった原因を探る（パンツが濡れている，パンツをなくしたなど）[4,5].

E　若年性認知症の就労

就労状況に関しては，以前は職に就いていたものの現在は休職中である割合が高いことがわかる（図3）．収入の状況としては，最も多いのは年収100万円以下，そして次に200万円～300万円の間と続き（図3），家庭を持つ方としては，大変厳しい状況である．認知症のため仕事を休み，給料がもらえない場合に傷病手当金を最長1年6か月受けることもできる．

経済的にも，疾患の進行を少しでも遅くするためにも就労をできるだけ長く続けることが望ましい．しかし若年性認知症の就労延長は，企業にとっては非常に厳しい問題である．若年性認知症の職員を雇用し続けることにより，本人よりもバックアップする同僚の負担が増加し，職場の雰囲気が悪くなったり，精神的ストレスを感じる者が出現しうる．仕事の内容にもよるが，配置転換や，障害者雇用の枠に入る（障害者雇用納付金制度）方法もある[4-6].

最近一部のデイサービスでは洗車や玉ねぎの皮むきなどの単純な作業を認知症患者である施設利用者自身に行っていただきお弁当代，カラオケ代などのお小遣いを稼ぐことも行われており，大いに参考にすべきと思われる[7].

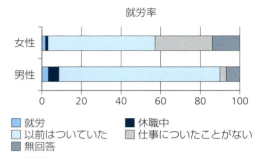

図3 **若年性認知症の就業状況・年収**（小長谷洋子，編．本人・家族のための若年性認知症サポートブック．東京：中央法規；2010)[4]

F 若年性認知症に対するサービス

　若年性認知症患者は一般的に体力があり，症状も多様であり，家族の介護負担も大きい．経済的な面から家族が働かなければならなくなり，家族だけでは十分に対応できなくなると各種サービスを受ける必要が生ずる．若年性認知症と診断されると，「精神障害者保健福祉手帳」を取得できる．血管性認知症や Lewy 小体型認知症など身体症状がある場合は，「身体障害者手帳」に該当する場合もある．これらの手帳があれば，税制の優遇措置，公共交通料金や施設の利用料の割引などの利益があり，企業の障害者雇用枠として働き続けることが可能となる場合がある．そのほか医療費控除，高額療養費，高額介護サービス費，高額医療・高額介護合算療養費制度などもある．住宅ローン，生命保険，国民年金保険料の免除などを受けられる場合もある．また，前頭側頭葉変性症の場合，特定医療費（指定難病）支給認定制度に該当する場合もある．

　施設サービスを利用する際には，要介護1～5が必要（グループホームは要支援2以上）である．なお，40歳から64歳までの方（第2号被保険者）でも老化が原因とされる特定疾病により，介護や支援が必要と認定された場合は，第2号被保険者として要介護認定を受けたのちに被保険者証が交付されサービスが利用できる．保険料は，医療保険の保険料として一括して徴収される．特定疾病には，初老期における認知症，脳血管疾患，Parkinson 関連

9．若年性認知症を支える

疾患，筋萎縮性側索硬化症などがふくまれる[4-6]．要介護認定は，要支援と要介護に分かれる．要支援では障害のために生活機能の低下がみられ，介護サービスにより改善が見込める，というものであり1と2に分類され，要介護は1から5に分かれる．なお，施設の利用を考慮する場合は，初期からのグループホームや施設などの見学，家族会などで利用している家族の話を聞くことが重要である．

G　自立支援医療

　若年性認知症では長期間の治療が必要になり，病気や障害により就労が困難となると治療費を払い続けることは容易ではない．その場合でも適切な治療を継続して受けることを支援するために定めた制度である．従来は精神保健福祉法で規定されていた「精神通院医療費公費負担制度」に相当するものであるが，2006年の障害者自立支援法の施行によって他の公費負担制度と一元化され，名称が変更になった[1]．認知症で通院治療している場合，医療機関や薬局の窓口で支払う医療費の自己負担が1割に軽減される．ただし，世帯の所得や疾病などに応じて自己負担額の上限が定められている．申し込み窓口は，市町村の障害福祉課などである[4-6]．

H　成年後見制度

　認知症，知的障害，精神障害によって物事を判断する能力が十分でない場合は財産管理や契約を結んだり，遺産分割の協議をする必要があっても自分で行うことが困難となる．また自分に不利益な契約であっても判断力がないため契約を結び悪徳商法の被害にあうこともある．成年後見制度は本人の権利を護る援助者（成人後見人等）を選ぶことで，本人を法律的に支援する制度である．判断力の程度などに応じて後見（判断能力が著しく欠けているのが通常の状態の方），保佐（判断能力が著しく不十分な方），補助（判断能力が不十分な方）の3つに分かれる．手続き機関は家庭裁判所である．後見人は介護サービスの利用契約，施設への入所契約，治療・入院の手続などを行う．財産管理業務として，財産内容の把握，年金，不動産収入などの受領，預貯金通帳・不動産登記済証・保険証書等の保管，家庭裁判所へ定期的な財

JCOPY 498-22893

217

I. 認知症・軽度認知障害の診断・治療へのアプローチ　③認知症の治療・ケア・支援・予防

産状況報告等を行う[4-6]．しかし今日の成年後見制度には後見人に医療行為の同意権がないこと，後見人による財産横領の対策が不十分であること，利用率が低いこと，なり手が不足しているなどの多くの課題がある[1]．

■ 相談センター

　若年性認知症コールセンターでは月曜〜土曜日の午前10時から午後3時まで 0800-100-2707 で相談を受け付けている[6]．全国の若年性認知症に関する相談窓口一覧表も同ホームページに記載がある[6]．

まとめ

　若年性認知症は高齢者にみられる認知症と疾患としては何らかわるところはない．しかし，一家の大黒柱や主婦に発症するという点で本人のみならず，家族や職場に及ぼす影響は甚大である．担当医としては，医師として鑑別診断，薬物療法，非薬物療法にベストを尽くすだけでなく，社会資源の活用，介護者へのアドバイスなどを psychiatric social worker（PSW），medical social worker（MSW），認知症認定看護師たちと協力しながら行っていく必要があろう．

●文献

1）日本神経学会，監修．認知症疾患診療ガイドライン 2017．東京：医学書院；2017．
2）リサ・ジェノヴァ．古屋美登里，訳．アリスのままで．東京：キノブックス；2015．
3）Awata T, Edahiro A, Arai T, et al. Prevalence and subtype distribution of early-onset dementia in Japan. Psychogeriatrics. 2020；20：817-23.
4）小長谷洋子，編．本人・家族のための若年性認知症サポートブック．東京：中央法規；2010．
5）福井県若年性認知症ハンドブック　若年性認知症の本人と家族が知っておきたいこと．福井県；2017．
6）若年性認知症コールセンター．http://y-ninchisyotel.net/support/fukushi.html
7）DAYS BLG！　NPO 町田市つながりの開．https://www.facebook.com/DAYSBLG

〈濱野忠則〉

③認知症の治療・ケア・支援・予防

10 認知症のリスクと予防

認知症や Alzheimer 病（Alzheimer's disease：AD）の発症に遺伝的因子や生活習慣（食事や栄養，運動など）・生活習慣病が影響することを示唆する結果が報告されている．本稿では認知症疾患の遺伝的因子に関して代表疾患として AD，前頭側頭葉変性症および家族性血管性認知症について述べる．次に，高齢者や軽度認知障害（mild cognitive impairment：MCI）における認知症の発症および認知機能低下に対する生活習慣・生活習慣病について，観察研究によって示唆される結果とそれに基づいて行われたランダム化比較試験の結果をまとめて述べる．

A 認知症疾患の遺伝的因子

1．孤発性 Alzheimer 病

アポリポ蛋白 E（APOE）はリポ蛋白質に結合して脂質の輸送に関与する蛋白質である．ヒト APOE 遺伝子（*APOE*）には *ε2*，*ε3*，*ε4* の 3 つのアレルがあり，わが国の一般人口では *ε2* が 5%，*ε3* が 86%，*ε4* が 9% のアレル頻度と報告されている[1]．近年ゲノムワイド関連解析により AD 発症に関連する遺伝子の網羅的探索が行われ *APOE ε4* はもっとも強力な AD 発症の危険因子であることが明らかになっている[2]．一方，*APOE ε2* は AD 発症に防御的に働くことが示されている[3]．アイスランドからの報告でアミロイド前駆体蛋白（*β*-amyloid precursor protein：APP）遺伝子（*APP*）の A673T の頻度が AD 群（0.13%）に対して 85 歳以上の認知機能正常群（0.79%）で高く，A673T は AD の防護因子と考えられた[4]．一方 *APP* A673V ホモ接合は AD 発症に関連することも報告されており[5]，APP の 673 番目のアラニンがスレオニンまたはバリンとなることが *β*-secretase の基質特異性に依存してアミロイド *β* 蛋白（A*β*）産生に変化をもたらす可能性がある．

JCOPY 498-22893

219

Ⅰ．認知症・軽度認知障害の診断・治療へのアプローチ　③認知症の治療・ケア・支援・予防

2．家族性 Alzheimer 病

常染色体優性遺伝性 AD の病因遺伝子として *APP*[6]，プレセニリン（*prese-nilin*：*PSEN*）*1*[7] および *PSEN2* が同定されている．これらの遺伝子変異をもつ発症者および未発症者を対象とした DIAN（Dominantly Inherited Alzheimer's Network）研究では，未発症から認知症発症以後の長期間にわたり認知機能や血液・脳脊髄液・画像のバイオマーカーの経過観察研究が実施されており，AD の病態マーカーと臨床経過の詳細が明らかになってきた[8]．

3．前頭側頭葉変性症

前頭側頭葉変性症では家族性発症をみとめることがある．これまで病因遺伝子としてタウ（*microtubule-associated protein tau*：*MAPT*）[9] やプログラニュリン（*progranulin*：*PGRN*）[10] などが同定されている．

4．家族性血管性認知症

CADASIL（cerebral autosomal dominant arteriopathy with subcortical infarcts and leukoencephalopathy）は常染色体優性遺伝形式をとり，病因遺伝子として *NOTCH3* が同定されている[11]．CARASIL（cerebral autosomal recessive arteriopathy with subcortical infarcts and leukoencephalopathy）は常染色体劣性遺伝形式をとり，病因遺伝子は *HTRA1* である[11]．

B 生活習慣・生活習慣病と認知症発症・認知機能低下に関する観察研究

1．食品・栄養

高齢者の AD や認知症の発症および認知機能低下における，食品や栄養の影響について多くの疫学研究や観察研究がある．観察研究により，高齢者の認知機能低下との防御的な関連性が示唆された食品，栄養因子について表1に示す．

1）飲酒

大量の飲酒者では脳萎縮が高頻度で生じ，認知障害が多くみられることは以前より知られている．大量（1 日 36 g 以上）のアルコールを摂取する男性は，少量ないし中等量（1 日 20 g 未満）のアルコール摂取者に比べて認知機能低下が速いと報告された[12]．少～中等量の飲酒は認知症発症を抑制すると

10. 認知症のリスクと予防

表1 高齢者の認知機能低下に防御的に関連する因子（観察研究による）

- 少～中等量の飲酒（とくにワイン）[13, 14]
- 野菜の摂取[16]
- ビタミンＣを多く含む食品[17]
- 魚の摂取（*ApoE ε4* 陽性者)[18]
- 地中海式ダイエット[19]
- 大豆・大豆製品，野菜，海藻類，牛乳・乳製品の摂取が多く，米の摂取が少ない食事パターン[21]
- 緑茶[22]

いう疫学研究がある．認知症発症にアルコールが関連するか解析したメタアナリシスの結果，少～中等量のアルコール摂取者の非摂取者に対する AD 発症の相対危険度は 0.66 と報告された[13]．アルコールの種類についてはワインがよいとする報告が多い[14]．適切なアルコール摂取量は報告によってさまざまである．

プレクリニカル期における AD に対する抗アミロイド療法研究（Anti-Amyloid Treatment in Asymptomatic Alzheimer Disease：A4）の参加者（n＝4486）を対象に飲酒量とアミロイド PET による脳の Aβ 沈着量との関連を調べた横断的研究では飲酒量と脳の Aβ 沈着量との有意な関連はみられなかった[15]．

2）野菜の摂取

老化にともなうフリーラジカルの増大は AD の危険因子と考えられ，野菜・果物に含まれる抗酸化ビタミン摂取量と AD との関連が注目されてきた．野菜・果物の摂取と認知機能低下リスクに関する疫学研究の系統的レビューによると，レビューの対象になった 6 つの論文のうち 5 つで野菜の摂取は認知機能の低下を有意に抑制したが，果物の摂取はいずれの報告でも認知機能に影響しなかった[16]．われわれの研究では，AD の強力な遺伝的危険因子である *ApoEε4* アレルを保有する正常認知機能の女性において血中ビタミンＣ濃度が 3 分位の最も高い群は最も低い群と比べて将来の認知機能低下（認知症または MCI の発症）のオッズ比が 0.10 になり，*ApoEε4* 保有女性においてビタミンＣを豊富に含む食品を摂取することが将来の認知機能低下の

リスクを下げる可能性を報告した[17]. また, $ApoE\varepsilon4$ 非保有正常認知機能の男性では, 血中ビタミン E 濃度が 3 分位の最も低い群に比べて, 最も高い群は将来の認知機能低下のオッズ比が 0.19, 中間位の群は 0.23 であった[17].

3) 魚の摂取

魚に含まれる魚油には AD 予防効果があるという疫学研究がある. 915 名の高齢者を平均 4.9 年経過観察し魚の摂取と認知機能低下との関連について解析した結果, $APOE \varepsilon4$ 陽性者において週に 1 回以上魚を摂取しω-3 脂肪酸摂取量が多い者では摂取量が少ない者に比べて認知機能の低下が抑制された[18].

4) 地中海式ダイエットなど

地中海式ダイエットという食品様式は循環器疾患や悪性腫瘍予防法としても注目されている. 具体的には, 魚類, 野菜, 豆類, 果物, 穀物, 不飽和脂肪酸 (とくにオリーブオイル) を多く食べ, 乳製品, 肉類, 飽和脂肪酸は少なめに摂取し, 食事中に中等量のワインを飲むという食事様式である. MCIにおいてこの食事法を取り入れている群では, ほとんど取り入れていない群に比して AD に進展する危険率が 0.52 に低下した[19]. また, 70 歳以上の非認知症高齢者を対象とした研究では, 地中海式ダイエットを多く取り入れているほどアミロイドPETでの脳Aβ沈着量が有意に少ないことが示された[20].

日本における研究では, 大豆・大豆製品, 野菜, 海藻類, 牛乳・乳製品の摂取が多く, 米の摂取が少ない食事パターンをとる群では, この食品パターンをほとんど取り入れていない群に比して, AD に進展する危険率は 0.65 に低下し, 血管性認知症に進展する危険率は 0.45 に低下した[21].

われわれの研究では, 緑茶の摂取頻度が多い群では, 緑茶を飲まない群に比して, 認知症や軽度認知障害に進展するオッズ比は 0.32 に低下した[22].

2. 運動 (身体活動)

認知機能の維持に有酸素運動が重要であるとする報告がある. 1449 名について中年期の身体活動の習慣とその後の認知症発症との関連を 21 年間追跡した研究では, 身体活動が多い群で認知症発症のオッズ比は 0.48, AD 発症のオッズ比は 0.38 であった[23]. また, 健常高齢者 69 名を対象とした運動量とアミロイドPET検査による脳のAβ沈着量との関連を調べた研究では, 運

動量が多い群で脳のAβ沈着量が有意に少ないことが報告された[24]．DIAN研究の発症前の遺伝子異常保因者（n＝224）を対象とした研究では，運動量が多い保因者は少ない保因者よりも脳脊髄液 A$β_{42}$ が有意に高値で，脳 Aβ 病変が少ないことが示唆された[25]．

3．生活習慣病

糖尿病などの生活習慣病は血管性認知症だけでなく，ADの発症，進展にも関連すると考えられている．糖尿病が認知症を引き起こすメカニズムを，図1に示す．動脈硬化や微小血管病は脳血管障害を生じて認知症の原因となる．高血糖状態では蛋白質の糖化が生じ，蛋白質本来の機能が失われたり[26]，糖化反応で生じたフリーラジカルにより酸化ストレスが増大するといわれている[26]．インスリンは細胞内からのAβの遊離促進，細胞内Aβの蓄積を抑制し，神経保護作用を持つことが明らかとなっている[26]．糖尿病では高インスリン血症のため脳へのインスリン移行が低下し，インスリンによる神経保護作用が減弱することがAD病変を引き起こす一因になると考えられている[26]．九州大学の久山町研究で60歳以上の1017名を15年間追跡したところ，糖尿病のAD発症の相対危険度は2.1であった[27]．

高血圧とADや認知症の発症リスクとの関連については，中年期における高血圧と老年期におけるADや認知症の発症リスクの増加との関連が示され

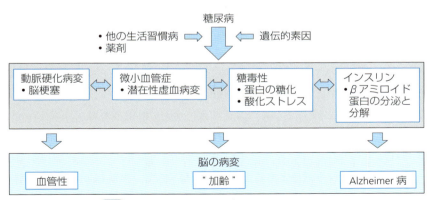

図1 糖尿病が認知症を引き起こすメカニズム
（日老医誌．2010；47：385-9 より改変）

Ⅰ．認知症・軽度認知障害の診断・治療へのアプローチ　③認知症の治療・ケア・支援・予防

たが[28,29]，老年期における高血圧と AD や認知症との関連については一定した結論は出ていない．また，脂質異常症についても，中年期の高コレステロール血症は老年期における AD や認知症の発症リスクを増加させるという報告があるが[28]，老年期の脂質異常症と AD や認知症の発症に関しては相反する結果が報告されている．

C　ランダム化比較試験による認知症予防介入研究

1．バイオマーカーにより裏付けられた MCI due to AD あるいはプレクリニカル AD を対象とした病態修飾薬のランダム化比較試験

アミロイド PET や脳脊髄液マーカーを用いて，高い確実度で診断した MCI due to AD を対象とした，病態修飾薬のランダム化比較試験が多く行われており，一部では結果が公表されている[30-33]．また，優性遺伝性 AD を対象とする DIAN 研究の治験（DIAN trials unit：DIAN-TU）に参加している無症状で発症前（プレクリニカル）の段階の遺伝子異常をもつ保因者を対象とした solanezumab および gantenerumab のランダム化比較試験の結果が 2020 年に発表された[33,34]．これらをまとめて表2に示す．

Aβ 受動免疫療法である aducanumab は臨床第Ⅲ相試験で高い診断確実度の MCI due to AD を含む AD 患者の認知機能低下を抑制することが証明され，2020 年7月に米国食品医薬品局への承認申請が行われた[30]．一方で，MCI due to AD 患者を含む AD 患者を対象に実施されていた β-secretase 1（BACE1）阻害薬である verubecestat を 104 週間投与した研究では[31]，verubecestat 群はプラセボ群に比して AD による認知症への進行が有意に多かったことが報告された[31]．また BACE1 阻害薬の lanabecestat は臨床第Ⅲ相試験の途中で中止され，その後の解析で忍容性は高いが認知機能悪化を抑制できなかったと報告された[32]．その後，Aβ 受動免疫療法である crenezumab と，BACE1 阻害薬である elenbecestat も臨床第Ⅲ相試験の中止が発表された[33]．

優性遺伝性 AD を対象とする DIAN-TU 研究では，無症状で発症前（プレクリニカル）の段階の遺伝子異常をもつ保因者を対象に Aβ 受動免疫療法である solanezumab および gantenerumab を4年間投与した[33]．しかし，主要

10. 認知症のリスクと予防

表2 高い診断確実度の MCI due to AD またはプレクリニカル AD に対する病態修飾薬のランダム化比較試験による介入研究（結果が公表されたもの）

介入法（文献）	対象	年齢（歳）	人数（名）	追跡期間（週）	結果
Aducanumab（EMERGE 試験）[30]	MCI due to AD/mild AD	50〜85	1638	78	症状悪化を抑制
Aducanumab（ENGAGE 試験）[30]	MCI due to AD/mild AD	50〜85	1647	78	試験中止[b]
Verubecestat[31]	MCI due to AD	平均 71	1454	108	症状悪化
Lanabecestat（AMARANTH 試験）[32]	MCI due to AD/mild AD	平均 71	2202	78	改善なし
Crenezumab（CREAD 試験）[33]	MCI due to AD/mild AD	平均 70	813	105	試験中止
Crenezumab（CREAD2 試験）[33]	MCI due to AD/mild AD	平均 70	806	105	試験中止
Elenbecestat（MISSIONAD1 試験）[33]	MCI due to AD/mild AD	50〜85	1181	24 か月	試験中止
Elenbecestat（MISSIONAD2 試験）[33]	MCI due to AD/mild AD	50〜85	1018	24 か月	試験中止
Solanezumab/Gantenerumab[33, 34]	プレクリニカル AD[a]	18〜80	194	4 年間	試験中止[c]

MCI：軽度認知障害，AD：Alzheimer 病

注： a）無症状で発症前の優性遺伝性 Alzheimer 病の遺伝子異常をもつ保因者が対象，b）主要評価項目の認知機能悪化の抑制を達成できる見込みが低いとして中止となったが，中止後の解析で有効性が示された，c）Gantenerumab 投与群ではプラセボ群に比して有意にアミロイド PET の脳 Aβ 沈着量，脳脊髄液（$A\beta_{42}$，タウおよびリン酸化タウ蛋白）の改善がみられたことから，gantenerumab のオープンラベル延長試験が計画されている[34]

評価項目である認知機能の変化が，プラセボ群に対して優位性を示すことができなかったことから，2020 年 2 月に治験の中止が発表された[33]．その後の解析で，gantenerumab 投与群ではプラセボ群に比して有意にアミロイド

PET の脳 $A\beta$ 沈着量，脳脊髄液（$A\beta_{42}$, タウおよびリン酸化タウ蛋白）の改善がみられたことから，gantenerumab のオープンラベル延長試験が計画されている[34]．

2．臨床的に診断された MCI あるいは健常高齢者を対象としたランダム化比較試験

臨床的に MCI あるいは健常高齢者を対象とした食品・栄養，有酸素運動，複数の生活習慣に対する介入の認知症予防効果が検討されたランダム化比較試験を表3に示す．

1）食品・栄養

①抗酸化ビタミン（ビタミン E）

茶，野菜，果物などに含まれるビタミン C，E，β カロテンなどの抗酸化ビタミンは AD 発症を抑制すると期待されている．しかし，MCI および健常高齢者を対象にビタミン E 600 IU/隔日～2000 IU/日を投与したランダム化比較試験では予防効果は証明されなかった[35,36]．また，400 IU/日以上のビタミン E 摂取は総死亡率を上げるとの報告もあり，注意が必要である[37]．

②ビタミン B 群，葉酸

高ホモシステイン血症は動脈硬化をおこし，心筋梗塞や脳梗塞の危険因子である．ホモシステイン代謝経路においてビタミン B_6, B_{12}, 葉酸はいずれも補酵素としてはたらき，これらの投与は血中ホモシステイン濃度を低下させる．フラミンガム研究で血中ホモシステインが高値の高齢者は AD 発症リスクが高いことが示され[38]，血中ホモシステイン値を下げることのできる葉酸・ビタミン B_{12}, ビタミン B_6 は AD 予防に有効である可能性が示唆された．しかし，高ホモシステイン血症や脳梗塞危険因子をもつ高齢者に，葉酸・ビタミン B_{12}, ビタミン B_6 の合剤を投与したランダム化比較試験では，認知機能予防効果は示されなかった[39,40]．

③ω-3 脂肪酸

魚油に多く含まれるドコサヘキサエン酸（docosahexaenoic acid : DHA）やエイコサペンタエン酸（eicosapentaenoic acid : EHA）などの ω-3 脂肪酸の抗炎症作用が AD 予防に有用な可能性が示唆されている．55歳以上の健常者485名を対象に DHA を24週間投与したランダム化比較試験では，認知機

10. 認知症のリスクと予防

表3 健常高齢者または MCI に対する認知機能低下予防を目的としたランダム化比較試験による介入研究

介入法（文献）	対象	年齢（歳）	人数（名）	追跡期間（年）	結果
ビタミン E[35]	MCI[a]	55～90	769	3	改善なし
ビタミン E[36]	健常高齢者[b]	平均 66	6377	5.6	改善なし
ビタミン B 群[40]	健常高齢者[c]	平均 73	246	2	改善なし
ビタミン B 群[39]	健常高齢者[d]	平均 71	2009	5.4	改善なし
DHA[41]	健常者	55～	485	24 週間	改善あり
DHA，EPA[42]	健常高齢者	平均 70	302	26 週間	改善なし
Biocurcumax[43]	MCI，健常高齢者	平均 66	160	1	改善なし
Theracurmin[44]	MCI，健常高齢者	51～84	40	1.5	改善あり[h]
地中海式ダイエット[47]	健常高齢者	平均 67	447	4.1	改善あり
地中海式ダイエット[46]	健常高齢者[e]	平均 75	522	6.5	改善あり
有酸素運動[48]	健常高齢者	55～80	120	1	改善あり[i]
運動[49]	MCI，SCI	50～	170	24 週間	改善あり
運動[50]	健常高齢者[f]	70～89	1635	2	改善なし
複数の予防介入[51]	健常高齢者[g]	60～77	1260	2	改善あり
複数の予防介入[52]	健常高齢者	70～	1680	3	改善あり

MCI：軽度認知障害，AD：Alzheimer 病，DHA：ドコサヘキサエン酸，EPA：エイコサペンタエン酸，SCI：自覚的認知機能障害

注：a）健忘型軽度認知障害が対象，b）女性のみが対象，c）ホモシステイン高値の方が対象，d）脳梗塞危険因子保有の女性のみが対象，e）動脈硬化リスクの高い方が対象，f）身体活動の少ない方が対象，g）認知症リスクスコアの高い方が対象，h）FDDNP-PET にて介入群の扁桃体の FDDNP 結合が減少，i）海馬容積が介入群で増加

能低下予防効果が示されたが[41]，健常高齢者を対象に DHA，EPA を投与した別のランダム化比較試験では，認知機能低下予防効果は示されなかった[42]．

④天然ポリフェノール類

非認知症高齢者を対象にクルクミン製剤である Biocurcumax™ および Theracurmin® のランダム化比較試験が行われ，Biocurcumax™ では認知機能低下予防効果は示されなかった[43]．Theracurmin® は，認知機能検査（Buschke Selective Reminding Test および Trail Making Test Part A score）の成績向上だけでなく，アミロイドと神経原線維変化をイメージングできる 2-(1-{6-[(2-[F-18] fluoroethyl)（methyl）amino]-2-naphthyl} ethlidene) malononitrile positron emission tomography（FDDNP-PET）を用いた検討では，Theracurmin® 群で扁桃体の FDDNP 結合減少，およびプラセボ群で視床下部の FDDNP 結合の増加を認め，Theracurmin® の神経保護作用が示唆された[44]．

われわれは，Alzheimer 病予防効果が期待されるポリフェノール（ロスマリン酸）を豊富に含むレモンバームの抽出物の認知症に対する予防効果を検証するための介入試験を 2016 年 7 月から開始している（ロスマリン酸プロジェクト）[45]．

⑤地中海式ダイエット

健常高齢者を対象に地中海式ダイエットを行ったランダム化比較試験（対象群は低脂肪ダイエット）では，地中海式ダイエットの認知機能低下予防効果が示された[46,47]．

2）有酸素運動

健常高齢者を対象に 1 年間有酸素運動群とストレッチ群に分けて頭部 MRI での海馬容積の変化を調べた研究では，有酸素運動群で介入後に海馬容積が右で 2.12%増加，左で 1.97%増加していたのに対し，ストレッチ運動群では右で 1.40%低下，左で 1.43%低下していた[48]．また，MCI および主観的認知障害（subjective cognitive impairment：SCI）の高齢者を対象に週に 150 分以上の運動を 6 か月間行ったランダム化比較試験では，運動群で有意に認知機能検査（Alzheimer's Disease Assessment Scale-Cognitive subscale）と Clinical Dementia Rating（CDR）の成績が改善し，運動の認知機能改善効果

が示唆された[49]．一方，身体活動の少ない健常高齢者を対象に2年間運動または健康教育を行ったランダム化比較試験では，運動群と教育群間でMCIおよび認知症発症に有意差はみとめなかった[50]．

3）複数の生活習慣に対する予防介入

「認知症リスクスコア」が高い高齢者に食習慣，運動，認知機能トレーニングおよび血管因子モニタリングといった多方面の介入を2年間行った研究では，複数の介入を受けた高齢者は健康指導のみを受けたコントロール群に比べて有意に認知機能低下が少なく，複数の生活習慣に対する予防介入の認知機能維持効果が示唆された[51]．70歳以上の非認知症高齢者を対象に認知機能トレーニング，運動，栄養に関する多方面の介入とω-3脂肪酸サプリメントの組み合わせ（多方面の介入とω-3脂肪酸の両方，多方面の介入のみ，ω-3脂肪酸のみ，プラセボ群のいずれかに割付）を3年間行った研究では，いずれの介入群でも認知機能の有意差は認めなかった[52]．しかし，多方面の介入とω-3脂肪酸の両方を実施した群および多方面の介入のみ実施した群では，アミロイドPETの脳Aβ沈着量が介入後有意に低下した[52]．

おわりに

ADは発症25年前から脳Aβ沈着が始まるためプレクリニカル期も含めたAD患者数は膨大で，介入期間は長期となり，薬剤による予防介入には費用面・安全面で問題がある．そのため，薬剤以外の生活習慣に対する予防介入の有効性を明らかにすることが認知症の先制医療確立に重要である．臨床的に診断されたMCIあるいは健常高齢者を対象としたランダム化比較試験では，DHA，地中海式ダイエット，運動および複数の生活因子への介入試験で認知症予防効果が示されたとする報告があるが，バイオマーカーによって裏付けられたMCI due to ADやプレクリニカルAD等，病態が精査された群での効果の検証が必要である．

Ⅰ．認知症・軽度認知障害の診断・治療へのアプローチ　③認知症の治療・ケア・支援・予防

●文献

1) Takei N, Miyashita A, Tsukie T, et al. Genetic association study on in and around the APOE in late-onset Alzheimer disease in Japanese. Genomics. 2009 ; 93 : 441-8.

2) Lambert JC, Ibrahim-Verbaas CA, Harold D, et al. Meta-analysis of 74,046 individuals identifies 11 new susceptibility loci for Alzheimer's disease. Nat Genet. 2013 ; 45 : 1452-8.

3) Corder EH, Saunders AM, Risch NJ, et al. Protective effect of apolipoprotein E type 2 allele for late onset Alzheimer disease. Nat Genet. 1994 ; 7 : 180-4.

4) Jonsson T, Atwal JK, Steinberg S, et al. A mutation in APP protects against Alzheimer's disease and age-related cognitive decline. Nature. 2012 ; 488 : 96-9.

5) Di Fede G, Catania M, Morbin M, et al. A recessive mutation in the APP gene with dominant-negative effect on amyloidogenesis. Science. 2009 ; 323 : 1473-7.

6) Goate A, Chartier-Harlin MC, Mullan M, et al. Segregation of a missense mutation in the amyloid precursor protein gene with familial Alzheimer's disease. Nature. 1991 ; 349 : 704-6.

7) Sherrington R, Rogaev EL, Liang Y, et al. Cloning of a gene bearing missense mutations in early-onset familial Alzheimer's disease. Nature. 1995 ; 375 : 754-60.

8) Bateman RJ, Xiong C, Benzinger TLS, et al. Clinical and biomarker changes in dominantly inherited Alzheimer's disease. N Engl J Med. 2012 ; 367 : 795-804.

9) Poorkaj P, Bird TD, Wijsman E, et al. Tau is a candidate gene for chromosome 17 frontotemporal dementia. Ann Neurol. 1998 ; 43 : 815-25.

10) Baker M, Mackenzie IR, Pickering-Brown SM, et al. Mutations in progranulin cause ubiquitin-positive frontotemporal dementia linked to chromosome 17. Nature. 2006 ; 442 : 916-9.

11) Sondergaard CB, Nielsen JE, Hansen CK, et al. Hereditary cerebral small vessel disease and stroke. Clin Neurol Neurosurg. 2017 ; 155 : 45-57.

12) Sabia S, Elbaz A, Britton A, et al. Alcohol consumption and cognitive decline in early old age. Neurology. 2014 ; 82 : 332-9.

13) Anstey KJ, Mack HA, Cherbuin N. Alcohol consumption as a risk factor for dementia and cognitive decline : meta-analysis of prospective studies. Am J Geriatr Psychiatry. 2009 ; 17 : 542-55.

14) Orgogozo JM, Dartigues JF, Lafont S, et al. Wine consumption and dementia in the elderly : a prospective community study in the Bordeaux area. Rev Neurol. 1997 ; 153 : 185-92.

15) Sperling RA, Donohue MC, Raman R, et al. Association of factors with elevated amyloid burden in clinically normal older individuals. JAMA Neurol. 2020 ; 77 : 735-45.

16) Loef M, Walach H. Fruit, vegetables and prevention of cognitive decline or dementia : a systematic review of cohort studies. J Nutr Health Aging. 2012 ; 16 : 626-

10. 認知症のリスクと予防

30.

17) Noguchi-Shinohara M, Abe C, Yuki-Nozaki S, et al. Higher blood vitamin C levels are associated with reduction of Apolipoprotein E E4-related risks of cognitive decline in women : the Nakajima study. J Alzheimers Dis. 2018 ; 63 : 1289-97.

18) van de Rest O, Wang Y, Barnes LL, et al. APOE ε4 and the associations of seafood and long-chain omega-3 fatty acids with cognitive decline. Neurology. 2016 ; 86 : 2063-70.

19) Scarmeas N, Stern Y, Mayeux R, et al. Mediterranean diet and mild cognitive impairment. Arch Neurol. 2009 ; 66 : 216-25.

20) Vassilaki M, Aakre JA, Syrjanen JA, et al. Mediterranean diet, its components, and amyloid imaging biomarkers. J Alzheimers Dis. 2018 ; 64 : 281-90.

21) Ozawa M, Ninomiya T, Ohara T, et al. Dietary patterns and risk of dementia in an elderly Japanese population : the Hisayama study. Am J Clin Nutr. 2013 ; 97 : 1076-82.

22) Noguchi-Shinohara M, Yuki S, Dohmoto C, et al. Consumption of green tea, but not black tea or coffee, is associated with reduced risk of cognitive decline. PLoS ONE. 2014 ; 9 : e96013.

23) Rovio S, Kareholt I, Helkala EL, et al. Leisure-time physical activity at midlife and the risk of dementia and Alzheimer's disease. Lancet Neurol. 2005 ; 4 : 705-11.

24) Liang KY, Mintun MA, Fagan AM, et al. Exercise and Alzheimer's disease biomarkers in cognitively normal older adults. Ann Neurol. 2010 ; 68 : 311-8.

25) Muller S, Preische O, Sohrabi HR, et al. Relationship between physical activity, cognition, and Alzheimer pathology in autosomal dominant Alzheimer's disease. Alzheimers Dement. 2018 ; 14 : 1427-37.

26) Biessels GJ, Staelenborg S, Brunner E, et al. Risk of dementia in diabetes mellitus : a systematic review. Lancet Neurol. 2006 ; 5 : 64-74.

27) Ohara T, Doi Y, Ninomiya T, et al. Glucose tolerance status and risk of dementia in the community : the Hisayama study. Neurology. 2011 ; 12 : 1126-34.

28) Kivipelto M, Helkala EL, Laakso MP, et al. Apolipoprotein E epsilon4 allele, elevated midlife total cholesterol level, and high midlife systolic blood pressure are independent risk factors for late-life Alzheimer disease. Ann Intern Med. 2002 ; 137 : 149-55.

29) Gottesman RF, Schneider AL, Albert M, et al. Midlife hypertension and 20-year cognitive change : the atherosclerosis risk in communities neurocognitive study. JAMA Neurol. 2014 ; 71 : 1218-27.

30) エーザイ株式会社ニュースリリース. available at : https://www.eisai.co.jp/news/2020/news202040.html

31) Egan MF, Kost J, Voss T, et al. Randomized trial of verubecestat for prodromal Alzheimer's disease. N Engl J Med. 2019 ; 380 : 1408-20.

32) Wessels AW, Tariot PN, Zimmer JA, et al. Efficacy and safety of lanabecestat for

Ⅰ．認知症・軽度認知障害の診断・治療へのアプローチ　③認知症の治療・ケア・支援・予防

treatment of early and mild Alzheimer disease. JAMA Neurology. 2020 ; 77 : 199-209.

33) ClinicalTrials.gov　available at : https://clinicaltrials.gov/

34) The Dominantly Inherited Alzheimer Network, available at : https://dian.wustl.edu/our-research/clinical-trial/research-updates/

35) Kang JH, Cook N, Manson J, et al. A randomized trial of vitamin E supplementation and cognitive function in women. Arch Intern Med. 2006 ; 166 : 2462-8.

36) Petersen RC, Thomas RG, Grundman M, et al. Vitamin E and donepezil for the treatment of mild cognitive impairment. N Engl J Med. 2005 ; 352 : 2379-88.

37) Miller ER 3rd, Pastor-Barriuso R, Dalal D, et al. Meta-analysis : high-dosage vitamin E supplementation may increase all-cause mortality. Ann Intern Med. 2005 ; 142 : 37-46.

38) Seshadri S, Beiser A, Selhub J, et al. Plasma homocysteine as a risk factor for dementia and Alzheimer's disease. N Engl J Med. 2002 ; 346 : 476-83.

39) Kang JH, Cook N, Manson J, et al. A trial of B vitamins and cognitive function among women at high risk of cardiovascular disease. Am J Clin Nutr. 2008 ; 88 : 1602-10.

40) McMahon JA, Green TJ, Skeaff CM, et al. A controlled trial of homocysteine lowering and cognitive performance. N Engl J Med. 2006 ; 354 : 2764-72.

41) Yurko-Mauro K, McCarthy D, Rom D, et al. Beneficial effects of docosahexaenoic acid on cognition in age-related cognitive decline. Alzheimers Dement. 2010 ; 6 : 456-64.

42) van de Rest O, Geleijnse JM, Kok FJ, et al. Effect of fish oil on cognitive performance in older subjects : a randomized controlled trial. Neurology. 2008 ; 71 : 430-8.

43) Rainey-Smith SR, Brown BM, Sohrabi HR, et al. Curcumin and cognition : a randomized, placebo-controlled, double-blind study of community-dwelling older adults. Br J Nutr. 2016 ; 115 : 2106-13.

44) Small GW, Siddarth P, Li Z, et al. Memory and brain amyloid and tau effects of a bioavailable form of curcumin in non-demented adults : a double-blind, placebo-controlled 18-month trial. Am J Geriatr Psychiatry. 2018 ; 26 : 266-77.

45) 金沢大学神経内科ロスマリン酸プロジェクト．http://neurology.w3.kanazawa-u.ac.jp/resrchwrk/pages/rospro.html

46) Martinez-Lapiscina EH, Clavero P, Toledo E, et al. Mediterranean diet improves cognition : the PREDIMED-NAVARRA randomized trial. J Neurol Neurosurg Psychiatry. 2013 ; 84 : 1318-25.

47) Valls-Pedret C, Sala-Vila A, Serra-Mir M, et al. Mediterranean diet and age-related cognitive decline : A randomized clinical trial. JAMA Intern Med. 2015 ; 175 : 1094-103.

48) Erickson KI, Voss MW, Prakash RS, et al. Exercise training increases size of hippo-

10. 認知症のリスクと予防

campus and improves memory. Proc Natl Acad Sci USA. 2011; 108: 3017-22.

49) Lautenschlager NT, Cox KL, Flicker L, et al. Effect of physical activity on cognitive function in older adults at risk for Alzheimer disease. JAMA. 2008; 300: 1027-37.

50) Sink KM, Espeland MA, Castro CM, et al. Effect of a 24-month physical activity intervention vs health education on cognitive outcomes in sedentary older adults. The LIFE randomized trial. JAMA. 2015; 314: 781-90.

51) Ngandu T, Lehtisalo J, Solomon A, et al. A 2 year multidomain intervention of diet, exercise, cognitive training, and vascular risk monitoring versus control to prevent cognitive decline in at-risk elderly people (FINGER): a randomized controlled trial. Lancet. 2015; 385: 2255-63.

52) Andrieu S, Guyonnet S, Coley N, et al. Effect of long-term omega 3 polyunsaturated fatty acid supplementation with or without multidomain intervention on cognitive function in elderly adults with memory complaints (MAPT): a randomized, placebo-controlled trial. Lancet Neurol. 2017; 16: 377-89.

〈篠原もえ子　山田正仁〉

③認知症の治療・ケア・支援・予防

11 ウィズコロナ時代の 認知症診療・認知症ケア

A 新型コロナウイルス感染症と認知症

　コロナウイルス7種類のうち，これまで重症な呼吸器感染症をひきおこす，MERS（middle east respiratory syndrome）コロナウイルス（MERS-CoV），SARS（severe acute respiratory syndrome）コロナウイルス（SARS-CoV）が知られていたが，2019年末に中国の武漢から，重症化する急性呼吸器感染症の報告がなされ，この原因として新型コロナウイルス，SARS-CoV-2（severe acute respiratory syndrome coronavirus 2）が同定され，SARS-CoV-2による感染症はCOVID-19（coronavirus disease 2019）と命名された．COVID-19はその後急速に世界各地に拡大し，2021年1月下旬の時点で，世界各国・地域において，感染者9800万人，死者数212万人を越え，いずれも増加し続けている．最新の情報はWHO（World Health Organization）のホームページで確認できる[1]．

　COVID-19は飛沫感染と接触感染が主な感染経路とされているが，飛沫核感染も指摘されている．したがって，その感染防御には，飛沫感染を防ぐため2m以上の対人距離をとり「密集」を避ける，接触「密接」を避け，接触した場合は水で洗ったり除菌したりする，空気中のウイルスを含んだ微粒子による感染を避けるため換気を行い「密閉」を避ける，といった三密回避が重要とされている．感染拡大を防ぐための基本的な対応においては，COVID-19が新たな地域に持ち込まれることを防ぎ，ヒトからヒトへの伝播を減少させることが重要であり[2]，日本の新型コロナウイルス感染症対策の基本的対処方針でも，基本的な感染対策の実施，「3つの密」を徹底的に避けること，「人との接触を8割減らす10のポイント」などが提案され，そのための，"新型コロナウイルスを想定した「新しい生活様式」"が提唱・推奨さ

234　JCOPY 498-22893

れている[3].

　COVID-19 の特徴として，無症候の段階でも感染力を有することがある．また，体内のウイルス量は，発症後 1 週間程度をピークとし，時間とともに低下すること，ウイルス量は重症度とは相関がないものの，年齢との相関がみられ，高齢者ほどウイルス量が高いといったことがある[4]．また，COVID-19 が重症化しやすい要因がいくつか明らかになってきており，アメリカ CDC（Centers for Disease Control and Prevention）では，高齢者，基礎疾患を有すること（癌，CKD，COPD，免疫不全状態，肥満，いくつかの心疾患，鎌状赤血球症，2 型糖尿病）を挙げている[5]．COVID-19 による，高齢者の重症化率，死亡率は高く，日本でも，2021 年 1 月 6 日時点で 80 歳以上の重症者割合は 2.0%，死亡率は 12.3% となっている[6]．また，CDC では，感染予防に特に注意を払う必要がある状況として，ナーシングホーム，介護施設，グループホームの入所を挙げており，これには，利用者の特徴として，生活空間を共有していること，接触による介助が必要な場合があること，感染防御策の理解や実践が困難な場合があること，基礎疾患を持つことが多いこと，などの要因が考えられている．認知症について考えれば，高齢，施設入所，基礎疾患といった，上記のリスクを持つ場合は多く，たとえば London School of Economics と University College London の報告では，ケアホームにおいて COVID-19 に関連した死亡者の解析では，認知症の割合が 29～75% であったとされるなど[7]，感染防御に特に注意が必要である．しかし，接触を減らし感染防御をはかることは，認知症の医療・介護に望ましいとされることと相反する可能性があり，認知症診療・ケアに際してそのリスクとベネフィットをよく考えたうえですすめる必要がある．

B　認知症診療・認知症ケア

1．医療現場での感染防御

　医療関係者は感染者に曝露する機会が多いだけでなく，いったん感染すると自身が院内感染の原因となりうることを考慮しなければならない．感染予防の詳細については，国立感染症研究所や日本環境感染学会などから発表されているガイドなどが参照できる[8,9]．認知症の診療における感染防御におい

て，認知機能の低下や，行動・心理症状の発症，高齢で感覚器に衰えがある，などにより，以下の点で困難を伴う可能性がある．

- 対応時に距離を確保すること．
- ゾーニングを保つこと．
- マスクや手洗いなどの防御策の徹底．

このため，以下のようなことを考慮する必要がある．

- 施設の出入り口や時間帯を制限し，適切なゾーニングをはかる．
- 緊急でない検査については延期や簡素化をこころみる．
- 電話診療や遠隔診療の活用を考慮する．
- 認知機能が低下し感染防御策の履行が難しい場合，本人へ繰り返しお願いし，また介護者とも協力して，洗面所など本人の目につく場所に貼り紙を示す，といったことなどを提案する．

2．受診抑制への対応

急激な COVID-19 患者数の増大を受け，日本では 2020 年 4 月 7 日に新型インフルエンザ等対策特別措置法に基づく緊急事態宣言が発出された[10]．緊急事態宣言は 2019 年 5 月 25 日に全面解除されたが，緊急事態宣言が適用されていた期間中，全国で外来・入院とも大幅な患者数の減少が認められ，高齢者では慢性疾患に対する定期的な受診についても受診控えがあった．この状況は，以下のような問題を引き起こす可能性がある．

- 認知症に合併する慢性疾患を悪化させ，認知症の症状が悪化したり，BPSD が出現したりする．
- 受診の遅れから認知症の早期診断や早期介入の機会を逸する．

認知症の人や介護者は，認知症の経過に伴い，診察の場を通じ様々なアドバイスや支援が必要であり，また，合併する基礎疾患の悪化は認知症にも影響することからも，定期的な診療が必要である．このため，以下のようなことを考慮する必要がある．

- 厚生労働省や関連学会など，様々な組織が提供している感染防止策や，対応事例の情報などを参照にし，設備の充実やスタッフの教育を推進する．
- 感染予防に関する知識や，施設における感染予防体制の整備状況などを

認知症の人や介護者へ示すことにより，その不安を軽減するなどにより，過度の診療やサービス利用の自粛が起こらないようこころみる．

- 十分な感染予防対策を行ったうえで，受診回数を減らすなどの対応も行いながら，各種サービスを継続し，認知症の人や介護者が安心して受診できるような環境を整備し，受診抑制による症状の悪化や，合併症発見の遅れを防ぐようこころみる．

3．介護サービスやインフォーマルサービス利用抑制への対応

フォーマル・インフォーマルを問わず，各種のサービスは，認知症の人や介護者の生活の継続に欠かせないものである．また，認知症の予防のためには，「運動不足の改善」「糖尿病や高血圧症等の生活習慣病の予防」「社会参加による社会的孤立の解消や役割の保持」といったことが国の認知症推進大綱でも推奨されているが[11]，COVID-19 流行下で外出などへの自粛が要請されているなかでは，これらを継続して行うことには困難が伴っていた．しかし，自粛要請が解除されたあとでも，各種サービスにおいて，COVID-19への懸念を理由にサービス利用の制限が行われる，といったことがみられている．これに対して，厚生労働省から，必要な各種サービスなどが不当に制限されないよう，各種事務連絡などの喚起がなされている．

各種サービス利用の低下により以下のようなことが起きることが懸念される．

- 介護保険サービスやインフォーマルサービスへの参加が抑制され，認知症の症状の悪化や，進行が加速される．
- 外出抑制による身体活動度の低下や，社会活動の低下により，期待される認知症の予防が阻害されたり，認知症の症状が悪化したりする．

以下のような対応を考慮する必要がある．

- 各種施設内等において，感染拡大防止に向けた取組について，方針を検討し感染拡大防止に向けた取組の再徹底を行う．
- 職員間での情報共有を密にし，連携して感染防止に向けた取組を進める．
- サービス利用者，サービス提供者，面会者などに関して，その記録（体温，症状なども含め）を行う．
- 厚生労働省や関連学会など，様々な組織が提供している感染対策のガイ

ドなどを参照にし，設備の充実やスタッフの教育を推進し，最新の情報を関係者間で共有する.

- 診療の場合と同様に，3密を回避するため，同じ時間帯，同じ場所での実施人数を減らす，定期的に換気を行う，利用者同士の距離について配慮する.
- インフォーマルサービスについては，インフォーマルであるがゆえに，不要・不急との線引きは難しく，公的サービス以上に自粛が行われ，なかなか解除に踏み切ることができない，というような状況が生じる. 介護者への負担増加などをきたすことを鑑み，可能な支援を考慮する.

4. 認知症の人, 家族等介護者, 医療・介護従事者等の負担

COVID-19 の流行による身体的・心理的負担に関して，特に高齢者や認知機能の低下した人は脆弱な可能性がある. WHO は精神的な健康において考慮すべき点について，感染者への偏見をなくすこと，過度に強調された情報により不安が増強されたり，真偽の不明な情報にまどわされたりしないようにする，といったことを挙げている[12].

また，感染への恐怖は，感染者に対してだけでなく，医療・介護従事者等への偏見（スティグマ）や差別につながる可能性もある. 社会全体からスティグマがなくなるよう，COVID-19 に関する正しい理解と，不当なスティグマがもたらす弊害についての知識が，社会全体で共有されるよう，普及・啓発についても考慮する[13].

以下のような点を考慮する必要がある.

- 入院や入所している認知症の人の場合，面会が制限されることもストレスとなり，認知症の症状の悪化や，BPSD の出現となって現れる可能性がある. 感染予防策を施したうえで面会制限を段階的に緩め，直接の接触をしない面会方法を検討する，などを考慮する.
- 認知症の人や家族に対し，コロナウイルス感染に関してあふれている様々な情報をうのみにせず，疑問を感じた場合には，公的な機関などの，より信頼できる情報を参考にしたり，主治医に質問したりして正しい知識を身に着けるようすすめる.
- COVID-19 の流行は，介護者への直接のストレスになるほか，認知症の

人のステイホームによる介護負担の増大をきたしうる．介護者の心身の健康状態は，認知症の人の症状に影響をきたすことがあり，診療・ケアなどの機会には，介護者の負担増にも注意をする必要がある．

- COVID-19に関するスティグマは，業務負担とあわせて，施設スタッフの健康を損なう可能性があり，管理者はスタッフの健康にも留意する必要がある．
- 医療崩壊により医療資源の確保が困難になった場合，例えば呼吸器の絶対数が不足する中で，どうトリアージするか，といった場面において，認知症の人が，それだけを理由に医療機会の逸失が起きることのないよう留意する．同時に，望まない高度医療が，同意なく行われることのないよう，前もって関係者で話し合うことも考慮される．

C ウィズコロナ時代の認知症医療・ケア

ウィズコロナ時代において，感染症対策としてのテレワークの積極的な活用などといった，働き方改革の推進が加速されている．医療提供体制について，地方創生の観点からも，医療や介護の現場での自宅への往診，デジタル技術を活用した遠隔診療，遠隔リハビリテーションの可能性が検討され，推進されている[14]が，接触による介助が必要な場合があるといった特質を考えると，これらは，まだまだ解決すべき課題も多く発展途上と考えられる．しかし，デジタルの活用といった新たな方法は，診療やケアに活用できるだけでなく，介護者への助けとなり，負担を軽減する可能性も考えられる[15]．新たな方法に関してだけではなく，COVID-19に関するエビデンスは現在進行形で集積されており，常に眼を配りつつ，認知症の人，介護者，そして医療・介護従事者のいずれにも不利益になることのないよう，診療・ケアを行うことをこころがける必要がある．

●文献
1) World Health Organization. Coronavirus disease（COVID-19）pandemic. https://www.who.int/emergencies/diseases/novel-coronavirus-2019
2) Considerations for quarantine of individuals in the context of containment for coronavirus disease（COVID-19）. World Health Organization. 2020.

3) 厚生労働省. 新型コロナウイルスを想定した「新しい生活様式」の実践例を公表しました. https://www.mhlw.go.jp/stf/seisakunitsuite/bunya/0000121431_newlifestyle.html#newlifestyle

4) To KK, Tsang OT, Leung WS, et al. Temporal profiles of viral load in posterior oropharyngeal saliva samples and serum antibody responses during infection by SARS-CoV-2 : an observational cohort study. Lancet Infect Dis. 2020 ; 20 : 565-74.

5) Centers for Disease Control and Prevention. Coronavirus Disease 2019（COVID-19). People at Increased Risk. https://www.cdc.gov/coronavirus/2019-ncov/need-extra-precautions/index.html

6) 厚生労働省. 新型コロナウイルス感染症の国内発生動向. https://www.mhlw.go.jp/content/10906000/000675165.pdf

7) Impact and mortality of COVID-19 on people living with dementia : cross-country report. International Long-term Care Policy Network. 2020.

8) 国立感染症研究所. コロナウイルスに関する解説及び中国湖北省武漢市等で報告されている新型コロナウイルスに関連する情報. https://www.niid.go.jp/niid/ja/from-idsc/2482-corona/9305-corona.html

9) 日本環境感染学会. 新型コロナウイルス感染症（COVID-19）への対応について. http://www.kankyokansen.org/modules/news/index.php?content_id=328

10) 首相官邸. 新型コロナウイルス感染症対策本部（第27回）. https://www.kantei.go.jp/jp/98_abe/actions/202004/07corona.html

11) 厚生労働省. 認知症施策推進大綱. https://www.mhlw.go.jp/stf/seisakunitsuite/bunya/0000076236_00002.html

12) World Health Organization. Mental health and psychosocial considerations during the COVID-19 outbreak. https://www.who.int/publications/i/item/mental-health-and-psychosocial-considerations-during-the-covid-19-outbreak

13) Centers for Disease Control and Prevention. Coronavirus Disease 2019（COVID-19). Reducing Stigma. https://www.cdc.gov/coronavirus/2019-ncov/daily-life-coping/reducing-stigma.html

14) 内閣府地方創生推進事務局. https://www.kantei.go.jp/jp/singi/tiiki/rinjikoufukin/index.html

15) Cuffaro L, Lorenzo F, Bonavita S, et al. Dementia care and COVID-19 pandemic : a necessary digital revolution. Neurol Sci. 2020 ; 17 : 1-3.

〈新美芳樹〉

II

認知症疾患別の診療の実際

1 Alzheimer 病による 軽度認知障害/軽度認知症

A 症例提示

【症例】72 歳　女性

【既往歴】19 歳：左膝外傷手術

【家族歴】兄：胃癌

【教育歴】9 年

【現病歴】3 年前から実際には現金を貸していないのに「○○さんにお金を貸した」，逆に返金したにも関わらず「△△さんにお金を返さないといけない」ということがたまにあった．身の回りのことはできていたが，それまでしていた畑仕事はしなくなった．1 年前に近所の方が亡くなって，数週間後にその葬式の話をしたら亡くなったこと自体を忘れていることがあった．預かっていた現金をなくして探し回り，本の間に挟まっていたことがあった．ごみの分別方法を確認することが少し増えてきたが，分別方法や回収日を間違うことはなかった．約束事もカレンダーに記載していてトラブルはなかった．ほとんど出かけないが，買い物はできていた．もの忘れの進行が心配になり，病院を受診した．

【一般身体所見・神経学的所見】一般身体所見に特記すべき異常なし．

　意識清明．脳神経に異常なし．筋トーヌス，筋力，感覚，協調運動，自律神経系には異常なし．腱反射は両側アキレス腱反射減弱，病的反射は認めない．不随意運動なし．

　改訂長谷川式簡易知能評価スケール（Hasegawa's Dementia Scale for Revised：HDS-R）　25 点（日付 −2，遅延再生 −2，物品想起 −1）

　Mini-Mental State Examination（MMSE）　25 点（日付 −2，場所 −1，遅延再生 −2）

242

1. Alzheimer病による軽度認知障害/軽度認知症

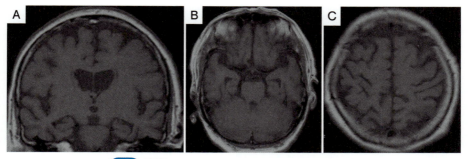

図1 頭部 magnetic resonance imaging（MRI）
T1強調画像冠状断では両側内側側頭葉に中等度萎縮を認め（A），水平断では内側部を含む両側側頭葉にも萎縮を認めるが（B），頭頂葉に明らかな萎縮は認められない（C）．

【検査所見】

血液検査：血液・一般生化学に異常なし．ビタミンB群，甲状腺ホルモン，アンモニア値に異常なし．

ウェクスラー成人知能検査（Wechsler Adult Intelligence Scale-Ⅲ：WAIS-Ⅲ）：全検査知能指数（full scale intelligence quotient：FIQ）94，言語性IQ（verbal IQ：VIQ）99，動作性IQ（performance IQ：PIQ）88，群指数—言語理解（verbal comprehension：VC）95，知覚統合（perceptual organization：PO）97，作動記憶（working memory：WM）107，処理速度（processing speed：PS）97．

ウェクスラー記憶検査（Wechsler Memory Scale-Revised：WMS-R）：一般的記憶66，言語性記憶71，視覚性記憶63，注意/集中力107，遅延再生50．

脳脊髄液検査：圧60 mmH$_2$O，細胞数1/μL（単核球），糖55 mg/dL（同時血糖110 mg/dL），蛋白26 mg/dL，アミロイドβ蛋白（amyloid β protein：Aβ）$_{1-42}$ 295 pg/mL（基準値＞490），リン酸化タウ蛋白（phosphorylated tau：p-tau）75 pg/mL（基準値＜49），p-tau/Aβ$_{1-42}$比 0.254（基準値＜0.075）．

頭部 magnetic resonance imaging（MRI）：両側内側側頭葉の萎縮，側脳室拡大を認める（図1A-C）．

脳^{18}F-2-fluoro-2-deoxy-D-glucose（^{18}F-FDG）-positron emission tomography（PET）：両側頭頂葉，側頭葉，楔前部に糖代謝低下を認める（図2A，

Ⅱ．認知症疾患別の診療の実際

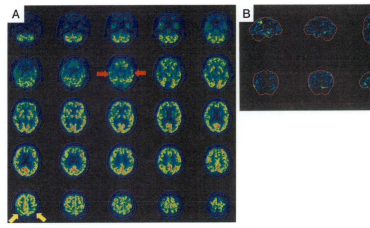

図2 脳¹⁸F-2-fluoro-2-deoxy-D-glucose（¹⁸F-FDG）-positron emission tomography（PET）
水平断では両側側頭葉（赤矢印），両側頭頂葉（黄色矢印）に糖代謝低下を認め（A），統計学的に有意に低下した部位を脳表画像に投影した統計処理画像〔3D-Stereotactic Surface Projections（3D-SSP）画像〕では，両側楔前部に糖代謝低下部位を認める（赤矢頭，B）．

B）．

【診断】

　HDS-R，MMSE で日付の見当識障害，近時記憶障害があり，WAIS-Ⅲで知能指数は平均レベルであるが，WMS-R では一般的記憶指標，遅延再生指標が同年代平均値から2標準偏差を超えて低かった．しかし，日常生活において目立った支障はきたしておらず，National Institute on Aging-Alzheimer's Association workgroup（NIA-AA）による軽度認知障害（mild cognitive impairment：MCI）の診断基準（「Ⅰ-①-1．認知症・軽度認知障害の概念と実態」の項，表3参照）[1]に基づき MCI と診断した．さらに，脳脊髄液所見 Aβ_{1-42} の低下でアミロイド病理が疑われ，また脳脊髄液 p-tau 高値，FDG-PET での頭頂側頭葉，楔前部での糖代謝低下，頭部 MRI での内側側頭葉萎縮から神経損傷が考えられたことから，NIA-AA による Alzheimer 病（Alzheimer's disease：AD）による MCI の診断基準（表1）[1]およびバイオ

1．Alzheimer 病による軽度認知障害/軽度認知症

表1 NIA-AA による Alzheimer 病（Alzheimer's disease：AD）による軽度認知障害（mild cognitive impairment：MCI）診断基準

AD による MCI

MCI の中核臨床基準（「I-①-1．認知症・軽度認知障害の概念と実態」の項，表3参照）を満たし，以下の証拠を検索して他の認知機能低下をきたす全身性あるいは脳疾患を除外する．

(1) パーキンソニズム：Lewy 小体型認知症にしばしばみられる，顕著な幻覚，レム期睡眠行動異常を含む
(2) 多数の血管性危険因子かつ/あるいは画像検査で血管性認知機能障害を示唆する広範な脳血管障害の存在
(3) 前頭側頭葉変性症を疑わせる初期からの顕著な行動異常あるいは言語障害
(4) プリオン病，脳腫瘍，代謝性疾患を疑わせる週～月単位での急速な認知機能低下

ただし，これらの疾患のいくつかの病理所見（Lewy 小体や血管病変）はしばしば AD に合併することには注意する．

a. AD に関連した遺伝子変異の役割：常染色体優性遺伝形式の AD の原因遺伝子〔*amyloid precursor protein*（APP），*presenilin*（PSEN）1，PSEN2〕の変異が判明している家系ならば，MCI の発症は AD によるものが最も疑わしい．これらのケースの大多数は早期に AD を発症する．
b. AD のリスクを増す遺伝子の役割：アポリポプロテイン E 遺伝子（APOE）の ε4 アレルは高齢発症 AD 認知症のリスクを上げ，ε2 はリスクを下げる．

（Albert MS, et al. Alzheimers Dement. 2011；7：270-9）[1]

マーカーを組み入れた基準（表2）[1,2]に基づき AD による MCI（高い可能性）（MCI due to AD，high likelihood）と診断した．

【治療】

　ドネペジル 3 mg/日の内服を開始し，消化器症状など副作用がないことを確認して 2 週間後，5 mg/日へ増量した．その後同量で経過観察を行った．12 か月後の MMSE は 24 点で，メモを持たないと日常生活に支障をきたすようになり，NIA-AA による診断基準によりほぼ確実な AD 認知症（probable AD dementia）と診断した（表3）[2]．24 か月後には MMSE 21 点で見当識障害を認めるようになった．

JCOPY 498-22893

Ⅱ．認知症疾患別の診療の実際

表2 バイオマーカーを組み入れた Alzheimer 病（Alzheimer's disease：AD）による認知症（Alzheimer 認知症：AD dementia），軽度認知障害（mild cognitive impairment：MCI）診断基準

診断カテゴリー	バイオマーカーによる AD の可能性	Aβ（PET あるいは脳脊髄液）	神経損傷（脳脊髄液タウ蛋白，FDG-PET, MRI）
AD 認知症（AD dementia）			
ほぼ確実な AD 認知症（probable AD dementia）			
臨床診断基準のみ	情報なし	情報なし/矛盾した/不確定	情報なし/矛盾した/不確定
AD の病態生理過程の証拠あり	中程度	情報なし，不確定	陽性
	中程度	陽性	情報なし/不確定
	高い	陽性	陽性
疑いのある AD 認知症（possible AD dementia）			
臨床診断基準のみ	情報なし	情報なし/矛盾した/不確定	情報なし/矛盾した/不確定
AD の病態生理過程の証拠あり	高いが，二次性の原因を除外できず	陽性	陽性
AD による認知症ではない（dementia-unlikely due to AD）	最も低い	陰性	陰性
AD による MCI（MCI due to AD）			
MCI-中核臨床診断基準	情報なし	矛盾した/未確定/未検査	矛盾した/未確定/未検査
AD による MCI-中程度の可能性（MCI due to AD-intermediate likelihood）	中程度	陽性	未検査
	中程度	未検査	陽性
AD による MCI-高い可能性（MCI due to AD-high likelihood）	最も高い	陽性	陽性
AD によらない MCI（MCI-unlikely due to AD）	最も低い	陰性	陰性

Aβ：amyloid β，FDG-PET：[18]fluorodeoxyglucose-positron emission tomography, MRI：magnetic resonance imaging.

（文献 1，2 より）

1．Alzheimer 病による軽度認知障害/軽度認知症

表3 NIA-AA による Alzheimer 病（Alzheimer's disease： AD）による認知症（AD 認知症： AD dementia） 診断基準

Ⅰ．ほぼ確実な AD 認知症（probable AD dementia）：中核診断基準

1．認知症の基準（「Ⅰ-①-1．認知症・軽度認知障害の概念と実態」の項，表1 参照）を満たし，以下の特徴を有する

A．潜行性の発症．症状は月から年単位で緩徐に発症する（時間や日単位ではない）

B．報告や観察により認知機能が悪化したというはっきりとした病歴

C．最初の最も主要な認知欠損は，以下の項目の一つにおいて病歴や検査から明らかである

a．健忘症状： AD 認知症（AD dementia）で最もありふれた症状．学習や最近学習したことの想起障害も含む．また少なくとも1つほかの認知機能項目の障害の証拠がある

b．非健忘症状：

・言語症状：最も主要な障害は，喚語困難でみられるが，他の認知機能項目の障害もある

・視空間認知症状：最も主要な障害は，物体失認，相貌認知障害，同時失認，失読を含む空間認知においてみられる．他の認知機能項目の障害もある

・遂行機能障害：最も主要な障害は，推論，判断，問題解決の障害である．他の認知機能項目の障害もある

D．以下の証拠がある場合には，ほぼ確実な AD 認知症と診断されるべきではない

（a）明らかな付随した脳血管性疾患：認知機能障害の発症や増悪に時間的に関連した脳卒中の病歴，多発あるいは広範な梗塞，高度の白質高信号病変の存在

（b）認知症以外に Lewy 小体型認知症の主要な特徴

（c）行動障害型前頭側頭型認知症の主要な特徴

（d）原発性進行性失語の語義型あるいは非流暢性/非文法型の主要な特徴

（e）ほかの同時に存在する活動的な神経疾患，神経疾患以外の内科併存疾患，あるいは認知機能に明らかに影響を及ぼす内服薬の使用

2．診断確実性が増したほぼ確実な AD 認知症

上記の基準を満たし，以下の場合には診断の確実性が増す

（1）実証された認知機能低下がある：情報提供者からの情報や，正式な神経心理学的評価あるいは標準化された精神機能検査のどちらかによる認知機能検査に基づいた評価で，進行性認知機能障害の証拠がある

Ⅱ．認知症疾患別の診療の実際

表3 続き

(2) 原因となる遺伝子〔amyloid precursor protein（APP），presenilin（PSEN）1，PSEN2〕変異がある

Ⅱ．疑いのある AD 認知症（possible AD dementia）：中核診断基準

以下の項目のどちらかを満たせば，疑いのある AD 認知症と診断される

A. 非典型的な経過：上記 AD 認知症の認知機能障害に関しての主要な臨床基準を満たすが，突然発症であったり，病歴情報や他覚的な進行性認知機能低下の証拠が不十分である

B. 混合した病因：上記 AD 認知症の認知機能障害に関しての主要な臨床基準を満たすが，以下の証拠がある

　(a) 付随した脳血管性疾患：認知機能障害の発症や増悪に時間的に関連した脳卒中の病歴，多発あるいは広範な梗塞，高度の白質高信号病変の存在

　(b) 認知症以外に Lewy 小体型認知症の特徴

　(c) ほかの同時に存在する活動的な神経疾患，神経疾患以外の内科併存疾患，あるいは認知機能に明らかに影響を及ぼす内服薬の使用

Ⅲ．AD の病態生理過程の証拠がある，ほぼ確実な AD 認知症（probable AD dementia with evidence of the AD pathophysiological process）

ほぼ確実な AD 認知症の臨床基準を満たし，以下のバイオマーカー陽性の証拠があれば，AD の病態生理過程による認知症候群であるとの診断確実性が増す．バイオマーカーの検査結果は，陽性，陰性，矛盾した/未確定/未検査の 3 つに分類される（表 2 参照）

A. 脳アミロイド β 蛋白（amyloid β protein：Aβ）沈着：脳脊髄液 Aβ_{1-42} 低値，アミロイド positron emission tomography（PET）イメージ陽性

B. 神経変性あるいは損傷：脳脊髄液タウ蛋白高値（総タウ蛋白，リン酸化タウ蛋白の両方），^{18}fluorodeoxyglucose（FDG）-PET で側頭・頭頂皮質における取り込み低下，magnetic resonance imaging（MRI）で，内側・底部・外側側頭葉，内側頭頂皮質における不均等な萎縮

Ⅳ．AD の病態生理過程の証拠がある，疑いのある AD 認知症（possible AD dementia with evidence of the AD pathophysiological process）

AD 認知症の基準を満たさないが，Ⅲ A あるいは B の AD バイオマーカーが陽性あるいは神経病理学的な AD 認知症の基準を満たす

1. Alzheimer 病による軽度認知障害/軽度認知症

表3 続き

Ⅴ. バイオマーカーを AD 認知症診断基準へ組み込むことに関連した考慮

AD 認知症は根本的には臨床診断である．したがって，AD バイオマーカーの支持を受けて AD 認知症と診断するためには，AD 認知症の臨床診断基準をまずは満たさなくてはならない．陽性，陰性を決めるためには，カットオフ値が必要だが，脳脊髄液検査，画像検査ともに標準化されたものはまだなく，施設基準で行っているのが現状である

Ⅵ. 病理生理学的に証明された AD 認知症（pathophysiologically proved AD dementia）

AD 認知症の臨床診断基準を満たし，神経病理学的な検査で，広く受け入れられた病理学的診断基準により AD 病理の存在が認められる

Ⅶ. AD によらない認知症（dementia unlikely to be due to AD）

1. AD 認知症の臨床診断基準を満たさない
2. a. ほぼ確実な AD 認知症あるいは疑いのある AD 認知症の臨床診断基準を満たすが，human immunodeficiency virus（HIV）脳症，Huntington 病など，たとえ AD とオーバーラップするにしてもまれなほかの疾患との鑑別が不十分である
   b. 疑いのある AD 認知症の臨床診断基準を満たすが，Aβ と神経損傷のバイオマーカーが両方陰性である

(McKhann GM, et al. Alzheimers Dement. 2011；7：263-9)[2]

B　AD による軽度認知障害・軽度認知症のポイント

1. 病因・病態

　AD の病因に関する説としてアミロイドカスケード仮説がある．脳内で Aβ が凝集して老人斑（アミロイド斑）として沈着し，タウ蛋白の蓄積を経て，やがて神経細胞が死滅することから，Aβ が本疾患の病態形成において中心的な役割を果たしていると考えられている．AD の病態進行は，最初に Aβ ペプチドが凝集して脳の細胞内外に蓄積していき，シナプス障害も早期からみられる（図3）[3]．その後神経細胞障害が見られるようになり，細胞内蛋白であるタウ蛋白の蓄積，脳萎縮が進行して認知機能低下が顕在化・進行してくる（図3）[3]．

Ⅱ. 認知症疾患別の診療の実際

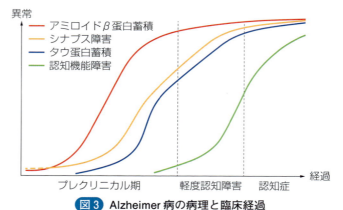

図3 Alzheimer病の病理と臨床経過

症状のないプレクリニカル期からアミロイドβ蛋白の蓄積が始まり（赤線），シナプス障害も早期からみられる（橙線：点線部分―アポリポプロテインE遺伝子（*APOE*）ε4アレル保因者ではより早期からみられる可能性あり），次いで神経障害を反映するタウ蛋白の蓄積が進行していく（青線）．臨床症状はこれらの変化に遅れて出現し，病理の進行とともに進行していく（緑線）．

（Sperling RA, et al. Alzheimers Dement. 2011；7：280-92[3]より改変）

　ADの代表的な脳病理所見は，Aβの蓄積による老人斑と，タウ蛋白の蓄積による神経原線維変化である（「Ⅰ-①-2. 認知症診療に必要な神経病理の基礎知識」の項，図3参照）．Aβの凝集・蓄積がなぜタウ蛋白の凝集・蓄積を引き起こすか，そのメカニズムは現時点で明らかとなっていない．ADでは認知機能障害が出現する前から脳内でAβやタウ蛋白の病理変化が水面下で緩徐に進行しており，それに伴う神経細胞障害死がある閾値を超えた時点で認知機能障害が出現し，その後進行する．

　ADによって引き起こされる認知症の発症は3段階に分けられ，最初が前臨床（プレクリニカル）時期（preclinical AD）で，脳，血液，脳脊髄液での変化が起こっているが，患者は臨床症状を示さない時期である．この時期は症状が顕在化する20年も前から始まっていると推定されている[4]．次の段階がMCI（MCI due to AD）で，患者自身や近しい周りの人が気づきうる程度

の記憶や思考能力に関連した症状が出現するが，日常生活には支障のない時期である．そして，最後が認知症の時期〔ADによる認知症（dementia due to AD）またはAD認知症（AD dementia）〕で，記憶，思考，行動に関する症状が明らかとなり，日常生活に影響が及ぶようになる．

2．症状

ADはプレクリニカルからMCI，認知症へと連続的に進展していくが，その重症度評価には臨床的認知症尺度（clinical dementia rating：CDR），functional assessment staging（FAST）がある．CDRは患者の診察や介護者からの情報をもとに評価され，CDR 0（健常者）から，0.5（ほぼMCIに該当），1（軽度認知症），2（中等度認知症），3（重度あるいは高度認知症）と5段階に分類される．一方FASTは，ADの日常生活機能の面からその重症度を判定するバッテリーで，ステージ1から7までの7段階に分かれる．1が正常，3が境界レベル，7が重度である．

ADの症状は，中核症状といわゆる周辺症状に分けられる．中核症状とは，認知機能障害によるもので，記憶障害，遂行機能障害，言語障害，失行，視空間認知障害がある．ADでは，これらのうちエピソード記憶の障害が初期から前景に立つことが多い．またAD認知症早期では日常の問題解決，たとえばお金の管理のような数字に関連したことが困難となり，日付や季節，時間，よく知っている場所がわかりにくくなる[4]．文字を読んだり，距離を判断したり，色やコントラストを区別することが難しくなり，語彙が貧困となり，同じ話を繰り返す，会話が続かず途中で中断する，物を置いた場所がわからなくなるということも起こる[4]．

周辺症状とは，認知症に伴う思考内容，気分，および行動の障害を指し，認知症の行動・心理症状（behavioral and psychiatric symptoms of dementia：BPSD）と呼ばれている．抑うつ，不安，易興奮性・易怒性，アパシー，焦燥，多幸感，妄想（嫉妬，もの盗られ妄想など），幻覚などがある．これらの症状はMCIの時期からみられ，家族性ADの研究では遺伝子変異を有する者のMCIでは56％に抑うつ，48％に易刺激性，40％にアパシー，28％に睡眠の変化，24％に焦燥が認められ，非保因者に比較して有意に多かった[5]．アパシーはADでもっともよくみられる症状で，CDR 0.5でも61％にみら

251

Ⅱ. 認知症疾患別の診療の実際

れ，症状の進行とともに頻度が増していく[6]．重症度別に患者によくみられる症状としては，CDR 0.5 で妄想，抑うつ，不安，易刺激性があり，CDR 1 ではこれらに加えて異常行動，睡眠障害，食行動の異常がみられるようになる[6]．CDR 2 の中等症からはさらに脱抑制が加わり，幻覚は CDR 3 の時期でよく見られるようになる[6]．多幸感は全経過を通じてほとんど見られない[6]．妄想には嫉妬妄想，誇大妄想，身体妄想などがあるが，わが国で AD 認知症に最も多い妄想は物盗られ妄想である[7]．物盗られ妄想を呈する群と呈さない群では HDS-R，MMSE のスコアに差はないが，物盗られ妄想を呈する群は女性患者が多く見られ，家族と同居している場合より単身世帯で多く見られる[7]．

そのほか診察室で AD 認知症に多く見られる特徴としては，質問に対して付き添い者に答えを求める振り返り反応や，答えをごまかそうとする取り繕い反応がある．嗅覚障害や疼痛の訴えの減少も見られる[4]．

上記に示した典型的 AD とは異なり，非典型的症状を示す以下のような病型が存在する．これら非典型例は，記憶障害主体の典型的 AD よりは若年で発症する[8]．

1）後部型 AD

後方皮質萎縮（posterior cortical atrophy：PCA）を示し，さらに以下の 2 つのサブグループに分かれる．

①後頭側頭型：物体，シンボル，単語，相貌の視覚認知が主として障害される．

②両側頭頂型：視空間認知障害が主で，他に Gerstmann 症候群，Balint 症候群，肢節運動失行，無視の症状を呈する．

2）ロゴペニック（logopenic）型 AD[9]

ロゴペニック型原発性進行性失語ともいわれる．言葉の意味（語義）理解，構文，運動性発語能力は保たれているが，単語想起や文の復唱が進行性に障害される．AD 以外の認知症にも言語障害が主としてみられる病型がある．前頭側頭型認知症（frontotemporal dementia：FTD）（広義）に含まれる意味性認知症（semantic dementia：SD）は語義理解障害と呼称障害が特徴であり，進行性非流暢性失語（progressive non-fluent aphasia：PNFA）は失

252

文法, 努力性発話を呈する点でロゴペニック型とは異なっている.

3) 前頭型 AD

FTD の行動障害型と同じく, アパシー, 脱抑制, 常同行動, 遂行機能障害を呈する.

4) Down 症候群型 AD

Down 症候群における早期からの行動変容と遂行機能障害によって特徴づけられた認知症を呈する.

3. 検査

詳細な神経心理検査については他項を参照していただきたいが, 典型的な AD では初期からエピソード記憶障害が前景に立つため, 記憶の全般的評価を行う WMS-R, そのほかの記憶評価としてリバーミード行動記憶検査(Rivermead Behavioural Memory Test: RBMT), レイ聴覚性言語学習検査(Rey Auditory Verbal Learning Test) などで早期から異常が出やすい. 問診やスクリーニングテストで遂行機能, 言語, 視空間認知機能, 注意に障害が疑われる場合には適宜適切な検査を追加していくが, 神経心理検査は時間もかかり患者への負担も大きいのでやみくもに追加することは避けなければならない.

画像検査としては, 頭部 computed tomography (CT)・MRI, 脳血流 single photon emission tomography (SPECT), ^{18}F-FDG-PET, アミロイド PET が挙げられる. 頭部 CT・MRI の目的は, AD における特徴的な所見である内側側頭葉や頭頂・側頭葉の萎縮 (図1) を確認することに加えて, 慢性硬膜下血腫, 水頭症, 脳腫瘍, 脳血管障害, プリオン病, そのほかの画像的に鑑別しうる神経疾患を除外することである. 脳形態画像において脳萎縮を肉眼的に評価することは重要であるが, ボクセルに基づく形態計測 (voxel based morphometry: VBM) は頭部 MRI 画像を半自動的に処理し, 脳全体を細かなボクセル単位で統計解析し, 脳体積の減少や増加を定量的に知ることができる. 脳萎縮を定量的に評価するためのソフトウェア, Voxel-Based Specific Regional Analysis System for Alzheimer's Disease (VSRAD) は海馬の萎縮を統計的処理によって健常者と比較して, Z-score によって萎縮の程度を評価する[10]. 対照群に比較して内側側頭葉萎縮を呈する割合は健忘型

II. 認知症疾患別の診療の実際

MCI, 軽度 AD 認知症でそれぞれ 10〜15%, 15〜30%と報告されており[11], VSRAD の結果のみで MCI, 軽度認知症の背景にある AD は否定できない.

脳血流 SPECT では, 使われる核種は[123]iodine-labeled N-isopropyl-p-iodo-amphetamine (^{123}I–IMP), ^{99m}technetium–labeled hexamethylpropyleneamineoxime (^{99m}Tc–HMPAO), ^{99m}technetium–labeled ethyl cysteinate dimer (^{99m}Tc–ECD) がある. これらを用いた SPECT 画像および統計的に健常者と比較し軽微な脳血流変化をとらえる統計画像は診断の補助となっている. 代表的な統計学的画像解析法として three-dimensional stereotactic surface projection (3D-SSP), statistical parametric mapping (SPM) があり, それぞれに対応したソフトウェアは前者が iSSP, 後者が easy Z-score Imaging System (eZIS) である. ^{123}I–IMP, ^{99m}Tc–HMPAO では iSSP が, ^{99m}Tc–ECD では eZIS が用いられる. 統計解析画像における後部帯状回や楔前部の血流低下は早期 AD の鑑別に有用とされている[12].

脳は主にグルコース代謝によってエネルギーを得ており, ^{18}F–FDG–PET によって脳内の糖代謝低下部位を見ることができる. ^{18}F–FDG–PET は, AD 認知症患者において後部帯状回, 楔前部, 側頭葉皮質, 頭頂葉皮質で糖代謝低下が認められ[11], AD による MCI では側頭頭頂葉の糖代謝低下がみられる[1]. アミロイドイメージングのための^{11}C–Pittsburgh compound B (^{11}C–PIB) は細胞外および血管壁の線維状 Aβ に結合し, ^{11}C–PIB–PET では AD 病理を反映して大脳皮質で取り込み亢進が見られる[13]. ただし, ^{11}C–PIB–PET のこの陽性所見は AD だけではなく, DLB や Parkinson 病関連認知症疾患でも見られ, さらには認知機能が正常な高齢者でも 30%は陽性となる点は注意が必要である[14]. ^{18}F–FDG–PET は認知症の診断においては保険適用外であり, ^{11}C–PIB–PET も保険適用はされていない. ほかのアミロイド PET プローブでは^{18}F 標識の薬剤 3 つ (^{18}F–florbetaben, ^{18}F–florbetapir, ^{18}F–flutemetamol) が欧米では利用可能であり, 本邦でも^{18}F–florbetapir, ^{18}F–flutemetamol は製造販売されており, 保険収載が待たれる. 一方, タウイメージングについても研究が進んでおり, タウ PET プローブとして^{18}F–THK523 をはじめとする THK シリーズ (^{18}F–THK5105, ^{18}F–THK5117, ^{18}F–THK5317, ^{18}F–THK5351), ^{18}F–AV–1451, ^{11}C–PBBB3 とそのアナログ, ^{18}F–

1．Alzheimer 病による軽度認知障害/軽度認知症

MK-6240，^{18}F-RO6958948，^{18}F-GTP1 などが開発されている[15]．タウ PET プローブの問題点としては，脈絡叢やモノアミン酸化酵素 B（monoamine oxidase B：MAOB）などへのオフターゲット結合が挙げられる[15]．タウ PET も保険適用外である．

　脳脊髄液検査は腰椎穿刺によって脳脊髄液を採取しなければならず，侵襲的な検査ではあるが，脳に直接接触している体液を取り扱うことから，脳の生化学的変化を知るうえで有用である．脳脊髄液中の $A\beta_{1-42}$ 濃度低下は脳内 $A\beta$ の蓄積を反映している．毒性の高い $A\beta_{1-42}$ は低下がみられる一方で，$A\beta_{1-40}$ は健常者と差がなく，$A\beta_{1-42}$，$A\beta_{1-40}/A\beta_{1-42}$ が AD と健常者を区別するマーカーとしても使われる[4]．もう一つの脳脊髄液マーカーであるタウ蛋白には，総タウ蛋白（total tau：t-tau）と p-tau がある．AD では両者の上昇が見られる．p-tau は C 末端側が切断されたタウ蛋白フラグメントがリン酸化を受けたもので，リン酸化部位によって分けられ，AD に特異的に上昇がみられるとされるのはスレオニン 181 部位，セリン 199 部位，スレオニン 231 部位がそれぞれリン酸化を受けた p-tau 181，p-tau 199，p-tau 231 である[4]．脳脊髄液マーカーのうち，p-tau は認知症に対して保険適用となっており，t-tau は Creutzfeldt-Jakob 病では保険適用となっているが，AD は対象外である．$A\beta$ も保険適用が待たれるところである．

　これら画像を含めたバイオマーカーについて，AD 認知症と健常群を比較したメタアナリシスでは，感度，特異度はそれぞれ，MRI が 83%，89%，SPECT が 80%，85%，^{18}F-FDG-PET は 90%，89%，^{11}C-PIB-PET が 96%，58%（中央値），^{18}F 標識製剤アミロイド PET が 90%，84%（定量評価）であった[16]．脳脊髄液マーカーについては，健常対照群との比較では感度，特異度はそれぞれ $A\beta_{1-42}$ が 82%，83%，t-tau が 83%，86%，p-tau が 79%，79% であり，他の認知症疾患群との比較では感度，特異度はそれぞれ $A\beta_{1-42}$ が 75%，71%，t-tau が 75%，78%，p-tau が 75%，77% であった[17]．特に p-tau と $A\beta_{1-42}$ を組み合わせることで，他の認知症疾患との鑑別における感度，特異度は 96%，90% となる[17]．当科もの忘れ外来のデータでこれら検査を検討したところ，CDR 0.5 と CDR 1 での陽性率はそれぞれ，頭部 MRI で 66%，76%，脳血流 SPECT は 81%，80%，^{18}F-FDG-PET は 71%，97%，

Ⅱ. 認知症疾患別の診療の実際

脳脊髄液マーカーでは Aβ_{1-42} 65%，83%，t-tau が 87%，83%，p-tau が88%，87%，p-tau/Aβ_{1-42}が 75%，96%であった[18]．CDR 0.5 においては，脳脊髄液マーカーが最も感度が高く（90%），CDR 1 になると ^{18}F-FDG-PET，脳脊髄液マーカーともに感度は高く，それぞれ 97%，96%であった[18]．MCIから AD 認知症へ移行したケース（コンバーター：converter）の感度，特異度についてはそれぞれ，MRI が 73%，81%，SPECT が 84%，70%，^{18}F-FDG-PET が 89%，85%であり[19]，t-tau と Aβ_{1-42}/p-tau を組み合わせた場合は 95%，87%であった[20]．

4．診断

　AD 認知症の診断には，National Institute of Neurological Communicative Disorders and Stroke and the Alzheimer's disease and Related Disorders Association（NINCDS-ADRDA）の診断基準が長く用いられてきた．2011 年米国の NIA-AA から認知症全般に関する診断基準が提唱され（「Ⅰ-①-1. 認知症・軽度認知障害の概念と実態」の項，表 1 参照），新たな AD 認知症の診断基準も提唱された（表 3）[2]．AD 認知症の診断はほぼ確実な AD 認知症（probable AD dementia），あるいは疑いのある AD 認知症（possible AD dementia）として診断され（表 3），同時に MCI の診断基準の中で AD による MCI の臨床診断基準が示された（表 1）[1]．さらにバイオマーカーを組み入れた診断基準（表 2）[1,2]では，バイオマーカーによる AD の可能性は最も低い（lowest），中程度（intermediate），高い/最も高い（high/highest）の 3 つに分類される．一方，2013 年に登場した米国精神医学会による精神疾患の診断・統計マニュアル第 5 版〔Diagnostic and Statistical Manual of Mental Disorders（DSM）-5〕における AD の診断基準では，MCI，認知症ともにほぼ確実な AD および疑いのある AD の 2 段階に分けられている（表 4）[21]．国際ワーキンググループ（International Working Group：IWG）によって 2014 年に発表された IWG-2 の AD 診断基準は，臨床症状に加えて，脳脊髄液マーカー，アミロイド PET，遺伝子解析の検査項目を加えたもので，典型的 AD，非典型的 AD，混合型 AD（表 5）に加えて，症状のないプレクリニカル期 AD の診断基準も示されている[8]．IWG-2 の AD 診断基準では認知症と MCI を区別していない．

DSM-5によるAlzheimer病（Alzheimer's disease：AD）による認知症または軽度認知障害の診断基準

A. 認知症または軽度認知障害の基準を満たす．
B. 1つまたはそれ以上の認知領域で，障害は潜行性に発症し，緩徐に進行する（認知症では，少なくとも2つの領域が障害されなければならない）．
C. 以下の確実なまたは疑いのあるアルツハイマー病の基準を満たす：
   認知症について：
   確実なアルツハイマー病は，以下の2項目のうちどちらかを満たしたときに診断されるべきである．そうでなければ**疑いのあるアルツハイマー病**とされるべきである．
   （1）家族歴または遺伝子検査から，アルツハイマー病の原因となる遺伝子変異の証拠がある．
   （2）以下の3つすべてが存在している：
      (a) 記憶，学習，および少なくとも一つの他の認知領域の低下の証拠が明らかである（詳細な病歴または連続的な神経心理学的検査に基づいた）．
      (b) 着実に進行性で緩徐な認知機能低下があって，安定状態が続くことはない．
      (c) 混合性の病因の証拠がない（すなわち，他の神経変性または脳血管疾患がない，または認知の低下をもたらす可能性のある他の神経疾患，精神疾患，または全身性疾患がない）．
   軽度認知障害について：
   確実なアルツハイマー病は，遺伝子検査または家族歴のいずれかで，アルツハイマー病の原因となる遺伝子変異の証拠があれば診断される．
   疑いのあるアルツハイマー病は，遺伝子検査または家族歴のいずれにもアルツハイマー病の原因となる遺伝子変異の証拠がなく，以下の3つすべてが存在している場合に診断される．
   （1）記憶および学習が低下している明らかな証拠がある．
   （2）着実に進行性で緩徐な認知機能低下があって，安定状態が続くことはない．
   （3）混合性の病因の証拠がない（すなわち，他の神経変性または脳血管疾患がない，または認知の低下をもたらす可能性のある別の神経疾患，全身性疾患また病態がない）．
D. 障害は脳血管疾患，他の神経変性疾患，物質の影響，その他の精神疾患，神経疾患，または全身性疾患ではうまく説明されない．

〔日本精神神経学会（日本語版用語監修）．髙橋三郎，大野　裕，監訳．DSM-5 精神疾患の診断・統計マニュアル．医学書院；2014．p.602-3〕
（Aの認知症，軽度認知障害の基準については，「I-①-1．認知症・軽度認知障害の概念と実態」の項，表2，4を参照のこと）

Ⅱ．認知症疾患別の診療の実際

表5 IWG-2 の Alzheimer 病（Alzheimer's disease：AD）診断基準

パネル1：典型的 AD（どの時期でも A＋B）

A．特徴的臨床表現型
・以下の特徴を含む早期の有意なエピソード記憶障害（単独または，MCI や認知症症候群を示唆するほかの認知機能，行動障害に関連して）
・患者や情報提供者によって報告される 6 か月以上にわたる，緩徐進行性の記憶機能の変化
・エピソード記憶テストによる海馬型健忘症候群の他覚的証拠

B．In-vivo での AD 病理の証拠（下記のうち 1 つ）
・脳脊髄液中における総タウ蛋白，リン酸化タウ蛋白の上昇，アミロイドβ蛋白（amyloid β protein：Aβ_{1-42}）の低下
・アミロイド positron emission tomography（PET）でのトレーサー集積
・常染色体優性遺伝形式の AD の原因遺伝子〔amyloid precursor protein（APP），presenilin（PSEN）1，あるいは PSEN2〕に変異がある

典型的 AD の除外基準
　病歴
　　・突然発症
　　・次の症状が早期から出現：歩行障害，けいれん，目立った行動変化
　臨床的特徴
　　・局所的神経学的特徴
　　・早期の錐体外路徴候
　　・早期の幻覚
　　・認知機能の変動
　記憶や関連する症状を説明しうる，ほかの状態
　　・AD ではない認知症
　　・大うつ病
　　・脳血管障害
　　・中毒，炎症，代謝性疾患
　　・感染や血管障害に合致する内側側頭葉の magnetic resonance imaging（MRI）T2 強調あるいは fluid attenuated inversion recovery（FLAIR）画像の信号変化

パネル2：非典型的 AD（どの時期でも A＋B）

A．特徴的臨床表現型（以下のうちの 1 つ）
　（1）後部型 AD：
　　・後頭側頭型：早期から物体，シンボル，単語，相貌の視覚同定に関しての視覚認知機能障害が進行性に障害される

1．Alzheimer 病による軽度認知障害/軽度認知症

表5 続き

・両側頭頂型：早期から視空間認知障害が進行性に障害され，Gerstmann
症候群，Balint 症候群，肢節運動失行，無視といった症状がある．
(2) ロゴペニック（logopenic）型 AD：早期から単語想起や文の復唱が進行性
に障害されるが，言葉の意味（語義）理解，構文，運動性発語能力は保た
れている．
(3) 前頭型 AD：早期から行動変化が目立ち，アパシー，脱抑制，遂行機能障
害を呈する．
(4) Down 症候群型 AD：Down 症候群における早期からの行動変容と遂行機
能障害によって特徴づけられた認知症を呈する．

B. In-vivo での AD 病理の証拠（下記のうち1つ）
・脳脊髄液中における総タウ蛋白，リン酸化タウ蛋白の上昇，$A\beta_{1-42}$の低下
・アミロイド PET でのトレーサー集積
・常染色体優性遺伝形式の AD の原因遺伝子（*APP, PSEN1, PSEN2*）に変異がある

非典型的 AD の除外基準
病歴
・突然発症
・早期からの目立ったエピソード記憶障害
関連する症状を説明しうる，ほかの状態
・大うつ病
・脳血管障害
・中毒，炎症，代謝性疾患

パネル3：混合型 AD（A＋B）

A. 臨床かつバイオマーカーによる AD の証拠（両方が必要）
・海馬型健忘症候群あるいは非典型的 AD のうちの1つ
・脳脊髄液中における総タウ蛋白，リン酸化タウ蛋白の上昇，$A\beta_{1-42}$の低下，あ
るいはアミロイド PET でのトレーサー集積

B. 混合型病理の臨床的，バイオマーカーによる証拠
脳血管障害（以下の両方が必要）
・脳卒中の記録された病歴，あるいは局所神経徴候，あるいはその両方
・1つ以上の以下の MRI の証拠：対応する血管病変，小血管病，戦略的部位のラ
クナ梗塞あるいは脳出血
Lewy 小体病（以下の両方が必要）
・以下のうちの1つ：錐体外路徴候，早期からの幻覚，認知機能の変動
・ドパミントランスポーター PET スキャンでの異常

（Dubois B, et al. Lancet Neurol. 2014；13：614-29）[8]

Ⅱ. 認知症疾患別の診療の実際

表6 NIA-AA による Alzheimer 病（Alzheimer's disease：AD）の研究フレームワーク[22)より改変]

	A	T	(N)	認知機能ステージ		
				認知機能障害なし	MCI	認知症
AT（N）プロフィール	−	−	−	AD バイマーカー正常，認知機能障害なし	AD バイマーカー正常の MCI	AD バイマーカー正常の認知症
	+	−	+	プレクリニカル AD 病理変化	MCI を呈する AD 病理変化	認知症を呈する AD 病理変化
	+	+	−	プレクリニカル AD	MCI を呈する AD（症候前認知症期 AD：prodromal AD）	認知症を呈する AD
	+	+	+			
	+	−	+	AD 病理変化と非 AD 病理変化の疑いの混在，認知機能障害なし	MCI を呈する AD 病理変化と非 AD 病理変化の疑いの混在	認知症を呈する AD 病理変化と非 AD 病理変化の疑いの混在
	−	−	+	非 AD 病理変化，認知機能障害なし	MCI を呈する非 AD 病理変化	認知症を呈する非 AD 病理変化
	−	+	−			
	−	+	+			

MCI：mild cognitive impairment

A：アミロイドβ蛋白凝集あるいは関連する病的状態（脳脊髄液中のアミロイドβ蛋白（amyloid β protein：Aβ)$_{1-42}$，Aβ$_{1-42}$/Aβ$_{1-40}$比低下，アミロイド PET で大脳皮質への集積）

T：タウ蛋白凝集（神経原線維変化）あるいは関連する病的状態（脳脊髄液中のリン酸化タウ蛋白上昇，タウ PET で大脳皮質への集積）

（N）：神経変性あるいは神経障害（MRI での AD に特徴的な領域の脳萎縮，脳脊髄液中の総タウ蛋白上昇，FDG-PET で AD 領域の低下）

（Jack CR Jr, et al. Alzheimers Dement. 2018；14：535-62)[22)]

　さらに，2018 年に NIA-AA から AD をバイオマーカーによって詳細に分類する AT（N）システムを用いた研究フレームワークが提案された（表6)[22)]．A はアミロイドβ蛋白凝集あるいは関連する病的状態（脳脊髄液中の Aβ$_{1-42}$，Aβ$_{1-42}$/Aβ$_{1-40}$比低下，アミロイド PET で大脳皮質への集積），T はタウ蛋白

凝集（神経原線維変化）あるいは関連する病的状態（脳脊髄液中の p-tau 上昇，タウ PET で大脳皮質への集積），(N) は神経変性あるいは神経障害（MRI での AD に特徴的な領域の脳萎縮，脳脊髄液中の t-tau 上昇，FDG-PET で AD 領域の低下）を示しており，それぞれ陽性（＋：異常）または陰性（－：正常）を付し，8 群に分けられる[22]．2011 年の NIA-AA 診断基準との違いは，t-tau と p-tau を分けた点であり，N だけ括弧付きとされているのは神経障害バイオマーカーが AD に特異的でないからである．A － T － (N) －は病理学的変化がとらえられない状態を表し，A ＋ T ＋ (N) ＋が最も進行した病理状態である．A ＋ T －は AD 病理変化，A ＋ T ＋が AD を示すが，A ＋ T －時に (N) ＋であれば非 AD 病理の合併を示していることには留意する必要がある[22]．構造 MRI での萎縮，^{18}F-FDG-PET での代謝低下，脳脊髄液 t-tau 高値といった神経変性マーカーが AD に特徴的なパターンを呈するが，アミロイド PET 陰性や脳脊髄液 $A\beta_{1-42}$低下がみられないといったアミロイドマーカー陰性のものを suspected non-Alzheimer disease pathophysiology (SNAP) と呼ぶ[23]．SNAP はバイオマーカーに基づく概念で，認知機能は問わない．MCI のうち 7〜35％が SNAP であったと報告されている[23]．AD による MCI や認知症を鑑別するうえで SNAP〔AT (N) システムに準じれば A － T ＋ (N) －，A － T － (N) ＋，A － T ＋ (N) ＋に相当〕の存在を念頭に置く必要がある．

5．治療，ケア

AD 認知症に対する治療には，1）薬物療法，2）非薬物療法とケアがある．

1）薬物療法

①抗認知症薬：現在 3 種類のコリンエステラーゼ阻害薬（ドネペジル，ガランタミン，リバスチグミン）と N-methyl-D-aspartate（NMDA）受容体阻害薬（メマンチン）が使用可能である．ドネペジルは軽度〜重度 AD 認知症に，ガランタミンとリバスチグミンは軽度〜中等度 AD 認知症に，メマンチンは中等度〜重度 AD 認知症に対して適応がある．この中でリバスチグミンのみ貼付剤である．コリンエステラーゼ阻害薬はアセチルコリンエステラーゼを阻害してアセチルコリンの分解を抑制することで，シナプス間隙の

II. 認知症疾患別の診療の実際

アセチルコリン濃度を上げてシナプス伝達を促進し認知機能の改善を図る. そのほかガランタミンにはニコチン性アセチルコリン受容体の活性化, リバスチグミンにはブチリルコリンエステラーゼ阻害の作用もある. 副作用は, 主に下痢, 嘔気などの消化器症状であるが, まれに徐脈をきたすこともあり, 開始前には心電図検査をしておくことが望ましい. メマンチンは NMDA 受容体を介した神経細胞障害を抑制し, 副作用としてはめまい, 眠気などがある. MCI, 軽度 AD 認知症に対するこれら薬剤の効果をみると, 軽度〜中等度 AD 認知症に対してドネペジル, ガランタミン, リバスチグミンともに 24 週間のプラセボ対照試験で認知機能悪化を抑制し[24-26], ドネペジル, ガランタミンは介護にかかる時間を短縮した[27,28]. ドネペジル (観察期間: 36 か月), ガランタミン (観察期間: 24 か月), リバスチグミン (観察期間: 48 か月) いずれも MCI から AD 認知症への進展抑制効果はなかった[29-31]. ドネペジルは, 軽度 AD 認知症では海馬萎縮進行の抑制効果は認められなかったものの, MCI では海馬萎縮の進行を抑えた[32]. うつ症状を呈する健忘型 MCI に対してドネペジルは AD 認知症への進展を抑制した[33]. ドネペジルの長期効果では, 軽度〜中等度 AD 認知症に対して, 認知機能は内服開始前のベースラインに比較して 6 か月時点では改善し, 18 か月まではベースラインレベルを維持するが, 24 か月時点では悪化すると報告されている[34].

②BPSD に対する薬剤: 自発性低下, 意欲の低下に対しては上記のコリンエステラーゼ阻害薬は効果が認められるが, 逆に興奮性が増すリスクがある. うつに対しては選択的セロトニン再取り込み阻害薬が有効であると従来言われてきたが, その後の大規模ランダム化試験ではセルトラリンについてプラセボを上回る効果はなかったという否定的な結果も出ている[35]. セロトニン・ノルアドレナリン再取り込み阻害薬であるベンラファキシン, デュロキセチン, ノルアドレナリン作動性・特異的セロトニン作動性抗うつ薬であるミルタザピンについても有効性はまだ確立していない[35]. 認知症診療ガイドライン 2017 でもこれら抗うつ薬のエビデンスレベル・推奨グレードは 2C (2:「実施すること」を提案する, C: エビデンスの強さは「弱い」) である[36]. 不安, 妄想, 焦燥, 興奮, 幻覚に対しては, 抗精神病薬が選択されることが多く, 非定型抗精神病薬が定型抗精神病薬に比べて副作用が少ないため使用

されることが多いものの，死亡率の上昇が報告されており，使用にあたっては慎重かつ説明を十分に行う．本邦では，器質的疾患に伴うせん妄・精神運動興奮状態・易怒性に対して，保険適用外の使用ではあるが，2011年の厚生労働省通達によりクエチアピン，リスペリドン，ハロペリドール，ペロスピロンが使用できる．オランザピン，アリピプラゾールも有効性が示されているものの[37]，本邦では保険適用外の使用となる．クロザピン，パリペリドン，アセナピンについてはまだ十分なエビデンスがない．これらの薬剤はガイドライン2017ではいずれもエビデンスレベル・推奨グレード2Cである[36]．抑肝散は低カリウム血症の副作用には注意が必要だが比較的安全に使用でき，焦燥，攻撃性，幻覚に対して有効性が認められている（エビデンスレベル・推奨グレード2C)[36,38]．

2）非薬物療法，ケア

非薬物療法には，回想法，音楽療法，運動療法，リアリティオリエンテーション，認知刺激療法がある．ADにおいて十分なエビデンスがあるとは言えず，いずれも認知症疾患診療ガイドライン2017でエビデンスレベル・推奨グレード2Cとなっている[32]．MCIと軽度AD認知症について，複数の治療を組み合わせた認知運動療法（現実見当識訓練，認知訓練，日常生活トレーニング，精神運動訓練）を行うことで，認知機能維持に有効であったとする報告がある[39]．ケアについては，AD認知症に特化したものはなく，一般的な認知症ケアが適応される（エビデンスレベル・推奨グレード2C)[29]．中でもパーソンセンタードケアは従来の対応型ケアと異なり，その人らしさを尊重するケアとして注目されている[32]．そのほかバリデーションという技法は，認知症患者の言動を否定せず，その背後にある理由を探ろうとするものである[32]．

6．予後

アミロイドマーカー陽性の診断確実度が高いADによるMCIやプレクリニカルAD群はアミロイドマーカー陰性のSNAPに比較して認知機能低下のスピードが速い[40]．MCIあるいは健忘型MCIからAD認知症へと移行する年間移行率はそれぞれ臨床研究では7.5〜11.0%/人年，11.0〜16.5%/人年，地域研究では5.4〜11.5%/人年，7.4〜8.9%/人年であり，5年以上の観察期

間では33%以上がAD認知症へと移行する[41]．NIA-AAのバイオマーカーを組み入れた診断基準（表2）を用いた場合，ADによるMCIの1年後，2年後にAD認知症に移行する割合はそれぞれ，高い可能性の群で45%，77%，中程度の可能性の群で26%，41%であり，一方で臨床基準のみによる場合は16%，41%であった[42]．その後の経過としてはFAST 4（軽度認知症）の期間が2.5年，FAST 5（中等度認知症）の期間が1.5年，FAST 6-7（重度認知症）の期間で8.5年と言われている[43]．

● 文献

1) Albert MS, DeKosky ST, Dickson D, et al. The diagnosis of mild cognitive impairment due to Alzheimer's disease : recommendations from the National Institute on Aging-Alzheimer's Association workgroups on diagnostic guidelines for Alzheimer's disease. Alzheimers Dement. 2011 ; 7 : 270-9.

2) McKhann GM, Knopman DS, Chertkow H, et al. The diagnosis of dementia due to Alzheimer's disease : recommendations from the National Institute on Aging-Alzheimer's Association workgroups on diagnostic guidelines for Alzheimer's disease. Alzheimers Dement. 2011 ; 7 : 263-9.

3) Sperling RA, Aisen PS, Beckett LA, et al. Toward defining the preclinical stages of Alzheimer's disease : recommendations from the National Institute on Aging-Alzheimer's Association workgroups on diagnostic guidelines for Alzheimer's disease. Alzheimers Dement. 2011 ; 7 : 280-92.

4) Alberdi A, Aztiria A, Basarab A. On the early diagnosis of Alzheimer's disease from multimodal signals : a survey. artif Intell Med. 2016 ; 71 : 1-29.

5) Ringman JM, Liang LJ, Zhou Y, et al ; Dominantly inherited Alzheimer network. early behavioural changes in familial Alzheimer's disease in the dominantly inherited Alzheimer network. Brain. 2015 ; 138（Pt 4）: 1036-45.

6) Kazui H, Yoshiyama K, Kanemoto H, et al. Differences of behavioral and psychological symptoms of dementia in disease severity in four major dementias. PLoS One. 2016 ; 11 : e0161092.

7) Murayama N, Iseki E, Endo T, et al. Risk factors for delusion of theft in patients with Alzheimer's disease showing mild dementia in Japan. Aging Ment Health. 2009 ; 13 : 563-8.

8) Dubois B, Feldman HH, Jacova C, et al. Advancing research diagnostic criteria for Alzheimer's disease : the IWG-2 criteria. Lancet Neurol. 2014 ; 13 : 614-29.

9) Gorno-Tempini ML, Hillis AE, Weintraub S, et al. Classification of primary progressive aphasia and its variants. Neurology. 2011 ; 76 : 1006-14.

10) Matsuda H. MRI morphometry in Alzheimer's disease. Ageing Res Rev. 2016 ;

1．Alzheimer 病による軽度認知障害/軽度認知症

30：17-24.

11）Frisoni GB, Fox NC, Jack CR Jr, et al. The clinical use of structural MRI in Alzheimer disease. Nat Rev Neurol. 2010；6：67-77.

12）Matsuda H, Mizumura S, Nagao T, et al. An easy Z-score imaging system for discrimination between very early Alzheimer's disease and controls using brain perfusion SPECT in a multicentre study. Nucl Med Commun. 2007；28：199-205.

13）Zhao Q, Chen X, Zhou Y. Quantitative multimodal multiparametric imaging in Alzheimer's disease. Brain Inform. 2016；3：29-37.

14）Fu L, Liu L, Zhang J, et al. Comparison of dual-biomarker PIB-PET and dual-tracer PET in AD diagnosis. Eur Radiol. 2014；24：2800-9.

15）Hall B, Mak E, Cervenka S, et al. In vivo tau PET imaging in dementia：Pathophysiology, radiotracer quantification, and a systematic review of clinical findings. Ageing Res Rev. 2017；36：50-63.

16）Morris E, Chalkidou A, Hammers A, et al. Diagnostic accuracy of ^{18}F amyloid PET tracers for the diagnosis of Alzheimer's disease：a systematic review and meta-analysis. Eur J Nucl Med Mol Imaging. 2016；43：374-85.

17）Kang JH, Korecka M, Toledo JB, et al. Clinical utility and analytical challenges in measurement of cerebrospinal fluid amyloid-β(1-42)and τ proteins as Alzheimer disease biomarkers. Clin Chem. 2013；59：903-16.

18）Morinaga A, Ono K, Ikeda T, et al. A comparison of the diagnostic sensitivity of MRI, CBF-SPECT, FDG-PET and cerebrospinal fluid biomarkers for detecting Alzheimer's disease in a memory clinic. Dement Geriatr Cogn Disord. 2010；30：285-92.

19）Yuan Y, Gu ZX, Wei WS. Fluorodeoxyglucose-positron-emission tomography, single-photon emission tomography, and structural MR imaging for prediction of rapid conversion to Alzheimer disease in patients with mild cognitive impairment：a meta-analysis. AJNR Am J Neuroradiol. 2009；30：404-10.

20）Hansson O, Zetterberg H, Buchhave P, et al. Association between CSF biomarkers and incipient Alzheimer's disease in patients with mild cognitive impairment：a follow-up study. Lancet Neurol. 2006；5：228-34.

21）日本精神神経学会（日本語版用語監修）．認知症（DSM-5）および軽度認知障害（DSM-5），アルツハイマー病による認知症（DSM-5）およびアルツハイマー病による軽度認知障害（DSM-5）．In：日本精神神経学会．DSM-5 精神疾患の診断・統計マニュアル．東京：医学書院；2014．p.602-3.

22）Jack CR Jr, Bennett DA, Blennow K, et al. Contributors. NIA-AA Research Framework：Toward a biological definition of Alzheimer's disease. Alzheimers Dement. 2018；14：535-62.

23）Jack CR Jr, Knopman DS, Chételat G, et al. Suspected non-Alzheimer disease pathophysiology--concept and controversy. Nat Rev Neurol. 2016；12：117-24.

24）Homma A, Takeda M, Imai Y, et al. Clinical efficacy and safety of donepezil on cognitive and global function in patients with Alzheimer's disease. A 24-week, multicenter, double-blind, placebo-controlled study in Japan. E2020 Study Group. Dement Geriatr Cogn Disord. 2000 ; 11 : 299-313.

25) 本間　昭, 中村　祐, 斎藤隆行, 他. ガランタミン臭化水素酸塩のアルツハイマー型認知症に対するプラセボ対照二重盲検比較試験. 老年精神医学雑誌. 2011 ; 22 : 333-45.

26) Nakamura Y, Strohmaier C, Tamura K, et al. A 24-week, randomized, controlled study to evaluate the tolerability, safety and efficacy of 2 different titration schemes of the rivastigmine patch in Japanese patients with mild to moderate Alzheimer's disease. Dement Geriatr Cogn Dis Extra. 2015 ; 5 : 361-74.

27) Wimo A, Winblad B, Shah SN, et al. Impact of donepezil treatment for Alzheimer's disease on caregiver time. Curr Med Res Opin. 2004 ; 20 : 1221-5.

28) Blesa R. Galantamine : therapeutic effects beyond cognition. Dement Geriatr Cogn Disord. 2000 ; 11 (Suppl 1) : 28-34.

29) Petersen RC, Thomas RG, Grundman M, et al ; Alzheimer's Disease Cooperative Study Group. Vitamin E and donepezil for the treatment of mild cognitive impairment. N Engl J Med. 2005 ; 352 : 2379-88.

30) Winblad B, Gauthier S, Scinto L, et al ; GAL-INT-11/18 Study Group. Safety and efficacy of galantamine in subjects with mild cognitive impairment. Neurology. 2008 ; 70 : 2024-35.

31) Feldman HH, Ferris S, Winblad B, et al. Effect of rivastigmine on delay to diagnosis of Alzheimer's disease from mild cognitive impairment : the InDDEx study. Lancet Neurol. 2007 ; 6 : 501-12.

32) 日本神経学会, 監修. 第6章 Alzheimer 型認知症. In : 認知症疾患診療ガイドライン 2017. 東京 : 医学書院 ; 2017. p.204-36.

33) Lu PH, Edland SD, Teng E, et al ; Alzheimer's Disease Cooperative Study Group. Donepezil delays progression to AD in MCI subjects with depressive symptoms. Neurology. 2009 ; 72 : 2115-21.

34) Arai H, Sumitomo K, Sakata Y, et al. Disease state changes and safety of long-term donepezil hydrochloride administration in patients with Alzheimer's disease : interim results from the long-term, large-scale J-GOLD study in Japan. Psychogeriatrics. 2016 ; 16 : 107-15.

35) Popp J, Arlt S. Pharmacological treatment of dementia and mild cognitive impairment due to Alzheimer'sdisease. Curr Opin Psychiatry. 2011 ; 24 : 556-61.

36) 日本神経学会, 監修. 第3章 治療. In : 認知症疾患診療ガイドライン 2017. 東京 : 医学書院 ; 2017. p.54-116.

37) Madhusoodanan S, Ting MB. Pharmacological management of behavioral symptoms associated with dementia. World J Psychiatry. 2014 ; 4 : 72-9.

38) Furukawa K, Tomita N, Uematsu D, et al. Randomized double-blind placebo-controlled multicenter trial of Yokukansan for neuropsychiatric symptoms in Alzhei-

1. Alzheimer 病による軽度認知障害/軽度認知症

mer's disease. Geriatr Gerontol Int. 2017 ; 17 : 211-8.

39) Olazarán J, Muñiz R, Reisberg B, et al. Benefits of cognitive-motor intervention in MCI and mild to moderate Alzheimer disease. Neurology. 2004 ; 63 : 2348-53.

40) Jack CR Jr, Wiste HJ, Therneau TM, et al. Associations of amyloid, tau, and neurodegeneration biomarker profiles with rates of memory decline among individuals without dementia. JAMA. 2019 ; 321 : 2316-25.

41) Ward A, Tardiff S, Dye C, et al. Rate of conversion from prodromal Alzheimer's disease to Alzheimer's dementia : a systematic review of the literature. Dement Geriatr Cogn Dis Extra. 2013 ; 3 : 320-32.

42) Guo LH, Alexopoulos P, Eisele T, et al. The National Institute on Aging-Alzheimer's Association research criteria for mild cognitive impairment due to Alzheimer's disease : predicting the outcome. Eur Arch Psychiatry Clin Neurosci. 2013 ; 263 : 325-33.

43) Reisberg B, Sclan SG, Franssen E, et al. Dementia staging in chronic care populations. Alzheimer Dis Assoc Disord. 1994 ; 8 Suppl 1 : S188-S205.

〈野崎一朗　山田正仁〉

2 Alzheimer 病による 中等度認知症/高度認知症

A 生活機能障害としての BPSD

　ADL（activities of daily living）や IADL（instrumental ADL）に注目すると，Alzheimer 病（Alzheimer's disease：AD）は表 1 に示すような経過をとるといわれている[1]．生活上の支障が大きくなるにつれ，本人の行動は傍からみると不可解なものになり，家族はそれを指摘したり，訂正を迫ったりするため，本人との軋轢が生じ，その積み重ねは行動・心理症状（behavioral and psychological symptoms of dementia：BPSD）発生の要因となる．しかし家族は自分たちの対応が BPSD の一因になっているとは夢にも思わず，認知症という疾患の症状として BPSD が表れていると考え，治療を求める．よって治療者は，妄想，幻覚，興奮などと BPSD をラベリングして，それぞれに対症療法を行うのではなく，BPSD を生活機能障害と捉え[3]，家族に指導・教育したり，介護サービスの内容を検討したりすることが薬物治療以上に重要である．特に，中等度から高度の AD に対しては，認知症の人と家族の「生活全体」を見渡してマネジメントしなければならず，また生活支援には医療系・介護福祉系の様々な職種が関わる必要があるので，これらを統括するのは専門医の役割だと考えている．

　今回，中等度〜高度 AD の人へのケアを紹介するに当たり，筆者の経験から比較的遭遇することの多い 3 つの状況を選び，実際の症例を具体的に提示した．一つ目は一人暮らしの中等度 AD の人が施設入所するまでの経過を家族支援の視点も含め説明し，二つ目は高度の認知症にうつ状態が合併したことによる BPSD の悪化例を，三つ目は高度 AD の終末期への対応を，文献的考察も加え解説した．なお症例の内容については個人情報に配慮して報告の趣旨に反しない範囲で内容を修正し，発表の主旨を書面で石川県立高松病院

2．Alzheimer 病による中等度認知症/高度認知症

表1 FAST（Functional Assessment Staging）

臨床診断	特　徴
1　正常	主観的にも客観的にも機能低下を認めない．
2　年齢相応	社会的に活動性，実行力の低下を認めない．（名前や物の場所，約束を忘れたりするが，これらの主観的な変化は親しい友人や同僚にも気づかれない）
3　境界状態	複雑な社会的場面における客観的な機能低下．（初めての土地への旅行など複雑な作業を遂行する場合には機能低下が明らかになる．会議など重要な約束事を忘れたりする．買い物，家計の管理，行き慣れた場所への旅行などいつも日常的に行っている作業をする上では支障がない）
4　軽度認知症	複雑な日常生活場面での実行の欠如．（メニューに適した材料の買い物や，勘定，家計の管理，客の接待の段取りをつけることなどができなくなる．洋服を選んで着たり，入浴したり，行き慣れた場所へ行ったりすることには支障ないので日常生活では介助を要しないが，社会生活では支障をきたすことがある．精神的に不安定な状態を認めるようになり，この時期に家族が気づき病院を受診することが多い）
5　中等度認知症	基礎的な日常生活場面での不適切な言動．（買い物は一人でできない．季節にあった洋服を選べず，明らかに不釣り合いな組み合わせで服を着たりする．入浴を忘れる．自動車を適切に運転することができなくなる．服が揃えてあれば自分で着られるし，体を洗うことやお湯の調節もできる．この時期には多動，睡眠障害，易怒性などのため家庭内で不適応をおこすことが多い）
6　やや高度認知症	a）不適切な着衣（パジャマの上に服を重ねる．紐結びやボタン掛けができない） b）入浴に介助を要する（入浴の手順が混乱．入浴を嫌がる） c）排泄に介助を要する（トイレで水を流さない．排泄後服をきちんと直せない） d）尿失禁　　　e）便失禁
7　高度認知症	a）数種の単語しか使用しない（はい，いいえ，わかった等のみ発語する） b）意味ある単語は1語のみとなる（叫び声や意味不明のぶつぶつ言う声のみ） c）歩行能力の喪失　　　d）着座能力の喪失（表情は存在） e）笑う能力の喪失（表情は失われる．眼球運動，咀嚼，嚥下は可能） f）頭をもたげる能力の低下（経管栄養が必要．刺激に対し発声）

（本間　昭．In：長谷川和夫，監修．老年期精神疾患治療のためのストラテジー．ワールドプランニング；1994．p.210-2[2]より一部改変）

Ⅱ．認知症疾患別の診療の実際

（当院）の倫理委員会に提出し，予め許可を得た．

B 独居の認知症の人に対する訪問看護の活用

1．症例1：81歳　女性

【主訴】もの忘れや被害的な言動の急な悪化

【生活歴】結婚し長男，長女をもうける．工員をしていたが定年後は畑仕事に従事．X-2年に夫が死亡し独居となる．長男家族は県外に居住．長女家族は車で10分程度の所に居住．

【既往歴】高血圧で近医通院中．緑内障で右視力障害，変形性膝関節症

【病前性格】楽天家，明るい

【現病歴】もの忘れはあったが，長女は歳相応と考えていた．近所付き合いも良く，慎重な性格で火の元の管理にも問題なかった．膝痛のため買い物に行けないので，長女が定期的に惣菜などを差し入れ，米は自分で炊いていた．X年2月に「トイレットペーパーがない．誰かが盗んだ」と長女に電話があり，見に行ったところトイレットペーパーはたくさんあった．翌日には「香典がない」と電話があったが，香典袋は卓袱台の上に置かれていた．近所に香典を届けたところ，「香典はもう頂いた」と言われ長女は驚いた．すぐかかりつけ医に相談し，2週間後に当院を予約した．当院初診までの間に，「通帳がなくなった」と何度か長女に電話したため，長女は「何度も同じことを言わないで」と怒った．すると今度は，「あなたが通帳を盗んだのか」と言いだし，また「近所の人に馬鹿にされている」といった被害的な言動も増えていた．

【初診時現症】改訂長谷川式簡易知能評価スケール（HDS-R）は19点，Mini-Mental State Examination（MMSE）は17点で，日付の失見当識，近時記憶障害は明らかであった．頭部CT検査などの結果を踏まえADと診断した．長女は「急に母がおかしくなってしまった」と混乱し，診察時泣き出すほどであった．長女には，中等度のADと思われるが，急に進行することはないので安心すること，認知症の人との会話にはコツがあること，そのままの生活を続けるのが本人の機能維持に最も有効なこと，周囲の支援が必要であることなどを説明した．そして要介護認定をうけること，当院から訪問看護を

270

2. Alzheimer 病による中等度認知症/高度認知症

行うこと，ドネペジルを開始し服薬管理のために，長女がパートへの通勤途中に毎朝訪問することなどを決めた．

【経過】 初回の訪問看護時には，作業療法士も同行し住宅環境の評価を行った．膝痛があるので玄関前の階段やトイレなどに手すりをつけることにした．また長女の負担を軽減するため，休日はヘルパーに服薬確認を依頼することにした．改めて長女と本人に今後の方針を確認したところ，「少しでも長く自宅で暮らしたい」とのことであった．

X年4月，要介護1と認定された．ケアマネジャーと訪問看護師，長女が協議し，本人の好む，歌やレクリエーションの多いデイサービス施設を選んだ．本人は当初デイサービスを拒んでいたが，ケアマネジャーが同行し，思いのほか楽しかったことから，週に2回のデイサービスを楽しみに待つようになった．デイサービスのない日は昼食に配食サービスを受けることにした．また連絡帳を本人の居室のテーブル上に置き，支援者が情報を共有できるようにした．

X年5月，訪問介護やデイサービス通所は本人の生活の中に定着した．訪問看護師やケアマネジャーとも顔見知りになり，これらの訪問も楽しみに待つようになった．しかし時々，「玄関前でデイサービスの迎えを待っていると，隣人が馬鹿にするような目で見ていった」と訴え通所を拒否したり，「回覧板をどこに持っていけばいいかわからない」と長女に電話したりすることがあった．長女は，認知症と診断されてから，本人のできなくなったことばかりが目について心労が増していたが，このようなエピソードがあると先々が不安でたまらなくなると訴えた．このため，長女の訴えを傾聴し，介護を労い励ますことを目的に，毎週訪問看護を行うことにした．

長女は徐々に認知症を介護する生活に慣れ，X＋1年には訪問看護を月に1回とした．本人は時々，隣人や介護職員に被害的，攻撃的となったが，その都度ケアマネジャーや訪問看護師がなだめるなどして薬物の追加は行わなかった．初診から2年後のX＋2年2月，HDS-R 13点，MMSE 18点，3年後のX＋3年3月にはHDS-R 12点，MMSE 16点と，認知症は漸次進行し，紙パンツを使用するなどADLは低下したため，介護サービスを増やしながら自宅での単身生活を継続した．長女とはX＋2年中から施設入所のタイミ

Ⅱ．認知症疾患別の診療の実際

ングを検討していたが，本人が断固拒否するためショートステイも利用していなかった．ところが，X＋3年7月，初めてショートステイを利用したところ本人が気に入り，その後は週の大半をショートステイで過ごすようになった．そしてX＋4年1月，ショートステイで利用していた特別養護老人ホームに正式に入所した．

2．解説

　少しでも現在の機能を維持・向上したいという本人の意志とそれを支えようとする家族の存在が，現在の介護サービスの大前提である．だから実際の介護サービスは額面通りにいかないことが多く，特に認知症で本人の病識が乏しい場合には，せっかくケアプランを立てても本人が拒否すれば何も始まらない．介護サービスがうまく導入できない時に有効なのが訪問看護である．イギリスでは認知症国家戦略のなかでアドミラルナースの採用を奨励している．アドミラルナースとは，「コミュニティにおいて他の職種と協働し，認知症の人や家族の生活の質の改善を図り，特にコミュニケーションや対人関係の維持に努める」訪問看護師のことである[4]．

　認知症訪問看護の重要な目的として，服薬状況の確認など生活面の評価や介護担当者らとの連絡調整の他に「家族支援」がある．認知症と診断された人の家族は，我々が考える以上に，将来への不安や孤独感，周囲からの疎外感，患者と向き合えないことへの罪悪感を抱いている．したがって家族介護者に対しては，介護サービスを利用すれば介護負担が軽減するといった単純な話ではなく，心理的なサポートが重要となる．我々の研究では[5]，介護者は訪問看護師にいつでも何でも相談できる安心感や親近感を抱いていた．この介護者と訪問看護師の「友達のような」親近感はアドミラルナースの役割としても強調されており[6]，親近感があるからこそ交わされる情報も深まり，看護の個別性が発揮される．また介護者は，訪問看護師の態度から認知症の人への対応方法を学び，認知症者を肯定的に捉えることができるようになる．訪問看護は家族介護者をエンパワーメントし，結果として「一日でも長く住み慣れた自宅で暮らしたい」という認知症の人と家族の希望を叶えることにつながる．

2．Alzheimer 病による中等度認知症/高度認知症

C 介護抵抗の背景にあるうつ状態の把握

1．症例 2：89 歳　女性

【主訴】拒食，介護抵抗，大声

【生活歴】家業を手伝いながら子供 4 人を育てた．近年は長女と二人暮らしして
いた．

【既往歴】X-3 年 12 月に右大腿骨頸部骨折．術後に循環不全をきたし右下腿
を切断．

【病前性格】おとなしい，おだやか

【現病歴】いつの頃からかもの忘れを認めたが，日常生活上大きな支障はな
かった．X-4 年には要介護 2 と認定され，デイサービスを利用していた．X-
3 年 12 月，デイサービス中に転倒し右大腿骨頸部骨折，その後右下腿を切断
した．このため自宅での生活が困難となり，X-2 年 6 月に老人保健施設へ入
所した．この時 HDS-R は 5 点で認知症は高度であったが，BPSD は目立た
なかった．自発性は低下しており，介護上大きな問題はなかった．X-1 年 10
月，誤嚥性肺炎で内科病院へ転院し，11 月に再入所した．再入所後しばらく
は，ぼーっとして反応も鈍かったが，徐々に介護抵抗を認めるようになった．
X 年 3 月には食事を拒むようになり，介護抵抗も一層激しく，気に入らない
と大声で叫ぶようになった．チアプリドを追加しても状態は改善せず，X 年
4 月当院へ入院となった．

【初診時現症】質問には答えず，顔を背ける．HDS-R は施行不能．頭部 CT
ではびまん性の高度脳萎縮を認め，経過から高度の AD と診断した．

【経過】入院後，食事を促しても顔をしかめて，横を向いた．それでも食事を
促すと「いらない」「バカ」「いい加減にして」などと言い，しまいには大声
で叫んだ．歯を食いしばって開口せず，何とかスプーンで口に入れても，看
護師に向かってこれを吐き出し，目の前に置いてあるスプーンやコップをつ
かんで，床へ投げつけた．入院後しばらくは，補液が必要であったが，ルー
ト確保時は抵抗するも，点滴が始まると自己抜去することもなくじっとして
いた．

　刺激がなければ，黙って車椅子に座っているが，表情は苦しげであった．

Ⅱ．認知症疾患別の診療の実際

自分から人に話しかけることはなかった．本人と看護師の会話を聞いていると，「嫌い」「バカ」「ダメになった」「だまされた」「死なせてくれ」といった言葉が多かった．その様子からうつ状態の合併による BPSD の悪化と考え，抗精神病薬で鎮静するのではなく，認知症治療薬と抗うつ薬で治療することにした．ドネペジルとノリトリプチリンを開始したところ 2 週間後には拒絶的な態度はなくなり，表情も穏やかになった．3 週間後には，「あったかいご飯が食べたい」「牡丹餅は大好き」などと自ら会話するようになり食事も自力で摂取するようになった．看護師がお茶の入ったコップを配ると，「ありがとう」と返答するなど疎通性は改善し，通常の共感性が得られるようになった．しかし HDS-R は 6 点で，認知症は高度のままであった．その後も介護上の問題は目立たず，認知症の進行とともに特別養護老人ホームへ入所され，X＋6 年 3 月に永眠された．

2．解説

　一般に AD に伴ううつ状態は初期に合併しやすいとされるが[7]，AD の経過や重症度とうつ状態との関連についてのメタ解析では，AD の重症度とうつ状態の頻度の関連は否定的であった[8]．つまり AD のどの段階においてもうつ状態は合併し得る．高度の認知症ではコミュニケーション障害のため，本人の精神内界は表現されにくく，うつから生じる食欲不振や睡眠障害，焦燥，アパシーなども単なる BPSD として扱われることが多い．高度 AD の BPSD を治療する場合には，背景にうつ状態がないかを常に念頭に置く必要がある．

　Starkstein らは，AD に合併するうつ病の診断において，認知症の重症度に関わらず "Sad mood" が重要であることを強調している[9]．つまり，患者の表情や態度，食事中の様子などを注意深く観察すること，本人の訴えの中に悲しみや苦悩などが含まれていないか傾聴することがうつ状態を発見する手立てとなる．高度 AD の人に対しては，医師の接する時間は短いと思われるので，介護抵抗，叫声，拒食などが問題になっている場合は，介護者からの情報だけで判断するのではなく，自ら状態を観察すべきである．そしてうつ状態を疑った場合にはスタッフにそれを周知し，治療開始後は症状の変化をきめ細かく観察するよう指示を与える．より客観的に評価する場合には PAINAD（Pain Assessment IN Advanced Dementia）[10]を使用するとよい

2．Alzheimer 病による中等度認知症/高度認知症

表2 PAINAD（Pain Assessment IN Advanced Dementia）

	0	1	2
呼吸 （非発声時）	正常	・随時の努力呼吸 ・短期間の過換気	・雑音が多い努力性呼吸 ・長期の過換気 ・チェーンストークス呼吸
ネガティブな 啼鳴（発声）	なし	・随時のうめき声 ・ネガティブで批判的な内容の小声での話	・繰り返す困らせる大声 ・大声でうめき苦しむ ・泣く
顔の表情	微笑んでいる/ 無表情	・悲しい ・怯えている ・不機嫌な顔	・顔をゆがめている
ボディ・ランゲージ	リラックスしている	・緊張している ・苦しむ ・行ったり来たりする ・そわそわしている	・剛直/握ったこぶし ・引き上げた膝 ・引っ張る ・押しのける/殴りかかる
慰めやすさ	慰める必要なし	・声掛けや接触で気をそらせる，安心する	慰めたり，気をそらしたり，安心させたりできない

（平原佐斗司．チャレンジ！非がん疾患の緩和ケア．南山堂：2011．p. 318）[11]

（表2）．これは本来，認知症の緩和ケアの場で，言語で苦痛を表現できなくなった高度認知症の人に対し用いるものだが，うつ状態の評価にも使用できる．

D 終末期のケア

1．症例3：73 歳　男性
【主訴】食欲不振，意欲低下
【生活歴】高卒後公務員．定年後は家で畑仕事などをしていた．妻（元看護

II．認知症疾患別の診療の実際

師），次女と三人暮らし

【既往歴】 特になし

【病前性格】 おとなしい，口数が少ない

【現病歴】 X-1年からもの忘れがひどくなり，神経内科でADと診断された．X-1年11月，自動車を運転中に対向車と衝突することがあり，これを機会に運転を中止した．この頃からかかりつけ医でドネペジルが開始されたが，食欲不振が著しいため中止した．要介護1と認定され，X年より週2回のデイサービスを開始したが，なかなか行こうとせず，妻は送り出しに苦労した．結局デイサービスには数回で行かなくなり，車庫に自家用車がないか見に行く動作を繰り返す以外は，茶の間でほとんど横になっていた．X年夏になり食欲が低下し，一層無気力が目立つようになり，X年8月に当院を初診した．

【初診時現症】 身長167cm，体重42kg，BMI 15.1でやせが目立つ．HDSR 1点，MMSE 5点と認知症は高度であり，ADLの状況からFAST6（a）〜（b）の段階と判断した．元々食が細いことから，経腸栄養剤を併用しながらドネペジルを3mgから再開した．

【経過】 翌9月には会話量は増えて応答がしっかりし，デイサービス通所も再開できた．妻も薬効を感じ，ドネペジルを5mgに増量した．しかしMMSEは5点のままであった．X年10月には自己主張が強くなり，デイサービスへ行くのを嫌がるようになった．X年12月には体重が増加し，顔もふっくらした．デイサービスは嫌がるので週に1回にして，妻と毎朝散歩することにした．

　X+1年3月，夜になるとトイレの場所がわからなくなった．また言語理解が徐々に不良になり，要介護2と認定された．X+1年7月，暑くなるに従い食欲低下した．不機嫌で，家でも洗顔や入浴を嫌がるようになり，妻が介助すると叩くようになった．このためデイサービスを週2回にして，職員が2人がかりで苦労しながらデイサービスに連れて行った．デイサービス中も介護抵抗は激しかった．X+1年9月，食事に集中できなくなった．家でもデイサービスでも介護抵抗は続き，特におむつ交換時の抵抗が激しかった．服薬も拒むようになり，自宅での介護が困難になったため，同月当院へ入院した（1回目）．

2. Alzheimer 病による中等度認知症/高度認知症

入院した日から摂食不良で，数口で止めてしまい，食事介助やおむつ交換時の介護抵抗は著しかった．人に触られると殴り返したり蹴ったりし，自発言語は怒りを表出する言葉のみで，棟内を徘徊し，異所性尿失禁を繰り返した．やむを得ずリスペリドン 0.5 mg を使用することにしたが，直ちに錐体外路症状を認め，入院 5 日目には流涎，過鎮静のためリスペリドンは中止し，補液を開始した．処方はドネペジルのみとなった．しかし入院 7 日目には誤嚥性肺炎を併発．15 日目に肺炎は治癒したが，その後全く食事を摂らなかった．自発言語はなく寝たきりの状態となったが，おむつ交換時には激しく抵抗した．不顕性誤嚥があり，入院 21 日目に再び肺炎を発症した．栄養補給法について妻，次女と相談したところ，あまりにも急速に ADL が低下したため，妻も十分に受け入れられないとのことで胃瘻造設を希望されたため，入院 28 日目に内科病院へ転院した．

転院先でも誤嚥性肺炎を繰り返したが，ようやく状態が安定し，X＋1 年 12 月に当院へ再入院した．（2 回目）体重 35 kg，BMI 12.5 だった．ドネペジルとアマンタジンにて自発性が少し高まり，起立訓練などを行って，寝たきりからリクライニング式の車椅子での生活が可能になった．自発言語はなく，介護抵抗も変わらず認めたが，集団でのボール遊びに参加できるようになった．X＋2 年 3 月，妻は自宅で介護したいと表明した．元看護職で吸痰操作ができること，自宅と病院の距離が近いことなど好条件もあった．そこで作業療法士による住宅評価を行い，車椅子でも生活できるように，出入り口のスロープなどを準備した．要介護 5 と認定され，当院スタッフとケアマネジャーがケア会議を繰り返し，在宅での支援体制を整え，X＋2 年 5 月に自宅へ退院した．当院からの訪問看護を週 1 回，おむつ交換時の訪問介護を毎日 2 回，主に入浴のためのデイサービス通所を週 2 回行うことにし，体調の急変に備えるため，近くの内科医に診療情報提供を行った．

X＋2 年 6 月，発語が多くなり，しきりに何かを訴えていた．にこにこし表情はとても穏やかであった．妻が毎日車椅子を押しながら，30 分ほど近隣を散歩した．ショートステイも不定期に利用することにした．体重 37〜39 kg で推移した．X＋2 年 9 月〜11 月（3 回目），X＋3 年 5 月〜8 月（4 回目），X＋3 年 12 月（5 回目）と肺炎などでせん妄になった際は当院へ入院したが，

Ⅱ．認知症疾患別の診療の実際

他の期間は在宅介護を継続できた．しかしながら認知症は緩徐に進行し，また座位保持も困難になり，妻の介護負担は増大した．X＋4年5月，妻の体調不良をきっかけに6回目の入院となったが，妻には「やれるだけのことはやった」と満足感があり，その後は家に帰ることなく，X＋6年4月に永眠された．最期は妻と話し合い，経管栄養を中止し補液も行わず看取った．胃瘻造設後52か月間生存し，通算16か月間は自宅での療養が可能であった．

2．解説

欧米，特に英国では近年，非悪性疾患が緩和ケアの中心になりつつあり，その代表が認知症である．英国の Gold Standard Framework における認知症終末期の定義は，歩けないこと，意思疎通できないことなどであり，米国のホスピス導入基準は，FAST 7c 以降が対象となっている．欧州緩和ケア学会は「アルツハイマー病その他の進行性の認知症をもつ高齢者への緩和ケアと治療に関する提言」の中で[12]，「AD など認知症のほとんどは，進行が避けられず，寿命を縮め，患者が何年も生存したとしても最終的には死に至るものであり，ケアの原則は，避けることのできない衰弱と死を予測し，これに関連した具体的なニーズを予測することでなければならない」とし，認知症終末期のケアの目標は「快適さの最大化」としている．もちろん，特に高齢者医療においては，かつてのように生存期間を延ばすことだけが治療の絶対的ゴールであってはならず，AD の自然経過として緩やかに終末期に至れば，苦痛の除去を治療目標とするのが妥当である．しかし我が国では，「どうせ死ぬのだから」と最初から生を放棄するような，人情味に欠いた死生観は受け入れられ難く，特に終末期の意思決定を家族に求める場合，家族の苦悩は我々医療者が考える以上のものがあることを忘れてはいけない．

Finucane らは[13]高度認知症の経管栄養に関する総説で，末期認知症患者に対する経管栄養は，誤嚥性肺炎の予防にならない，栄養状態を改善しない，予後延長にならない，褥瘡の治癒促進にならないことを報告し，欧米ではこの時期の認知症に対する経管栄養は基本的には実施すべきでないというコンセンサスが形成された．わが国では2012年に日本老年医学会が「胃瘻の差し控えや治療からの撤退も選択肢として考慮する必要がある」と表明し，高齢者の摂食・嚥下障害に対する人工的な水分・栄養補給法の導入を中心とした

278

2．Alzheimer病による中等度認知症/高度認知症

「高齢者ケアの意思決定プロセスに関するガイドライン」を示した．我が国の現状では患者が望まない終末期医療が行われている場合もあるので，胃瘻の問題に関わらず，高齢者の終末期医療につては，その意思決定プロセスについて国民的コンセンサスを得る必要がある．

終末期の自己決定については，リビング・ウィルなどの事前指示よりもアドバンス・ケア・プランニング（Advance Care Planning: ACP）が望ましいとされる．ACPは話し合いの枠組みであり，その過程の中で患者は自分の望むケアを表明することができる．また，ACPは終末期に限らずどの段階からでも何度でも更新することができる．認知症の場合，ACPにおける意思決定能力の閾値はMMSE 18点と言われている[14]．筆者は日ごろから，ACPとまではいかなくても，判断力があるうちに家族と終末期について話し合っておくよう，認知症の人に薦めている．さらに進行した認知症の場合には，医療同意を家族が行うのが妥当か，家族間で意見が食い違う場合は誰の意見を尊重するか，といった問題が生じている．法定代理人制度まで含めて議論を深める必要がある．

インフォームド・コンセントを最も重要視する最近の我が国の医療において，医師患者関係は契約関係であり，これは個人の自己決定権を最高原則とする米国的な考え方である．このような「個人主義生命倫理学」では，医師・

表3 個人主義生命倫理学と人格主義生命倫理学の比較

	個人主義生命倫理学	人格主義生命倫理学
最高原則	患者の自己決定権	人格の尊厳
モデル	法律モデル	倫理モデル
地域	英米法諸国	大陸法諸国
自己の説明	孤立的自己 「人は人にとって狼」	関係的自己 「人は人にとって友」
背景思想	ジョン・ロックの政治思想 絶対的自由	ヒポクラテスの医の倫理 慈愛
医師・患者関係	契約関係	同盟関係

Ⅱ. 認知症疾患別の診療の実際

患者関係が対立の構図で捉えられ，医療訴訟が横行し，医療専門職の尊厳が侵害され，「自己決定」のもとに，本来適切でない医療行為が行われる可能性がある．ヒポクラテス以来，医師は病者の善のために養生を施す者であり，医師・患者関係は同盟関係であった．このようなヒポクラテスの医の倫理を背景とする「人格主義生命倫理学」[15]を，最後に紹介したい．両者の比較を表3に示すが，「人格主義」においては，医師は科学と良心に従い，患者の自由と尊厳を尊重しつつ，生命と心身の健康を保護し，苦痛を緩和する奉仕職である．その立場に立てば，高齢者の終末期の判断においても，家族の決定ばかりに振り回されずに，医師として最善の方法を提案することは可能である．

●文献

1) Reisberg B, Ferris SH, Anand R, et al. Functional staging of dementia of the Alzheimer-type. Ann N Y Acad Sci. 1984 ; 435 : 481-3.

2) 本間 昭. アルツハイマー型痴呆. In : 長谷川和夫. 監修. 老年期精神疾患治療のためのストラテジー. 東京 : ワールドプランニング ; 1994. p.210-2.

3) 北村 立. 生活機能をふまえたBPSD薬物治療のあり方. 老年精神医学雑誌. 2015 ; 26 (増刊号Ⅰ) : 123-8.

4) 北村 立. 目指せ！ 日本のアドミラルナース―石川県立高松病院・認知症訪問看護チームの紹介―. 全国自治体病院協議会雑誌. 2016 ; 54 : 139-42.

5) 北村 立. 単身認知症者に対する訪問看護の効果に関する研究―家族介護者へのインタビューより―. 厚生労働科学研究費補助金 障害者対策総合研究事業 精神科病院に入院する認知症高齢者の実態調査―入院抑制，入院期間短縮，身体合併症医療確保のための研究 平成28年度総括・分担研究報告書 研究代表者前田潔. 2017. p.9-14.

6) Bunn F, Goodman C, Pinkney E, et al. Specialist nursing and community support for the carers of people with dementia living at home : an evidence synthesis. Health Soc Care Community. 2016 ; 24 : 48-67.

7) Reisberg B, Franssen E, Sclan SG, et al. Stage-specific incidence of potentially remediable behavioral symptoms in aging and Alzheimer's disease ; a study of 120 patients using the BEHAVE-AD. Bull Clin Neurosci. 1989 ; 54 : 95-112.

8) Verkaik R, Nuyen J, Schellevis F, et al. The relationship between severity of Alzheimer's disease and prevalence of comorbid depressive symptoms and depression : a systematic review. Int J Geriatr Psychiatry. 2007 ; 22 : 1063-86.

9) Starkstein SK, Jorge R, Mizrahi R, et al. The construct of minor and major depression in Alzheimer's disease. Am J Psychiatry. 2005 ; 162 : 2086-93.

10) Warden V, Hurley AC, Volicer L. Development and psychometric evaluation of the

2．Alzheimer 病による中等度認知症/高度認知症

Pain Assessment in Advanced Dementia（PAINAD）scale. J Am Med Dir Assoc. 2003；4：9-15.

11）平原佐斗司．チャレンジ！ 非がん疾患の緩和ケア．東京：南山堂；2011．p.318.

12）中西三春，小川朝生，訳．安部能成，査読．アルツハイマー病その他の進行性の認知症をもつ高齢者への緩和ケアと治療に関する提言．2015.
http://www.eapcnet.eu/

13）Finucane TE, Christmas C, Travis K. Tube feeding in patients with advanced dementia：a review of the evidence. JAMA. 1999；282：1365-70.

14）Gregory R, Roked F, Jones L, et al. Is the degree of cognitive impairment in patients with Alzheimer's disease related to their capacity to appoint an enduring power of attorney? Age Ageing. 2007；36：527-31.

15）秋葉悦子．人格主義生命倫理学 死にゆく者，生まれてくる者，医職の尊厳の尊重に向けて．東京：創文社；2014．p.11-84.

〈北村 立〉

3 Lewy 小体型認知症・認知症を伴う Parkinson 病

A 症例提示

70歳男性が認知障害を訴えて，もの忘れ外来を受診した．彼は約1年前からもの忘れがあり，配偶者からは，大きな声で誰かと言い争うような寝言のために眠れないと苦情を言われている．最も困っていることは，人や動物の幻視があることであるが，精神病と思われることを恐れて，他人には言ってない．Mini-Mental State Examination test（MMSE）は，25点で遅延再生は，比較的保たれていたが，見当識と五角形の模写で失点が認められた．認知機能障害，幻視，パーキンソニズム，レム期睡眠行動異常症（REM sleep behavior disorder：RBD）様の症状から Lewy 小体型認知症（dementia with Lewy body：DLB）が疑われた．Alzheimer 型認知症（Alzheimer's disease dementia：AD）や脳血管障害の除外のため，頭部 MRI と脳血流 SPECT を施行した．頭部 MRI では，前頭葉・側頭葉の萎縮，海馬傍回の軽度萎縮を認めたが，明らかな脳血管障害は認めなかった．脳血流 SPECT では，前頭葉，側頭頭頂連合野，後頭葉で脳血流低下が認められたが，後部帯状回での血流低下は，明らかではなかった．以上から，probable DLB と診断し，ドネペジルを処方した．ドネペジル1日5mg まで増量した時点で，幻視，RBD 様症状は軽快した．1日10mg まで増量を試みたが，食欲低下，嘔気といった消化器症状が出現したため，1日5mg で経過観察することになった．パーキンソニズムに対しては，レボドパを投与し，リハビリを行うことにより症状の改善をみた．患者と介護者には，DLB の症状，ケアのポイントや予後について，パンフレットを用いて説明し，不安とストレスの軽減をはかった．

3．Lewy 小体型認知症・認知症を伴う Parkinson 病

図1　Lewy 小体病の臨床的分類

B　病因・病態

　DLB の概念は，1980 年に小阪らより提唱された Lewy 小体病（Lewy body disease：LBD）やびまん性 Lewy 小体病（diffuse Lewy body disease：DLBD）を基礎としている．その後，DLB について，英国の Perry らは senile dementia of Lewy body type，米国の Hansen らは Lewy body variant of Alzheimer's disease といった用語を使用し，それぞれ概念も異なり，混乱が生じたため，第一回の国際ワークショップが開催された．そこで，DLB という名称に統一され，臨床および病理診断基準（CDLB ガイドライン）として 1996 年の Neurology 誌に掲載されて，広く認知されるようになった．

　日常の臨床においては，多系統萎縮症（multiple system atrophy：MSA）におけるオリーブ橋小脳萎縮症や線条体黒質変性症といった分類にならって，初発症状から図1のように分類可能である．認知症や自律神経症状以外の非運動症状にも注意しながら，LBD の経過中に錐体外路症状が最初に出現したものを Parkinson 病（Parkinson's disease：PD）〔従来の認知症を伴う PD（PD with dementia：PDD）を含む〕，認知症が最初に出現したものを DLB，著明な起立性低血圧などの自律神経障害が最初に出現したものを純粋自律神経不全症（pure autonomic failure：PAF）と呼ぶことにし，全体としては LBD と捉えておくことが有用である．しかし，一方で PAF の定義や疾病分類学的位置づけについては，若干の議論が残っていること，睡眠障害など他の症状で発症する LBD の存在にも留意しておくのがよいと考える．

　DLB は，LBD の一表現型と捉えれば，その原因・病因は，LBD の別の表

Ⅱ．認知症疾患別の診療の実際

現型である PD と同様であると考えられる．PD の原因については，遺伝的素因，環境因子，αシヌクレインといった蛋白質の構造変化，ユビキチンプロテアソームの障害，ミトコンドリア機能障害，酸化ストレスなどがあげられているが，原因遺伝子が判明している家族性 PD を除いて確定的なものはない．家族性 DLB に関しては，第4染色体に位置するαシヌクレインの遺伝子の変異や重複に関連した症例が存在する．また，グルコセレブロシダーゼ遺伝子の変異も DLB で報告されているが，ほとんどの DLB 患者はこの遺伝子異常を示さない．

病理は，中枢神経系（特に大脳皮質，扁桃体，Meynert 基底核，黒質，青斑核，縫線核，迷走神経背側核など）における多数の Lewy 小体および Lewy 神経突起（Lewy neurite）の出現とそれに基づく神経細胞脱落によって特徴づけられる．肉眼的には，一般に大脳皮質や海馬の軽度萎縮がみられ，脳幹では，黒質や青斑核の色素脱落がみられる．DLB では Lewy 小体は大脳や脳幹以外に，脊髄中間外側核，末梢交感神経節，内臓自律神経系，副腎髄質にも認められ，全身疾患として理解する必要がある．PDD と DLB で病理学的に異なる点としては，大脳皮質の Lewy 病理変化は DLB で強い，黒質変化は PDD で強い，線条体の Lewy 小体病理変化は DLB で強い，黒質病変は PDD で強い，線条体の Lewy 小体病理変化とアミロイド沈着は DLB で強いなど病変の程度の違いが報告されているが，PDD と DLB は，神経病理学的には鑑別できない．

認知障害の特徴として PD，PDD，DLB では，AD と比べ記憶障害が軽く，前頭葉機能障害，注意・覚醒障害，視覚性認知・視空間認知障害が目立つことあげられる．これらの病態機序として，ドパミン系の障害に加え，Meynert 基底核の変性を反映したアセチルコリン系，青斑核や縫線核の障害を反映したノルアドレナリン系やセロトニン系の障害が考えられている．

C 臨床症候

DLB の最も重要な特徴は，診断に必須である認知症，変動する認知機能，幻視，RBD とパーキンソニズムである．さらに，抗精神病薬に対する感受性（少量の抗精神病薬投与でパーキンソニズムを引き起こす），うつ症状，妄想，

3．Lewy 小体型認知症・認知症を伴う Parkinson 病

アパシー，嗅覚障害，幻視以外の幻覚などの精神症状，反復性の転倒と失神，一過性の意識消失などの症候がある．

認知症は DLB の中心的な症状ではあるが，病初期には必ずしも AD のような記銘力低下が前景に立たず，うつ症状などの精神症状や注意障害，構成障害，視空間障害などがめだつことがしばしばある．

注意や明晰性の変化を伴う認知機能の変動は DLB の中核的特徴で，日中の眠気と傾眠性，2 時間以上の昼寝，長時間のボーっとした状態，解体した会話のうち 3 つ以上がみられる場合，DLB である可能性が高いと考えられる．この状態は，注意・覚醒レベルの変動に関連していると考えられるが，しばしばせん妄と混同されるため注意が必要である．

構築された具体的な内容の繰り返される幻視も DLB の中核的特徴である．典型的な幻視は人物，小動物，虫が多い．人物は家族や親戚であったり，知らない他人の場合もあったりする．小さい子供が多いが，大人であることもある．人数は一人のことも複数のこともあり，知人は生きている人の場合も既に死んだ人である場合もある．人物以外では，虫や蛇などの小動物が壁や床を這っているなどの訴えが多い．また，生き物以外では，光，紐，糸などの要素的な幻視も認められる．患者は幻視の存在を確信して家族に訴えるが，診察時に確認すると幻視であることをある程度自覚していることもある．これらの幻視は，色彩がないものが多いが，ぼんやりとした人影のようなものから生き生きとした明瞭なもの，動いているものやじっとしているものなどさまざまで，幻視に対する感情的な反応も不安感や恐怖感，無関心，楽しいとさまざまである．DLB の幻視は認知の変動と連動して，注意・覚醒レベルの低下時や夕方など薄暗い時期に起こる傾向があり，せん妄の際の幻視と鑑別が必要であるが，DLB の幻視が持続性・反復性であることや患者が後に家族や医師に幻視の内容について詳細に説明できる点から区別される．

パーキンソニズムに関しては，診断が剖検で確定した DLB の約 1/4 に，生前にパーキンソニズムの徴候がなかったとする報告があり，主要病変が大脳皮質にあり，脳幹の障害が軽度であることに起因していると考えられる．PD と比べて DLB の運動症状では，対称性の筋強剛や寡動が主体で，振戦が目立たないことが多く，動作時振戦やミオクローヌスが認められる場合があ

Ⅱ．認知症疾患別の診療の実際

る．

　RBD では，レム睡眠時に起こる筋緊張の抑制が欠如するため，夢内容に関連して大声をあげたり，四肢をばたつかせたり，歩き回ったりする．明らかな器質性脳病変が認められない高齢者においても比較的高い頻度で認められ，そのほとんどが PD や DLB に移行するとも言われている．さらに，DLBにおいて RBD は認知機能の低下よりも数年以上先行して出現するという報告があり，特発性 RBD が DLB の前駆症状となる可能性もあることが示唆されている[6,7]．

D　検査

1．脳形態画像

　CT や MRI は，基本的な脳画像検査として，DLB や PDD の鑑別診断に用いられる．内側側頭葉萎縮が AD に比し，DLB で軽いことが報告されており，2017 年の DLB 診断基準[1]で（表 1），支持的バイオマーカー（supportive biomarker）の一つにあげられている．通常の MRI は，他のパーキンソニズムと認知症をきたす疾患〔進行性核上性麻痺（progressive supranuclear palsy：PSP），皮質基底核萎縮症（corticobasal degenration：CBD），多発性脳梗塞など〕と DLB との鑑別に有用な場合があるが，DLB においても中脳被蓋における投射核の変性を反映した中脳背側部の萎縮が，報告されており注意が必要である[2]．

2．脳機能画像

　SPECT や PET によるドパミントランスポーター（図 2）や脳血流・代謝の測定が DLB と AD の鑑別に有用であり，臨床的に用いられている．

　線条体のドパミントランスポーター量を評価する SPECT 用の核種として[123]I-β-カルボキシヨードフェニルトロパン（β-CIT），[123]I-β-カルボキシヨードフェニルフルオロピルノルトロパン（FP-CIT）があり，これらを用いた SPECT で DLB の線条体では，集積低下がみられることから，AD と DLB の鑑別に有用であり，2017 年に改定された診断基準[1]（表 1）の指標的バイオマーカー（indicative biomarker）の一つに採用され，FP-CIT を用いたダットスキャンが本邦で使用可能である．AD 以外の認知症を呈する疾患（前

3．Lewy 小体型認知症・認知症を伴う Parkinson 病

表1 Lewy 小体型認知症（DLB）の臨床診断基準改訂版

DLB ほぼ確実（Probable）

a. 指標的バイオマーカーの有無に関わらず，2つ以上の中核的臨床的特徴がある場合

b. 1つ以上の指標的バイオマーカーがあり，1つの中核的臨床的特徴がある場合

c. バイオマーカー単独では，DLB ほぼ確実と診断すべきではない

DLB 疑い（Possible）

a. 指標的バイオマーカーがなく，1つの中核的臨床的特徴がある場合

b. 中核的臨床的特徴がなく，1つ以上の指標的バイオマーカーがある場合

（1）DLB 診断に必須な特徴

　正常な社会および職業活動を妨げる進行性の認知機能低下として定義される認知症．顕著で持続的な記憶障害は病初期には必ずしも起こらない場合があるが，通常進行すると明らかになる．注意や遂行機能，視空間認知のテストでの能力低下は，病初期の段階で特に目立つことがある．

（2）中核的臨床的特徴（典型的には，最初の3つは初期から経過を通じて存在する）

a. 注意や覚醒レベルの顕著な変動を伴う動揺性の認知機能

b. 典型的には具体的で詳細な内容の，繰り返し出現する幻視

c. 認知機能低下に先行して存在することもあるレム期睡眠行動異常症

d. 1つ以上の自然発生の（誘因のない）寡動（動作緩慢や振幅・速度の減少），安静時振戦，筋強剛といったパーキンソニズム

（3）支持的臨床的特徴

a. 顕著な抗精神病薬に対する過敏性

b. 繰り返す転倒・失神

c. 一過性で原因不明の意識障害

d. 高度の自律神経障害（便秘，起立性低血圧，尿失禁など）

e. 過眠や不眠

f. 嗅覚鈍麻

g. 幻視以外の幻覚

h. 系統化された妄想

i. 無感情，不安，うつ症状

（4）指標的バイオマーカー

a. SPECT あるいは PET イメージングによって示される大脳基底核におけるドパミントランスポーター取り込み低下

JCOPY 498-22893

Ⅱ. 認知症疾患別の診療の実際

表1 つづき

b. ^{123}I-MIBG 心筋シンチでの異常（取り込み低下）
c. ポリソムノグラフィーでの筋活動抑制を伴わないレム睡眠の確定

(5) 支持的バイオマーカー

a. CT/MRI で内側側頭葉構造が比較的保たれる
b. 脳血流 SPECT，脳代謝 PET で後頭葉にめだつ取り込み低下（FDG-PET により cingulate island sign を認めることがある）
c. 脳波におけるα波前段階とθ波の間で周期的変動を伴う後頭葉の徐波化

(6) DLB の診断を支持しない特徴

a. 臨床像の一部あるいは全体を説明できる他の身体的あるいは脳血管障害を含む脳疾患の存在がある場合，ただし，混合病理が臨床症状に寄与しているかもしれず，DLB の診断を除外しない．
b. パーキンソニズムがただ一つの中核的特徴で，高度の認知症の段階になって初めて出現する場合

(7) 症状の時間的経過

　パーキンソニズム出現前かそれと同時に認知症が生じている場合，DLB と診断する．PDD という用語は，確固たる PD の経過中に認知症を生じた場合に用いられる．実用的には，臨床的に最も適切な用語が用いられるべきであり，Lewy 小体病のような包括的用語がしばしば有用である．DLB と PDD 間の鑑別が必要な研究では，認知症の発症がパーキンソニズムの発症後の1年以内の場合を DLB とする"1年ルール"を用いることが推奨される．

（McKeith IG, et al. Neurology. 2017；89：88-100[1]より作成）

頭側頭葉変性症，PSP，CBD など）では，この検査で異常を示すことが報告されており，それゆえ，ダットスキャンは，主として DLB と AD の鑑別診断において用いるべきである．また，早期 PD と診断された患者のうち4〜15%が，ダットスキャンの所見が正常であり，SWEDD（scans without evidence of dopaminergic deficit）と呼ばれる存在があることにも留意する必要がある．

　脳代謝 PET や脳血流 SPECT における後頭葉の集積低下は，2017年の DLB 診断基準[1]（表1）で，支持的バイオマーカーの一つにあげられている．PET による代謝低下所見と比べると，脳血流 SPECT による後頭葉血流低下所見の DLB 検出率は，感度がやや低い．また，DLB では，AD と違って後部帯

288

3．Lewy 小体型認知症・認知症を伴う Parkinson 病

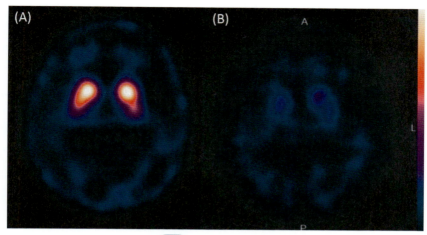

図2 ダットスキャン
（A）Alzheimer 型認知症，（B）Lewy 小体型認知症のダットスキャンの Dat-View 画像を示す．Alzheimer 型認知症では，両側線条体に明瞭な各種の集積を認めるが，Lewy 小体型認知症では，両側線条体への核種の集積低下を認めた．

状回での代謝が比較的保たれていることから，この徴候は，cingulate island sign（CIS）と呼ばれ，AD と DLB の鑑別に有用と報告されている．

近年，アミロイドやタウイメージングが可能となり，DLB の患者は，PDD や健常者に比べて，高いアミロイド沈着を認める．これらの評価は，併存する Alzheimer 病理の程度を知るのに有用であり，病理特異的な治療が可能になれば役立つと考えられる．

3．^{123}I-MIBG 心筋シンチグラフィー（図3）

^{123}I-MIBG 心筋シンチグラフィー検査（MIBG シンチ）検査は，^{123}I を MIBG にラベルして行う心筋シンチグラフィーで，planar 正面像から半定量的に求める心臓/縦隔比（heart-to-mediastinum ratio：H/M ratio），SPECT 像での集積低下，洗い出し率（washout rate：WR）などが，交感神経機能評価の指標として用いられる．DLB における心筋への MIBG の特異的な取り込み低下が報告され[3]，その心筋への取り込み低下が他の認知症よりも強いことが確認されている．2015 年に，AD から DLB を鑑別する有用性が MIBG シン

Ⅱ．認知症疾患別の診療の実際

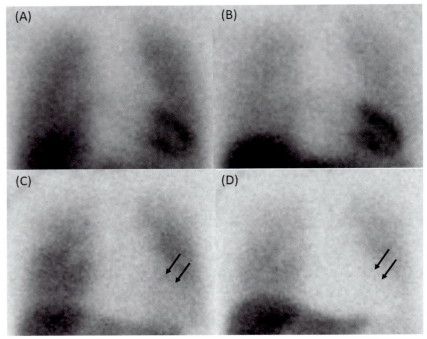

図3 ¹²³I-MIBG心筋シンチグラフィー

¹²³I-MIBG心筋シンチグラフィーのプラナー正面象〔早期像（左），後期像（右）〕を示す．Alzheimer型認知症では，左室心筋への集積を認めるが，Lewy小体型認知症では，早期像より心臓への核種集積を認めない（矢印）．
（A）（B）：Alzheimer型認知症，（C）（D）：Lewy小体型認知症

チの多施設共同研究で示され[4]，2017年のDLB診断基準改定では，ダットスキャンと同列に指標的バイオマーカーの一つに位置付けされている（表1）．

　PSPやCBDでは，全般的にH/M比は，正常対照と有意差がなく，PDやDLBに比し有意に高値であるが，時にH/M比が低下している場合があり[5]，Lewy小体病理の合併が推測されている．臨床診断がPSPやCBDでMIBGシンチに異常がない場合はよいが，集積低下がある場合は，その解釈を慎重に行う必要があると考えられる．

4．脳波

認知症やRBDの患者においてポリソムノグラフィー（polysomnography：PSG）で，筋活動抑制を伴わないレム睡眠が認められた場合，シヌクレイノパチーの可能性が90％以上であると報告があり，PSGにおける筋活動を伴わないレム睡眠の所見は，2017年のDLB診断基準改訂版[1]では，指標的バイオマーカーの一つに位置付けされている（表1）.

脳波における徐波は，しばしばADを含む認知症において認められる．ADとDLBで脳波上の違いについては，DLBでは周期的なα波前段階の波やθ波の混合した後頭葉の徐波化が認められ，2017年のDLB診断基準[1]で，支持的バイオマーカーの一つにあげられている（表1）．この脳波所見は，認知機能の変動と関連しており，軽度認知障害の段階で認められる場合がある.

5．その他の検査

a．生化学・遺伝子検査

現時点で，DLBに特異的な生化学マーカーで確立したものはなく，遺伝子検査の臨床的な有用性は限られている．脳脊髄液中のアミロイドβ，総タウやリン酸化タウの測定は，併存するAlzheimer病理の程度を知るのに有用であり，脳脊髄液中のαシヌクレイン濃度測定は，診断的有用性については，今後の検証を待つ必要がある.

b．自律神経機能検査

DLBではPDよりも自律神経障害をきたすことが多い．先に述べたMIBGシンチ以外にも，ウロダイナミクステスト，起立試験，Valsalva試験，交感神経皮膚反応などの他の自律神経検査においても異常が検出される.

c．神経心理学的評価

DLBでは大きさや形の弁別や，視覚計数，錯綜図形などで障害がみられる．このため，MMSEの五角形模写問題をはじめ，Cambridge Cognitive Examination（CAMCOG），Wechsler Adult Intelligence Scale-Revised（WAIS-R），Raven Colored Progressive Matrices（RCPM），Alzheimer's Disease Assessment Scale（ADAS）などの諸検査で，視覚認知障害，視覚構成・視空間障害が強く，再生障害が軽いことが，DLBの特徴として報告されている.

Ⅱ．認知症疾患別の診療の実際

d. 嗅覚検査

PD と同様に DLB においても嗅覚の低下が認められ，AD との鑑別に有用と報告されている．嗅覚同定検査には，University of Pennsylvania Smell Identification Test 日本語版（UPSIT-J）以外に，日本人向けの嗅素を用いたスティック型嗅覚検査法（Odor Stick Identification Test for the Japanese：OSIT-J）などがあり，非侵襲的な検査として注目されている．

E 診断

DLB の臨床診断の基本は，他の認知症性疾患と同様に，詳細な臨床経過，神経精神症候の把握であり，問診，一般身体所見，神経学的所見，認知機能および精神状態の診察を行うことからはじめ，その上で，必要に応じて各種バイオマーカー（表1）を測定し，診断精度を高める．診断基準は，2017 年に Neurology 誌上に公表された DLB 臨床診断基準改訂版[1]（表1）を用いる．この診断基準は，第3回 DLB 国際ワークショップ（2003）後につくられた DLB 臨床診断基準（2005）[7]を基礎として，DLB 国際会議（2015）における討議の後，それを改訂したものである．主な改正点は，RBD と MIBG シンチの診断基準における重要性を高めた点である．この診断基準では，二つ以上の中核的臨床的特徴が存在するか，一つの中核的臨床的特徴が存在し，一つ以上の指標的バイオマーカーが存在する場合 probable DLB（DLB ほぼ確実）と診断される．

主な鑑別診断の対象として AD，血管性認知症，PSP や CBD などのパーキンソニズムと認知症を呈する疾患，Creutzfeldt-Jakob 病，複雑部分発作などがあげられる．PDD は，DLB と同一の疾患スペクトラム（LBD）に属しており，パーキンソニズムと認知症症状が出現する順序の違いによって臨床上異なった呼称（DLB あるいは PDD）が用いられている．

F 治療

DLB の脳病変（αシヌクレイン関連病理）の進展過程そのものに修飾を加えるような根本的治療法（disease-modifying therapy）は現時点では存在しない．

292

3．Lewy 小体型認知症・認知症を伴う Parkinson 病

表2 Lewy 小体型認知症の薬物治療

薬物分類	効能	補足
コリンエステラーゼ阻害薬	認知障害以外に，うつや幻視，アパシーといった精神症状，レム期睡眠行動異常症を改善させると報告されている．	ドネペジル（アリセプト®）は，保険適応がある．リバスチグミンは認知症を伴うParkinson病に対して米国食品医薬局が認可している．ガランタミンは適応外使用．
NMDA 受容体アンタゴニスト	病状をある程度改善する場合があるが，逆に悪化させる場合がある．	メマンチンは適応外使用．
選択的セロトニン再取り込み阻害薬(SSRI)，選択的セロトニン・ノルアドレナリン再取り込み阻害薬（SNRI）	うつや不安がある時の治療．	SSRI，SNRIは，三環系抗うつ薬やベンゾジアゼピン系薬剤に比べ，副作用が少ないと考えられている．
ドパミン作動薬	運動症状を改善させるが，精神症状を悪化させる可能性がある．	主としてレボドパ・カルビドパ合剤を用いる．
非定型抗精神病薬	副作用に注意して，少量から，幻覚を改善させるために使用する．	クエチアピン，オランザピン，リスペリドン，アリピプラゾールなど適応外使用．
漢方薬	幻覚など精神症状に対して使用する．	抑肝散，抑肝散陳皮半夏．低カリウム血症，浮腫などに注意する．
抗てんかん薬	RBD を改善させる．	クロナゼパム．傾眠，ふらつきに注意する．

（文献 1，9 より作成）

　DLB に対する治療は薬物療法と非薬物療法とに大別される．薬物療法（表2）では，コリンエステラーゼ阻害薬（cholinesterase inhibitor：ChEI）は，多くの研究で DLB 患者の認知機能と神経精神・行動症状の両方を改善することが示されている[8]が，本邦で DLB に保険適応が認められている ChEI は，

ドネペジル（アリセプト®）だけである．

パーキンソニズムは，一般的にレボドパで治療することが多いが，DLBで
は，薬剤性の意識障害や幻視を誘発することがある．そのため，レボドパの
使用に当たり，患者のADLを十分把握して，できるだけ少ない投与量で調
整するべきである．また，トリヘキシフェニジルなどの抗コリン薬は，認知
機能を低下させる可能性があり避けるべきである．

NMDA受容体アンタゴニストのメマンチンは，全般的な機能にわずかの
改善を認めたとしているメタアナリシスの論文[8]があるが，本邦でDLBに保
険適応が認められておらず，症例によっては，被害妄想や嫉妬妄想に有効な
場合があるがDLBの行動・心理症状を悪化させる可能性もあり注意が必要
である．

DLBの幻視が原因で日常生活に支障をきたす場合に薬物治療が必要とな
る．クロルプロマジンやハロペリドールのような抗精神病薬は，少量でも
パーキンソニズムを増悪させる可能性が高いため，抑肝散やクエチアピンな
どの非定型抗精神病薬を使うべきである．

RBDに対しては，一般的にクロナゼパムが使用される．眠気やふらつきの
副作用が懸念される場合は，ChEI，抑肝散，ドパミンアゴニストなどを用い
る．

うつと不安に対しては，三環系抗うつ薬やベンゾジアゼピン系抗不安薬
は，せん妄や意識レベルの低下を生じやすいため，選択的セロトニン再取り
込み阻害薬やセロトニン・ノルアドレナリン再取り込み阻害薬が推奨される．

自律神経症状には起立性低血圧，便秘などが含まれる．DLBの自律神経症
状に対する系統的な検証はないため，PDのこれらに対する治療に準じて薬
物療法を行う．起立性低血圧に対しては，ドロキシドパ，ミドドリン，フロ
リネフなどが用いられる．便秘については，緩下剤，さらには消化管運動改
善の目的でクエン酸モサプリドやドンペリドンを投与する．

非薬物療法はケアや環境整備などからなる．認知機能低下や幻視といった
症状は，覚醒度や注意力の低下で悪化するので，社会的な交流や環境を整え，
これらを活性化させることで，精神症状の軽減をはかる．急に精神症状が悪
化するような場合は，感染症，脱水や代謝障害の可能性を除外する必要があ

る.

聴力や視力の障害を眼鏡や補聴器などで改善することは，幻覚や転倒の機会を減らすことに役立つ．滑りやすい床，ドアなどの段差や暗い照明といった環境を改善することは，転倒予防に役立つ．理学療法（ストレッチ，筋力強化，バランス訓練，運動プログラム），臀部のプロテクターなどは，歩行速度やバランスを改善し，転倒やそれに伴う不具合を軽減する．

起立性低血圧に対しては，起き上がるときにゆっくり立ち上がる，眼前暗黒感が出たときにはうずくまるなどの対策の他に，弾性ストッキングを着用することも有効である．一般的に，繊維質の食事を摂るといった栄養への介入は，便秘を改善する．

G　予後

DLB の予後は，AD と類似しているとする報告がある一方で，他の研究では，DLB ではより急速に機能が障害され，早期に老人施設入所となり，死に至ることを報告している．DLB では，パーキンソニズム，認知症，幻視，自律神経障害の症状が組み合わさることにより，転倒による骨折，硬膜下血腫，誤嚥性肺炎といった合併症の頻度が増加し，AD に比し予後が悪いと考えられる．

H　ケアのポイント

認知症の人と接する際には，人としての尊厳を大切に誠意をもって対応することが必要であるが，DLB は AD と比べ，初期には記銘力が保たれていることが多く，その場しのぎの対応をしていると信頼を失うことがある．

DLB の運動症状にパーキンソニズムがある．小股歩行や姿勢反射障害のため易転倒傾向があり，背後からの声掛けなどしないよう注意が必要である．また，進行期には構音障害・嚥下障害が認められ，胃瘻造設や気管切開など将来的な栄養管理・呼吸管理の在り方について，認知機能が衰える前に，時間をかけて確認しておくことも重要である．

認知機能の動揺は，DLB の代表的な症状である．普段と変わらず接することができる時間帯とボーっとして反応がない状態が，不規則かつ周期的に出

てくる．反応が鈍い時間帯は，無理に関わってお互いにストレスをためることのないように，見守ることも必要である．

DLB の代表的な精神症状に幻視がある．幻視に対しては，その内容について関心を持って否定せずに傾聴し，それが苦痛であり日常生活に支障があるか確認することが必要である．幻視に対して，不安や恐怖心がある場合は，幻視対象に触れたり，部屋を明るくすることによって，それが消えることを確認することで，患者に幻視であることを納得してもらい，DLB の症状であることを理解してもらうことが助けになる場合がある．また，カーテンの模様や壁の汚れなどが錯視の誘因となることがあるので，環境整備や照明の調整も必要である．

DLB においても被害妄想，嫉妬妄想，誤認妄想などが認められることがあり，患者のみならず介護者にも大きな心理的負担となる．妄想に対しては，高圧的に否定せず傾聴して穏やかに対応することが大切であるが，在宅介護では，家族の心労への対応も必要であり，各種介護サービスを利用してストレスを緩和させることが重要である．

●文献

1) McKeith IG, Boeve BF, Dickson DW, et al. Diagnosis and management of dementia with Lewy bodies : Fourth consensus report of the DLB Consortium. Neurology. 2017 ; 89 : 88-100.

2) Whitwell JL, Weigand SD, Shiung MM, et al. Focal atrophy in dementia with Lewy bodies on MRI : a distinct pattern from Alzheimer's disease. Brain. 2007 ; 130 : 708-19.

3) Yoshita M, Taki J, Yamada M, et al. A clinical role for [(123) I] MIBG myocardial scintigraphy in the distinction between dementia of the Alzheimer's-type and dementia with Lewy bodies. J Neurol Neurosurg Psychiatry. 2001 ; 71 : 583-4.

4) Yoshita M, Arai H, Arai H, et al. Diagnostic accuracy of ^{123}I-meta-iodobenzylguanidine myocardial scintigraphy in dementia with Lewy bodies : a multicenter study. PLos One. 2015 ; 10 : e0120540.

5) Yoshita M. Value of MIBG in the differential diagnosis of neurodegenerative disorders. In : Dierckx RAJ, et al. editors. PET and SPECT in Neurology. Springer ; 2014. p.437-49.

6) Boeve BF, Silber MH, Ferman TJ, et al. Clinicopathologic correlations in 172 cases of rapid eye movement sleep behavior disorder with or without a coexisting neu-

rologic disorder. Sleep Med. 2013 ; 14 : 754-62.

7) McKeith IG, Dickson DW, Lowe J, et al. Diagnosis and management of dementia with Lewy bodies : third report of the DLB Consortium. Neurology. 2005 ; 65 : 1863-72.

8) Wang HF, Yu JT, Tang SW, et al. Efficacy and safety of cholinesterase inhibitors and memantine in cognitive impairment in Parkinson's disease, Parkinson's disease dementia, and dementia with Lewy bodies : systematic review with meta-analysis and trial sequential analysis. J Neurol Neurosurg Psychiatry. 2015 ; 86 : 135-43.

9) 山田正仁, 吉田光宏. Ⅱ. 各論, §3. レビー小体型認知症, 8. 治療. In : 日本認知症学会, 編. 認知症テキストブック. 東京 : 中外医学社 ; 2010. p.278-81.

〈吉田光宏〉

4 血管性認知症・認知障害

A 症例提示

【症例】 75 歳　男性

【主訴】 異常行動，記憶障害

【現病歴】 高血圧および心房細動で循環器内科に通院治療中で，日常生活は特に支障はなかった．

2011 年 7 月某日，昼すぎから，大声で歌う，徘徊するなどの異常行動が急に出現した．翌日，急性発症の精神症状を主訴に，当科へ入院した．

【既往歴】 41 歳：高血圧，55 歳：高血圧性眼底出血

65 歳：慢性心房細動，71 歳：無症候性脳梗塞（頭部 CT にて判明）

【家族歴】 特になし

【嗜好歴】 喫煙：50 歳まで，30 本/日

飲酒：70 歳まで，日本酒 2 合/日

【身体所見】 血圧 107/60 mmHg，脈拍 53 bpm（不整），体温 35.3℃

貧血・黄疸なし，胸腹部に特記事項なし，下腿浮腫なし

【神経所見】 意識・精神状態：JCS 2-R，不穏状態

時間・場所に対する見当識障害（＋）

近時・遠隔記憶障害（＋）

HDS-R：14 点

脳神経系，運動系，協調運動，感覚系，反射，起立・歩行，自律神経系：異常なし

【検査所見】

血液検査：末梢血および一般生化学では凝固系を含めて特に異常なし

4. 血管性認知症・認知障害

　　　NT-pro BNP 802 pg/mL と高値
心電図：Af，HR 43 bpm
胸部 X 線：CP angle sharp，CTR 53.5%，肺うっ血像なし
頸動脈エコー：狭窄や流速の左右差なし
経胸壁心エコー：EF 74%，心腔内に血栓は認めず
頭部 MRI・MRA：入院時，図 1

【入院後経過】頭部 MRI 所見より，左側の内包膝部の脳梗塞と診断した．服薬中の DOAC は中止し，ヘパリン点滴による抗凝固療法を開始した．入院後，不穏状態がさらに増悪したのでクエチアピン 50 mg/day を追加した．入

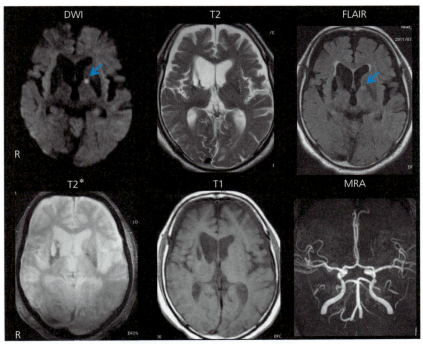

図1 頭部 MRI・MRA（入院時）
矢印で示すように拡散強調画像（DWI）と FLAIR で左内包膝部に急性期小梗塞が確認できる．右基底核部に陳旧性の脳梗塞を認めるが，発作の既往や症状はなく，無症候性脳梗塞であった．

Ⅱ．認知症疾別の診療の実際

院7日目の頭部MRI（図2）では梗塞巣の増大を認めた．その後，徐々に症状は改善し，入院14日後には，HDS-R 20点に回復した．

【考察】 本例は，左側の内包膝部梗塞を発症したことで，Papez回路やYakovlev回路が障害されて視床核群と同側前頭葉との機能連絡が遮断されたために（図3），自発性低下，自発語の減少，記銘力障害，せん妄などの症状が発現したと考えられる．脳梗塞に起因して急性に発症した認知機能低下であり，血管性認知症（VaD）と診断される．そして，本例は内包膝部梗塞という単一の脳梗塞に起因して認知症を発現しているので，戦略的な部位の単一病変による認知症（strategic single infarct dementia）の病型に該当する．急性発症の認知機能低下の場合にはVaDを考慮し，症状の特徴として記

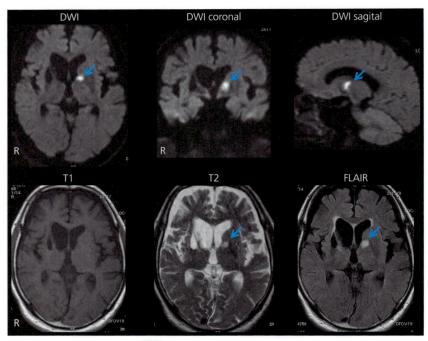

図2 頭部MRI（入院7日後）
矢印で示すように拡散強調画像（DWI），T2強調画像，FLAIRで左内包膝部の脳梗塞は，入院時（図1）に比較して，梗塞巣の増大が認められる．

【内包膝部】前視床脚・下視床脚・乳頭体視床路など視床と大脳皮質を結ぶ種々の神経
　　　　　線維が通過，近接している
　　前視床脚：視床背内側核と前頭前野・前頭葉眼窩面・前頭帯状回を結ぶ経路
　　下視床脚：視床腹内側核と前頭葉眼窩面・島皮質・側頭葉皮質を結ぶ経路
　　　　　　　Yakovlev 回路の一部
　　乳頭体視床路：Papez 回路の一部

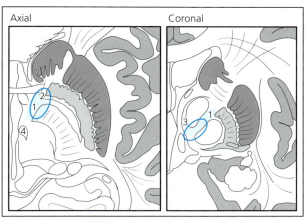

1：内包膝部
2：前視床脚
3：下視床脚
4：乳頭体視床路

◯ 本症例で障害されたと考えられる部位

図3 内包膝部付近の構造と本例における梗塞巣

本例では，青色で囲まれた内包膝部に梗塞巣があり，Yakovlev 回路や Papez 回路を含む，視床核群と同側前頭葉との機能連絡が遮断されて，自発性低下，自発語の減少，記銘力障害，せん妄などの症状をきたしたと考えられる.
(Nieuwenhuys R, et al. The human central nervous system : a synopsis and atlas. New York : Springer-Verlag ; 1988)

憶障害に加えて，行動異常やせん妄などを認めるときは，内包膝部梗塞を鑑別に入れることが肝要である．

B 血管性認知症の概念の経緯

血管性認知症（VaD）とは，脳血管障害に起因する認知症である[1].

1970 年に Tomlinson ら[2]は，臨床病理学的検討により，一定量の血管性病変を有する認知症を動脈硬化性認知症（arteriosclerotic dementia）と記載した．1974 年に Hachinski ら[3]は，認知症は動脈硬化性血管病変ではなく，多発性梗塞に起因していることを強調し，多発梗塞性認知症（multi-infarct dementia）と記載した．しかし，認知症の原因となる血管病変は多発性梗塞

Ⅱ．認知症疾患別の診療の実際

だけではないので，NINDS-AIREN[4]（NINDS と AIREN とによる国際ワークショップ）や DSM-Ⅳ[5]（米国精神医学会）では血管性認知症（vascular dementia：VaD）と記載された．さらに2011年，米国脳卒中協会は血管性認知障害（vascular cognitive impairment：VCI）の包括的名称を提唱した[6]．VCIは，VaD および血管性軽度認知障害（vascular mild cognitive impairment：VaMCI）を含んでいる．また，VASCOG 国際学会の包括的ステートメントでは血管性認知異常症（vascular cognitive disorders：VCD）を提唱し[7]，血管性軽度認知異常症（mild VCD）と血管性認知異常症（major VCD，すなわち VaD）を含む．一方，米国精神医学会は2013年に DSM-5[1]を発表し，血管性認知症（major vascular neurocognitive disorder），あるいは血管性軽度認知障害（mild vascular neurocognitive disorder）と記載している．

C 血管性認知症の診断基準

　代表的な VaD の診断基準には，ICD-10，ADDTC，NINDS-AIREN，DSM-5，AHA/ASA のステートメント（VCI）などがある．これらの診断基準の共通する概念は，社会生活に支障をきたすほどの，記憶障害を含む高次脳機能障害，すなわち認知機能低下が存在し，神経症状や検査所見で認知機能障害の原因となる脳血管障害が確認される場合に，VaD と診断される．

　問題は，認知症と脳血管障害との関連づけを臨床的にどのように判断するかであり，この点に関しては，これらの診断基準の間に大きな相違がある．ICD-10では，高次脳機能障害が不均一に欠損する，いわゆる "まだら認知症" を呈し，神経症状として一側の痙性麻痺，一側の反射亢進，Babinski 反射，偽性球麻痺のうち少なくとも一つを認める場合に，VaD と診断している．すなわち，神経症状の特徴が診断上重要な位置を占めている．ADDTC では，病歴あるいは画像所見から2回以上の虚血性脳卒中の証拠が存在するか，あるいは1回の脳卒中発作が認知症の出現と時間的に関連する場合に VaD と診断する．したがって，画像上2か所に脳梗塞が認められれば診断できることになる．一方，NINDS-AIREN の診断基準では，脳卒中後3か月以内に認知症を発症するか，あるいは認知機能の急速な増悪，または階段上の増悪を認める場合に VaD と診断する．NINDS-AIREN では診断根拠として，

302

4．血管性認知症・認知障害

表1 DSM-5 における血管認知症または血管性軽度認知障害の診断基準

A．認知症または軽度認知障害の基準を満たす.
B．臨床的特徴が以下のどちらかによって示唆されるような血管性の病因に合致している.
　(1) 認知欠損の発症が1回以上の脳血管性発作と時間的に関係している.
　(2) 認知機能低下が複雑性注意（処理速度も含む）および前頭葉性実行機能で顕著である証拠がある.
C．病歴，身体診察，および/または神経認知欠損を十分に説明できると考えられる神経画像所見から，脳血管障害の存在を示す証拠がある.
D．その症状は，他の脳疾患や全身性疾患ではうまく説明されない.

〔日本精神神経学会（日本語版用語監修），髙橋三郎，大野　裕，監訳．DSM-5 精神疾患の診断・統計マニュアル．医学書院；2014．p.612〕

認知症の進行と脳血管障害との関連を具体的に規定している.

　以上のように，これらの診断基準には，かなりの相違が存在する．Pohjasvaara ら[8]は，脳梗塞の既往があり，DSM-Ⅲ の診断基準で認知症と診断された107例を対象に，各診断基準で VaD と診断される割合を比較検討したところ，DSM-Ⅳ では91.6％，ADDTC では86.9％と大部分が VaD と診断されたが，ICD-10 では36.4％，NINDS-AIREN では32.7％と3分の1程度しか VaD と診断されなかったと報告している.

　一方，小血管病変による多発性ラクナ梗塞や Binswanger 病などでは，脳卒中発作が明らかではない場合が多く，認知症症状も記憶障害に比較して，遂行機能の低下が顕著である特徴がある．そこで，Erkinjuntti ら[9]は，皮質下血管性認知症（subcortical vascular dementia）に限定した診断基準を提唱した.

　DSM-5（表1）では，認知機能障害の発症と脳卒中発作が時間的に関連すること，あるいは，情報処理速度を含む複合的な注意力および前頭葉性の実行機能の障害が顕著であることを，血管性の特徴であるとしている．さらに，DSM-5 と AHA/ASA ステートメント（VCI）では，VaD の原因として，びまん性または皮質下性の脳血管病理も診断基準に加えている．すなわち，認知機能障害の発症と脳卒中発作が時間的に関連することを証明できなくても，特徴的な認知症症状があり，びまん性または皮質下性の脳血管病理が存

Ⅱ. 認知症疾患別の診療の実際

在すれば，VaD と明確に診断できることになる．

D 血管性認知症のタイプ別分類

VaD の分類として NINDS-AIREN の血管性認知症の分類を表 2 に示し，主な病巣部位を図 4 に図説する．

多発梗塞性認知症は，主に皮質領域の大小の多発性脳梗塞に起因する認知症である．梗塞巣の容積と認知症発現との間に相関があり，50 mL を超えると認知症の頻度が著しく増加する．経過は急性発症または階段状悪化を示す．脳梗塞の局在部位に応じて，失語，失行，失認，視空間失認，構成障害や遂行機能障害などの症状を呈し，いわゆる"まだら認知症"が特徴である．運動麻痺を伴うことが多い．

戦略的な部位の単一病変による認知症は，高次脳機能に直接関与する部位，すなわち，優位側の角回，前大脳動脈領域，後大脳動脈領域，視床，前脳基底部などの領域の単一の脳梗塞に起因して発現し，記憶障害，意欲低下，無為，せん妄などの認知症症状を呈する．

小血管病性認知症は，穿通枝領域にラクナ梗塞や白質病変，脳出血，microbleeds などの細動脈硬化症を認め，皮質領域では脳アミロイド血管症が見られることがある．小血管病性認知症のうち，細動脈硬化症が原因となるものを皮質下血管性認知症と呼んでいる．ラクナ梗塞主体のものは多発ラクナ梗塞性認知症であり，広範な白質病変が特徴である Binswanger 病も含まれる．皮質下血管性認知症では，記憶障害は比較的軽度であり，失念すなわち記憶の想起障害が目立つ．また，計画の遂行能力が低下し，情報処理が遅くなり，判断力・決断力が低下する．さらに，無感情，うつ状態，多幸感，興奮や感情失禁などの人格変化や感情障害が目立つことが特徴である．そして，偽性球麻痺・パーキンソニズム・排尿障害などを伴うことが多い．

低灌流性血管性認知症は全脳の循環不全や低酸素が原因となる．

脳出血性血管性認知症は，脳出血とくも膜下出血が原因となっている．

その他，遺伝性血管性認知症として，cerebral autosomal dominant arteriopathy with subcortical infarcts and leukoencephalopathy（CADASIL），cerebral autosomal recessive arteriopathy with subcortical infarcts and

4. 血管性認知症・認知障害

表2 NINDS-AIREN における血管性認知症の分類

1. 多発梗塞性認知症（multi infarct dementia：MID）
2. 戦略的な部位の単一病変による認知症（strategic single infarct dementia）
3. 小血管病性認知症（small vessel disease with dementia）
4. 低灌流性血管性認知症
5. 脳出血性血管性認知症
6. その他

(Román GC, et al. Neurology. 1993；43：250-60)[4]

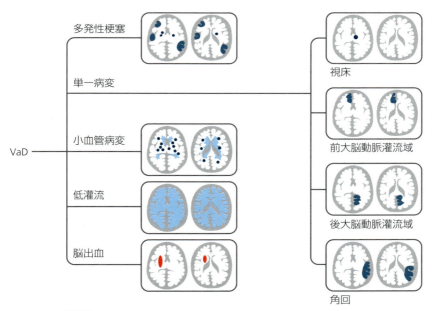

図4 NINDS-AIREN 診断基準における VaD 画像所見分類
(Román GC, et al. Neurology. 1993；43：250-60)[4]

leukoencephalopathy（CARASIL），遺伝性脳アミロイド血管症，mitochondrial myopathy, encephalopathy, lactic acidosis, and stroke-like episodes（MELAS），Fabry 病，retinal vasculopathy with cerebral leukodystrophy（RVCL）などがある．CADASIL や CARASIL では，広汎な白質病変，ラクナ梗塞，脳微小出血，脳萎縮を示し，側頭極における白質病変が特徴的であ

Ⅱ. 認知症疾患別の診療の実際

る.

E 血管性認知症と Alzheimer 型認知症

　Alzheimer 型認知症（AD）と脳血管障害は，共通の危険因子を持つことから合併しやすく，脳血管障害を有する Alzheimer 型認知症（AD with CVD），あるいは AD と VaD が合併した混合型認知症（mixed dementia）という概念も存在する．脳血管障害が認知機能に及ぼす影響は，進行期の AD では極めて少ないが，初期の AD では脳血管障害が認知機能障害の促進因子として作用することが示されている[10]．高齢者を対象とした疫学研究で，脳の動脈硬化や細動脈硬化が AD と関連し，しかも，動脈硬化の合併が認知機能の低下に関連したと報告されている[11]．以上のように，疫学的研究からは，小血管病変が AD 発症の危険因子であると示されてはいるが，小血管病と神経変性疾患との病態生理学的な関連は，未だ明らかにはなっていないのが現状である．

F 血管性認知症の診断と背景評価

①**認知症であることを確認**：日常生活に支障がある認知機能低下が存在し，うつ病や，せん妄などの意識障害でないことを確認する．

②**認知症症状の評価**：VaD では，"まだら認知症"あるいは"遂行機能低下"などの認知症症状が主体である．さらに，認知症症状の発症経過を確認する．急性発症や階段状の悪化が原則で，脳卒中の発症と認知症症状の発現や増悪に時間的な関連がある．ただし，小血管病性認知症では多くの場合，発症経過は慢性進行性であり，"遂行機能低下"などの前頭葉機能障害が目立つ．

③**脳局所神経症状の確認**：脳血管障害の局在に一致して，失語，片麻痺，視野障害，感覚障害などの局所神経症状を呈する．多発性の病変や小血管病性認知症では，構音障害や嚥下障害などの偽性球麻痺，脳血管性 parkinsonism，排尿障害などを呈する．さらに，無感情，興奮，感情失禁などの感情障害が目立つ．

④**頭部の画像診断**：頭部 CT や頭部 MRI で，前述の脳局所神経症状を呈する

4．血管性認知症・認知障害

病変，すなわち，脳梗塞，多発性ラクナ梗塞，びまん性白質病変などを確認する．症例提示した戦略的な部位の単一病変による認知症では，頭部MRI拡散強調画像で単一の急性期脳梗塞が確認できることもある．遺伝性血管性認知症のCADASILやCARASILでは，広汎な白質病変，ラクナ梗塞，脳微小出血，脳萎縮を示し，側頭極における白質病変が特徴的である．

⑤**治療可能な認知症の鑑別**：認知症を診断する際には，治療可能な認知症，すなわち，慢性硬膜下血腫，正常圧水頭症，甲状腺機能低下症，ビタミン欠乏症，薬剤性などを鑑別する必要がある．また，これらを合併している場合もあるので留意する．

⑥**その他の認知症の鑑別**：ADと脳血管障害は，共通の危険因子を持つことから合併しやすく，脳血管障害を合併したAD，あるいはADとVaDが合併した混合型認知症も存在する．それぞれの診断マーカーが存在しないので，実臨床では確定診断が困難なこともある．

⑦**脳血管障害の危険因子の確認**：脳血管障害の危険因子である，高血圧，脂質異常症，糖尿病，心房細動，喫煙，肥満，運動不足などの背景因子を確認する．

⑧**遺伝性血管性認知症の家族歴を確認**：CADASIL，CARASILなどの家族歴の有無を確認する．

以上のステップで，VaDを診断する．ポイントは，脳血管障害と認知症が存在し，ADやtreatable dementiaなど，その他の原因を鑑別することである．背景因子の評価は，血管性認知症の予防と治療に繋がる．

G　血管性認知症の予防と治療方針

VaDは脳血管障害に起因するので，VaDの予防と治療は，原因となる脳血管障害の予防と治療が主となる[12]．

1．危険因子のコントロール

脳血管障害の危険因子をコントロールすることが重要である．危険因子としては，高血圧，脂質異常症，糖尿病，心房細動，喫煙，肥満，運動不足，飲酒などが列挙され，存在する危険因子を適切にコントロールすることが望まれる．特に小血管病性認知症の病因である細動脈硬化の進展予防には，厳

格な血圧のコントロールが必要である．糖尿病のコントロールでは，通常は HbA1c 7.0 未満が目標であるが，高齢者や認知症患者では，低血糖を避けるために，HbA1c を 7.0 未満にしないことが推奨される[13]．さらに近年，喫煙，肥満，運動不足などのリスク因子の比重が大きいことが指摘され，健常者においても生活習慣の改善が奨励されている．

2．脳梗塞の再発予防

血管性認知症の多くは脳梗塞に起因しているので，脳梗塞の再発予防が特に大切である．脳梗塞は，心房細動に起因する心原性脳塞栓症と，ラクナ梗塞やアテローム血栓性脳梗塞などの非心原性脳梗塞の大きく 2 つに分けられる．心房細動に起因する心原性脳塞栓症では，抗凝固療法が適応となり，直接作用型経口抗凝固薬（DOAC），またはワルファリンを投与する．非弁膜症性心房細動（NVAF）では，ワルファリンに比較して出血性合併症が少ない DOAC が推奨される．DOAC には，ダビガトラン，リバーロキサバン，アピキサバン，エドキサバンの 4 剤があり，患者の年齢，体重，腎機能，アドヒアランスなどを考慮して，抗凝固薬を選択し，適切な投与量を決定する必要がある[14]．非心原性脳梗塞の症例では，抗血小板療法が適応となり，抗血小板薬（クロピドグレル，シロスタゾール，アスピリン）を投与する．ただし，ラクナ梗塞では脳出血の併発も危惧されるので，十分な血圧コントロールを行い，出血性合併症が比較的少ないシロスタゾールが推奨される．

3．VaD の治療

VaD の認知機能低下に対して，AD の治療薬であるドネペジル，ガランタミン，リバスチグミン，およびメマンチンの投与が有効であるとの報告はあるが，現在，これらの薬剤は VaD に対して保険適応外である．ただし，脳血管障害を合併した AD，あるいは AD と VaD が合併した混合型認知症と診断される場合は，これらの抗認知症薬の投与は推奨される．また，VaD では，うつ状態を合併することがあり，その場合は SSRI などの抗うつ薬の投与が有用である．なお，VaD では，興奮や感情失禁など感情障害が目立つことがあり，BPSD としての対応が必要な場合もある．

リハビリテーションが認知症に有効であるとするエビデンスは明らかでないが，リハビリテーションによる様々な機能回復が期待されるので，リハビ

4．血管性認知症・認知障害

リテーションも有用と考えられる．

ポイント

- 血管性認知症（VaD）は，脳血管障害に起因する認知症であり，脳卒中後あるいは脳血管病変に関連して認知症が進行する．
- 認知症症状は病型により多様であるが，多発梗塞性認知症では梗塞巣の局在による"まだら認知症"が特徴であり，小血管病性認知症では記憶障害に比較して遂行機能低下が目立つ．
- 歩行障害や尿失禁などの神経症候が早期から発現し，偽性球麻痺やParkinson症候群を呈する．
- 診断には頭部CTや頭部MRIが必須であり，脳梗塞やびまん性白質病変を認める．
- 治療可能な認知症（慢性硬膜下血腫，正常圧水頭症，甲状腺機能低下症，ビタミン欠乏症，など）や，変性疾患（Alzheimer病など）との鑑別が重要である．
- 予防と治療は，脳血管障害の予防と治療方針に準じる．

●文献

1) American Psychiatric Association. DSM-5. Washington, D. C.: American Psychiatric Association; 2013.
2) Tomlinson BE, Blessed G, Roth M, et al. Observations on the brains of demented old people. J Neurol Sci. 1970; 11: 205-42.
3) Hachinski VC, Lassen NA, Marshall J. Multi-infarct dementia: a cause of mental deterioration in the elderly. Lancet. 1974; 2: 207-10.
4) Román GC, Tatemichi TK, Erkinjuntti T, et al. Vascular dementia: diagnostic criteria for research studies. Report of the NINDS-AIREN International Workshop. Neurology. 1993; 43: 250-60.
5) American Psychiatric Association: DSM-Ⅳ, Fourth Edition. Text Revision. Washington, D. C.: American Psychiatric Association; 2000.
6) Gorelick PB, Scuteri A, Black SE, et al. Vascular contributions to cognitive impairment and dementia: a statement for healthcare professionals from the American Heart Association/American Stroke Association. Stroke. 2011; 42: 2672-713.
7) International Society for Vascular Behavioral and Cognitive Disorders: Diagnostic criteria for vascular cognitive disorders: a VASCOG statement. Alzheimer Dis

Assoc Disord. 2014 ; 28 : 206-18.

8) Pohjasvaara T, Mäntylä R, Ylikoski R, et al. Comparison of different clinical criteria (DSM-Ⅲ, ADDTC, ICD-10, NINDS-AIREN, DSM-Ⅳ) for the diagnosis of vascular dementia. National Institute of Neurological Disorders and Stroke Association. Internationale pour la Recherche et I'Enseignement en Neurosciences. Stroke. 2000 ; 31 : 2952-7.

9) Erkinjuntti T, Inzitari D, Pantoni L, et al. Research criteria for subcortical vascular dementia in clinical trials. J Neural Transmission. 2000 ; Suppl 59 : 23-30.

10) Attems J, Jellinger KA. The overlap between vascular disease and Alzheimer's disease--lessons from pathology. BMC Med. 2014 ; 12 : 206.

11) Arvanitakis Z, Capuano AW, Leurgans SE, et al. Relation of cerebral vessel disease to Alzheimer's disease dementia and cognitive function in elderly people : a cross-sectional study. Lancet Neurol. 2016 ; 15 : 934-43.

12) 高嶋修太郎, 伊藤義彰, 編. 必携脳卒中ハンドブック改訂第 3 版. 東京 : 診断と治療社 ; 2017.

13) 日本糖尿病学会, 編. 糖尿病治療ガイド 2018-2019. 東京 : 文光堂 ; 2018. p.103.

14) 高嶋修太郎. 直接作用型経口抗凝固薬（DOAC）はワルファリンとどのように使い分けたらいいですか？ In : 鈴木則宏, 監修. 神経内科 Clinical Questions & Pearls 脳血管障害. 東京 : 中外医学社 ; 2016. p.194-200.

〈高嶋修太郎〉

5 高血圧性以外の脳小血管病: 脳アミロイドアンギオパチー, CADASIL, CARASIL・HDLS

　脳アミロイドアンギオパチー（cerebral amyloid angiopathy：CAA）は髄膜および脳内の血管壁（主に中，小型動脈）にアミロイドの沈着を認める疾患で，脳葉型の脳出血がよく知られていたが，脳梗塞や認知機能障害，一過性神経症状（transient focal neurological episodes：TFNE または amyloid spells）や CAA 関連炎症/脳血管炎・亜急性白質脳症の原因となることが明らかとなり，高齢化に伴って増加している疾患の一つである．

　CADASIL（cerebral autosomal dominant arteriopathy with subcortical infarcts and leukoencephalopathy：皮質下梗塞と白質脳症を伴う常染色体優性脳動脈症）と CARASIL（cerebral autosomal recessive arteriopathy with subcortical infarcts and leukoencephalopathy：禿頭と変形性脊椎症を伴う常染色体劣性白質脳症）は遺伝性の脳小血管病の代表的疾患である．広汎な深部白質病変や脳血管障害に伴う認知機能障害を生じる．

　HDLS（hereditary diffuse leukoencephalopathy with spheroid：神経軸索スフェロイド形成を伴う遺伝性びまん性白質脳症）は大脳白質を病変の主座とする常染色体優性遺伝性の疾患である．2011 年に原因遺伝子が同定され，臨床的に診断される症例が増加している．

　本稿ではこれらの疾患について代表的な症例を提示し，臨床病理学的な特徴を概説する．

A 脳アミロイドアンギオパチー
（cerebral amyloid angiopathy：CAA）

1．CAA の概要

　CAA は髄膜および脳内の血管壁にアミロイドの沈着を認める疾患で，脳血管障害や認知機能障害，炎症・血管炎の原因となる．アミロイド β 蛋白

JCOPY 498-22893

311

（Aβ）による孤発性 Aβ 型が大多数を占め，加齢とともに頻度が上昇する．60 歳以上では約半数でみられ，Alzheimer 病（Alzheimer's disease：AD）では約 80〜90％で認められる[1]．CAA 関連脳出血と CAA 関連炎症の推定患者数はそれぞれ 5900 人，170 人で，推定の有病率はそれぞれ 4.64 人/10 万人と 0.13 人/10 万人と報告されている[2]．確定診断には病理学的検索が必須であるが，画像診断による診断が可能となっている．血管壁へのアミロイド沈着を予防したり，蓄積したアミロイドを除去したりする治療法はない．

2．CAA の病態，病理

Aβ が神経細胞のアミロイド前駆蛋白より切り出され，血管平滑筋の基底膜周囲からのドレナージ経路（intramural periarterial drainage：IPAD）によって脳内より除去される過程で沈着すると考えられている[3]．血管周囲ドレナージ経路からの Aβ の排出に apolipoprotein E が関与し[4]，主に Aβ40 が沈着する．

Aβ の沈着は髄膜および大脳皮質，小脳皮質の血管（中，小型動脈主体）に生じ，視床や大脳基底核，脳幹や白質では極めて稀である．血管平滑筋の外側基底膜へのアミロイド沈着で始まり，平滑筋細胞の変性とともに中膜全体がアミロイドで置換される．障害された血管は double barrel appearance（血管壁の二層化），フィブリノイド壊死，微小動脈瘤などを示す（図 1a）．特異抗体を使用した免疫染色で沈着している蛋白を同定可能である（図 1b）．Congo Red 染色で赤染し，偏光顕微鏡下にてアップルグリーン色を示す（図 1c，d）．

血管壁の破壊を伴わない多核巨細胞の出現を伴うリンパ球浸潤を血管周囲に認めること（狭義の CAA 関連炎症）や肉芽腫性血管炎を生じることがある（アミロイドβ関連血管炎，amyloid-β-related angiitis）[5]．

3．CAA の症状および診断

皮質・皮質下を含む脳葉型出血，皮質微小出血，限局性クモ膜下出血（脳表へモジデリン沈着）を示し，出血部位に応じた臨床症状を示す．微小出血や限局性クモ膜下出血を反映した脳表へモジデリン沈着は MRI の gradient echo 法/T2*強調画像，磁化率強調画像（susceptibility-weighted image：SWI）で検出可能である．微小出血は大脳皮質に認められることが特徴であ

5．高血圧性以外の脳小血管病：脳アミロイドアンギオパチー，CADASIL，CARASIL・HDLS

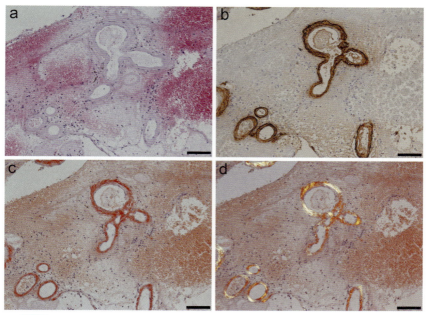

図1 孤発性Aβ型脳アミロイドアンギオパチー（CAA）の組織写真（a-d）
a：髄膜の動脈に生じたCAA．血管壁の肥厚に加えて，血管壁のsplittingを認める．
b：血管壁にAβの沈着を認める．
c，d：Congo Red染色では沈着したアミロイドは赤染し，偏光にてアップルグリーン色となる．
a：HE染色，b：抗Aβ抗体による免疫染色，c，d：Congo Red染色．
Bar＝100μm（a〜d）

る．また，半卵円中心における血管周囲腔の拡大（centrum semiovale-enlarged perivascular space：CSO-EPVS）や後頭部優位の大脳白質病変はCAAとの関連が報告されている．

　脳表ヘモジデリン沈着は再発性かつ一過性の異常感覚や筋力低下，視覚障害の原因となる（TFNE）．皮質の小梗塞や深部白質の循環障害は白質脳症を生じ，CAAは認知スピードの低下に影響することが報告されている．

　臨床的に急性または亜急性の認知機能障害や行動異常を認めることがあ

Ⅱ．認知症疾患別の診療の実際

り，頭痛や痙攣発作も比較的高頻度でみられる（CAA 関連炎症/脳血管炎・亜急性白質脳症）．脳脊髄液中の抗 Aβ 抗体の抗体価の上昇や[6]，MRI での白質の異常信号，髄膜や大脳皮質の造影効果が見られることがある[5]．

CAA 関連脳出血の臨床診断基準としては改訂版の Boston criteria があり[7]，CAA 関連炎症でも臨床診断基準が提唱されているが[8]，確定診断には病理学的診断が必要である．

4．CAA に関する治療と予後

現時点で血管壁へのアミロイドの蓄積を予防したり，蓄積したアミロイドを除去したり，障害された血管壁の破裂や閉塞を予防したりできる治療法はない．脳出血を生じた場合には適切な降圧療法を行うことが推奨される[1]．抗血栓療法は避けるべきとされている．

脳葉型脳内出血の予後について，脳出血の再発は平均35.3か月の観察期間内で 31.7% に認められ，平均して 11.3 か月後にみられた．最初の出血から 1 か月後における死亡率は 12.2% で，12 か月後では 19.5% と報告されている[9]．

TFNE では抗てんかん薬の有効性が報告されている．CAA 関連炎症に対しては不可逆的な変化を生じる前に副腎皮質ステロイドや免疫抑制薬を使用する[2,5]．

B　CADASIL（cerebral autosomal dominant arteriopathy with subcortical infarcts and leukoencephalopathy：皮質下梗塞と白質脳症を伴う常染色体優性脳動脈症）

1．症例提示

【症例】47 歳　男性

【主訴】仕事でミスをする

【既往歴】特記事項なし

【家族歴】母親が認知症とのことだが詳細不明，血族婚なし

【嗜好歴】機会飲酒，喫煙 10 本/日

【病歴】10 年くらい前より仕事でミスをしたり道に迷ったりすることがみられていた．2 年前からは仕事に対する意欲の低下を認めるようになった．1 年

5．高血圧性以外の脳小血管病：脳アミロイドアンギオパチー，CADASIL，CARASIL・HDLS

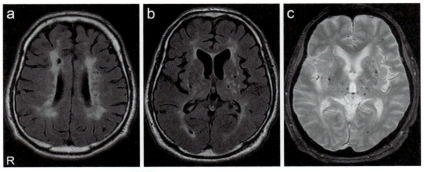

図2 CADASIL症例の画像所見

a, b：頭部MRIのfluid-attenuated inversion recovery（FLAIR）画像では側脳室周囲白質の高信号や大脳基底核，視床に多発性のラクナ梗塞を認める．

c：T2*強調画像では大脳基底核や視床，左側脳室後角周囲に多発性の微小出血を認める．

前からは仕事が上手くできなくなり，歩きにくさを認めた．長谷川式簡易知能評価スケールでは27点で，頭部MRIにて大脳基底核や視床に多発性脳梗塞がみられた．尿失禁を認めるようになり，精査目的で入院．

【入院時現症】一般身体所見に異常なし．血圧は正常範囲内．

【神経学的所見】意識清明，長谷川式簡易知能評価スケール24点（計算-1, 逆唱-2, 語の流暢性-3），MMSE 26点（計算-4），明らかな失語，失行，失認なし

　脳神経，運動系，感覚系，協調運動系：異常なし

　反射：亢進や減弱なし．Babinski反射およびChaddock反射は陰性

　姿勢・歩行：姿勢に異常なく，歩容は正常

　自律神経：便秘や頻尿あり，立ちくらみなし

【検査結果】血液検査では凝固異常なし．心電図では不整脈なし．経胸壁および経食道心エコーで心内血栓や卵円孔開存なし．下肢静脈エコーで血栓なし．

　頭部MRI：前頭葉優位で軽度のびまん性大脳萎縮あり，側脳室周囲深部白質や大脳基底核領域にFLAIR（fluid-attenuated inversion recovery）やT2強調画像で高信号域が多発（図2a, b）．一部はT1強調画像で低信号．拡散

Ⅱ. 認知症疾患別の診療の実際

強調画像では高信号なし．T2*強調画像で両側大脳基底核や視床に多発性の低信号病変あり（図2c）．両側頭頂葉皮質，左後頭葉白質，橋にも点状のT2*強調画像で低信号あり．MRAでは狭窄や動脈瘤の所見なし．

WAIS-Ⅲ：言語性IQ 75，動作性IQ 59，全検査IQ 64

WMS-R：言語性記憶69，視覚性記憶＜50，一般的記憶54，注意/集中力72，遅延再生54

【臨床経過】約10年の経過の血管性認知症と考えられたが，動脈硬化の危険因子は喫煙のみであった．遺伝子解析にて*NOTCH3*遺伝子にc.3010T＞G（p.Cys1004Gly）/c.3496C＞T（p.Pro1166Ser）の複合ヘテロ接合性にバリアントが認められ，CADASILと診断した．2年後に全身痙攣を生じ，抗てんかん薬の内服を開始した．

2．CADASILの概要

CADASILは常染色体優性遺伝形式の遺伝性脳小血管病の一つである．1996年に*NOTCH3*が原因遺伝子として同定された[10]．典型例では，20歳前後に片頭痛発作を認め，大脳白質病変が徐々に進行する．中年期からラクナ梗塞を繰り返し，血管性認知症に至る．しかし，非典型的な経過をたどる症例が報告されている[11]．病理学的には血管の中膜平滑筋細胞の変性脱落がみられ，血管平滑筋細胞周囲の基底膜にgranular osmiophilic material（GOM）と呼ばれる構造物などが認められる．有効な治療法は見つかっていない．

3．CADASILの臨床症状・臨床診断基準

典型例では，20歳前後で前兆を伴う片頭痛を生じ，脳卒中発作や気分障害が40～60歳で認められ，50～60歳頃より認知症となる（図3）．脳梗塞発症からの生命予後は15～20年という報告がある．常染色体優性遺伝性疾患であるものの，家族歴を有するのは70％程度とされ，同一の*NOTCH3*遺伝子変異を有している場合でも症状の進行，表現型が異なる[11]．

厚生労働省の研究班によってわが国での診断基準が作成されている[12]．De novo発症例と考えられる症例が報告されており，CADASILを疑った場合には遺伝子解析や皮膚生検を積極的に行う必要がある．

4．CADASILの検査

血液検査や脳脊髄液検査では特異的な異常所見はない．頭部MRIではT2

5．高血圧性以外の脳小血管病：脳アミロイドアンギオパチー, CADASIL, CARASIL・HDLS

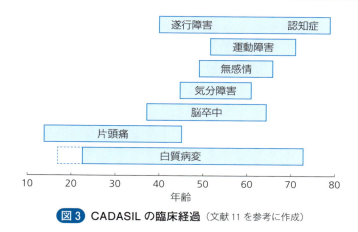

図3 CADASIL の臨床経過（文献11を参考に作成）

強調画像や FLAIR 画像で目立つ，脳室周囲や半卵円中心のびまん性白質病変が認められる（図2a, b）．病期の進行に従い，白質病変は側頭極や外包に拡大する．大脳基底核，皮質下を主体に多発性のラクナ梗塞がみられる．また，脳幹や視床，大脳基底核に多発性の微小出血が認められる（図2c）．

CADASIL は *NOTCH3* の遺伝子解析で確定診断可能で，200種類以上のバリアントが報告されている．すべてのバリアントは，*NOTCH3* に34個ある細胞外ドメインの上皮増殖因子（epidermal growth factor: EGF）様リピート領域内に存在する[11]．EGF 様リピートが存在する exon 2-24 までを解析することが必要である．

CADASIL では全身の小血管で GOM が見られることがわかっており，皮膚生検による GOM の証明や抗 NOTCH3 抗体による免疫染色で血管壁内に陽性の凝集体を認めることでも診断可能である[13]．

5．CADASIL の病態と病理

CADASIL の大脳白質では不均一な髄鞘の脱落が見られ，軟膜動脈や髄質動脈を中心に，様々な程度で中膜平滑筋細胞の変性脱落を見る．好塩基性で PAS 染色陽性の basophilic granular degeneration（BGD）が血管中膜層に認められる．平滑筋細胞周囲の基底膜に接して GOM が認められ，Notch3 に対する免疫染色で陽性となる．深部白質では血管周囲腔の拡大が見られ，周囲

Ⅱ．認知症疾患別の診療の実際

にはグリオーシスを伴う[14].

　Notch3 は Notch family に属する蛋白で，細胞外にリガンド結合部位を有する 1 回膜貫通型の受容体蛋白である．*NOTCH3* の変異がどのように CADASIL の発症に関連しているかの詳細はわかっていない．

6．CADASIL の治療と予後

　CADASIL で脳梗塞の発症を抑制できる根本的な治療法はない．ただし，喫煙や高血圧などの管理が重要であるとされている．脳梗塞の再発予防には抗血小板薬などが使用されるが，微小出血や症候性脳出血を認めることがあり，使用には注意が必要である．

　脳梗塞発症後から 15〜20 年にわたって身体症状や認知機能障害が進行し死亡する．

C CARASIL（cerebral autosomal recessive arteriopathy
with subcortical infarcts and leukoencephalopathy：
禿頭と変形性脊椎症を伴う常染色体劣性白質脳症）

1．CARASIL の概要

　CARASIL は広汎な大脳深部白質病変に加え，禿頭と変形性脊椎症を伴う常染色体劣性遺伝性の遺伝性脳小血管病である．1985 年にわが国より疾患概念が提唱され[15]，2009 年に原因遺伝子として *HTRA1*（*high temperature requirement A serine peptidase 1*）が同定された[16]．典型例では 10〜20 歳代で禿頭や変形性脊椎症を発症し，40 歳までに認知機能障害や気分障害などがみられる．緩徐に認知機能障害や歩行障害が進行し，寝たきり状態となる．MRI では大脳白質の異常信号がみられるが，両側橋から中小脳脚の弧状の病変が特徴的とされている．脳の中，小型動脈の内膜の肥厚や中膜の平滑筋細胞の変性脱落が認められる．有効な治療法はない．

2．CARASIL の臨床症状

　典型例では 10〜20 歳代で禿頭や変形性脊椎症を発症する．既報告のまとめでは，それぞれ 85.7%，100% の頻度との報告がある[17]．40 歳までに認知機能障害，気分障害や歩行障害を発症する．片頭痛の報告はない．経過中に虚血性脳卒中を生じ，最終的には寝たきり状態となる．

318　JCOPY 498-22893

5．高血圧性以外の脳小血管病：脳アミロイドアンギオパチー，CADASIL，CARASIL・HDLS

CARASIL は常染色体劣性遺伝性疾患であるが，*HTRA1* 変異のヘテロ接合者でも発症することが報告されており，神経症状の発症年齢が遅く，深部白質病変が軽い傾向がある[17]．

3．CARASIL の検査

血液や脳脊髄液検査で特異的な異常所見は知られていない．頭部 MRI では認知機能障害を生じる前から T2 強調画像や FLAIR 画像で両側外包を含む大脳深部白質に広汎な対称性の高信号病変がみられる．その後，病期の進行とともに多発性脳梗塞や微小出血が出現する．両側橋から中小脳脚にかけてみられる弧状の病変（アークサイン）は CARASIL に特異性が高いとされている．頸椎や腰椎 MRI では加齢性と比較して広範囲な椎体変形および椎間板の変性がみられる．

臨床的に疑われた症例については *HTRA1* の遺伝子解析を行う．血族婚がみられず，孤発性に見える症例も報告されており，診断には注意が必要である．

4．CARASIL の病態と病理

HTRA1 蛋白は分泌型のセリンプロテアーゼであり，血管，皮膚，軟骨などの全身臓器に発現している．HTRA1 のプロテアーゼ活性の低下によって CARASIL を発症すると考えられている[18]．

病理学的に，中小動脈の中膜のヒアリン化，内弾性板の多層化，内膜の線維性肥厚がみられ，筋内膜細胞の出現を見る．疾患特異的な構造物の出現は知られていない[14]．

5．CARASIL の治療と予後

現時点では有効な治療法はない．発症後，10 年以内に死の転帰をとる症例があるが，20 数年の生存期間を認める症例もある．

D HDLS（hereditary diffuse leukoencephalopathy with spheroid：
神経軸索スフェロイド形成を伴う遺伝性びまん性白質脳症）

1．症例提示

【症例】48 歳　女性

【主訴】もの忘れ

Ⅱ．認知症疾患別の診療の実際

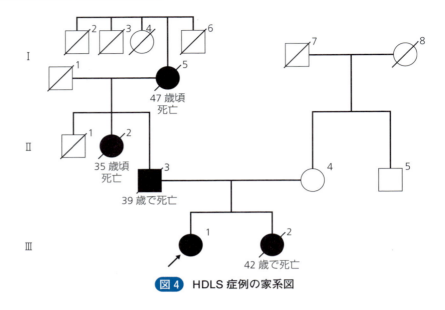

図4 HDLS症例の家系図

【既往歴】特記事項なし
【家族歴】父方祖母，父，父方伯母，妹に類症（図4）
【最終学歴】専門学校卒
【病歴】3年くらい前より仕事内容を覚えられなくなった．2年前からは部屋の片付けをしなくなり，料理ができなくなった．1年前からはレジ打ちの仕事ができず，一人で入浴ができなくなった．精査目的で入院．
【入院時現症】一般身体所見に異常なし．
【神経学的所見】意識清明，長谷川式簡易知能評価スケール22点（計算−1，逆唱−1，遅延再生−1，5物品−2，語の流暢性−3），MMSE 24点（計算−4，遅延再生−1，模写−1），明らかな失語なし，観念運動失行，左右や身体部位失認，運動保続あり．
　脳神経，運動系，感覚系，協調運動系，自律神経：異常なし
　反射：四肢で亢進を認めるが，Babinski反射およびChaddock反射は陰性
　姿勢・歩行：異常なし
【検査結果】血液・尿検査では異常なし．極長鎖脂肪酸の上昇なし．

5. 高血圧性以外の脳小血管病：脳アミロイドアンギオパチー，CADASIL，CARASIL・HDLS

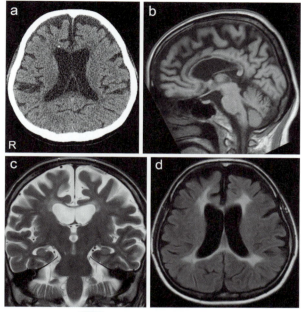

図5 HDLS 症例の画像所見
a：頭部 CT では側脳室周囲の白質に微小石灰化を認める．
b，c：頭部 MRI の T1 強調画像の矢状断 (b) や T2 強調画像の冠状断 (c) で脳梁の菲薄化がみられる．
d：Fluid-attenuated inversion recovery（FLAIR）画像では側脳室周囲白質に両側対称性の高信号をみる．

頭部 CT：前頭頭頂部主体の萎縮や脳室拡大あり，側脳室周囲に点状の石灰化病変が散在（図5a）

頭部 MRI：前頭頭頂部主体の萎縮，脳室拡大や脳梁の菲薄化あり（図5b，c）．大脳白質に左右対称性に FLAIR，T2WI 高信号あり（図5c，d）

WAIS-Ⅲ：言語性 IQ 62，動作性 IQ 48，全検査 IQ 52，言語理解 66，知覚統合 50，作動記憶 56，処理速度 50

WMS-R：言語性記憶 54，視覚性記憶＜50，一般的記憶＜50，注意/集中

Ⅱ．認知症疾患別の診療の実際

力＜50，遅延再生＜50

遺伝子解析：*CSF1R* 遺伝子に c.2381T＞C（p.I794T）のヘテロ接合性にバリアントあり

2．HDLS の概要

HDLS（hereditary diffuse leukoencephalopathy with spheroid：神経軸索スフェロイド形成を伴う遺伝性びまん性白質脳症）は 30〜40 歳代に認知機能障害や精神症状，運動症状や痙攣発作を主症状として発症する常染色体優性遺伝性の疾患である．1984 年にスウェーデンの 1 大家系が報告され[19]，2011 年に *CSF1R*（colony stimulating factor-1 receptor）が原因遺伝子として報告された[20]．2013 年には pigmented orthochromatic leukodystrophy（POLD）の原因遺伝子も *CSF1R* であることが報告され[21]，adult-onset leukoencephalopathy with axonal spheroids and pigmented glia（ALSP）と呼ばれている[21]．進行性の疾患で，平均 3.9 年で寝たきりとなり，6.8 年で死の転帰をとる[22]．有効な治療法はない．

3．HDLS の臨床症状・臨床診断基準

ALSP の 122 例をまとめた報告では，平均の発症年齢は 43 歳（18〜78 歳）で，平均で 6.8 年（1〜29 年）で死の転帰をとる[22]．初発症状としては認知機能障害が 59％と最も多く，精神症状や運動症状，痙攣発作などが認められる．報告例の 40％では家族歴がなく[22]，孤発性であっても遺伝子解析を行う必要がある．

提案されている臨床診断基準では，ほぼ確実例と疑い例の感度は 99％であるが，特異度については CADASIL 症例を用いた場合は 88％であるものの，*CSF1R* 遺伝子に異常がない白質脳症を対象とした場合には 42％と報告されている[23]．

4．HDLS の検査

血液検査や脳脊髄液検査では特異的な異常所見は知られていない．頭部CT では約半数の症例で大脳白質に微小石灰化が認められる（図 5a）[22]．頭部MRI では半卵円中心から側脳室周囲の白質病変，前頭頭頂部優位の脳萎縮や脳梁萎縮および脳梁の異常信号が認められる（図 5b-d）．

確定診断には *CSF1R* の遺伝子解析が必須で，これまで判明したバリアン

5．高血圧性以外の脳小血管病：脳アミロイドアンギオパチー，CADASIL，CARASIL・HDLS

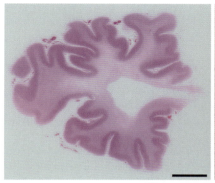 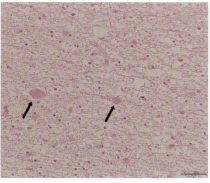

図6 HDLS 症例の病理所見
a：左前頭葉のルーペ像．大脳白質の広範な変性と脳梁の菲薄化がみられる．
b：大脳白質にはスフェロイド（矢印）が散在し，組織の粗鬆化やグリオーシスを認める．
a, b：HE 染色．Bar＝1 cm（a），50 μm（b）

トは exon 12-21 に存在するチロシンリン酸化ドメインに存在する．最も頻度が高いバリアントは exon 18 の p.Ile794Thr と報告されている[22]．

5．HDLS の病態と病理

CSF1R は脳のミクログリアに発現しており，遺伝子変異による自己リン酸化の障害によるシグナル伝達の異常が，ミクログリアの分化・形態・機能異常を生じ，白質脳症を発症すると考えられている．

病理学的には，左右対称性の大脳白質の広範な変性，脳梁の萎縮がみられるが，U-fiber は保たれる（図6a）．大脳白質は軸索の脱落やスフェロイドの形成が認められ，著明なグリオーシスを伴う（図6b）．大脳皮質の変性の程度は様々で，視床や大脳基底核の萎縮が見られる．

6．HDLS の治療と予後

現時点では有効な治療法はない．発症から平均3.9年（0〜11年）で寝たきり状態となり，平均6.8年（1〜29年）で死の転帰をとる[22]．

おわりに

脳小血管病や大脳白質に病変の主座を認める疾患について概説した．原因

Ⅱ．認知症疾患別の診療の実際

遺伝子の解明と共に確定診断が可能となっているが，有効な治療法は見つかっていない．詳細な病態の解明とともに治療法の開発が望まれる．

●**文献**

1) Yamada M. Cerebral amyloid angiopathy : emerging concepts. J Stroke. 2015 ; 17 : 17-30.

2) Sakai K, Ueda M, Fukushima W, et al. Nationwide survey on cerebral amyloid angiopathy in Japan. Eur J Neurol. 2019 ; 26 : 1487-93.

3) Albargothy NJ, Johnston DA, MacGregor-Sharp M, et al. Convective influx/glymphatic system : tracers injected into the CSF enter and leave the brain along separate periarterial basement membrane pathways. Acta Neuropathol. 2018 ; 136 : 139-52.

4) Sakai K, Boche D, Carare R, et al. Aβ immunotherapy for Alzheimer's disease : effects on apoE and cerebral vasculopathy. Acta Neuropathol. 2014 ; 128 : 777-89.

5) Sakai K, Hayashi S, Sanpei K, et al. Multiple cerebral infarcts with a few vasculitic lesions in the chronic stage of cerebral amyloid angiopathy-related inflammation. Neuropathology. 2012 ; 32 : 551-6.

6) Piazza F, Greenberg SM, Savoiardo M, et al. Anti-amyloid β autoantibodies in cerebral amyloid angiopathy-related inflammation ; implications for amyloid-modifying therapies. Ann Neurol. 2013 ; 73 : 449-58.

7) Charidimou A, Gang Q, Werring DJ. Sporadic cerebral amyloid angiopathy revisited : recent insights into pathophysiology and clinical spectrum. J Neurol Neurosurg Psychiatry. 2012 ; 83 : 124-37.

8) Auriel E, Charidimou A, Gurol ME, et al. Validation of clinicoradiological criteria for the diagnosis of cerebral amyloid angiopathy-related inflammation. JAMA Neurol. 2016 ; 73 : 197-202.

9) Hirohata M, Yoshita M, Ishida C, et al. Clinical features of non-hypertensive lobar intracerebral hemorrhage related to cerebral amyloid angiopathy. Eur J Neurol. 2010 ; 17 : 823-9.

10) Joutel A, Corpechot C, Ducros A, et al. Notch3 mutations in CADASIL, a hereditary adult-onset condition causing stroke and dementia. Nature. 1996 ; 383 : 707-10.

11) Chabriat H, Joutel A, Dichgans M, et al. CADASIL. Lancet Neurol. 2009 ; 8 : 643-53.

12) Mizuta I, Watanabe-Hosomi A, Koizumi T, et al. New diagnostic criteria for cerebral autosomal dominant arteriopathy with subcortical infarcts and leukoencephalopathy in Japan. J Neurol Sci. 2017 ; 381 : 62-7.

13) Ishida C, Sakajiri K, Yoshita M, et al. CADASIL with a novel mutation in exon 7 of *NOTCH3*（C388Y）. Intern Med. 2006 ; 45 : 981-5.

5．高血圧性以外の脳小血管病：脳アミロイドアンギオパチー，CADASIL，CARASIL・HDLS

14) 豊島靖子．CADASIL と CARASIL の病理組織所見：類似点と相違点．神経内科．2017；87：648-54.

15) Fukutake T, Hirayama K. Familial young-adult-onset arteriosclerotic leukoencephalopathy with alopecia and lumbago without arterial hypertension (Clinical Review). Eur Neurol. 1995；35：69-79.

16) Hara K, Shiga A, Fukutake T, et al. Association of HTRA1 mutations and familial ischemic cerebral small-vessel disease. N Engl J Med. 2009；360：1729-39.

17) Uemura M, Nozaki H, Kato T, et al. *HTRA1*-related cerebral small vessel disease：a review of the literature. Front Neurol. 2020；11：545.

18) Shiga A, Nozaki H, Yokoseki A, et al. Cerebral small-vessel disease protein HTRA1 controls the amount of TGF-β1 via cleavage of proTGF-β1. Hum Mol Genet. 2011；20：1800-10.

19) Axelsson R, Röyttä M, Soutrander P, et al. Hereditary diffuse leukoencephalopathy with spheroids. Acta Psychiatr Scand Suppl. 1984；314：1-65.

20) Rademakers R, Baker M, Nicholson AM, et al. Mutations in the colony stimulating factor 1 receptor(CSF1R)gene cause hereditary diffuse leukoencephalopathy with spheroids. Nat Genet. 2011；44：200-5.

21) Nicholson AM, Baker MC, Finch NA, et al. CSF1R mutations link POLD and HDLS as a single disease entity. Neurology. 2013；80：1033-40.

22) Konno T, Yoshida K, Mizuno T, et al. Clinical and genetic characterization of adult-onset leukoencephalopathy with axonal spheroids and pigmented glia associated with *CSF1R* mutation. Eur J Neurol. 2017；24：37-45.

23) Konno T, Yoshida K, Mizuta I, et al. Diagnostic criteria for adult-onset leukoencephalopathy with axonal spheroids and pigmented glia due to *CSF1R* mutation. Eur J Neurol. 2018；25：142-7.

〈坂井健二〉

6 前頭側頭葉変性症（前頭側頭型認知症）

A 症例提示

【症例】57歳，男性，右利き，大学卒，会社員

【主訴】ぼけてしまった

【現病歴】X−5年頃から落ち着きがなくなり，仕事中に交通事故を起こすことがあった．周囲への配慮がなくなり，仕事の失敗が増え，X−4年に会社を解雇された．X−2年頃から甘いものをしきりと欲しがるようになった．同じ頃から，缶コーヒーやタバコを万引きするようになり，咎められても悪びれる様子はなかった．怒りっぽくなり，X−1年に近医を受診したところ，Alzheimer病を疑われドネペジルが投与された．家族が精査を希望してX年に当院を受診した．

【診察・検査所見】神経学的所見に異常はなかった．表面的な礼節は保たれるが，やや多弁で軽佻浮薄であった．「ぼけてしまった，記憶力が悪くなった」と訴えたが，近時記憶障害は認められなかった．行動障害に対する病識はまったく欠いていた．質問や教示を聞き終わらないうちに先走って回答することがしばしばあった．明らかな相貌認知障害は認められず，呼称障害や語義理解の障害も目立たなかった．Mini-Mental State Examination（MMSE）は25点であった．脳画像所見を図1に示す．

【経過】X+1年になると，毎日散歩に出て，雨や雪の日でも欠かすことなく，同じコースを回って来るようになった．散歩の途中で見知らぬ人にタバコや小銭をせびることも繰り返していた．万引きも時々みられた．X+2年から家中のモップがけと脳トレの問題集をしてもらうようにすると，日に6回の決まった時間のモップがけ，午前と午後1時間ずつの問題集に熱心に取り組み，あまり外出せずに家庭で過ごせるようになった．また，会話のなかで「〜て

6. 前頭側頭葉変性症（前頭側頭型認知症）

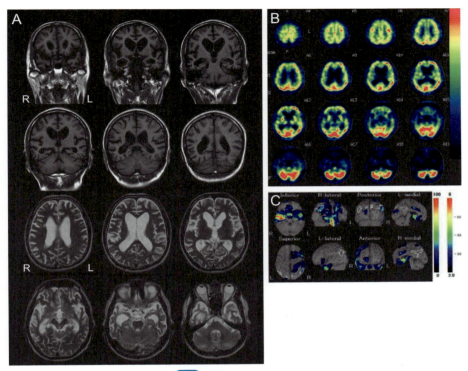

図1 症例の脳画像所見
A：T1 強調 MRI 冠状断（上）および T2 強調 MRI 水平断（下）
B：^{99m}Tc-ECD による脳血流 SPECT
C：脳血流 SPECT の e-ZIS 解析
MRI では大脳全体に萎縮を認めるが，特に側頭葉前方部（右側優位）および前頭葉に優位である．脳血流 SPECT では側頭葉前方部（右側優位），前頭葉，前部帯状回などの血流が低下している．L：左，R：右

何ですか？」と問い返すことが増え，意味理解の障害が明らかとなってきた．

【診断と特徴】脱抑制，性格変化，食行動異常，常同行動（常同的周遊・時刻表的生活）などの行動障害が目立ち，行動障害型前頭側頭型認知症の特徴を有していた．画像所見では右側頭葉前方部の変化が優位で，意味性認知症も示唆されたが，早期には意味記憶障害は顕著でなかった．

Ⅱ. 認知症疾患別の診療の実際

B 歴史と分類

1892 年に Arnold Pick が最初の症例を報告した．前頭葉と側頭葉の限局性萎縮，嗜銀性の細胞質内封入体（Pick 小体），および特異な言語症状と精神症状を示すことを特徴とするこの疾患は，その後 Pick 病と呼ばれるようになった．

1994 年に前頭側頭型認知症（frontotemporal dementia：FTD）という概念が提唱され，その臨床的・神経病理学的特徴が示された．FTD は，前頭葉を中心に比較的軽度の病理所見を示す前頭葉変性型，従来の Pick 病に相当する Pick 型，運動ニューロン疾患を伴う運動ニューロン疾患型の 3 つの病理類型に分類された．

1996 年に，失語症状で始まる症例を含めて，前頭側頭葉変性症（frontotemporal lobar degeneration：FTLD）という概念が提唱された．そして FTLD は前頭側頭型認知症（FTD），意味性認知症（semantic dementia：SD），進行性非流暢性失語（progressive non-fluent aphasia：PNFA）の 3 つの臨床類型に分けられた[1]．

最近では，臨床的な包括概念として FTLD の代わりに FTD を用いることが多くなり，従来の FTD は行動障害型前頭側頭型認知症（behavioral variant frontotemporal dementia：bvFTD）[2]と呼ばれている．本稿では，包括概念を表す時は FTLD/FTD と表記し，bvFTD，SD，PNFA の 3 病型に分ける．

C 病因・病態

FTLD/FTD は認知症疾患全体の 5％程度を占める．65 歳未満の初老期に発症することが多く，初老期発症の変性性認知症の 20％程度を占める．有病率に明らかな男女差は報告されていない．欧米とは異なり，日本では家族性発症は少ない．

FTLD/FTD の病型により主な脳萎縮部位に特徴がある（図 2）．bvFTD では前頭葉眼窩面と穹窿面，および側頭葉に萎縮が生じ進行する．SD では側頭葉前方部（側頭極や中・下側頭回）から萎縮が始まる．左右対称・非対称いずれの場合もあり，左右いずれが優位のこともある．PNFA では Sylvius

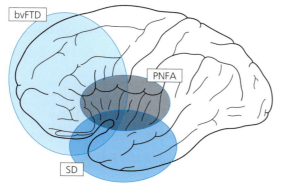

図2 FTLD/FTD の病型による主な脳萎縮部位

裂周囲（前頭葉弁蓋部から上側頭回）に萎縮が始まるが，左側優位のことが多い．SD や PNFA でも，進行すると萎縮は広く前頭葉に及ぶ．

FTLD/FTD はさまざまな原因疾患からなる症候群であり，ひとつの臨床類型が複数の病理診断や蓄積蛋白に対応する[3]．病理学的には，ほとんどの FTLD/FTD 症例において神経細胞またはグリア細胞内に特定の蛋白質が蓄積する．tau，TAR DNA-binding protein of 43 kDa（TDP-43），または fused-in-sarcoma（FUS）のいずれかが蓄積する症例が大部分を占め，FTLD-tau，FTLD-TDP，FTLD-FUS という 3 つの主要な病理診断群を形成する[4]．家族性の症例では *C9orf72*，*MAPT*（tau），*GRN*（progranulin）などの遺伝子に変異が認められることがある[4]．

D 症候

1．行動障害型前頭側頭型認知症（bvFTD）

ある程度進行するまでは，記憶や見当識，視覚認知などが保たれ，ADL にも問題は生じないことが特徴である．bvFTD の症状は，前頭葉の機能低下自体による症状と，前頭葉による他の脳部位への抑制障害による症状から成ると考えられる．bvFTD の症候学については池田[5]による優れた総説があり，以下の記述はそれを要約したものである．これらの症状は bvFTD に顕著だが，SD や PNFA でも進行すると認められる．

Ⅱ．認知症疾患別の診療の実際

1）病識の欠如

病初期から認められ，病感すら欠いている．bvFTDで顕著に認められる．SDやPNFAの場合はある程度の病感を有していると感じられるが，深刻味を伴う真の病識は失われている[5]．

2）自発性の低下

病初期には常同行動や落ち着きのなさと共存してみられることが多く，昼寝をしているかと思うと常同的に歩き回ったりすることがある．声をかけないと一日中同じ場所でじっとしている血管性認知症の自発性低下とは趣が異なる[5]．

3）感情・情動変化

多幸的であることが多いが，焦燥感，不機嫌が目立つ例もあり，情意鈍麻，無表情などもしばしばみられる．冷ややかで疎通性が得られず，統合失調症と類似する例もある[5]．

4）被影響性の亢進，環境依存症候群

外的な刺激や内的な欲求に対する被刺激閾値が低下し，その処理が短絡的で，反射的，無反省なものになることが特徴的である[5]．

（例）

- 相手が首をかしげるのをみて同じように首をかしげる（反響行為，模倣行為）．
- 相手の言葉をそのままおうむ返しに答える（反響言語）．
- 何かの文句につられて歌を歌いだす．
- 他人への質問に先んじて答える．
- 目に入った看板の文字をいちいち読み上げる（強迫的音読）．
- 検査場面では，反応しないように指示されていても，物品が提示されるとその名前を言う，検者が動作を示すとそれを言語化する（チョキの手真似をすると「チョキ」「V」「2」と言う）（強迫的言語応答）．

5）脱抑制，わが道を行く行動

本能のおもむくままの行動で，反社会的行為につながることがある．社会的な関係や周囲への配慮がまったくみられないが，本人には悪気はなく，あっけらかんとしている．進行して自発性の低下が進むと目立たなくなる[5]．

6. 前頭側頭葉変性症（前頭側頭型認知症）

（例）
- 店頭のお菓子を堂々と万引きする．
- 検査に真剣に取り組まず（考え無精あるいは思考怠惰），自分の気のままに答える．
- 診察中に鼻歌を歌う．
- 関心がなくなると診察室から勝手に出て行く（立ち去り行動）．

6）常同行動

自発性の低下や無関心が前景に立つ前にほぼ全例で認められる特徴的な症状である[5]．

（例）
- 一日中，数 km の同じコースを歩き続ける，あるいは数十 km のコースを毎日周遊し（常同的周遊 roaming），その途中で賽銭泥棒などの軽犯罪を犯したりする．
- 決まった少数の食品や料理に固執する，女性では同じ料理を作る，味噌汁の具が変わらなくなる（常同的食行動異常）．
- 何を聞いても自分の名前など同じ語句を答える（滞続言語），まとまった同じ内容の話を繰り返す（オルゴール時計症状）．
- 比較的初期には，同じ時刻に決まった行動を強迫的に行う時刻表的生活となることがある．

7）転導性の亢進，維持困難

ある行為を維持することができないという症状であり，外界の刺激に対して過剰に反応するのが特徴的である[5]．

8）食行動の異常

食欲の変化，嗜好の変化，食習慣の変化がみられ，AD に比較して出現頻度は高い．特に早期では食欲の増加がみられる[5]．

2. 意味性認知症（SD）

意味記憶の障害が全経過を通じた最大の特徴である．左半球障害が優位の場合は語義失語，右半球優位の場合は相貌認知障害を示す．

語義失語では，発語は流暢で，呼称障害と単語理解の障害を示す．比喩的表現の字義通りの説明（「腹黒い」を「腹が黒いこと」など）や表層性失読

Ⅱ．認知症疾患別の診療の実際

（「案山子」を「あんざんし」など）を認める．文法，復唱は保たれる．相貌認知障害では，家族や有名人の顔が誰であるかわからず，有名建造物などもわからない．

3．進行性非流暢性失語（PNFA）

　言語表出の障害が全経過を通じての特徴である．失語は非流暢性，失文法，音韻性錯語，失名辞（換語困難，呼称障害），失構音（発語失行），復唱障害などが特徴である．早期には記憶，見当識，空間認知，遂行能力などは保たれる．

4．FTLD/FTD に伴う運動症状

　bvFTD の十数％に運動ニューロン疾患を伴う[4]．典型的には上位運動ニューロン障害（腱反射亢進，病的反射，痙縮），下位運動ニューロン障害（筋力低下，筋萎縮，筋線維束性攣縮），構音障害，嚥下障害，強迫泣や強迫笑（pseudobulbar affect）を示す．SD や PNFA には少ない．

　FTLD/FTD の約 20％に早期からパーキンソニズムがみられ，bvFTD にもっとも多く，次いで PNFA に多い[4]．

E　検査

1．脳画像検査

　bvFTD では，MRI/CT により前頭葉と側頭葉前方部の限局性萎縮を示し，SPECT/PET により同部位の血流代謝の低下を示す．側脳室前方部の拡大も顕著である．図3はその典型例である．病理学的に Pick 病と診断される症例（3R-tau の蓄積である Pick 小体が出現する）では，「ナイフの刃状」と形容される顕著な脳回萎縮を示す．脳画像所見に明らかな異常を認めない症例があり，phenocopy syndrome と呼ばれ，異なる病態が想定される．また，行動障害や実行機能障害が目立ち，bvFTD 類似の臨床像を示す frontal variant of Alzheimer's disease（AD）（behavioral/dysexecutive variant of AD）では，bvFTD に比較して，前頭葉の萎縮は軽く側頭・頭頂葉の萎縮は強い[6]．

　SD では，側頭葉前方部（側頭極や中・下側頭回）の萎縮と血流代謝の低下を示す．通常，左右差があり，進行とともに前頭葉萎縮も明らかとなる．

　PNFA では，多くは左側優位の Sylvius 裂周囲構造（すなわち前頭葉後部，

6．前頭側頭葉変性症（前頭側頭型認知症）

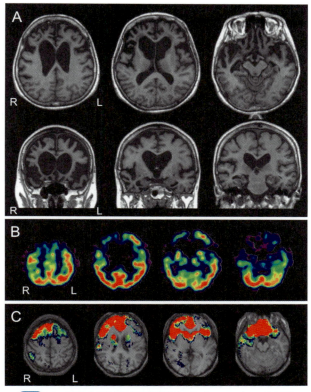

図3 行動障害型前頭側頭型認知症（bvFTD）の脳画像所見
A：T1 強調 MRI 水平断（上）および冠状断（下）
B：^{99m}Tc-ECD による脳血流 SPECT
C：脳血流 SPECT の e-ZIS 解析
MRI では前頭葉と側頭葉前方部の顕著な萎縮，側脳室前方部の著明な拡大，脳血流 SPECT では前頭葉と側頭葉前方部の顕著な血流低下がみられる．R：右，L：左

島，上側頭回）の萎縮，血流代謝の低下を示す．

2．遺伝子検査

家族性の症例の 60％に *C9orf72*，*MAPT*，*GRN* のいずれかの遺伝子変異が認められるとされており，家族集積の強い場合は遺伝子検査が考慮される．

Ⅱ. 認知症疾患別の診療の実際

F 診断

FTLD 概念の変遷に伴い，複数の診断基準が公表されてきたが，「認知症疾患診療ガイドライン 2017」[3]では以下の基準を用いることが提案されている．

bvFTD の診断には，International Behavioural Variant FTD Criteria Consortium（FTDC）による bvFTD の診断基準（2011）[2]を用いる（表1）．

SD の診断には，1998 年以来の SD の診断基準[1]を軸としながら，失語に関して 2011 年の意味型進行性失語の基準[7]を参照する．そのようにして作成された指定難病の認定基準を示す（表2）．

PNFA には，非流暢性/失文法型失語の診断基準（2011）[7]を示す（表3）．

表1 行動障害型前頭側頭型認知症（bvFTD）の診断基準

Ⅰ. 神経変性疾患
（1）bvFTD の診断基準を満たすためには以下の症候を認めないといけない．
　A．進行性の異常行動と認知機能障害の両方またはいずれか一方を認める，もしくは病歴（よく知っている人からの情報提供）から確認できる．

Ⅱ. Possible bvFTD 基準を満たすためには次の行動/認知症症状（A～F）の3項目以上を認めなければならない．
　これらの症状は持続もしくは繰り返しており，単一もしくはまれなイベントではないことを確認する必要がある．
　A．早期の脱抑制行動〔以下の症状（A.1～A.3）のうちのいずれか1つを満たす〕
　　A.1. 社会的に不適切な行動　A.2. 礼儀やマナーの欠如
　　A.3. 衝動的で無分別や無頓着な行動
　B．早期の無関心または無気力〔以下の症状（B.1～B.2）のうちいずれか1つを満たす〕
　　B.1. 無関心　B.2. 無気力
　C．共感や感情移入の欠如〔以下の症状（C.1～C.2）のうちいずれか1つを満たす〕
　　C.1. 他者の要求や感情に対する反応欠如
　　C.2. 社会的な興味や他者との交流，または人間的な温かさの低下や喪失
　D．固執・常同性〔以下の症状（D.1～D.3）のうちのいずれか1つを満たす〕

334

6．前頭側頭葉変性症（前頭側頭型認知症）

表1 つづき

  D.1．単純動作の反復　D.2．強迫的または儀式的な行動　D.3．常同言語
 E．口唇傾向と食習慣の変化〔以下の症状（E.1～E.3）のうちのいずれか1
  つを満たす〕
  E.1．食事嗜好の変化　E.2．過食，飲酒，喫煙行動の増加
  E.3．口唇的探求または異食症
 F．神経心理学的検査：記憶や視空間認知能力は比較的保持されているに
  もかかわらず，遂行機能障害がみられる〔以下の症状（F.1～F.3）のうち
  のいずれか1つを満たす〕
  F.1．遂行課題の障害　F.2．エピソード記憶の相対的な保持
  F.3．視空間技能の相対的な保持

Ⅲ．Probable bvFTD 基準を満たすためには次のすべての項目（A～C）を認め
 なければならない．
 A．possible bvFTD の基準を満たす
 B．有意な機能的低下を呈する〔介護者の記録，Clinical Dementia Rating
  （CDR）による根拠．機能的行動質問スコア〕
 C．bvFTD に一致する画像結果〔以下の症状（C.1～C.2）のうちのいずれか
  1つを満たす〕
  C.1．前頭葉や側頭葉前部に MRI/CT での萎縮
  C.2．PET/SPECT での代謝や血流の低下

Ⅳ．確実な FTLD 病理を有する bvFTD 基準を満たすためには次の項目 A と B
 もしくは C を認めなければならない．
 A．possible もしくは probable bvFTD の基準を満たす
 B．生検もしくは剖検にて組織学的に FTLD の根拠がある
 C．既知の病的変異がある

Ⅴ．bvFTD の除外判断基準
 いかなる bvFTD の診断でも次の項目 A と B は「ない」と答えないといけな
 い．C は possible bvFTD では陽性でもよいが，probable bvFTD では陰性で
 なければならない．
 A．障害パターンは，他の非神経系変性疾患や内科的疾患のほうが説明しや
  すい
 B．行動障害は，精神科的診断のほうが説明しやすい
 C．バイオマーカーが Alzheimer 型認知症やほかの神経変性過程を強く示唆
  する

（Rascovsky K, Hodges JR, Knopman D, et al. Sensitivity of revised diagnostic criteria for the behavioural variant of frontotemporal dementia. Brain. 2011 ; 134（Pt 9）: 2456-77）
（日本神経学会，監修．認知症疾患診療ガイドライン 2017．医学書院；2017．p.263-80）[3]

Ⅱ．認知症疾患別の診療の実際

表2 意味性認知症（SD）の診断基準

(1) 必須項目[a]：次の 2 つの中核症状の両者を満たし，それらにより日常生活が阻害されている．
　A．物品呼称の障害
　B．単語理解の障害

(2) 以下の 4 つのうち少なくとも 3 つを認める．
　①対象物に対する知識の障害[b]（特に低頻度/低親密性のもので顕著）
　②表層性失読・失書[c]
　③復唱は保たれる．流暢性の発語を呈する．
　④発話（文法や自発語）は保たれる．

(3) 高齢で発症する例も存在するが，70 歳以上で発症する例はまれである．

(4) 画像検査：前方優位の側頭葉に MRI/CT での萎縮がみられる．

(5) 除外診断：以下の疾患を鑑別できる．
　1）Alzheimer 病
　2）Lewy 小体型認知症
　3）血管性認知症
　4）進行性核上性麻痺
　5）大脳皮質基底核変性症
　6）うつ病などの精神疾患

(6) 臨床診断：(1) (2) (3) (4) (5) のすべてを満たすもの．

〔厚生労働省：平成 27 年 7 月 1 日施行の指定難病（新規・更新）：前頭側頭葉変性症．http://www.mhlw.go.jp/stf/seisakunitsuite/bunya/0000079293.html（2017. 5. 8.）〕

注 1) 特徴的な言語の障害に対して，本人や介護者はしばしば"もの忘れ"として訴えることに留意する．

注 2) （行動異常型）前頭側頭型認知症と同様の行動障害がしばしばみられることに留意する．

　a) 例：これらの障害に一貫性がみられる．つまり，異なる検査場面や日常生活でも同じ物品，単語に障害を示す．

　b) 例：富士山や金閣寺の写真を見せても，山や寺ということは理解できても特定の山や寺と認識できない．信号機を提示しても「信号機」と呼称ができず，「見たことない」,「青い電気がついとるな」などと答えたりする．有名人や友人，たまにしか会わない親戚の顔が認識できない．それらを見ても，「何も思い出せない」,「知らない」と言ったりする．

　c) 例：団子→"だんし"，三日月→"さんかづき"

（日本神経学会，監修．認知症疾患診療ガイドライン 2017．医学書院；2017．p.263-80）[3]）

336　　**JCOPY** 498-22893

6．前頭側頭葉変性症（前頭側頭型認知症）

表3 非流暢性/失文法型失語の診断基準

以下の3つすべてを認める．
1．言語の障害が最も顕著である
2．言語障害は日常生活の障害の主要原因である
3．失語は初発症状で，罹病早期は主症状である

以下の4つを認めない．
1．症状の様式は他の非神経変性疾患もしくは内科的疾患でよく説明できる
2．認知障害は精神疾患でよく説明できる
3．顕著なエピソード記憶，視覚性記憶，視空間認知障害
4．顕著な初期の行動障害

I．臨床診断
　中核症状：以下の1つ以上を認める．
　1．発話における失文法
　2．努力性で滞りのみられる発話，不規則な音韻の誤りや歪み（発語失行）
　　　を伴う
　その他の症状：以下の2つ以上を認める．
　1．文法的に複雑な文の理解障害
　2．個々の単語理解は保たれる
　3．ものについての知識は保たれる

II．画像を含めた診断
　以下の2つを認める．
　1．臨床診断が非流暢性/失文法型失語である
　2．画像は，以下の結果の1つもしくはそれ以上を認める
　　a．MRIにて左前頭葉後部から島優位の萎縮
　　b．SPECTもしくはPETにて左前頭葉後部から島優位の血流低下もしく
　　　は代謝低下

（Gorno-Tempini ML, Hillis AE, Weintraub S, et al. Classification of primary progressive aphasia and its variants. Neurology. 2011；76：1006-14）[7]
（日本神経学会，監修．認知症疾患診療ガイドライン2017．医学書院；2017．p.263-80）[3]

G　薬物療法

　FTLD/FTDの行動障害や精神症状に対して対症的に薬物療法が行われるが，そのエビデンスは乏しく，効果も十分ではない．いずれも適応外使用で

Ⅱ．認知症疾患別の診療の実際

ある.

1）選択的セロトニン再取り込み阻害薬（SSRI）（セルトラリン，パロキセチン，フルボキサミンなど）およびトラゾドン

脱抑制，常同行動，強迫的訴え，食行動異常などに有効な場合がある．「認知症疾患診療ガイドライン 2017」[3]では SSRI の使用が推奨されている.

2）非定型抗精神病薬（リスペリドン，オランザピン，クエチアピン，アリピプラゾールなど）

著しい脱抑制，衝動性，攻撃性などに有効な場合がある．少量を用い，副作用にとくに注意する.

3）気分安定薬（リチウム，カルバマゼピン，バルプロ酸，ラモトリギンなど）

情動の安定に寄与するかもしれない.

4）コリンエステラーゼ阻害薬（ドネペジル，ガランタミン，リバスチグミン）

有用性は不明であり，悪化も報告されている.

5）メマンチン

有用性は不明である.

H 非薬物療法・ケアのポイント

患者と介護者の生活の質を向上させるために，非薬物的介入やケアの重要性は高い．保たれている機能や特徴的な症状を利用することにより，行動障害の問題化防止や介護負担の軽減に工夫がなされている．詳細は繁信[8]による総説などを参照されたい.

1．保たれている機能の活用

エピソード記憶は保たれるので，関わる人・時間・場所を固定すると関係を構築しやすい．職業や趣味によって発症前に獲得された手続き記憶を取り入れた作業を選ぶと取り組みやすい[8].

2．特徴的な症状の利用

1）被影響性の亢進の利用

被影響性の亢進を利用して，活動の開始や継続を促す．例えば，立ち去り

6．前頭側頭葉変性症（前頭側頭型認知症）

行動の目立つ症例では，道具を手渡す，道具を見せて声をかけるなど，注意を喚起することにより作業が開始できたり，再開できたりする[8]．

2）常同行動・保続の利用

本人の趣味などを，比較的問題とならない常同行動として習慣化すると，その行動に没頭する間の行動障害は低減する[8]．

3）転導性の亢進・維持困難の利用

興奮や拒否がみられた時などに，スタッフがそばでなじみの歌を歌うなど，別の興味ある活動を促すと，興奮の原因から注意をそらせることができる[8]．

3．家族教育

FTLD/FTD では，早期から行動障害や精神症状が目立つため，介護負担が大きい．家族や介護者に疾患やその特有の症状に対する理解を深めてもらい，具体的指導を行うことが重要である．

Ⅰ 予後

生命予後は症例によってさまざまだが，平均 8 年程度とされる．運動ニューロン疾患を伴う例は経過が短い．死因は肺炎や他の二次感染症が多い．

●文献

1) Neary D, Snowden JS, Gustafson L, et al. Frontotemporal lobar degeneration : a consensus on clinical diagnostic criteria. Neurology. 1998 ; 51 : 1546-54.
2) Rascovsky K, Hodges JR, Knopman D, et al. Sensitivity of revised diagnostic criteria for the behavioural variant of frontotemporal dementia. Brain. 2011 ; 134 : 2456-77.
3) 日本神経学会，監修．前頭側頭葉変性症．In：認知症疾患診療ガイドライン 2017．東京：医学書院；2017．p.263-80.
4) Bang J, Spina S, Miller B. Frontotemporal dementia. Lancet. 2015 ; 386 : 1672-82.
5) 池田　学．前頭側頭型認知症の症候学．In：池田　学，責任編集．専門医のための精神科臨床リュミエール：前頭側頭型認知症の臨床．東京：中山書店；2010．p.57-63.
6) Ossenkoppele R, Pijnenburg YAL, Perry DC, et al. The behavioural/dysexecutive variant of Alzheimer's disease : clinical, neuroimaging and pathological features. Brain. 2015 ; 138 : 2732-49.

Ⅱ. 認知症疾患別の診療の実際

7) Gorno-Tempini ML, Hills AE, Weintraub S, et al. Classification of primary progressive aphasia and its variants. Neurology. 2011 ; 76 : 1006-14.

8) 繁信和恵. 前頭側頭型認知症の非薬物療法. In : 池田　学, 責任編集. 専門医のための精神科臨床リュミエール : 前頭側頭型認知症の臨床. 東京 : 中山書店 ; 2010. p.66-73.

〈鈴木道雄〉

7

嗜銀顆粒性認知症・神経原線維変化型老年期認知症ほかのAlzheimer病類似の変性認知症

A 症例提示

　死亡時94歳の女性．82歳頃からもの忘れが始まり緩徐に進行し，頼まれたことを忘れたりするようになった．娘と同居していたが，日常生活動作（ADL）は自立していた．90歳時，もの忘れ症状が進行し自宅での生活が困難になり入院した．入院時，一般身体所見は異常がなかった．特に近時記憶障害がめだつ高度の記憶障害，時間に関する失見当識を認めた．失語，失行，失認はなく，臨床認知症評価（CDR）1と評価された．血液・尿検査に異常なく，アポリポ蛋白E遺伝子型は$\varepsilon 3/\varepsilon 3$であった．頭部MRIでは，内側側頭葉萎縮がめだち，軽度のびまん性脳萎縮，大脳基底核に陳旧性ラクナ梗塞を認めた（図1）．Alzheimer病（AD）による認知症が疑われた．その後，施設に入所し，認知機能・ADLが徐々に悪化したが，明らかな認知症の行動・心理症状（BPSD）はなかった．94歳時，肺炎を併発し死亡し剖検された．

　脳重量は1,140gで，肉眼的には軽度のびまん性脳萎縮に加え，後方優位の海馬領域の萎縮と側脳室下角の拡大，基底核領域の少数のラクナ梗塞を認めた．組織学的には非常に多数の神経原線維変化（neurofibrillary tangles：NFT）を海馬のCA1から海馬支脚，海馬傍回（entorhinal/transentorhinal領域）に認め，神経細胞脱落とグリオーシスを認めた（図2a）．新皮質にはNFTはほとんどなかった．一方，NFTとは対照的に，老人斑や脳アミロイドアンギオパチー（CAA）などのアミロイドβ蛋白（Aβ）の沈着はほとんど認めなかった．神経原線維変化型老年期認知症（senile dementia of the neurofibrillary tangle type：SD-NFT）[1]と確定診断した．

Ⅱ．認知症疾患別の診療の実際

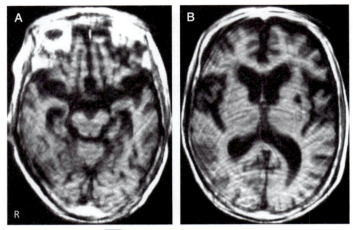

図1 頭部 MRI（T1 強調画像）
海馬領域の萎縮，側脳室下角の開大が明らかである．びまん性の脳萎縮，左被殻には陳旧性の小梗塞巣もみられる．

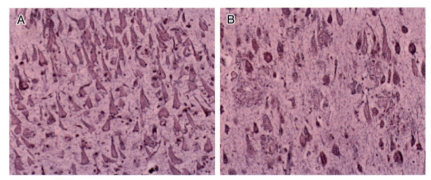

図2 海馬 CA1 領域（メセナミン-ボディアン染色，原倍率×200）
非常に多数の神経原線維変化（NFT）がみられ，ghost tangles（細胞外 NFT）がめだつ（A）．これらの NFT は各種タウ抗体，リン酸化タウ抗体で陽性である．Alzheimer 病では NFT と老人斑の両者がみられる（B）ことと対照的である．

7．嗜銀顆粒性認知症・神経原線維変化型老年期認知症ほかの Alzheimer 病類似の変性認知症

B SNAP と非 Alzheimer 型高齢者タウオパチー

AD の臨床研究において，臨床的に AD と診断される認知症例（clinically probable AD）や神経変性マーカー（MRI/糖代謝 PET/脳脊髄液タウ）陽性の軽度認知障害（MCI）例の2～3割前後がアミロイドマーカー（アミロイド PET/脳脊髄液 Aβ_{1-42}）陰性であることが報告された[2,3]．これらの，アミロイド（A）マーカー陰性で神経変性（N）マーカー陽性（A-N＋）の例は SNAP（suspected non-AD pathophysiology）とも呼称される[4]．アミロイド（A）マーカーと神経変性（N）マーカーが共に陽性（A＋N＋）の高い診断確実度の AD 群と比較すると，A-N＋の SNAP 群は進行が遅く，SNAP は AD と比較して予後がよい．MCI から認知症への3年後の進展率は，A＋N＋の MCI（MCI due to AD, high likelihood）群は59％であるのに対し，A-N＋の MCI（MCI due to SNAP）群は24％であった[5]．

SNAP の背景には①非 AD 型神経変性疾患，②脳血管障害，③両者の混合がある．主な非 AD 変性疾患には非 AD 高齢者タウオパチー〔嗜銀顆粒性認知症（argyrophilic grain dementia：AGD）や SD-NFT〕や TDP-43〔TAR（trans activation responsive region）-DNA-binding protein of 43 kDa〕蛋白異常症などがある．これらはしばしば AD と誤診される．

本項では AGD，SD-NFT，その他の AD 類似の非 AD 神経変性疾患について概説する．アミロイドマーカーは未だ保険適用がないが（2020年7月現在），これらの疾患の可能性も考慮しながら AD 診療にあたる必要がある．

C 嗜銀顆粒性認知症（嗜銀顆粒病による認知症）

1．概念

嗜銀顆粒病（argyrophilic grain disease：AGD）あるいは嗜銀顆粒性認知症〔(argyr)ophilic grain dementia（AGD）/dementia with grains〕は，主に側頭葉内側部における嗜銀性顆粒〔4リピート（R）タウ〕の蓄積を特色とし（図3），老年期の認知症の原因となる[6,7]．

2．頻度

AGD 病変を有する高齢者が必ずしも認知症を示すとは限らず，他の病変

Ⅱ. 認知症疾患別の診療の実際

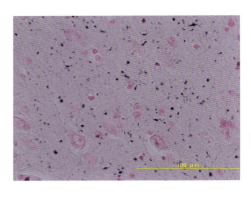

図3 AGDの海馬支脚にみられる嗜銀顆粒（Gallyas染色, bar＝100 μm）

としばしば併存する．AGDが主な原因と考えられる認知症は，全認知症患者の5～10％前後を占めることが推定され，高齢になるほど頻度を増す[8,9]．

3. 病理・病態

　嗜銀顆粒の分布が迂回回（ambient gyrus）から側頭葉内側，辺縁系へ拡大していく様式はSaitoらによりステージⅠ～Ⅲの3段階に分類されている（図4）[9]．ステージⅢの97％は，他の病変の合併なしにMCIあるいは認知症を示す[9]．迂回回に強調される側頭葉内側部前方における萎縮，側脳室下角の拡大がみられる[10]．病変はしばしば左右非対称性である[11]．嗜銀顆粒は過剰リン酸化されたタウ蛋白の4Rアイソフォームが主に神経突起内に蓄積している（4Rタウオパチー）．ほとんどの例は孤発例であり，タウ蛋白遺伝子に変異はない．coiled bodiesなどのグリア内タウ陽性封入体もみられるが，疾患特異性はない．AD，SD-NFTやDLB病変との合併もみられる．ADの危険因子であるアポリポ蛋白E遺伝子（*ApoE*）ε4は関連しない[10,12]．

4. 臨床症候

　多くは健忘症状で高齢発症し易怒性や性格変化などの精神症状を伴い緩徐進行性の臨床経過を示す[13-15]．これらは辺縁系病変に関連する．記憶以外の認知機能は比較的保たれる．攻撃性などを示す情動障害，性格変化もみられる．健忘型MCIの原因疾患にはAGDおよびAGDと他病変の合併例が含まれることに留意する[16]．稀にAGDで典型的な行動障害型前頭側頭型認知症（behavioral variant frontotemporal dementia）の病像を呈する例もある[17,18]．

　興味深いことには，高齢発症の統合失調症や妄想性障害の発症にAGDが

344

7. 嗜銀顆粒性認知症・神経原線維変化型老年期認知症ほかの Alzheimer 病類似の変性認知症

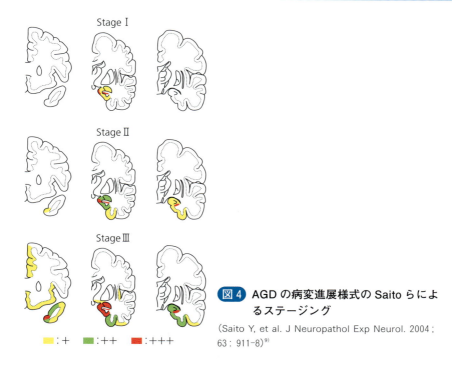

図4 AGD の病変進展様式の Saito らによるステージング

(Saito Y, et al. J Neuropathol Exp Neurol. 2004；63：911-8)[9]

関連している可能性が指摘されている[19]．今後，AGD の臨床的スペクトラムの全貌が明らかにされる必要がある．

5．検査所見

CT/MRI では，内側側頭葉萎縮がみられるが[20]，萎縮が前方に優位であり[10]，左右非対称の所見が約半数にみられる[11,21]．脳血流 SPECT や糖代謝 PET では，側頭葉内側前方優位に左右非対称性の低下がみられる[11]．アミロイドイメージングは陰性である．Alzheimer 病の脳脊髄液マーカーの $A\beta_{42}$ とリン酸化タウについては，$A\beta_{42}$ は正常で，リン酸化タウも明らかな異常は報告されていない．AGD のタウイメージングは，^{18}F-flortaucipir（AV-1451）の限定的な取り込みが AGD 例で報告されているが[22]，今後の課題である．

6．診断と鑑別診断

①高齢発症，②記憶障害が主体で遂行機能が比較的保たれ進行は緩徐，③易怒性，頑固，自発性低下などの前頭側頭型認知症と類似の症状を示すが，

Ⅱ. 認知症疾患別の診療の実際

前頭側頭型認知症より軽度，④画像上，左右差を示す，迂回回を含む側頭葉内側前方の萎縮，代謝・血流低下，⑤脳脊髄液バイオマーカー，アミロイドPET は原則として正常，などの特徴に注目して診断する．AD，DLB，SD-NFT などを鑑別するが，高齢者では合併が多いことに留意する．

7. 治療・予後

根本的治療法はなく，AD症状改善薬の有効性のエビデンスはない．AD と較べて進行は非常に緩徐である．

D 神経原線維変化型老年期認知症（PART 病理による認知症）

1. 概念

加齢に関連して海馬領域を中心に NFT が出現することはよく知られている．一方，高齢者の認知症の中には，AD と同様に海馬領域を中心に多数の NFT を有するが，老人斑をほとんど欠く一群が存在する．筆者らは，こうした神経病理学的特徴を有する老年期認知症例を，同年代の AD と臨床，病理，*ApoE* 遺伝子型などについて比較し，それが AD とは異なる新しい疾患単位であることを示し，NFT 型老年期認知症（senile dementia of the NFT type: SD-NFT）という名称を提唱した[1]．その後，本症は辺縁系神経原線維変化認知症（limbic NFT dementia），神経原線維変化優位型老年期認知症（tangle-predominant senile dementia（TPSD）/NFT-predominant form of senile dementia），神経原線維変化を伴う老年期認知症（senile dementia with tangles），tangle-only dementia，あるいは神経原線維変化優位型認知症（NFT-predominant dementia）などのさまざまな名称で記述されてきたが，それらは同義のものと考えられ，高齢発症タウオパチーの１つと位置づけられる．近年，認知機能正常高齢者の海馬領域にみられる少量のNFT からSD-NFT でみられる大量のNFT 病理までを含む病理学的な用語として"primary age-related tauopathy"（PART）（原発性年齢関連タウオパチー）という名称が提案された[23]．PART 病理による認知症がSD-NFT に該当する[24]．

2. 頻度

高齢者の認知症剖検例の約5％を占める[1,25]．最近の地域認知症剖検例の研究ではSD-NFT の頻度が10％以上に増加していることが報告された[26]．

3. 病理・病態

SD-NFT では海馬傍回, 海馬 (CA1 > CA2) を含む海馬領域に大量の NFT が neuropil threads と共に分布し, 神経細胞脱落, グリオーシスを伴う (図 2)[1,27]. NFT は扁桃核, 島, Meynert 核などにもみられるが, 大脳皮質には稀である. NFT の分布は Braak & Braak 分類のⅢ-Ⅳ (limbic stage) に該当する. NFT の超微形態 〔paired helical filament (PHF)〕, 構成成分のタウ蛋白のアイソフォーム (3R + 4R), タウ蛋白のリン酸化, アセチル化などの翻訳後修飾には AD との違いは見出されていない. 一方, 老人斑 (Aβ沈着) はほとんどみられず, CAA も軽微までにとどまる. 嗜銀性顆粒, グリアのタウ陽性封入体などが併存する. 神経病理学的診断基準を表 1a に示す. ApoE ε4 とは関連しない.

明らかな認知症のない百寿者脳にみられる NFT の分布パターンは, SD-NFT の NFT の分布に類似しており, 筆者らは, AD ではなく, SD-NFT が脳のエイジング過程が加速された病態を表現しているものと考えた[27-29]. SD-NFT を年齢に関連して出現する海馬 NFT 病理のスペクトラムの 1 つの極に位置づけることは, 近年, 多くの研究者によって支持されるようになり, 2014 年, 筆者を含むグループは, この加齢に伴い海馬領域を中心に NFT が出現する病理・病態を広く PART と呼ぶことを提案した[23]. すなわち, PART は, 年齢に関連する極軽微な NFT の出現から SD-NFT でみられる多量の NFT 病理までを包含する病理学的用語である[24]. PART 病理の進展が認知機能低下の程度と相関する[30-32].

4. 臨床症候

SD-NFT の主症状は記憶障害である. PART 病理の進展と症状の関連をみると, 高齢者の多くは海馬領域にいくらかの NFT を有しており, NFT が全くない状態 (Braak ステージ 0) は稀である. 内側側頭葉を中心に少数の NFT を有している場合は認知機能正常範囲であるが, その密度が増加すると, 記憶を中心に認知機能が軽度障害され (健忘型 MCI), さらに SD-NFT として記載されるような認知症の段階にいたる (Braak ステージⅢ-Ⅳ). AD と比較して意味性記憶や言語が保たれる[33]. また, 血管障害, AGD など, 高齢者にしばしば併存する病態が症状に影響する. 記憶障害以外に, 精神症状も時

II．認知症疾患別の診療の実際

表1 神経原線維変化型老年期認知症（SD-NFT）の神経病理学的診断基準および臨床診断ガイドライン

a．神経病理学的診断基準

A．下記の神経病理学的特徴を有する老年期発症の認知症である
  1．海馬領域に多数の神経原線維変化（NFT）がある*
  2．脳全体にわたり老人斑（Aβ沈着）をほとんど欠く
B．NFT が出現する他の認知症性疾患を除外できる**

*多数の NFT が海馬および傍海馬回（特に，CA1，海馬支脚，嗅内皮質，tansentorhinal cortex）にみられ，neuropil threads と神経細胞脱落を伴う．NFT は扁桃核，島，Meynert 核などにもみられるが，大脳皮質には稀である．NFT の分布は Braak & Braak 分類のIII-IV（limbic stage）に該当する．

**Alzheimer 病，進行性核上性麻痺，石灰化を伴うびまん性神経原線維変化病（diffuse NFTs with calcification），第17染色体に連鎖する前頭側頭型認知症およびパーキンソニズム（FTDP-17），筋萎縮性側索硬化症/パーキンソニズム/認知症複合ほか．

b．臨床診断ガイドライン

1．発症：老年期（特に後期老年期）に記憶障害で発症
2．臨床症状と経過：初期は記憶障害を主体とし他の認知機能や人格は比較的保たれる（軽度認知障害段階）．非常に緩徐に進行し，見当識や他の認知機能も障害されてくる（認知症段階）．
3．頭部画像（CT/MRI）：海馬領域の萎縮と側脳室下角の拡大
4．鑑別診断：Alzheimer 病***および他の非 Alzheimer 型変性認知症を鑑別

***Alzheimer 病との鑑別にアミロイドイメージング，脳脊髄液アミロイドマーカーが有用

（Yamada M. Neuropathology. 2003；23：311-7）[29]

に記載されている．側坐核のタウ蓄積が妄想と関連するという報告がある[34]．

5．検査所見

頭部 CT や MRI では（図1），内側側頭葉の萎縮がみられるが[35]，大脳皮質のびまん性の萎縮は比較的軽度の場合が多い．血管性病変などが共存してみられることが多い．脳血流 SPECT や糖代謝 PET では，病理学的な裏付けのある症例のデータは未だ十分蓄積されていない．アミロイドイメージングは陰性である．タウイメージングによる PART 病理の検出が示唆されてお

り[36]，今後，剖検例における検証が期待される．脳脊髄液マーカーでは $A\beta_{1-42}$ は正常で，リン酸化タウは正常ないし軽度上昇にとどまると推定されるが，病理学的に確定診断された症例のデータの蓄積が必要である．

6．診断・鑑別診断

SD-NFT の臨床診断ガイドラインを表1b に示す[29]．剖検でSD-NFT と確定診断された例の多くは，生前，AD と臨床診断されており，AD や非 AD 型変性認知症（AGD など）との鑑別診断が問題となる．また，AGD や血管性病変などとのオーバーラップが少なくないことに留意する．

高齢発症 AD は若年発症 AD と較べて側頭葉内側部に限局性に神経変性が強調され SD-NFT と共通点が多く[1]，鑑別が問題になる．*ApoE ε4* を有する場合は AD の診断をサポートするが，ε4 を有さない AD 例も多数あり，*ApoE* 検索の意義は限定的である．非 AD 型認知症で SD-NFT との鑑別上問題になるのは，主に内側側頭葉が侵され記憶障害で発症してくる疾患であり，その代表は AGD である．上記の症候や検査所見の違いが鑑別上の参考になるが，AGD と SD-NFT とのタウ病変の違いを検出できる検査法（タウイメージング，生化学マーカー）の確立が待たれる．

7．治療と予後

タウの凝集蓄積過程を標的とするタウ標的療法が開発中であるが，現在，有効性が証明されている治療法はない．多くの例は AD との臨床診断のもとにコリンエステラーゼ阻害薬が投薬されているものと考えられるが，その効果は検証されていない．臨床経過は AD と比較して非常に緩徐である[37,38]．高齢のため，しばしば合併する脳血管障害などにより病状や経過が修飾される．

E その他（TDP-43 蛋白異常症ほか）

高齢者に TDP-43 が主に辺縁系に蓄積する病理所見がみられることが知られており，近年，その病態を「辺縁系優位型年齢関連 TDP-43 脳症（limbic predominant age-related TDP-43 encephalopathy：LATE）」と呼ぶことが提唱された[39]．この加齢に伴い辺縁系に分布する TDP-43 蛋白異常症（TDP-43 proteinopathy）は，前頭側頭葉変性症の一部でみられるものとは年齢や

Ⅱ. 認知症疾患別の診療の実際

病変分布の点で異なり, 高齢者の健忘症状と関連がある. "LATE" の神経病理学的変化は海馬硬化を伴う場合と伴わない場合があり, 80 歳以上の剖検脳の 20% 以上にみられるという[39]. 今後, 日本人における検討を含め, "LATE" の神経病理学的変化と, AD 型神経病理や非 AD 高齢者タウオパチー（上述）などの他の神経病理変化との共存, それらと認知症症状との関連について明らかにする必要がある.

Lewy 小体型認知症（dementia with Lewy bodies：DLB）については, パーキンソニズムや幻視などの臨床的特徴や, 初期には認知障害が健忘症状よりも注意・実行機能・視覚的認知障害などがめだつことなどから, DLB に合併する AD 病理の影響が大きいケースを除けば, SNAP の原因疾患として問題になる場合は少ないと思われる.

● 文献

1) Yamada M, Itoh Y, Otomo E, et al. Dementia of the Alzheimer type（DAT）and related dementias in the elderly：DAT subgroups and "senile dementia of the neurofibrillary tangle（NFT）type". Neuropathology. 1996；16：89-98.

2) Petersen RC, Aisen P, Boeve BF, et al. Mild cognitive impairment due to Alzheimer disease in the community. Ann Neurol. 2013；74：199-208.

3) Salloway S, Sperling R, Fox NC, et al. Two phase 3 trials of bapineuzumab in mild-to-moderate Alzheimer's disease. N Engl J Med. 2014；370：322-33.

4) 山田正仁. アルツハイマー病診断における SNAP とその背景疾患. Brain Nerve. 2018；70：59-71.

5) Vos SJ, Verhey F, Frölich L, et al. Prevalence and prognosis of Alzheimer's disease at the mild cognitive impairment stage. Brain. 2015；138：1327-38.

6) Braak H, Braak E. Argyrophilic grains：characteristic pathology of cerebral cortex in cases of adult onset dementia without Alzheimer changes. Neurosci Lett. 1987；76：124-7.

7) Braak H, Braak E. Cortical and subcortical argyrophilic grains characterize a disease associated with adult onset dementia. Neuropathol Appl Neurobiol. 1989；15：13-26.

8) Tolnay M, Clavaguera F. Argyrophilic grain disease：a late-onset dementia with distinctive features among tauopathies. Neuropathology. 2004；24：269-83.

9) Saito Y, Ruberu NN, Sawabe M, et al. Staging of argyrophilic grains：an age-associated tauopathy. J Neuropathol Exp Neurol. 2004；63：911-8.

10) Saito Y, Nakahara K, Yamanouchi H, et al. Severe involvement of ambient gyrus in dementia with grains. J Neuropathol Exp Neurol. 2002；61：789-96.

7. 嗜銀顆粒性認知症・神経原線維変化型老年期認知症ほかの Alzheimer 病類似の変性認知症

11) Adachi T, Saito Y, Hatsuta H, et al. Neuropathological asymmetry in argyrophilic grain disease. J Neuropathol Exp Neurol. 2010 ; 69 : 737-44.

12) Ferrer I, Santpere G, van Leeuwen FW. Argyrophilic grain disease. Brain. 2008 ; 131 : 1416-32.

13) Ikeda K, Akiyama H, Arai T, et al. Clinical aspects of argyrophilic grain disease. Clin Neuropathol. 2000 ; 19 : 278-84.

14) Togo T, Isojima D, Akatsu H, et al. Clinical features of argyrophilic grain disease : a retrospective survey of cases with neuropsychiatric symptoms. Am J Geriatr Psychiatry. 2005 ; 13 : 1083-91.

15) Steuerwald GM, Baumann TP, Taylor KI, et al. Clinical characteristics of dementia associated with argyrophilic grain disease. Dement Geriatr Cogn Disord. 2007 ; 24 : 229-34.

16) Jicha GA, Petersen RC, Knopman DS, et al. Argyrophilic grain disease in demented subjects presenting initially with amnestic mild cognitive impairment. J Neuropathol Exp Neurol. 2006 ; 65 : 602-9.

17) Perry DC, Brown JA, Possin KL, et al. Clinicopathological correlations in behavioural variant frontotemporal dementia. Brain. 2017 ; 140 : 3329-45.

18) Gil MJ, Serrano S, Manzano MS, et al. Argyrophilic grain disease presenting as behavioral frontotemporal dementia. Clin Neuropathol. 2019 ; 38 : 8-13.

19) Nagao S, Yokota O, Ikeda C, et al. Argyrophilic grain disease as a neurodegenerative substrate in late-onset schizophrenia and delusional disorders. Eur Arch Psychiatry Clin Neurosci. 2014 ; 264 : 317-31.

20) Barkhof F, Polvikoski TM, van Straaten EC, et al. The significance of medial temporal lobe atrophy : a postmortem MRI study in the very old. Neurology. 2007 ; 69 : 1521-7.

21) Sakurai K, Tokumaru AM, Ikeda T, et al. Characteristic asymmetric limbic and anterior temporal atrophy in demented patients with pathologically confirmed argyrophilic grain disease. Neuroradiology. 2019 ; 61 : 1239-49.

22) Tsai RM, Bejanin A, Lesman-Segev O, et al. ^{18}F-flortaucipir (AV-1451) tau PET in frontotemporal dementia syndromes. Alzheimers Res Ther. 2019 ; 11 : 13.

23) Crary JF, Trojanowski JQ, Schneider JA, et al. Primary age-related tauopathy (PART) : a common pathology associated with human aging. Acta Neuropathol. 2014 ; 128 : 755-66.

24) 山田正仁. Senile dementia of the neurofibrillary tangle type(SD-NFT)と Primary age-related tauopathy (PART) の概念をめぐって. Dementia Japan. 2016 ; 30 : 103-11.

25) Matsui Y, Tanizaki Y, Arima H, et al. Incidence and survival of dementia in a general population of Japanese elderly : the Hisayama study. J Neurol Neurosurg Psychiatry. 2009 ; 80 : 366-70.

26) Honda H, Sasaki K, Hamasaki H, et al. Trends in autopsy-verified dementia prev-

alence over 29 years of the Hisayama study. Neuropathology. 2016 ; 36 : 383-7.

27) Yamada M, Itoh Y, Sodeyama N, et al. Senile dementia of the neurofibrillary tangle type : a comparison with Alzheimer's disease. Dement Geriatr Cogn Disord. 2001 ; 12 : 117-26.

28) Yamada M, Itoh Y, Sodeyama N, et al. Aging of the human limbic system : observations of the centenarian brains and analyses of genetic risk factors for the senile changes.. Neuropathology. 1998 ; 18 : 228-34.

29) Yamada M. Senile dementia of the neurofibrillary tangle type (tangle-only dementia) : neuropathological criteria and clinical guidelines for diagnosis. Neuropathology. 2003 ; 23 : 311-7.

30) Besser LM, Crary JF, Mock C, et al. Comparison of symptomatic and asymptomatic persons with primary age-related tauopathy. Neurology. 2017 ; 89 : 1707-15.

31) Jefferson-George KS, Wolk DA, Lee EB, et al. Cognitive decline associated with pathological burden in primary age-related tauopathy. Alzheimers Dement. 2017 ; 13 : 1048-53.

32) Josephs KA, Murray ME, Tosakulwong N, et al. Tau aggregation influences cognition and hippocampal atrophy in the absence of beta-amyloid : a clinico-imaging-pathological study of primary age-related tauopathy (PART). Acta Neuropathol. 2017 ; 133 : 705-15.

33) Besser LM, Mock C, Teylan MA, et al. Differences in cognitive impairment in primary age-related tauopathy versus Alzheimer disease. J Neuropathol Exp Neurol. 2019 ; 78 : 219-28.

34) Kawakami I, Hasegawa M, Arai T, et al. Tau accumulation in the nucleus accumbens in tangle-predominant dementia. Acta Neuropathol Commun. 2014 ; 2 : 40.

35) Quintas-Neves M, Teylan MA, Besser L, et al. Magnetic resonance imaging brain atrophy assessment in primary age-related tauopathy (PART). Acta Neuropathol Commun. 2019 ; 7 : 204.

36) Das SR, Xie L, Wisse LEM, et al. In vivo measures of tau burden are associated with atrophy in early Braak stage medial temporal lobe regions in amyloid-negative individuals. Alzheimers Dement. 2019 ; 15 : 1286-95.

37) Bell WR, An Y, Kageyama Y, et al. Neuropathologic, genetic, and longitudinal cognitive profiles in primary age-related tauopathy (PART) and Alzheimer's disease. Alzheimers Dement. 2019 ; 15 : 8-16.

38) Teylan M, Mock C, Gauthreaux K, et al. Cognitive trajectory in mild cognitive impairment due to primary age-related tauopathy. Brain. 2020 ; 143 : 611-21.

39) Nelson PT, Dickson DW, Trojanowski JQ, et al. Limbic-predominant age-related TDP-43 encephalopathy (LATE) : consensus working group report. Brain. 2019 ; 142 : 1503-27.

〈山田正仁〉

8 進行性核上性麻痺・大脳皮質基底核変性症

　進行性核上性麻痺（progressive supranuclear palsy：PSP）と大脳皮質基底核変性症（corticobasal degeneration：CBD）は神経細胞やグリア細胞に4リピートのリン酸化タウ蛋白の蓄積が認められるタウオパチーであり，臨床病理学的な特徴において類似点が多い．本稿では，代表的なPSPやCBD症例を提示するとともに，両疾患の臨床病理学的な特徴を概説する．

A 進行性核上性麻痺（PSP）

1．症例提示

【症例】66歳　女性

【主訴】よく転ぶ

【既往歴・家族歴】特記事項なし

【病歴】2年前よりよく転ぶようになった．徐々に増悪し，歩行が困難となった．1年前からはゆっくりと話すようになり，食事や飲水でむせるようになった．精査目的で入院．

【入院時現症】一般身体所見に異常なし

【神経学的所見】意識清明，長谷川式簡易知能評価スケール28点，MMSE 28点，失語，失行，失認は認めず．

　脳神経：両眼ともに上下転制限あり，人形の眼現象陽性，眼振なし，顔面の感覚や筋力に異常なし．仮面様顔貌あり，瞬目減少．Myerson徴候陰性．発話はゆっくりで不明瞭．飲水で嚥下障害あり．舌に異常なし

　運動系：不随意運動なし，頸部および四肢近位部に軽度から中等度の筋強剛あり，筋力正常．

　感覚系は異常なし

　反射：四肢で腱反射亢進，Babinski反射およびChaddock反射は陰性

Ⅱ. 認知症疾患別の診療の実際

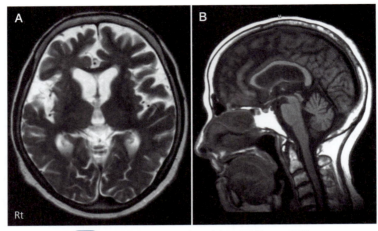

図1 進行性核上性麻痺の症例の頭部MRI画像
A：前頭部の萎縮や第三脳室の拡大が認められる
B：矢状断では中脳の萎縮が認められる（hummingbird sign）

　協調運動系：左優位でdysmetria，decompositionあり
　姿勢・歩行：支え立ちレベル，つかまり歩行で小刻みで開脚．全方向でpulsion陽性
　自律神経：便秘や頻尿あり，立ちくらみなし
【検査結果】血液検査，検尿に異常なし
　頭部MRI：中脳被蓋部の萎縮や第三脳室の拡大あり（図1A，B），前頭葉，側頭葉，頭頂葉に軽度の萎縮あり，左右差は認めない，小脳や橋の萎縮は認めない
　脳血流SPECT：局所脳血流の明らかな低下なし
　心筋MIBGシンチグラフィー：H/M比early 2.62，delayed 3.15，washout rate 1.4%
【臨床経過】約2年の経過で，易転倒性，歩行障害，球症状が認められた．神経学的には姿勢反射障害，体幹部優位の筋強剛，核上性垂直性眼球運動障害がみられ，頭部MRIや心筋MIBGシンチグラフィーの結果より進行性核上性麻痺と診断した．NINDS-SPSPの診断基準[1]ではprobable PSPであった．

8．進行性核上性麻痺・大脳皮質基底核変性症

L-dopa の内服を行ったが効果はみられなかった．

2．PSP の概要

PSP は 1964 年に Steele らによって初めて報告された[2]．中年期以降に発症する原因不明の神経変性疾患である．基本的には孤発性である．発症率や有病率の詳細は不明であるが，英国からの報告では有病率は約 3 人/10 万人とされている[3]．高齢化に伴って頻度が増加しており，わが国では 18 人/10 万人との報告がなされている[4]．60 歳代での発症が多い．臨床的には易転倒性と核上性垂直性眼球運動障害とパーキンソニズム，認知機能障害を特徴とするが，非典型的な症候を呈する症例も存在する．神経病理学的には黒質や大脳基底核の変性と神経細胞およびグリア細胞内における 4 リピートのリン酸化タウ蛋白の蓄積が認められる．現時点では有効な治療法はない．

3．PSP の臨床症状と臨床的多様性・臨床診断基準

典型的な PSP では核上性の垂直性眼球運動障害（特に下方）と易転倒性を特徴とする．しかし，PSP では非典型的な症候を認めることが少なからずあることが報告されてきており[5]，神経病理学的に確定された 76％は非典型例であったとされている[6]．1996 年に出された NINDS-SPSP の診断基準が広く使用されてきたが[1]，特異度は高いものの感度が低いことが問題であった．2017 年に International Parkinson and Movement Disorder Society より PSP の臨床診断基準（MDS-PSP criteria）が公開され，同診断基準では PSP は 10 の臨床病型に分類されている[7]．

発症初期より姿勢反射障害や核上性の垂直性眼球運動障害，転倒を認める症例は Richardson's syndrome（PSP-RS）と呼ばれている．非典型例では，初期にどのような症候が目立つかで分類されている．眼球運動障害（oculomotor dysfunction）が目立つ PSP-OM，姿勢反射障害（postural instability）が目立つ PSP-PI，Parkinson 症状が目立ち，初期には Parkinson 病との鑑別が困難な症例は PSP-P，前頭葉症候が目立ち，前頭側頭型認知症に類似した症例は PSP-F，すくみ足（gait freezing）が目立つ PSP-PGF，大脳皮質基底核症候群（corticobasal syndrome）を呈する PSP-CBS，原発性側索硬化症（primary lateral sclerosis）様の PSP-PLS，小脳失調が目立つ PSP-C，原発性進行性失語様の言語症状が目立つ PSP-SL（speech/language disor-

Ⅱ．認知症疾患別の診療の実際

ders）に分類されている[7]．

　これらの臨床病型の相違について，神経病理学的な変性の程度が各病型によって異なることが明らかにされているが，相違が生じるメカニズムの詳細は不明である[5]．

4．PSP の検査

　血液検査では特徴的な所見は知られていない．脳脊髄液検査では総タウ蛋白やリン酸化タウ蛋白の増加はみられないことが報告されている．RT-QuIC（real time quaking induced conversion）法を利用したタウ蛋白の検出に関する研究が行われている[9]．頭部 MRI では hummingbird sign といわれる中脳の萎縮，第三脳室の拡大が特徴であり，上小脳脚の萎縮もみられる（図1A，B）．ただし，これらの画像的な特徴は進行期に明瞭となるため，特異度は高いものの感度が低いことが報告されている．FDG-PET や脳血流SPECT による機能画像では中脳や前頭葉，視床下核などでの代謝低下，前頭葉での血流低下が認められることがある[8]．タウ蛋白特異的なリガンドを用いたタウ PET について，PSP 症例で大脳基底核や黒質に集積していることが報告されているが，臨床的に有用性が証明されたものはない．

5．PSP の病理

　PSP の病理として，肉眼的には脳幹部被蓋の萎縮，黒質の褪色（図2A），淡蒼球・視床下核の萎縮や変色，小脳歯状核の変色や上小脳脚の萎縮が認められる．青斑核は比較的保たれる（図2A）．大脳皮質の萎縮は症例によって様々である．神経病理学的には，黒質，淡蒼球（内節優位），視床下核，小脳歯状核，脳幹部被蓋を中心とする神経細胞脱落とグリオーシスが認められ（図2B，C），神経細胞内には globose 型の神経原線維変化（neurofibrillary tangle：NFT）がみられる（図3A）．Gallyas-Braak 染色やリン酸化タウ蛋白および4リピートのタウ蛋白に対する抗体を用いた免疫染色により，NFT に加え，アストロサイトの封入体である tuft-shaped astrocyte（図3B，C），オリゴデンドログリア内の封入体である coiled body（図3D），thread が神経細胞の脱落領域を越えて広く出現する．Tuft-shaped astrocyte は PSP に特異的とされ，大脳基底核や前頭葉皮質，中脳被蓋部などに認められるが，出現量は症例ごとによって異なる．

356

8．進行性核上性麻痺・大脳皮質基底核変性症

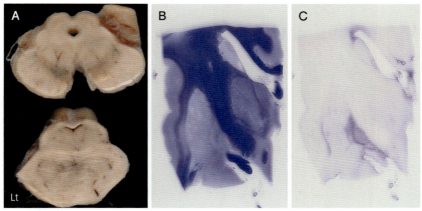

図2 進行性核上性麻痺の剖検例における肉眼所見と染色標本のルーペ像
A：両側黒質や青斑核の褪色が認められる　B, C：淡蒼球の萎縮とグリオーシス　B：Klüber-Barrera 染色　C：Holzer 染色

6．PSP の治療と予後

　PSP はタウオパチーであり，タウ蛋白をターゲットとした治療法の開発が行われているが，現時点で PSP に対する有効な治療法はない．パーキンソニズムが初期に前景にたつ病型（PSP-P）では抗パーキンソン病薬が初期に有効である．3 環形抗うつ薬や一部の抗不安薬の有効性が報告されているが，大規模な研究で有効性は証明されていない．

　対症療法が基本となるが，罹病期間の平均は 7.5 年で，嚥下障害による肺炎などで死の転帰をとる．

B　大脳皮質基底核変性症（CBD）

1．症例提示

【症例】67 歳　男性
【主訴】書字ができない，左上肢の使いにくさ
【既往歴・家族歴】特記事項なし
【病歴】4 年前より立ちくらみを認めるようになった．3 年前より漢字を書くことができなくなり，ひらがなも書けなくなった．2 年前からは歩行時や車

Ⅱ．認知症疾患別の診療の実際

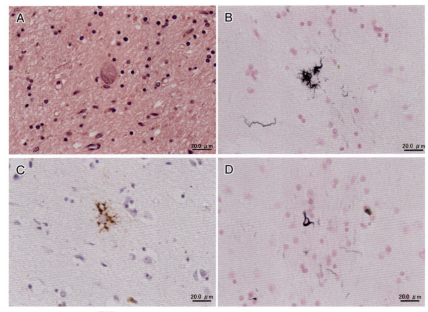

図3 進行性核上性麻痺で認められる異常構造物
A：神経原線維変化（globose 型）　B，C：tuft-shaped astrocyte
D：coiled body　A：HE 染色　B，D：Gallyas-Braak 染色
C：リン酸化タウ蛋白に対する抗体を用いた免疫染色

の運転時に左側へ寄っていくようになった．1年前より左上肢の使いにくさがあり，紐結び，ボタン留め，洗顔といった動作がしにくくなった．精査のため入院

【入院時現症】一般身体所見に異常なし

【神経学的所見】意識清明，長谷川式簡易知能評価スケール 30 点，MMSE 29 点（図形模写で減点），発話に異常なし，構成失書あり，構成失行や着衣失行あり，観念性失行や観念運動性失行なし，視覚性失認なし，左半側空間無視あり，地誌的失見当識なし，身体失認なし

　脳神経：特記すべき異常所見なし

　運動系：左上肢に dystonia あり，頸部と左下肢で中等度，両上肢と右下肢で軽度の筋強剛あり，筋力は正常

8. 進行性核上性麻痺・大脳皮質基底核変性症

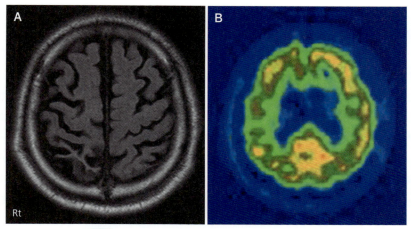

図4 大脳皮質基底核症候群の症例の画像所見
A：頭部 MRI では右前頭部や頭頂部に左右差のある萎縮が認められる
B：脳血流 SPECT では右前頭部や側頭部に左右差のある血流低下が認められる

　反射：四肢で亢進や減弱なし，Babinski 反射および Chaddock 反射は陰性
　協調運動系：左上肢で拙劣も，decomposition や dysmetria なし
　姿勢・歩行：歩行時は左足が外旋位で，左上肢は肘関節で屈曲．右手ぶり不十分，pulsion なし
　自律神経：排尿や排便に異常なし，立ちくらみあり
【検査結果】血液検査，検尿に異常なし
　頭部 MRI：右優位のびまん性脳萎縮あり，右頭頂部で萎縮が目立つ（図4A）
　脳血流 SPECT：右頭頂葉で中等度から高度の血流低下あり（図4B）
　心筋 MIBG シンチグラフィー：H/M 比 early 2.78, delayed 3.11, washout rate 3.1％
　DaT スキャン：両側線条体の集積は保たれている
【臨床経過】約3年の経過で左上肢の使いにくさ，左半側空間無視と思われる症状が進行し，神経学的には失行や失認といった高次脳機能障害，筋強剛や動作緩慢といった Parkinson 症状が認められ，corticobasal syndrome と診断

Ⅱ．認知症疾患別の診療の実際

した．L-dopa の内服で筋強剛は若干軽快した．

2．CBD の概要

　大脳皮質基底核変性症（corticobasal degeneration：CBD）は 1967 年に Rebeiz らによって，corticodentonigral degeneration with achromasia として初めて報告された[10]．中年期以降に発症する原因不明の神経変性疾患である．ほとんどは孤発例で，発症率や有病率の詳細は不明であるが，有病率は約 1 人/10 万人とされている．臨床的には左右差を伴う大脳皮質症状とパーキンソニズム，認知機能障害を特徴とする．類似の神経症状を呈する病態が複数あり，臨床的には大脳皮質基底核症候群（corticobasal syndrome：CBS）と呼ばれるようになっている[11]．神経病理学的には黒質や大脳基底核の変性，神経細胞およびグリア細胞内の 4 リピートのリン酸化タウ蛋白の蓄積が認められる．現時点では有効な治療法はない．

3．CBD の臨床症状と CBS，臨床診断基準

　左右差のある錐体外路症状や大脳皮質の症候が特徴で，一側上肢の使いにくさで発症し，非対称性の筋強剛や失行が加わることが多い．大脳皮質の症候としては，肢節運動失行，構成失行，失語，他人の手徴候，皮質性感覚障害などがみられる．錐体外路症状としては，振戦や筋強剛，無動といったパーキンソニズムに加え，ジストニアや局所のミオクローヌスが認められることもある．全般的な認知機能障害も認められる．

　CBD に典型的とされる臨床徴候を示す症例について，病理学的に CBD と診断されるのは約 50％に過ぎないことが報告されている[12]．病理学的には Alzheimer 病，PSP，Pick 病といった前頭側頭葉変性症を生じる疾患，Creutzfeldt-Jakob 病や Lewy 小体病で CBD 類似の症候を示す．CBD の臨床診断基準が提唱されてはいるが[13]，特異度が低く[14]，非対称性の大脳皮質症状や錐体外路症候を認める症例については，臨床的には CBS と呼ばれるようになってきている[11]．

4．CBD の検査

　血液検査では特徴的な所見は知られていない．脳脊髄液検査では，タウ蛋白の増加が報告されているが，CBD の臨床診断における特異度は低く，病理学的に CBD と診断された症例を用いた検討が必要である．PSP と同様に，

RT-QuIC 法を利用したタウ蛋白の検出に関する研究が行われている[9]. 頭部 MRI では非対称性の大脳萎縮を認めることが特徴であり（図 4A），FDG-PET や脳血流 SPECT による機能画像では左右差を伴う大脳皮質の血流や代謝の低下が認められる（図 4B）. タウ蛋白特異的なリガンドを用いたタウ PET の研究が行われているが[15]，臨床的に有用性が証明されたものはない.

5．CBD の病理

CBD では肉眼的に，典型例では大脳皮質の中心溝周囲の前頭葉から頭頂葉領域に左右差を伴った限局性の萎縮を認める．大脳皮質の萎縮は症例によって異なり，弁蓋部を中心とする領域や前頭葉前方の萎縮を認める場合もある．大脳皮質や白質，淡蒼球や黒質に変色や褪色が認められる．視床下核や脳幹被蓋部，小脳歯状核の変性は軽い.

組織学的には，大脳皮質は様々な程度の神経細胞脱落やグリオーシスを認め，大脳皮質には ballooned neuron と呼ばれる胞体が腫大した神経細胞が認められる（図 5A）．ただし，ballooned neuron は CBD に特異的な変化ではない．大脳皮質の変性に加え，皮質直下の萎縮や粗鬆化を認める．大脳皮質や白質，基底核や視床，脳幹部や脊髄にはリン酸化タウ蛋白に対する免疫染色や Gallyas-Braak 染色で染色される神経細胞内やグリア細胞内の封入体が認められる（図 5B-D）．神経細胞では，pretangle と呼ばれる，胞体がリン酸化タウ蛋白の免疫染色でびまん性に染色され，Gallyas-Braak 染色では陰性または弱陽性の構造物が特徴である．グリア細胞内封入体としては，astrocyte の突起の遠位部にリン酸化タウ蛋白の蓄積が認められ，astrocytic plaque と呼ばれ（図 5B，C），CBD に特異的とされている．オリゴデンドログリア内の封入体である coiled body も認められる（図 3D）．CBD のもう一つの特徴として，neuropil や白質に大量の threads が認められる（図 5D）．CBD で蓄積しているタウ蛋白は PSP と同様な 4 リピートのタウ蛋白である.

6．CBD の治療と予後

CBD について根本的な治療法はない．無動や筋強剛といった錐体外路症候，ジストニアやミオクローヌスに対する対症療法が行われるが，効果は限定的である．リハビリテーションも行われるが，症状は徐々に増悪し，最終的には寝たきり状態となる．誤嚥性肺炎や寝たきり状態に伴う全身衰弱が死

Ⅱ. 認知症疾患別の診療の実際

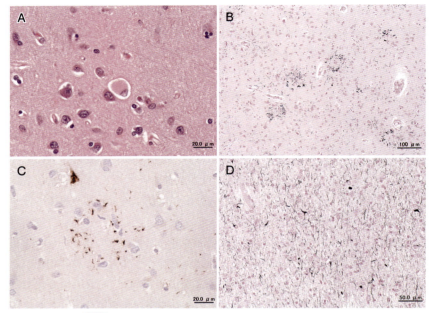

図5 大脳皮質基底核変性症で認められる異常構造物
A：大脳皮質の神経細胞に認められた ballooned neuron
B, C：astrocytic plaque　D：大脳白質に認められた argyrophilic threads
A：HE 染色　B, D：Gallyas-Braak 染色
C：4 リピートのリン酸化タウ蛋白に対する抗体を用いた免疫染色

因として多く，発症から 5～10 年（平均 6 年）で死の転帰をとる．

C　PSP と CBD の異同について

　PSP と CBD はともに 4 リピートのリン酸化タウ蛋白の蓄積を神経細胞やグリア細胞に認める 4 リピートタウオパチーに分類されている．大脳皮質や大脳基底核，黒質の変性といった病変分布には重なりが認められるが，神経細胞やアストロサイトにおけるタウ蛋白蓄積の形態に明確な差が認められる[16]．また，蓄積しているタウ蛋白のウェスタンブロット法による解析では，PSP と CBD 症例のバンドパターンに相違が認められ，蓄積しているリン酸化タウ蛋白は生化学的には同一ではないことが示されている[17]．

8．進行性核上性麻痺・大脳皮質基底核変性症

おわりに

PSP と CBD について概説した．PSP と CBD は神経細胞とグリア細胞にリン酸化タウ蛋白が蓄積する4リピートタウオパチーとして共通点がある．PSP では多数の臨床病型が存在することが明らかになってきており，変性の程度の強弱によって説明されているが，病変部位に多様性を生じる病態の詳細は依然として不明である．また，CBD は病理学的に定義される疾患であるものの臨床診断は依然として困難である．両疾患の病態機序の解明と早期に臨床診断が行える方法や疾患修飾療法の開発に期待したい．

●**文献**

1) Litvan I, Agid Y, Calne D, et al. Clinical research criteria for the diagnosis of progressive supranuclear palsy (Steele–Richardson–Olszewski syndrome): report of the NINDS–SPSP international workshop. Neurology. 1996; 47: 1-9.

2) Steele J, Richardson C, Olszewski J. Progressive supranuclear palsy. Arch Neurol. 1964; 10: 333-59.

3) Nath U, Ben–Shlomo Y, Thomson RG, et al. The prevalence of progressive supranuclear palsy (Steele–Richardson–Olszewski syndrome) in the UK. Brain. 2001; 124: 1438-49.

4) Osaki Y, Morita Y, Kuwahara T, et al. Prevalence of Parkinson's disease and atypical parkinsonian syndromes in a rural Japanese district. Acta Neurol Scand. 2011; 124: 182-7.

5) Williams DR, de Silva R, Paviour DC, et al. Characteristics of two distinct clinical phenotypes in pathologically proven progressive supranuclear palsy: Richardson's syndrome and PSP-parkinsonism. Brain. 2005; 128: 1247-58.

6) Respondek G, Stamelou M, Kurz C, et al. The phenotypic spectrum of progressive supranuclear palsy: a retrospective multicenter study of 100 definite cases. Mov Disord. 2014; 29: 1758-66.

7) Höglinger G, Respondek G, Stamelou M, et al. Clinical diagnosis of progressive supranuclear palsy: the movement disorder society criteria. Mov Disord. 2017; 32: 853-64.

8) Josephs KA. Key emerging issues in progressive supranuclear palsy and corticobasal degeneration. J Neurol. 2015; 262: 783-8.

9) Saijo E, Metrick MA, Koga S, et al. 4-repeat tau seeds and templating subtypes as brain and CSF biomarkers of frontotemporal lobar degeneration. Acta Neuropathol. 2020; 139: 63-77.

10) Rebeiz JJ, Kolodny EH, Richardson EP Jr. Corticodentatonigral degeneration with neuronal achromasia: a progressive disorder of the late adult life. Trans Am Neu-

II. 認知症疾患別の診療の実際

rol Ass. 1967 ; 92 : 23-6.

11) Boeve BF, Lang AE, Litvan I. Corticobasal degeneration and its relationship to progressive supranuclear palsy and frontotemporal dementia. Ann Neurol. 2003 ; 54 Suppl 5 : S15-9.

12) Wadia PM, Lang AE. The many faces of corticobasal degeneration. Parkinsonism Relat Disord. 2007 ; 13 Suppl 3 : S336-40.

13) Armstrong MJ, Litvan I, Lang AE, et al. Criteria for the diagnosis of corticobasal degeneration. Neurology. 2013 ; 80 : 496-503.

14) Alxander SK, Rittman T, Xuereb JH, et al. Validation of the new consensus criteria for the diagnosis of corticobasal degeneration. J Neurol Neurosurg Psychiatry. 2014 ; 85 : 925-9.

15) Ali F, Josephs KA. Corticobasal degeneration : key emerging issues. J Neurol. 2018 ; 265 : 439-45.

16) Yoshida M. Astrocytic inclusions in progressive supranuclear palsy and corticobasal degeneration. Neuropathology. 2014 ; 34 : 555-70.

17) Arai T, Ikeda K, Akiyama H, et al. Identification of amino-terminally cleaved tau fragments that distinguish progressive supranuclear palsy from corticobasal degeneration. Ann Neurol. 2004 ; 55 : 72-9.

〈坂井健二〉

9 Huntington病・多系統萎縮症・神経核内封入体病

本稿では，認知症を呈する神経変性疾患の中で，他の項で記載されている疾患以外の代表的なものとして，Huntington病，多系統萎縮症，神経核内封入体病をとりあげる．いずれの疾患も認知症に対する有効な薬物治療はなく，合併する精神症状や異常行動に対する対症療法が主体となる．

A 症例提示

死亡時63歳女性．44歳頃から，手を意味なく動かす，ものを落とす，まっすぐ歩けないなどの症状に家族が気づいた．運動障害は進行性で，51歳，歩行困難となり入院した．入院時，ほぼ閉眼状態（声かけにて開眼）で，質問

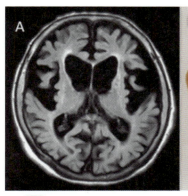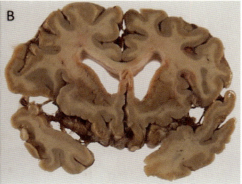

図1 Huntington病の頭部MRI，FLAIR画像軸位断（A）と大脳冠状断マクロ写真（B）
頭部MRI（A）では，両側尾状核の萎縮と側脳室（特に前部）の拡大，前頭葉，側頭葉の萎縮のほか，側脳室周囲の深部白質に高信号域を認める．マクロ写真（B）では，両側尾状核が高度に萎縮し，前頭葉皮質・白質の容積減少を認める．

Ⅱ. 認知症疾患別の診療の実際

に頷くが自発言語は少なく不明瞭であった. 改訂長谷川式簡易知能評価スケールは 4 点（場所 1 点，復唱 3 点），筋トーヌス低下，両手指・両下肢に舞踏運動を認めた. 父と兄にも類似症状あり，遺伝子解析にて Huntington 病と診断された. まもなく胃瘻栄養となり，徐々に疎通困難となったが舞踏運動は持続していた. 59 歳時の頭部 MRI では，両側尾状核萎縮，側脳室拡大，大脳皮質萎縮と大脳白質の異常信号域を認めた（図 1A）. 63 歳，呼吸不全で死亡し，剖検となった.

脳重量は 900 g で，前頭葉萎縮，側脳室拡大を認め（図 1B），尾状核と被殻に高度の，その他の基底核，大脳辺縁系，大脳皮質に軽〜中等度の神経細胞脱落とグリオーシスがみられた. 抗ユビキチン抗体や延長したポリグルタミン鎖（抗ポリグルタミン抗体）による免疫染色では，さらに広範囲に神経細胞質内・神経細胞核内封入体が観察された.

B Huntington 病

1）概念

Huntington 病（Huntington disease : HD）は，舞踏運動，認知症，精神症状を主症状とする常染色体優性遺伝の神経変性疾患である. 第 4 染色体短腕（4p16.3）に位置し，huntingtin 蛋白をコードする HTT 遺伝子（*HTT*）の CAG リピート異常伸長が原因のトリプレットリピート病で，リピート数が長いほど発症年齢は若く，表現促進現象を認める[1].

2）頻度

わが国の有病率は人口 10 万人あたり約 0.7 人とされている.

3）病理・病態

線条体遠心性ニューロン（特に尾状核の中型有棘神経細胞）の脱落が主体である. 加えて，淡蒼球，視床，大脳皮質の神経細胞脱落，大脳白質の軸索変性所見を認める. 抗ユビキチン抗体，抗ポリグルタミン抗体による免疫染色では，広範囲の残存神経細胞に核内封入体を認める.

4）臨床症候

発症年齢は 10〜65 歳だが，軽度の神経心理学的異常は，運動症状発症の 10〜20 年前からわずかずつみられ，進行する[2]. HD における認知機能障害

9．Huntington 病・多系統萎縮症・神経核内封入体病

は，特に記憶，遂行機能の障害であり[1]，認知速度低下や，注意力，精神的柔軟性，計画性，視空間認知機能，感情理解の障害が特徴的である[2]．また，学習や新しい情報の検索が障害される．性格変化・精神症状では，抑うつ，不安，易刺激性，易怒性，情緒不安定，アパシー，強迫症状などを呈し[1,2]，ときには極めて高度となる．自殺率は一般人口の 5〜10 倍と高率である．

5）検査所見

頭部 MRI では，尾状核頭が進行性に萎縮し，側脳室前部が拡大する．大脳皮質・白質の萎縮は前頭・側頭優位で，大脳白質に異常信号域を認めることもある（図 1A）．画像解析上の容量低下は，運動症状発症以前から認められ，尾状核を含む線条体，大脳白質，淡蒼球・視床・海馬，大脳皮質の順に進行するとされる[2]．FDG-PET では線条体の糖代謝低下を認める[2]．

6）診断と鑑別診断

臨床像や家族歴から本疾患を疑い，遺伝子解析にて *HTT* の CAG リピートの異常伸長が証明されれば診断は確定されるが，遺伝子解析や病名告知の際には，遺伝に関することがらを含む，疾患についての充分な説明と患者の理解が必要である．鑑別診断として，有棘赤血球舞踏病（chorea-acanthocytosis），歯状核赤核淡蒼球ルイ体萎縮症（dentato-rubro-pallido-luysian atrophy：DRPLA）などの神経変性疾患のほか，糖尿病，甲状腺機能亢進症やその他の内分泌・代謝性疾患，薬剤，脳血管障害でも舞踏運動と認知症を呈することがある．

とくに DRPLA の成人発症例は，舞踏運動などの不随意運動，皮質下性認知症，小脳失調症を呈し，HD との鑑別が重要である[3]．DRPLA は常染色体優性遺伝の脊髄小脳変性症（spinocerebellar degeneration：SCD）であり，第 12 染色体短腕（12p13.31）に位置する ATN1 遺伝子（*ATN1*）の CAG リピート異常伸長によるトリプレットリピート病である．まれな疾患ではあるが，わが国には比較的多い．頭部 MRI や CT では尾状核の際立った萎縮はなく，小脳・脳幹の萎縮，基底核の石灰化が観察され，ときに「小造り」と称される．大脳白質にびまん性 T2 強調画像高信号域を認める例もある．確定診断は遺伝子解析による．

Ⅱ. 認知症疾患別の診療の実際

7）治療と予後

　HD の認知機能障害に対する過去のドネペジルやレバスチグミンのオープン試験などでは有効性は証明されていない[4]．精神症状に対しオランザピン，リスペリドンは有効である可能性がある[4]．一方，舞踏運動に対し，テトラペナジン，ハロペリドール，ペルフェナジンが使用されるが，特にテトラペナジンではうつ症状の悪化や自殺念慮・企図の出現に注意を要する．進行例では運動症状の悪化から失外套症候群となる．運動症状発現からの生存期間中央値は 15 年とされている[5]．

　遺伝性，進行性疾患であることに関する患者や家族の苦悩，家族内の問題，発症前診断の可否などには，積極的に，専門知識を有する医療者による遺伝カウンセリングを行うべきである．

C　多系統萎縮症

1）概念

　多系統萎縮症（multiple system atrophy：MSA）は，小脳症状，錐体外路症状，自律神経症状を主体とする神経変性疾患，SCD で，ごく一部の症例を除き非遺伝性である．以前は，オリーブ橋小脳萎縮症，線条体黒質変性症，あるいは Shy-Drager 症候群と呼ばれていたが，近年は小脳症状，錐体外路症状が前景にたつ例をそれぞれ MSA-C，MSA-P と呼ぶ．

2）頻度

　有病率は人口 10 万あたり 5〜10 人である．

3）病理・病態

　被殻，黒質，橋核，下オリーブ核，小脳皮質を中心に神経細胞脱落とグリオーシスを認め，α-シヌクレインを主成分とするオリゴデンドログリア細胞質内封入体，神経細胞質内封入体，神経細胞核内封入体が中枢神経系に広範囲に観察される．

4）臨床症候

　MSA のうち認知機能障害合併例は，臨床診断例で約 1/3[6]，病理学的診断例で 14〜15.7％と報告されている[7]．内容は，思考緩慢，注意障害，言語流暢性の障害，実行機能障害，失語，記銘力障害，視空間認知障害など多岐に

わたり，うつ症状や不安などの精神症状，レム期睡眠行動異常症を呈することもある．

5）検査所見

頭部 MRI では，橋底部や小脳半球の萎縮，第四脳室拡大，橋の十字状の T2 強調画像高信号域，被殻外側縁の T2 強調画像高信号域などが特徴的である．やがて前頭葉・側頭葉優位の大脳皮質の萎縮，大脳白質の T2 強調画像高信号域を認める症例もある．

6）診断・鑑別診断

臨床症状に加え，頭部 MRI で典型的所見を認め，孤発例であれば，臨床診断は容易である．MSA-C では遺伝性 SCD，悪性疾患を合併した亜急性小脳変性症，アルコールなどの代謝性疾患，薬剤性など，MSA-P では，Parkinson 病やその他のパーキンソニズムを呈する疾患との鑑別を要する．

7）治療と予後

神経症候に対する対症療法が主体となる．発症から 3〜10 年で寝たきり状態となる頃には，認知機能障害や構音障害から言語による意思疎通が困難となる．主な死因は，感染症，声帯麻痺や中枢性呼吸障害，少数ながら突然死もある．

D　神経核内封入体病

1）概念

神経核内封入体病あるいはエオジン好性核内封入体病（neuronal intranuclear inclusion disease：NIID, neuronal intranuclear hyaline inclusion disease：NIHID, intranuclear inclusion body disease：INIBD）は，神経細胞核内に好酸性封入体形成を特徴とする，家族性あるいは孤発性の神経変性疾患である[8,9]．近年，家族性および孤発性の NIID 患者において *NOTCH2NLC* 遺伝子の GGC リピート配列の延長が確認された[10]．

2）頻度

以前は脳病理所見によって診断され，非常に稀な疾患と考えられていたが，近年疾患概念の普及と生検診断例の蓄積により，報告症例が増加している．

3）病理・病態

　中枢，末梢神経系の神経細胞，グリア細胞，シュワン細胞および一般臓器の細胞内に好酸性，ユビキチン陽性，円形の核内封入体が出現する[8,9]．特に大脳白質病変を呈する成人型では，グリア細胞により多くの封入体を認め，大脳白質の髄鞘脱落，海面状変化がみられる[8]．

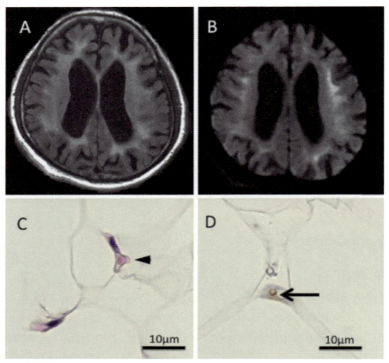

図2 神経核内封入体病の頭部 MRI 画像軸位断（A，B）と皮膚生検所見（C，D）

FLAIR 画像（A）にて大脳白質にびまん性の高信号域を認め，拡散強調画像（B）では髄皮境界に高信号域を認める．皮膚生検では，HE 染色にて（C）皮下脂肪内にエオジン好性核内封入体を認め（矢頭），抗ユビキチン抗体による免疫染色（D）では陽性所見を示す（矢印）．

（金沢大学大学院脳老化・神経病態学（脳神経内科学）教室所蔵）

9．Huntington病・多系統萎縮症・神経核内封入体病

4）臨床症候

発症年齢により幼児型，若年型，成人型に分類される．特に成人型（40～70代発症）では進行性の認知症，不随意運動，小脳性運動失調，末梢神経障害，自律神経障害などを呈する．亜急性の脳炎様症状（発熱，頭痛，嘔吐，意識障害），一過性意識障害，失神，てんかん発作を契機に診断される場合もある．

5）検査所見

成人型の頭部MRIでは，白質脳症（大脳白質のびまん性T2強調画像高信号域）の所見と（図2A），皮髄境界にそった拡散強調画像高信号域（図2B）が特徴的である．髄液蛋白上昇，神経伝導検査異常も比較的高頻度にみられる．

6）診断・鑑別診断

初老期以降の認知症を主体とする白質脳症をみた場合，皮膚生検や直腸生検で特徴的な核内封入体が確認されればNIIDが強く疑われる（図2C，D）．その上で*NOTCH2NLC*のGGCリピート配列延長が確認されれば，診断は確定される．鑑別診断として，ほかに認知症と白質脳症を呈する，fragile X tremor-ataxia syndrome，神経軸索スフェロイド形成を伴う遺伝性びまん性白質脳症[11]，皮質下梗塞と白質脳症を伴った常染色体優性脳血管症（CADASIL），Alexander病などがある．

7）治療と予後

亜急性脳炎様症状や脳浮腫を呈した場合には，副腎皮質ステロイド大量静注療法が有効なこともあるが，長期的には進行性認知機能障害を呈する．成人型の平均罹病期間は，孤発例5.3年（1～19年），家族例7.6年（1～15年）と報告されている[9]．

謝辞：貴重な画像，顕微鏡写真をご提供いただきました，金沢大学大学院脳老化・神経病態学（脳神経内科学）山田正仁先生，中野博人先生に深謝申し上げます．

Ⅱ. 認知症疾患別の診療の実際

●文献

1) 日本神経学会, 監修. Huntington 病. 認知症疾患診療ガイドライン 2017. 東京: 医学書院; 2017. p.302-4.

2) Ross CA, Aylward EH, Wild EJ, et al. Huntington disease: natural history, biomarkers and prospects for therapeutics. Nat Re Neurol. 2014; 10: 204-16.

3) Lindsay E, Storey E. Cognitive changes in the spinocerebellar ataxias due to expanded polyglutamine tracts: a survey of the literature. Brain Sci. 2017; 7 (7). pii: E83. doi: 10.3390/brainsci7070083.

4) Nance MA. Therapy in Huntington's disease: Where are we? Curr Neurol Neurosci Rep. 2012; 12: 359-66.

5) American Psychiatric Association: Diagnostic and Statistical Manual of Mental Disorders, Fifth Edition. Arlington, VA: American Psychiatric Association; 2013.

6) Brown RG, Lacomblez L, Landwehrmeyer BG, et al. Cognitive impairment in patients with multiple system atrophy and progressive supranuclear palsy. Brain. 2010; 133: 2382-93.

7) Stankovic I, Krismer F, Jesic A, et al. Cognitive impairment in multiple system atrophy: a position statement by the Neuropsychology Task Force of the MDS multiple system atrophy (MODIMSA) Study Group. Mov Disord. 2014; 29: 857-67.

8) 藤ヶ崎純子. 神経核内封入体病/エオジン好性核内封入体病. 脳と神経. 2015; 67: 199-204.

9) Sone J, Mori K, Inagaki T, et al. Clinicopathological features of adult-onset neuronal intranuclear inclusion disease. Brain. 2016; 139: 3170-86.

10) Sone J, Mitsuhashi S, Fujita A, et al. Long-read sequencing identifies GGC repeat expansions in *NOTCH2NLC* associated with neuronal intranuclear inclusion disease. Nat Genet. 2019; 51: 1213-21.

11) Rademakers R, Baker M, Nicholson AM, et al. Mutations in the colony stimulating factor 1 receptor(CSF1R)gene cause hereditary diffuse leukoencephalopathy with spheroid. Nat Genet. 2011; 44: 200-5.

〈石田千穂〉

10 特発性正常圧水頭症・慢性硬膜下血腫

A 特発性正常圧水頭症(iNPH)

症例提示1

82歳女性．2年前の春頃より自転車に乗ると転倒するようになった．さらに昨年の春頃より歩幅が小さくなり，両足の裏を摺って歩くようになった．昨年秋頃には歩行時に転倒するようになり，今年春には歩行がさらに小刻みになり，転倒頻度が増えてきたため，夏に当科受診．失禁は認めない．

神経学的所見では意識は清明で，認知に関しては改訂長谷川式簡易知能評価スケール(HDS-R) 27/30, Mini-Mental State Examination (MMSE) 29/30, Frontal Assessment Battery (FAB) 9/18であった．脳神経系では明らかな異常はなく，運動機能では明らかな麻痺は認めなかった．頸部に軽度固縮，両側肘関節に軽度の固縮を認め，腱反射は四肢で亢進，口尖らし反射・吸引反射を認めた．歩行は開脚・小刻み歩行でかつ摺足歩行であった．脳脊

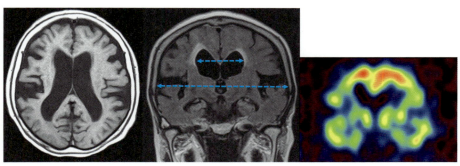

T1WI　　　　　FLAIR
Evans index＝0.32

図1 症例1のMRIとSPECT

Ⅱ．認知症疾患別の診療の実際

髄液検査は異常所見なく，MRI所見と脳血流検査を図1に示す．

　歩行障害，認知症，年齢，MRI所見，脳脊髄液所見から特発性正常圧水頭症（idiopathic normal pressure hydrocephalus：iNPH）と診断した．タップテスト前後の3m Up and Go testで64秒から25秒と改善を認めた．腰部くも膜下腔腹腔短絡術を行い，術後2か月で歩行障害ならびにFABは改善を示した．

1）疫学と三徴

　本邦でのiNPH有病率は0.2～2.9%とされている[1]．症状は歩行障害（94%），認知症88%，排尿障害（77%）が三徴とされている[2]．これらの症状のうち最も頻度が高く特徴的で家人も気が付きやすいのが歩行障害である．歩行障害を呈するParkinson病，進行性格上性麻痺，脊髄小脳変性症などが鑑別疾患となり，その中で最も多いのがParkinson病である．

2）歩行障害

iNPHの歩行は直立姿勢で歩行開始時にすくみ足を呈しゆっくりとした開脚歩行で小股歩行，足はハの字を呈する．腕振りは一生懸命に歩こうとしているためか大きくなる．

　同様の歩行障害を呈し鑑別が必要となる疾患をそれぞれの歩行の特徴と共に表1に示した．Parkinson病ではすくみ足を呈しゆっくりとした小股歩行であるが開脚歩行ではなくハの字を呈することも少ない．姿勢は前傾姿勢で腕振りは少ない．さらに歩行時に手の振戦が誘発されやすい．進行性核上性麻痺ではやや開脚歩行で小刻み，前傾姿勢はなく腕振りは正常かやや減弱である[3]．

iNPHの歩行は失行歩行に似る．しかし，典型的な失行歩行は歩行開始時に障害が強く，号令や線などのキューで改善する特徴を有するがiNPHの歩行障害にはこれらの特徴はない．

3）認知症

　認知障害はまず注意障害，記憶障害が障害され，次に時間・場所の失見当識が障害されていく．認知症の病巣部位としては前頭葉[4]，線条体[5]，海馬[6]があげられる．また，シャントによる脳室容量の減少と認知機能の改善度とは相関があるとされている[7]．

374

10. 特発性正常圧水頭症・慢性硬膜下血腫

表1 歩行障害の鑑別のまとめ

	特発性正常圧水頭症	Parkinson 病	進行性核上性麻痺	小脳性運動失調
体幹の姿勢	直立（伸展）	前屈(体幹屈曲)	直立（伸展）	直立，時に前屈
歩隔	広基性	狭い	やや広基性	広基性
歩行開始	すくみ	すくみ	すくみ	正常
姿勢反射	消失	保存（早期），消失（晩期）	早期から消失	保存
歩み	小歩，摺足	小歩，摺足	小歩，摺足	不規則，不安定
歩幅	短い	短い	短い	不規則
速度	遅い	特に遅い	特に遅い	不規則/遅い
腕の振り	亢進	減弱-消失	正常/減弱	正常/亢進
ターン	すくみ-摺足	すくみ-摺足	すくみ-摺足	目標を逸れる
視覚キューの効果（kinésie paradoxale）	ほぼなし	あり	あり	なし
転倒	多い	晩期までない（前方突進して前方に転倒）	多い（後方に多い）	少ない
つぎ足歩行	しばしば困難	正常	正常/困難	困難
膝踵試験	正常	正常	正常	異常
筋緊張	パラトニア	筋強剛	筋強剛（体幹主体）	低下/筋強剛

（森　悦朗. Brain Nerve. 2008；60：219-24）[3]

　認知症は正しく評価することは障害程度を把握し，シャント術の効果を判定するのに重要である．認知機能全般を簡便に評価するためには MMSE が用いられる．前頭葉機能を総合的に簡便に評価するには FAB を用いる．高次機能の注意機能を反映する検査としては注意機能，動作記憶，実行機能精神運動速度を評価できる Trail Marking Test（TMT）が用いられる[8]．

Ⅱ．認知症疾患別の診療の実際

4）排尿障害

iNPH の排尿障害は，過活動膀胱（overactive bladder：OAB）93%（夜間頻尿 64%，尿意切迫 64%，切迫性尿失禁 57%，昼間頻尿 36%），排出症状 71%（排尿開始遅延 50%，排尿時間延長/尿線の狭小 50%，残尿感 29%，腹圧排尿 21%，間歇排尿 14%）と様々な障害を呈する．尿失禁は臨床的三徴のとして注目されているが，夜間頻尿・尿意切迫感は尿失禁よりも多く，先行して出現する[9]．

5）画像所見

iNPH の特徴的な MRI・CT 所見は側脳室の拡大と DESH（disproportionately enlarged subarachnoid-space hydrocephalus）とされている．側脳室拡大は Evans index でその拡大の程度を定量化し，Evans index＝両側側脳室全角最大幅/その断面における頭蓋内腔最大幅と定義される．iNPH は Evans index 0.3 以上の脳室拡大を認める[8]．また，後交連を通る MRI 冠状断において脳梁角（callosal angle：CA）は 90° 以下である[10]．

DESH とは不均等なくも膜下腔の拡大と狭小，すなわち脳室・Sylvius 裂・脳低槽の拡大と高位円蓋部・正中部の脳溝またはくも膜下腔の狭小化を示す所見である[11]．高位円蓋部・正中部の脳溝狭小化は内側頭頂葉で一番強い[12]．この所見は iNPH の 96% に認められる[11]．

SPECT 検査では Syrvius 裂周囲および脳梁周囲の血流が低下し，高位円蓋部・頭頂正中部の皮質では見かけ上の相対的血流増多を呈し，画像統計解析法 3D-SSP によりこの所見を convexity apparent hyperperfusion（CAPPAH）と表現される[13]．

6）分類

正常圧水頭症は髄膜炎やくも膜下出血といった原因疾患のある二次性正常圧水頭症と原因疾患のない iNPH に大別される．DESH は iNPH に特徴的に認められるが，臨床的特徴を有し Evans index で 0.3 以上の脳室拡大を認め，タップテストで歩行の改善を認めるが DESH を呈さない 1 群が存在する．このような 1 群を正常圧水頭症診療ガイドライン改訂版において non-DESH と分類されている[8]．

10. 特発性正常圧水頭症・慢性硬膜下血腫

表2 iNPH の診断基準

A. Suspected iNPH
①60 歳以降に発症する.
②脳室拡大（Evans Index＞0.3）している.

B. Possible iNPH
必須項目：
①Suspected iNPH の項目を満たす.
②歩行障害，認知障害および排尿障害の1つ以上を認める.
③他の神経学的あるいは非神経学的疾患によって上記臨床症状のすべてを説明しえない.
④脳室拡大をきたす可能性のある先行疾患（くも膜下出血，髄膜炎，頭部外傷，先天性水頭症，中脳水道狭窄症など）がない.

C. Probable iNPH
必須項目：
①Possible iNPH の必須項目を満たす.
②脳脊髄液圧 20 cmH$_2$O 以下で，脳脊髄液（CSF）の性状が正常である.
③以下のいずれかを認める.
　1）歩行障害があり，DESH を認める.
　2）タップテスト（脳脊髄液排除試験）で症状の改善を認める.

D. Definite iNPH
シャント術施行後，客観的に症状の改善が示された（shunt responder）場合を指す.

（日本正常圧水頭症学会「特発性正常圧水頭症の診療ガイドライン作成に関する研究」班. 特発性正常圧水頭症診療ガイドライン. 第3版. メディカルレビュー社; 2020. p.12-4)[8]

7）診断基準[8]

2004年の初版診断基準ではシャント術可能例のprobable iNPHと診断するためには全例でタップテストすなわち脳脊髄液検査時に30〜50 mLの髄液を排除し歩行（TUG: Time Up & Go test），高次機能検査で改善を示すことを確認する必要があった．しかし，第3版のガイドラインでは表2で示すようにpossible iNPHの必須項目を満たし，脳脊髄液圧が20 cmH$_2$O以下で性状が正常であれば，MRI検査で特徴的なDESH所見を認める場合，タップテストを施行しなくてもprobable iNPHと診断可能である．ただし，MRIでDESH所見を認めない場合は診断にタップテストが必要である.

診断基準ではiNPHを possible, probable, difinite の3段階に分類する. 診断と治療の手順は図2に示すように，脳脊髄液圧が200 mmH$_2$O以下で，歩行障害がありDESHが証明できればタップテストを施行せずともpossible iNPHと診断できシャント術の適応となるが，脳脊髄液圧を確認するために

Ⅱ. 認知症疾患別の診療の実際

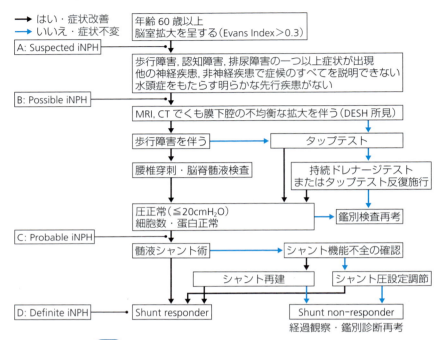

図2 iNPH の診療と医療に関するフローチャート
(日本正常圧水頭症学会「特発性正常圧水頭症の診療ガイドライン作成に関する研究」班. 特発性正常圧水頭症診療ガイドライン. 第3版. メディカルレビュー社; 2020. p.10-2)[8]

髄液検査を施行するなら続けてタップテストを施行し脳脊髄液排除による効果を確認して手術を施行することを勧める. しかし, タップテストで効果が認められない場合もシャント術で症状が改善する可能性もあるので留意する必要がある[14].

脳脊髄液排除により歩行機能は24～48時間以降に改善し, 認知障害と排尿障害の改善はさらに遅れることもあるので, 歩行障害, 認知障害, 排尿障害をタップテスト後に複数回評価する必要がある[15].

TUG (Time Up & Go Test) は椅子から3m離れた床にビニールテープで印をつけ座位からビニールテープのところまで行って戻ってきてもらう[16].

10. 特発性正常圧水頭症・慢性硬膜下血腫

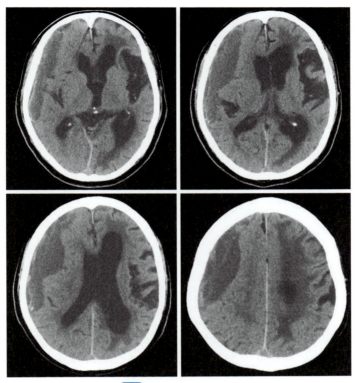

図3 症例2のCT所見

B 慢性硬膜下血腫

症例提示2

94歳男性．普段から認知症があり歩行器を使用して歩行し食事もセッティングすると自分で食べていた．約3週間から歩行器を使用しての歩行が不安定になり，約2週間前から歩行器歩行に介助が必要となり，食事も介助が必要となった．先週から足を上げるなどの指示に従えなくなり，今週になり傾眠傾向となった．診察時，開眼しているが，呼びかけても返事はせず．指示には十分に従うことができなかった．診察中の表情で明らかな顔面神経，眼球運動障害を示唆する所見はなく，両上肢挙上は繰り返し指示をしてようや

Ⅱ．認知症疾患別の診療の実際

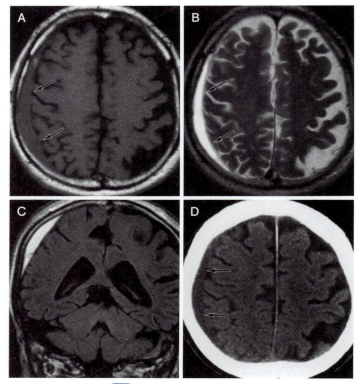

図4 慢性硬膜下血腫の画像
A：血腫はT1強調像で低信号　　B：T2で高信号
C：FLAIRは高信号でCSFと異なる　D：CTで低濃度

(増本智彦. In：青木茂樹, 他. 新版よくわかる脳MRI. 秀潤社；2004. p.232-3)[19]

く可能となったが右手に比べ左手の挙上が不良であった．手を引いて立位はようやく可能であったが歩行はできず，腱反射・病的反射は筋緊張が取れず十分な検査をできなかった．症例のCT所見を図3に示す．

　徐々に進行する歩行障害・意識障害と頭部CT所見から慢性硬膜下血腫と診断した．直ちに慢性硬膜下血腫穿孔洗浄術を行い2か月後には意識は清明となった．食事は介助なしに可能となったが，歩行は術後にリハビリテーションを行う意欲がでず車椅子生活となった．

10. 特発性正常圧水頭症・慢性硬膜下血腫

表3 CSH の重症度

Grade 0	神経学的に正常
Grade 1	覚醒し見当識正常であるが，頭痛や腱反射の非対称性などの軽度の症状を認める
Grade 2	傾眠状態で失見当識があり，不全片麻痺などのさまざまな神経学的症状を認める
Grade 3	混迷状態で痛刺激に対して反応があり，片麻痺などの重篤な神経学的症状を認める
Grade 4	昏睡状態で除脳もしくは除皮質姿勢をとり，痛刺激に無反応

(Markwalder TM, J Neurosurg. 1981 ; 54 : 637-45)[22]

慢性硬膜下血腫

　受傷後およそ 3 週間以上の期間を経て形成される硬膜下の血腫であるが，外傷のはっきりしないこと，記憶障害で受傷を覚えていないこともある．男性に多く認められ，頻度は 10 万人に 1〜2 例で，40 歳から発症し 60〜70 歳代で 10 万人に 7.5 人と最も多くなる[17]．硬膜境界細胞層は構造的に脆弱で損傷されやすく，硬膜血腫は破綻したこの層に貯留する[18]．血腫は図 3 に示すように上頭蓋骨と脳表の間に三日月状，時に半月状・凸レンズ状の領域として認められる．MRI の T1 強調画像では灰白質に比べ低〜高信号を呈し，T2 強調画像・FLAIR で高信号を，CT では低〜高吸収域（比較的新しい出血は高吸収）信号を呈する[19]．

　慢性硬膜下血腫は症状の出現が緩徐であることが特徴で，脳卒中のように短時間のうちに進行することは少ない．3 週間以前に頭を打つ，またはしりもちをつくような軽度の外傷があり，その後急にボケが進んだ，道に迷っていつも行くスーパーから帰れなくなった，上手く歩けなくなったなど，外傷後の徐々に進行する症状が出現する場合は本症を考える[20]．しかし，外傷歴が明らかでないこともある．

　症状は頭痛，めまい，思考速度の低下，自発性の低下，傾眠傾向，不安定歩行から始まり血腫の部位とその増大に伴い傾眠の増悪，注意力の低下，思考の一貫性の消失，不全片麻痺，失語などが出現し，進展に伴い昏迷・昏睡

Ⅱ．認知症疾患別の診療の実際

に至る[21]．重症度分類を表3に示す．症状の重症度は血腫の増大によるものであるため重症度分類にも反映される[22]．手術適応は，①頭部CTで血腫の厚さが10 mm以上，②血腫がニボーを呈する，③等吸収から高吸収の例では血腫腔への出血が持続していることを示唆し，今後血腫の増大が懸念させる．以上のような症例は，穿頭血腫除去術の適応となる[23]．

おわりに

iNPHとCSHは手術で症状が劇的に改善する疾患である．このことをふまえて，これらの疾患の発症様式と臨床的特徴を熟知し，その可能性のある症例に遭遇した時は現病歴を注意深く聴取し，特徴的な徴候がないか詳細に診察し，疑わしい症例を見つけたら積極的に画像検査を行って診断して行くことが重要である．また，かかりつけ医の立場でその可能性のある症例を診察した時は積極的に基幹病院に紹介することが健康寿命を延ばすための秘訣の1つと考える．

●文献

1) 日本正常圧水頭症学会「特発性正常圧水頭症の診療ガイドライン作成に関する研究」班．特発性正常圧水頭症診療ガイドライン．第3版．大阪：メディカルレビュー社；2020. p.74-5.

2) Mori K. Management of idiopathic normal pressure hydrocephalus : a multi institutional study conducted in Japan. J Neurosurg. 2001 ; 95 : 970-3.

3) 森 悦朗．特発性正常圧水頭症の歩行障害．Brain Nerve. 2008 ; 60 : 219-24.

4) Matarin MD, Pueyo R, Poca MA, et al. Post-surgical changes in brain metabolism detected by magnetic resonance spectroscopy in normal pressure hydrocephalus : results of a pilot study. J Neurol Neurosurg Psychiatry. 2007 ; 78 : 760-3.

5) Nakayama T, Ouchi Y, Yoshikawa E, et al. Striatal D-2 receptor availability after shunting in idiopathic normal pressure hydrocephalus. J Nucl Med. 2007 ; 48 : 1981-6.

6) Savolainen S, Laakso MP, Paljarvi L, et al. MR imaging of the hippocampus in normal pressure hydrocephalus : correlations with cortical Alzheimer's disease confirmed by pathologic analysis. AJNR Am J Neuroradiol. 2000 ; 21 : 409-14.

7) Hiraoka K, Yamasaki H, Takagi M, et al. Changes in the volumes of the brain and cerebrospinal fluid spaces after shunt surgery in idiopathic normal pressure hydrocephalus. J Neurol Sci. 2010. 296 : 7-10.

8) 日本正常圧水頭症学会「特発性正常圧水頭症の診療ガイドライン作成に関する研究」

10. 特発性正常圧水頭症・慢性硬膜下血腫

班. 特発性正常圧水頭症診療ガイドライン. 第3版. 大阪: メディカルレビュー社; 2020. p.12-4.

9) 榊原隆二, 長尾建樹: 排尿障害, In: 新井一, 他編. 特発性水頭症の診療. 京都: 金芳堂; 2014. p.78-82.

10) Ishii K, Kanda T, Harada A, et al. Clinical impact of the callosal angle in the diagnosis of idiopathic normal pressure hydrocephalus. Eur Radial. 2008; 18: 2678-83.

11) Hashimoto M, Ishikawa M, Mori E, et al; The study of INPH on neurological improvement (SINPHONI). Diagnosis of idiopathic normal pressure hydrocephalus is supported by MRI-based scheme: a prospective cohort study. Cerebrospinal Fluid. 2010; Res 7: 18.

12) 石井一成. 特発性正常圧水頭症の画像診断. 臨床放射線. 2007; 52: 449-57.

13) Ohmich T, Kondo M, Itsukage M, et al. Usefulness of the convexity apparent hyperfusion sign in ^{123}I-iodoamphetamine brain perfusion SPECT for the diagnosis of idiopathic normal pressure hydrocephalus. J Neurosurg. 2019; 13: 398-405.

14) Yamada S, Ishikawa M, Miyajima M, et al. Disease duration: the key to accurate CSF tap test in iNPH. Acta Neurol Scand. 2017; 135: 189-96.

15) 日本正常圧水頭症学会. 「特発性正常圧水頭症の診療ガイドライン作成に関する研究」班. 特発性正常圧水頭症診療ガイドライン. 第3版. 大阪: メディカルレビュー社; 2020. p.103-4.

16) Podsiadlo D, Richardson S, The timed Up & Go: attest of basic functional mobility for frail elderly person. J Am Geriatr Soc. 1991; 39: 142-8.

17) 八ツ繁寛, 高里良男. 血管障害 その他脳硬膜下血腫 慢性硬膜下血腫. 別冊日本臨牀 神経症候群I. 東京: 日本臨牀社; 2013. p.462-5.

18) 高橋昭喜. 髄膜・脳室系. In: 高橋昭喜, 編. 脳MRI. 正常解剖. 第2版. 東京: 秀潤社; 2005. p.92-142.

19) 増本智彦. 慢性硬膜下血種. In: 青木茂樹, 他. 新版よくわかる脳MRI. 第2版. 東京: 秀潤社; 2004. p.323-33.

20) 奥地一夫, 中村達也. 内科エマージェンシー, 病態生理の理解と診療の基本, 脳神経系疾患, 慢性硬膜下血腫. 救急医学. 2009; 33: 1132-6.

21) 今村 徹. 慢性硬膜下血腫における認知機能障害. Cognition and Dementia. 2010; 9: 221-4.

22) Markwalder TM. Chronic subdural hematomas: a review. J Neurosurg. 1981; 54: 637-45.

23) 益澤秀明. 頭部外傷患者の障害認定・賠償に関わる問題 高次脳機能障害と非器質性精神障害. 救急医学. 2006; 30: 1837-42.

〈富岳 亮〉

11 プリオン病

A 症例提示

【症例】 70 歳　女性

【主訴】 家事ができない

【現病歴】 3 か月前からこれまでできていた家事ができなくなった．2 か月前には自宅への道がわからなくなり，外出先からの帰宅時に迷ってしまい，知人に連れて帰ってもらうことがあった．歩行時に転倒しやすくなったため，当院を受診した．

【既往歴】 特記すべきものなし

【家族歴】 特記すべきものなし

【一般身体所見】 身長 150 cm，体重 48 kg，体温 36.5℃，脈拍 63/分・整，血圧 135/80 mmHg，呼吸数 17/分，SpO₂ 98%，眼瞼結膜に貧血なし，眼球結膜に黄疸なし，口腔・咽頭粘膜に異常なし，肺音は正常肺胞呼吸音，副雑音なし．心音に減弱・亢進なし，過剰心音なし，心雑音なし，腹部は平坦・軟，圧痛なし．蠕動音正常，下腿浮腫なし

【神経所見】 改訂長谷川式簡易知能評価スケール（HDS-R）16/30，Mini Mental State Examination 20/30，脳神経所見に異常なし，筋緊張に異常なし，不随意運動なし，筋萎縮・肥大ともになし，四肢筋力は異常なし，四肢腱反射亢進，両側 Babinski 反射陽性，両側 Chaddock 反射陰性，指鼻指試験は両側で運動分解あり，膝踵試験は両側で運動分解あり，感覚障害なし，閉脚して立位を保持できない，開脚して立位保持可能，片足立ちは両側不可能，脚を開いて不安定ながら独歩可能，排尿障害なし，便秘なし

11. プリオン病

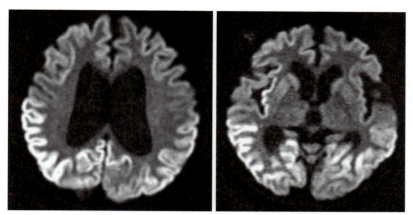

図1 発症3か月後の頭部MRI拡散強調画像
両側大脳皮質および基底核に高信号病変を認める

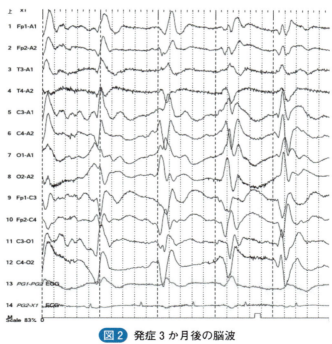

図2 発症3か月後の脳波
周期性同期性放電を認める

Ⅱ．認知症疾患別の診療の実際

【検査所見】

血液検査：RBC $432 \times 10^4/\mu$L，Hb 12.9 g/dL，Ht 40.3%，Plt. $20.9 \times 10^4/\mu$L，WBC 6,500/μL，Na 139 mEq/L，K 4.0 mEq/L，Cl 103 mEq/L，BUN 12.1 mg/dL，Cre 0.57 mg/dL，UA 6.7 mg/dL，T-Bil 0.7 mg/dL，AST 28 IU/L，ALT 14 IU/L，ALP 181 IU/L，γGTP 13 IU/L，LDH 266 IU/L，CK 88 IU/L，CRP 0.2 mg/dL，NH_3 40 μg/dL

脳脊髄液検査：性状水様透明，細胞数 3/μL，蛋白 25 mg/dL，糖 72 mg/dL（血糖 98 mg/dL），CL 125 mEq/L，14-3-3 蛋白陽性，総タウ 1856 pg/mL

プリオン蛋白遺伝子検査：コドン 129 多型：Met/Met，遺伝子変異なし

頭部 MRI（図1）：拡散強調画像（diffusion weighted image：DWI）にて，両側大脳皮質および基底核に高信号病変を認める

脳波（図2）：周期性同期性放電（periodic synchronous discharge：PSD）を認める

表1 孤発性 Creutzfeldt-Jakob 病の診断基準（WHO 1998）

A．確実例（definite）
特徴的な病理所見，またはウエスタンブロットや免疫染色法で脳に異常プリオン蛋白を検出

B．ほぼ確実例（probable）
病理所見はないが，以下の1〜3を満たす
1．急速進行性認知症
2．次の4項目中2項目以上を満たす
　a．ミオクローヌス
　b．視覚または小脳症状
　c．錐体路または錐体外路症状
　d．無動性無言
3．脳波上で周期性同期性放電（PSD）を認める
4．脳波上 PSD はないが，脳脊髄液中に 14-3-3 蛋白が検出され，臨床経過が2年未満の場合

C．疑い例（possible）
上記の B の1および2を満たすが，脳波上 PSD を欠く場合

11. プリオン病

【診断・経過】

　急速に進行する認知機能障害を呈し，身体所見上，錐体路徴候や小脳症候を認め，血液検査では大きな異常を認めず，脳脊髄液検査で14-3-3蛋白陽性，総タウ高値（＞1300 pg/mL）であり，頭部MRI DWIで大脳皮質や基底核に高信号を認め，脳波でPSDを認め，Creutzfeldt-Jakob病（Creutzfeldt-Jakob disease：CJD）と診断される．プリオン蛋白（prion protein：PrP）遺伝子検査では遺伝子変異を認めず，WHOの孤発性CJD（sporadic CJD：sCJD）診断基準（表1）を用いるとsCJDほぼ確実例と診断できる．本例はその後も急速に神経症候が進行し，発症5か月後には無動無言状態となり，発症6か月後に亡くなり，剖検にてsCJDの確実例と診断した．

B　プリオン病

1．プリオン病とは

　CJDに代表されるプリオン病は，脳における海綿状変化と異常PrP（scrapie prion protein：PrPSc）蓄積を特徴とする感染症で，同種間あるいは異種間で伝播しうる．ヒトのプリオン病は，病因からsCJD，遺伝性プリオン病，獲得性プリオン病に分類され，その有病率は人口100万人あたり年間約1人とされている[1]．細菌やウイルスといった核酸を有する病原体による感染症とは異なり，プリオン病はPrPScを介して同種間や異種間を伝播すると考えられており，通常の殺菌法や消毒法が無効であるため，特に医療現場における感染予防の面からも，その早期診断は重要である．以下に，それぞれの病型のプリオン病について概説する．

2．孤発性 Creutzfeldt-Jakob 病（sCJD）

　sCJDはプリオン病を発症した原因が不明のもので，わが国のプリオン病全体の75.5%を占める[2]．sCJDはPrP遺伝子のコドン129多型（メチオニン［M］とバリン［V］の2種類のアリル，MM，MV，VVの3種類の遺伝子型が存在する）とプロテアーゼ抵抗性PrPのウエスタンブロットのパターン（1型または2型に大別される）により6型（MM1/MM2/MV1/MV2/VV1/VV2）に分類され，それぞれ特徴的な臨床症状，病理像を呈する（表2）[3]．sCJDの約70%は，急速な進行の認知症やミオクローヌス，脳波での

表2 PrP遺伝子コドン129多型（MM, MV, VV）とプロテアーゼ抵抗性PrPのウエスタンブロットのパターン（1型，2型）によるsCJDの分類，特徴

MM1型
CJD典型例の臨床（急速な進行．認知症，ミオクローヌス，視覚異常，失調などの症状．脳波上PSDおよび髄液14-3-3が陽性など）および病理（大脳皮質，小脳皮質，基底核，視床などに海綿状変化．シナプス型のPrP沈着）．Heidenhain variant（視覚障害での発症を特徴とする臨床亜型）は，MM1型に含まれる．

MM2型
(1) 皮質型：認知症で発症し比較的長い経過．PSD（−），髄液14-3-3蛋白陽性．大脳皮質，基底核，視床の海綿状変化および粗大なパターンのperivacuolar型PrP沈着
(2) 視床型：〔孤発性致死性不眠症（sporadic fatal insomnia：SFI）〕；不眠，自律神経障害ほか．視床，下オリーブ核病変

MV1型
急速な進行，認知症，ミオクローヌス．PSDおよび髄液14-3-3蛋白陽性．大脳皮質および小脳病変

MV2型
失調，認知症など．比較的長い経過の例が含まれる．PSD（−），髄液14-3-3蛋白は一部の例でのみ陽性．辺縁系，基底核，視床，脳幹，小脳に海綿状変化および小脳にクールー斑．プラーク型やperivacuolar型のPrP沈着

VV1型
認知症で発症し，比較的長い経過．PSD（−），髄液14-3-3蛋白（+）．皮質，基底核病変（海綿状変化，シナプス型のPrP沈着）

VV2型
失調および認知症．PSD（−），髄液14-3-3蛋白（+）．小脳，基底核，視床，大脳皮質深層病変（海綿状変化．クールー斑はないが，シナプス型に加えてプラーク型のPrP沈着が見られる）

PSDの出現など典型的なsCJD病像を呈し，それらの多くはMM1型またはMV1型に含まれる．しかし，MM2型，MV2型，VV1型，VV2型の4型は，典型的なsCJDの病像をとらず，非典型的な病像がその臨床診断を困難にしている．日本人の90％以上はコドン129多型がMMで[4]，わが国のsCJD症例の96.8％のコドン129もMMであり，わが国で最も多い非典型例はMM2

型である[2].

　MM1 型，MV1 型は典型的な CJD の病像を呈し，亜急性進行性の認知症，ミオクローヌス，視覚障害，小脳症状，錐体路徴候，錐体外路徴候などの神経症候を認め，発症後 6 か月以内にほとんどが無動性無言に陥る（表 2）．臨床検査では脳波上の PSD，頭部 MRI DWI の皮質および基底核高信号，脳脊髄液 14-3-3 蛋白陽性を認めることが多い．これらは，WHO の sCJD 診断基準（表 2）により，臨床的にほぼ確実例と診断できる．病理では脳萎縮，皮質全層の海綿状変化を認め，PrP 免疫染色ではシナプス型沈着が見られる．

3．遺伝性プリオン病

　遺伝性プリオン病は，家族性 CJD，Gerstmann-Sträussler-Scheinker 病（Gerstmann-Sträussler-Scheinker disease：GSS），致死性家族性不眠症（fatal familial insomnia：FFI）の 3 病型に大別される．

1）家族性 CJD

　遺伝子変異の部位により多様な神経病理像を呈するが，わが国で多く見られる変異は V180I，E200K，M232R である[2]．V180I はほとんどで家族歴を有さず，緩徐進行性の経過をとり，認知症症状，錐体外路症状，大脳皮質巣症状などを呈する．脳波上 PSD は陰性のことが多く，髄液 14-3-3 蛋白の陽性率も低いが，MRI DWI で大脳皮質に高信号病変を認める[5]．病理では高度の海綿状変化が見られるが，神経細胞脱落は軽い[5]．E200K は浸透率が高い変異で，典型的な CJD の病像を呈することが多い．M232R 変異の約 60％は典型的な CJD の経過をとり（rapid type），残りの約 40％は比較的長い経過を示す例（slow type）がある[2,6]．緩徐進行性の症例では，MRI DWI にて視床内側面に hockey stick 状の高信号を認めることがある[6]．V180I 変異と同様に，家族歴を認めず，遺伝的浸透率が低いものと推察される．

2）Gerstmann-Sträussler-Scheinker 病（GSS）

　GSS 病型では CJD と比較して緩徐な進行を示し，脳に PrP アミロイド斑（クールー斑）を認める．GSS 病型を示す変異で最も頻度の多い変異は P102L である．P102L 変異にともなう GSS 古典型は，発症年齢は 30〜70 歳代と幅広く，失調症状，構音障害で発症し，発症後数年で認知症状が出現し進行する．しばしば下肢異常感覚や下肢深部腱反射消失を認める点が脊髄小脳変

Ⅱ．認知症疾患別の診療の実際

性症との鑑別上重要である[7]．脳波上 PSD を認めないことが多く，脳脊髄液 14-3-3 蛋白も陰性のことが多い[8]．

3）致死性家族性不眠症（FFI）

D178I 変異がコドン 129M と同一アリル上にある場合は FFI，コドン 129V と同一アリル上にある場合は CJD の表現型を示す場合が多い．FFI の発症年齢は 10〜70 歳代で，初発症状は不眠，昏迷，自律神経症状で，その後認知症などを呈し 1〜2 年の経過で死亡する．病名に反し，不眠を示さない例もある．病理では，視床の前腹側核，背内側核および下オリーブ核に神経細胞脱落やグリアの増生が限局し，大脳皮質の海綿状変化は軽度である．PrP 免疫染色では，皮質下灰白質，脳幹，小脳，下オリーブ核に微量のシナプス型沈着を認める[9,10]．

4．獲得性プリオン病

獲得性プリオン病にはパプアニューギニアの儀式的食人から感染したクールー，医療行為により感染した医原性プリオン病，ウシ海綿状脳症からヒトへの感染の可能性が考えられている変異型 CJD（variant CJD：vCJD）が含まれる．わが国の獲得性プリオン病は vCJD の 1 例を除き全例が硬膜移植後 CJD（dura mater graft-assocated CJD：dCJD）である[2]．

1）医原性プリオン病

医原性プリオン病の感染源としては，ヒト屍体由来乾燥硬膜，角膜，深部脳波電極，脳外科手術の際の手術器具，ヒト下垂体抽出成長ホルモン，ゴナドトロピン，vCJD 患者献血由来の輸血が報告されている[11]．

わが国の dCJD 患者数は 154 例（2020 年 9 月現在）であり，世界全体の 6 割以上を占めている．dCJD は臨床病理学的特徴から 2 つの病型（プラーク型/非プラーク型）に分類され，脳にプラーク（PrP 斑）形成を認めない非プラーク型は古典的 CJD と同様の典型的な CJD の臨床病理像を示す[12]．一方，PrP 斑形成を示すプラーク型は dCJD 全体の約 1/3 を占め，比較的緩徐な進行を示し，発症 1 年以内には脳波上 PSD を認めないなど非典型的な病理像を示す[12]．

2）変異型 CJD（vCJD）

vCJD の発生は英国が最も多く（177 例），フランス（27 例），スペイン（5

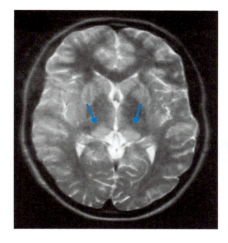

図3 vCJD の MRI
T2 強調画像の軸位像．両側の視床枕（矢印）に高信号（pulvinar sign）が見られる
(英国 CJD サーベイランスユニット D. A. Collie 博士のご厚意による)

例），アイルランド（4 例）などでも発生が確認されている．わが国に発生した 1 例の vCJD は発症 11.5 年前に短期間英国滞在歴を有していた[13]．vCJD の臨床的特徴としては，sCJD と比較して若年発症で，経過が比較的緩徐で，精神症状や行動異常で発症し，疼痛性異常感覚を訴えることが多い．通常は脳波上 PSD を認めず，頭部 MRI で両側視床枕高信号（pulvinar sign）が見られる（図3）．脳脊髄液 14-3-3 蛋白は約半数で陽性となる[14]．また，病理学的には florid plaque と呼ばれる PrP 沈着が特徴的で，中枢神経のみならず，リンパ節，虫垂，扁桃の末梢リンパ組織の樹状細胞にも PrP^{Sc} が認められる．

5．プリオン病の臨床診断

上記のように，一概にプリオン病と言っても様々な病型があり，臨床的に診断する際にはそれぞれの病型の違いを考えながら，診察・検査を進めていく必要がある．プリオン病の診断は，経過・身体所見からプリオン病を疑うことから始まるが，その後，脳波，頭部 MRI，脳脊髄液検査などの結果を参考にしながら臨床診断に至る．また，PrP 遺伝子検査は，遺伝性プリオン病の診断あるいは遺伝性プリオン病を否定するために必要であり，さらに sCJD においてもコドン 129 多型を知ることは，病型（表2）を推定する上で重要である．また，硬膜移植歴などのプリオン病伝播の可能性のある医療行

Ⅱ．認知症疾患別の診療の実際

為の既往や vCJD 多発地域などの海外渡航歴の確認も必要である．それらの情報を元に，診断基準（表1）を参考にしながら臨床診断を行う．また，ガイドラインには含まれていないが，筆者らを含むグループは，患者の脳脊髄液から PrP^{Sc} を直接検出する real-time quaking-induced conversion（RT-QUIC）法を報告した[15]．この方法は，sCJD の診断に 80% 以上の感度と 100% の特異度を示した[15]．プリオン病の確定診断には病理検査やウエスタンブロット法などでプリオン蛋白沈着を証明する必要があるが，今後本方法の意義が確立されれば，病理組織なしでも確定診断が可能となる可能性があり，大きな期待が寄せられている．

6．プリオン病の治療

これまでに，プリオン病の治療として，キナクリン，フルピルチン，ドキシサイクリン，ペントサン硫酸などが試みられたが，いずれも有効性は証明されていない．経過中に出現したミオクローヌスに対しては，対症的にクロナゼパムやバルプロ酸が使用されているが，明確なエビデンスはない．

おわりに

プリオン病の各病型の特徴とその診断および治療について概説した．なお，厚生労働省による研究班である「プリオン病及び遅発性ウイルス感染症に関する調査研究班」および「プリオン病のサーベイランスと感染予防に関する調査研究班」では，「プリオン病感染予防ガイドライン 2020」[16]および「プリオン病診療ガイドライン 2020」[17]を発刊しており，プリオン病診療に有用である．プリオン病は感染症という側面を持っていることから，早期診断は非常に重要である．今後，根本的な治療法の開発が望まれる．

●文献

1) Brown P, Cathala F, Raubertas RF, et al. The epidemiology of Creutzfeldt-Jakob disease : conclusion of a 15-year investigation in France and review of the world literature. Neurology. 1987 ; 37 : 895-904.
2) Nozaki I, Hamaguchi T, Sanjo N, et al. Prospective 10-year surveillance of human prion diseases in Japan. Brain. 2010 ; 133 : 3043-57.
3) Parchi P, Giese A, Capellari S, et al. Classification of sporadic Creutzfeldt-Jakob

11．プリオン病

disease based on molecular and phenotypic analysis of 300 subjects. Ann Neurol. 1999 ; 46 : 224-33.

4) Doh-ura K, Kitamoto T, Sakaki Y, et al. CJD discrepancy. Nature. 1991 ; 353 : 801-2.

5) Jin K, Shiga Y, Shibuya S, et al. Clinical features of Creutzfeldt-Jakob disease with V180I mutation. Neurology. 2004 ; 62 : 502-5.

6) Shiga Y, Satoh K, Kitamoto T, et al. Two different clinical phenotypes of Creutzfeldt-Jakob disease with a M232R substitution. J Neurol. 2007 ; 254 : 1509-17.

7) Yamada M, Tomimitsu H, Yokota T, et al. Involvement of the spinal posterior horn in Gerstmann-Sträussler-Scheinker disease（PrP P102L）. Neurology. 1999 ; 52 : 260-5.

8) Ladogana A, Sanchez-Juan P, Mitrova E, et al. Cerebrospinal fluid biomarkers in human genetic transmissible spongiform encephalopathies. J Neurol. 2009 ; 256 : 1620-8.

9) Montagna P, Gambetti P, Cortelli P, et al. Familial and sporadic fatal insomnia. Lancet Neurol. 2003 ; 2 : 167-76.

10) Medori R, Tritschler HJ, LeBlanc A, et al. Fatal familial insomnia, a prion disease with a mutation at codon 178 of the prion protein gene. N Engl J Med. 1992 ; 326 : 444-9.

11) Brown P, Brandel JP, Sato T, et al. Iatrogenic Creutzfeldt-Jakob disease, final assessment. Emerg Infect Dis. 2012 ; 18 : 901-7.

12) Noguchi-Shinohara M, Hamaguchi T, Kitamoto T, et al. Clinical features and diagnosis of dura mater graft associated Creutzfeldt-Jakob disease. Neurology. 2007 ; 69 : 360-7.

13) Yamada M. The first Japanese case of variant Creutzfeldt-Jakob disease showing periodic electroencephalogram. Lancet. 2006 ; 367 : 874.

14) Will RG, Zeidler M, Stewart GE, et al. Diagnosis of new variant Creutzfeldt-Jakob disease. Ann Neurol. 2000 ; 47 : 575-82.

15) Atarashi R, Satoh K, Sano K, et al. Ultrasensitive human prion detection in cerebrospinal fluid by real-time quaking-induced conversion. Nat Med. 2011 ; 17 : 175-8.

16) 厚生労働行政推進調査事業補助金難治性疾患政策研究事業「プリオン病のサーベイランスと感染予防に関する調査研究班」編：プリオン病感染予防ガイドライン 2020. http : //prion.umin.jp/guideline/pdf/cjd_2020v6.pdf

17) 厚生労働科学研究費補助金難治性疾患政策研究事業「プリオン病及び遅発性ウイルス感染症に関する調査研究班」. 厚生労働行政推進調査事業補助金難治性疾患政策研究事業「プリオン病のサーベイランスと感染予防に関する調査研究班」編：プリオン病診療ガイドライン 2020. http : //prion.umin.jp/guideline/pdf/guideline_2020.pdf

〈浜口　毅　山田正仁〉

12 内分泌・代謝・栄養欠乏性疾患

　治療可能な認知症 treatable dementia の代表的なものであり，もの忘れを主訴に受診した患者の診断の際には，その可能性を必ず考慮する必要がある．以下に各疾患の特徴を列記する．

A 甲状腺機能低下症

　本症の多くは慢性甲状腺炎（橋本病）による原発性甲状腺機能低下症で，中枢性甲状腺機能低下症は稀である．甲状腺機能低下症の65％程度が何らかの認知機能低下をきたす[1]．一般に感情が不活発となり，注意力・集中力の低下，無関心，思考緩慢，記憶力低下，理解力・判断力の低下，抑うつ状態，易興奮性，幻覚・妄想状態（特に被害妄想），せん妄などをきたす．自殺念慮もみられる．記銘力障害や集中力低下などが目立ち，Alzheimer 病と類似する[2]．また，甲状腺刺激ホルモン（TSH）値と認知レベルが相関する．認知機能低下は合成レボチロキシンによる甲状腺ホルモン補充療法で軽快するため，もの忘れを主訴に受診した患者には Alzheimer 病を疑った場合でも必ず甲状腺機能の測定を行う必要がある（図1）．

B 橋本脳症

　橋本脳症は慢性甲状腺炎やバセドウ病などに伴う自己免疫性脳症である．平均発症年齢は62歳で，20歳代と60歳代に二峰性がある．女性が72％を占める．臨床病型は，意識障害やてんかんをきたす急性型脳症型（58％），慢性認知症・精神病型（17％），小脳失調型（16％），Creutzfeldt-Jakob disease-mimic（3％）などがある．精神・神経症状は，意識障害（66％），精神症状（53％），認知症（38％）がある．甲状腺自己抗体（抗 TPO 抗体，抗 TG 抗体）は全例で陽性であるが，甲状腺機能は正常か軽度の異常に留まる．抗

12. 内分泌・代謝・栄養欠乏性疾患

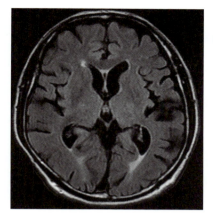

図1 81歳男性，6か月前からの記銘力低下を主訴に受診

MMSEは23（遅延再生2/3），頭部MRI FLAIR画像では慢性虚血性変化，年齢相応の脳萎縮を認めた．ビタミンB_1，ビタミンB_{12}，葉酸，NH_3は正常．TSH 20.3473 μIU/mL，FT3 2.41 pg/mL，FT4 0.61 ng/dL，抗TG抗体陰性，抗TPO抗体陰性．甲状腺機能低下症による認知機能低下と診断．治療により，MMSEは26（遅延再生3/3）まで改善した．

NAE抗体は約90％の高い特異度を有するが，感度は50％であり，抗体陰性は本症を否定するものではない．脳波では基礎律動の徐波化がみられる．頭部MRIでの異常頻度（36％）は高くないが，脳辺縁系病変やびまん性白質病変を呈することが稀にある．脳血流SPECTでの血流低下が高率（76％）にみられる．副腎皮質ステロイド剤を主体とした免疫療法が奏効する[3-5]．

C　下垂体機能低下症

原因疾患は下垂体腫瘍，Sheehan症候群，リンパ球性下垂体炎など多様であり，ほとんどが良性疾患であるが，診断と治療が遅れると致死的状態になりうる[6]．全身倦怠感，食欲不振，意識障害，体重減少，耐寒性低下，抑うつ，徐脈，低身長，類宦官様症状など，分泌低下する下垂体ホルモン〔副腎皮質刺激ホルモン（ACTH），TSH，黄体化ホルモン（LH），卵胞刺激ホルモン（FSH），成長ホルモン（GH）〕に応じた欠落症状を認める．可能性を疑ったら，一般検査とともに内分泌学的検査，頭部MRIなどの画像検査を施行する．コルチゾール低下により，低ナトリウム血症，低血糖，貧血，相対的リンパ球増多，好酸球増多を認める．甲状腺機能低下によって筋原性酵素（CK）の上昇や高コレステロール血症を認める．GHの低下によっても高コレステロール血症となる．診断は下垂体前葉ホルモンと標的ホルモンの同時測定や負荷試験による．

Ⅱ. 認知症疾患別の診療の実際

　下垂体機能低下症による認知機能低下は，前頭葉〜皮質下障害の症状を示し，無関心，集中力低下，無頓着，動作緩慢，記銘力障害が認められる[1]．治療はまず，グルココルチコイドの補充を優先し，次に甲状腺ホルモンを補充する．この順を間違えると副腎不全症を悪化させる．適切なホルモン補充療法を行えば，比較的予後は良好である．

D　副腎皮質機能低下症

　慢性に経過する原発性副腎皮質機能低下症を Addison 病という．従来は副腎の結核による発症が多かったが，自己免疫異常による特発性 Addison 病が相対的に増加している．グルココルチコイド欠乏による易疲労感，全身脱力・倦怠感，体重減少，食欲不振，筋痛，関節痛がみられる．ミネラルコルチコイド欠乏による腹痛，吐き気，嘔吐，低血圧，起立性低血圧，脱水，低ナトリウム血症，高カリウム血症がみられる．副腎アンドロゲン欠乏症状として，エネルギー欠乏，乾燥肌，性欲減退，腋毛・陰毛の消失がみられる．一般検査で低血糖，低ナトリウム血症や正球性貧血，コレステロール低値，好酸球・リンパ球増多などがみられる．認知機能低下については，うつ状態，注意・集中力の低下，記銘力障害を認める[1]．

E　Cushing 症候群

　コルチゾールの慢性的過剰分泌状態によって引き起こされる病態で，中心性肥満，満月様顔貌，高血圧，糖尿病，皮膚線条，筋力低下，骨粗鬆症，低カリウム血症を呈する．さらに半数以上の患者でうつ病を中心とした易怒性，抑うつ気分，不安障害などの気分障害と認知機能障害を生じる．これらは治療後も非可逆的経過をとることがある[1]．認知機能障害として記銘力障害と集中力障害が目立ち，注意力障害，遅延再生記憶の低下なども認める．海馬萎縮も認め，認知機能低下との相関が推察されている[7]．中枢神経に対してグルココルチコイドが過剰であることが原因と考えられる[8]．治療により 72% の患者で抑うつ状態が，80% の患者で集中力障害が，70% の患者で記銘力障害がそれぞれ改善した[7]．また，手術療法後に海馬容積の増加と認知機能検査の改善がみられた報告もある．

12. 内分泌・代謝・栄養欠乏性疾患

F 副甲状腺機能亢進症

　副甲状腺ホルモン（PTH）の分泌亢進が慢性的に続き代謝異常が起こっている状態である．血清Ca濃度が正常にもかかわらずPTHの過剰分泌・PTH作用の過剰をきたすことにより高Ca血症および低リン血症をきたす原発性副甲状腺機能亢進症と，種々の原因で低Ca血症が存在しPTHの分泌亢進が起こる二次性副甲状腺機能亢進症とに大別される．前者は副甲状腺の腺腫80%，過形成，癌などにより，後者は慢性腎不全によるものが多い[9]．

　精神症状は原発性副甲状腺機能亢進症の1〜25%にみられる．精神症状としては，記憶障害，不穏，性格変化などであり，血清Caレベルと相関が高い[9]．Ca値を正常化すると日から月の単位で改善がみられる．続発性副甲状腺機能亢進症も同様の精神症状を伴い，手術後に認知機能の著明な改善がみられる．

G 副甲状腺機能低下症

　副甲状腺ホルモン（PTH）の作用低下によって低Ca血症をきたしテタニーなどを呈する．PTHの分泌低下による症候群と，標的臓器のPTHへの反応性低下に起因する偽性副甲状腺機能低下症に分けられる．原因は頸部手術後，遺伝子異常，免疫異常などがある．白内障，大脳基底核石灰化，不整脈，皮膚や毛髪の異常などの全身症状を呈する．初発症状として，低Ca血症に起因するテタニー，痙攣発作，意識消失発作，しびれ感が多い．その他，頭蓋内圧症状，両側性感音性難聴，外眼筋麻痺，錐体外路症状などをきたす[1]．

　精神症状は，記銘力障害，不穏，幻覚，妄想，性格変化などを認め，血清Caレベルと相関する．認知機能障害は特発性副甲状腺機能低下症の10%にみられ，皮質下性認知症を呈し，記銘力障害，認知機能障害，異常行動を認めるが[1]，血清Ca値の正常化により速やかに回復する．

H 反復性低血糖

　血糖値が50 mg/dL以下に低下した時，低血糖と呼び，低血糖に基づき神経症状が生じた場合を「低血糖症」という．頭痛，めまい，痙攣発作，錯乱・

Ⅱ. 認知症疾患別の診療の実際

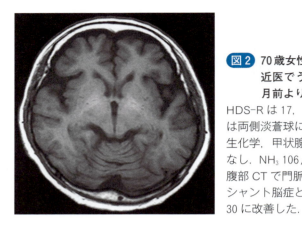

図2 70歳女性,6か月前よりうつ状態,近医でうつ病と診断された.1か月前よりもの忘れを主訴に受診
HDS-R は 17,頭部 MRI T1 強調画像では両側淡蒼球に高信号を認めた.血算,生化学,甲状腺機能,ビタミンなど異常なし.NH_3 106μg/dL.腹部手術歴あり,腹部 CT で門脈大循環シャントを認め,シャント脳症と診断.手術後,HDS-R は 30 に改善した.

せん妄・昏迷・昏睡,片麻痺(右側,弛緩性,一過性)などがみられる.原因は,薬剤が起因する医原性低血糖,アルコール性やインスリノーマなどによる空腹時低血糖,反応性低血糖(食事性低血糖)があげられる.低血糖発作時に血清インスリン値,C-ペプチドを同時測定し鑑別する.

低血糖の中枢神経症状(低血糖脳症)は,空腹感と頭痛などが先行し,興奮,錯乱,せん妄は急性低血糖脳症の軽症型が示唆される.さらに注意力・集中力の低下,見当識障害,記銘力障害を認める.予後は,低血糖値,低血糖持続時間,来院時の低体温,血中低乳酸値と有意に相関する[1].意識障害で受診した糖尿病治療中の患者ではその可能性をまず疑う.

1 肝性脳症

急性および慢性肝障害あるいは門脈-大循環短絡路によって生じる意識障害をはじめとする精神神経症状の総称である.急性肝障害(劇症肝炎,遅発性肝不全),慢性肝障害(肝硬変),および先天性尿素サイクル異常症などが原因となる.肝の一次的病変や門脈圧亢進を伴わなくても大型の門脈-大循環短絡路が存在し,周期的に意識障害を反復する場合,猪瀬型肝性脳症(シャント脳症)と呼ばれる[10].肝性脳症の精神症状は,多幸症,軽度の抑うつ状態,不明瞭な話し方,睡眠リズムの逆転,指南力の障害,記銘力・記憶力の低下など多岐にわたる.頭部 MRI T1 強調画像では淡蒼球の高信号(図2),

12．内分泌・代謝・栄養欠乏性疾患

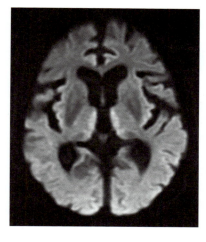

図3 62歳男性，大酒家．1か月前より歩行障害，7日前より複視，物忘れ，独語を主訴に受診

JCS-30，見当識障害，作話，眼球運動障害を認めた．HDS-R 5/30（遅延再生 0/6）．頭部 MRI 拡散強調画像では第三脳室周囲の視床内側に高信号を認めた．血算，生化学，甲状腺機能，NH_3 異常なし．ビタミン B_1 1.5 ng/mL．Wernicke 脳症と診断した．ビタミン B_1 補充したが，見当識障害，作話残存した．

脳波検査で徐波化や三相波がみられる．治療は誘因の除去と栄養療法である．猪瀬型肝性脳症の治療は内科的治療と短絡路閉鎖術がある．診断には血中 NH_3 の測定が重要である．

J ビタミン B_1 欠乏症（Wernicke 脳症）

ビタミン B_1 は thiamine pyrophosphate の形で糖代謝の過程の pyruvate decarboxylase，α-ketoglutarate dehydrogenase の補酵素として働き ATP の産生に寄与する．偏食，吸収不良（アルコール症，消化管切除後），需要量増加（妊娠，授乳，過度の肉体労働，甲状腺機能亢進症），高齢者，喪失量増加（発熱，下痢，利尿薬）でビタミン B_1 欠乏状態となりやすい．妊娠悪阻に対する糖質のみの補液や，中心静脈栄養へのビタミン B 群製剤の入れ忘れなどの医原性の事例も記憶に新しい[11]．Wernicke 脳症の3大症状は，意識障害，眼球運動障害，失調性歩行であるが，すべて揃うのは16.5％にすぎない．意識障害は昏睡となることは少ないが，傾眠，錯乱がみられる．末梢神経障害（脚気）を合併する例も多い．病理学的には，第三脳室に面する視床背内側核，乳頭体，中脳水道周囲灰白質，第四脳室に点状出血を伴う不完全壊死巣を認める．頭部 MRI では，第三脳室周囲の視床内側，中脳水道周囲，乳頭体に T2 強調画像，FLAIR，拡散強調画像で高信号を呈する（図3）．内

Ⅱ. 認知症疾患別の診療の実際

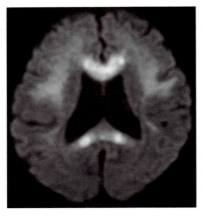

図4 68歳女性, 53歳 胃癌(全摘術後).
1か月前より食欲低下, 3日前より発語なく, 活動性低下, 1日前より異常行動(服を脱いで外出)があり受診
JCS-1, MMSE 12. 頭部 MRI 拡散強調画像では脳梁, 大脳深部白質に高信号を認めた. 血算, 生化学, 甲状腺機能, NH_3, ビタミン, 葉酸異常なし. Marchiafava-Binnami 病と診断. ビタミン製剤, 補液により意識清明, MMSE 23 まで改善. 経過中, 左手の失書, 左手触覚性呼称障害などの脳梁離断症状を認めた.

科領域の救急疾患であり致死率も 20％ と高く, 可能性を疑ったらビタミン B_1 100〜300 mg の静注を直ちに行う. 眼球運動障害や意識障害は改善しやすいが, 適切に治療しても生存者の 85％ は不可逆的記銘力の低下と作話を特徴とする Korsakoff 症候群となる[12]. 病識は欠如するが, 意識は清明で, 記憶障害以外の認知機能障害は比較的保たれ, 会話は保たれるため, 周囲の人に異常を気づかれにくい場合もある.

K Marchiafava-Bignami 病

栄養障害を伴うアルコール多飲者の脳梁に脱髄壊死を生じるまれな疾患で, アルコール関連性の神経救急疾患である. 大部分は飲酒常習者に生じるが, 7.2％ は非アルコール性栄養障害患者であり, 栄養因子が関与している[13]. 急性期は傾眠から昏睡までの様々な意識障害, 痙攣発作, 前頭葉機能低下がみられ, 慢性期には脳梁離断症状 (左手の失行, 左手の失書, 左手の触覚性呼称障害など) が認められる. 病理学的には, 脳梁の中心性脱髄壊死を認める. 頭部 MRI では, 脳梁病変は T1 強調画像で低信号, T2 強調画像, FLAIR 画像, 拡散強調画像では高信号を呈する. また脳梁外病変 (脳室周囲白質, 内包後脚を含む大脳深部白質, 前頭葉皮質もしくは皮質下白質) をしばしば合併する[14] (図4). 確立した治療法はなく, 断酒, ビタミン B_1 投与やステロイドであるが, その効果は一定しない.

12. 内分泌・代謝・栄養欠乏性疾患

L　ペラグラ

　ニコチン酸（nicotinic acid, niacin）欠乏で起こり，口角炎や舌炎を含む皮膚炎（dermatitis），下痢（diarrhea），認知症（dementia）の 3D を 3 徴候とする．神経症状は，ペラグラ脳症と呼ばれ，易疲労性，集中力低下，不眠，抑うつなど，器質性脳症状（記銘力低下，失見当識，知能低下など），精神症状（興奮，錯乱，幻覚，せん妄など）をきたす．病理学的には，大脳皮質大型錐体細胞や橋核神経細胞などに central chromatolysis がみられる．ニコチン酸アミド投与により神経症状は改善する．

M　ビタミン B_{12} 欠乏症

　ビタミン B_{12} は，メチルマロニル CoA およびメチオニン合成酵素の補酵素として機能し，その欠乏により DNA 合成，葉酸代謝，ホモシステイン代謝に影響し，高ホモシステイン血症をきたす．ビタミン B_{12} は動物性食品に多く含まれており，通常の食事をしていれば欠乏をきたすことはないが，ビタミン B_{12} 欠乏症の原因の半数以上は吸収障害によるものである．原因は胃切除後，ピロリ菌感染，コルヒチン投与，H_2 受容体拮抗薬・プロトンポンプ阻害薬長期投与，抗胃壁細胞抗体や抗内因子抗体陽性による悪性貧血などである．
　脳症として軽度の性格変化，集中力低下，記憶障害から megaloblastic madness，躁状態，幻覚，せん妄などがよく知られる[11,15]．そのほか巨赤芽球性貧血，Hunter 舌炎，末梢神経障害の合併もみられることがある．Romberg 徴候陽性，膝蓋腱反射亢進，アキレス腱反射減弱を示す亜急性連合性脊髄変性症を呈することもある．病理所見は，白質に散在性脱髄巣をみることがある．治療は，ビタミン B_{12} の補充である．特に抗胃壁細胞抗体や抗内因子抗体が陽性となる症例や，胃切除後ビタミン B_{12} 欠乏症など吸収障害がみられる場合はビタミン B_{12} 製剤の筋注が必要となる．なお，葉酸欠乏を合併する場合にビタミン B_{12} に先行し葉酸を投与するとビタミン B_{12} の消費を増加させ神経症状を悪化させるため要注意である．

Ⅱ．認知症疾患別の診療の実際

N　葉酸欠乏

　葉酸は動物性食品のほか緑黄食野菜や果実などに含まれている．葉酸は，核酸の生合成，メチオニン生合成系におけるメチル化供与体として機能する．葉酸欠乏の原因として最も一般的なものは，食事摂取量の減少とアルコール多飲である．ビタミンB_{12}欠乏と同様，高ホモシステイン血症をきたす．葉酸欠乏における精神症状としては，アパシー，抑うつ症状，引きこもり，摂食障害，無関心，易疲労性，睡眠障害，認知機能低下を認める[15]．治療は，葉酸製剤の補充である．また前頭側頭葉型認知症などで過度の偏食がある場合に欠乏をきたしやすい．

● 文献
1) 松永晶子，米田　誠．内分泌機能異常に伴う認知症．BRAIN and NERVE. 2016；68：399-405.
2) 榎本崇一，松永晶子，米田　誠．甲状腺機能低下症．別冊日本臨牀．新領域別症候群シリーズNo. 30．東京：日本臨牀社；2014．p.219-23.
3) 米田　誠．橋本脳症と認知症．Dementia Japan. 2019；33：190-5.
4) 米田　誠．90．橋本脳症．精神科治療学．2019；34：277-9.
5) Matsunaga A, Ikawa M, Yoneda M. Hashimoto encephalopathy. Clin Exp Neuroimmunol. 2019；10：226-33.
6) 沖　隆．下垂体機能低下症．別冊日本臨牀．新領域別症候群シリーズNo. 30．東京：日本臨牀社；2014．p.183-7.
7) Starkman MN, Gebarski SS, Berent S, et al. Hippocampal formation volume, memory dysfunction, and cortisol levels in patients with Cushing's syndrome. Biol Psychiatry. 1992；32：756-65.
8) Tiemensma J, Kokshoom NE, Biermasz NR, et al. Subtle cognitive impairments in patients with long-term cure of Cushing's disease. J Clin Endocrinol Metab. 2010；95：2699-714.
9) 鷲見幸彦．副甲状腺機能亢進症．別冊日本臨牀．新領域別症候群シリーズNo. 30．東京：日本臨牀社；2014．p.228-31.
10) 宮崎大吾，矢﨑正英，池田修一．門脈-大循環性脳症，シャント脳症，猪瀬型肝脳疾患．別冊日本臨牀．新領域別症候群シリーズNo. 30．東京：日本臨牀社；2014．p.354-9.
11) 濱野忠則，栗山　勝．ビタミン欠乏症による神経疾患と治療法．別冊医学のあゆみ．神経疾患—State of arts（Ver. 1）．東京：医歯薬出版；1999．p.476-80.
12) 栗山　勝，濱野忠則．ビタミンB群および関連物質と臨床．ビタミン．

2013 ; 87 : 85-9.

13) Hillbom M, Saloheimo P, Fujioka S, et al. Diagnosis and management of Marchi-afava-Bignami disease : a review of CT/MRI confirmed cases. J Neurol Neuro-surg Psychiatry. 2014 ; 85 : 168-73.

14) 黒田岳志, 河村　満. Marchiafava-Bignami 病. 別冊日本臨牀. 新領域別症候群シリーズ No. 30. 東京 : 日本臨牀社 ; 2014. p.772-5.

15) 吉澤利弘. ビタミン B_{12}・葉酸欠乏症と認知症. BRAIN and NERVE. 2016 ; 68 : 407-20.

〈林　浩嗣　濱野忠則〉

13 感染症・炎症性疾患

A HIV-1 関連神経認知障害

症例 1: 57 歳の男性

【主訴】 異常行動

【既往歴】 特記すべきことなし

【家族歴】 父: 心筋梗塞

【現病歴】 4 か月前からふらつきを訴えていた. 徐々に口数が少なくなり, 声が小さくなり, ふさぎこむこともみられるようになった. 2 か月前から記憶力の低下を訴えるようになり, 鍵のかけ忘れや遅刻が多くなり, 仕事で使い慣れた機械の操作ができない, 作業に時間がかかると訴えるようになった. 上司の勧めで脳神経内科を受診した.

【一般身体所見】 特記すべき異常なし

【神経学的所見】 HDS-R 15 点, MMSE 20 点でぼんやりとなることがある. 項部硬直は認めない. 四肢腱反射亢進を認めるが, 筋力は正常, 感覚異常や失調は認めない. 日本版リバーミード行動記憶検査の標準プロフィールは 4/24 点, スクリーニング 1/12 点となっていた. 高次脳機能は保たれている.

【検査所見】 白血球数 3920/μL (リンパ球数 1020/μL), 炎症反応はなく, 腎機能, 肝機能は正常. アンモニア値正常. 甲状腺機能正常. 自己抗体陰性. CD4/CD8 比 0.14

頭部 MRI 検査: 大脳深部白質にびまん性に広がる FLAIR 高信号病変を認めた (図 1).

【経過】 亜急性に進行する無気力, 気分の変化, 健忘, 注意力の低下, 思考処理の緩慢化, 作業効率の低下が出現した. 錐体路徴候がみられ, 頭部 MRI 検査では, 深部白質に広がる FLAIR 高信号が認められた. CD4/CD8 比の低下

404

13. 感染症・炎症性疾患

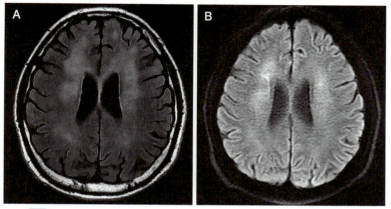

図1 症例1の頭部MRI検査（A：FLAIR画像，B：拡散強調画像）
深部白質にびまん性のFLAIR高信号，拡散強調画像高信号の病変を認める．

を認めたことから，HIV抗体を測定したところ陽性であった．HIV-1核酸増幅検査では3.0×10^5 copy/mLと陽性であった．CD4陽性T細胞数は$200/\mu L$以下となっていた．

1. 疾患のポイント

HIV-1の感染に伴い，HIV-1感染リンパ球やウイルスに関連した蛋白が血管脳関門を通過し中枢神経系に侵入，マイクログリアやアストロサイトが活性化する．その結果，神経毒性物質による中枢神経の破壊やサイトカインの分泌促進に伴う慢性炎症により中枢神経障害が生じると考えられている．

HIV-1関連神経認知障害は，下記のように分類される．
＜分類＞
- HIV関連認知症（HIV associated dementia：HAD）
- 軽度神経認知障害（mild neurocognitive disorder：MND）
- 無症候性神経認知障害（asymptomatic neurocognitive impairment）

初期症状は，注意力の低下，集中力の低下，健忘，思考処理の緩慢化，作業効率の低下，無気力，うつ症状を呈する．幻覚や妄想，気分の変化が見ら

Ⅱ．認知症疾患別の診療の実際

れる．錐体路徴候，錐体外路徴候，歩行障害も見られる．

　亜急性から慢性に進行し，脳萎縮の進行，認知行動，行動習慣の異常（皮質下性認知障害），末期には全般性認知症，植物状態となる．

2．検査

1）MRI 検査

　大脳皮質の萎縮，基底核の萎縮．脳室周囲や深部白質の T2，FLAIR 画像でのびまん性高信号をみとめる．

2）脳脊髄液検査

　単核細胞の軽度上昇，蛋白上昇，IgG 増加，オリゴクローナルバンド陽性．脳脊髄液中 HIV-1 RNA，DNA 検出．ネオプテリン，タウ蛋白の増加．

3）認知機能検査

　簡易的認知症スケールを用いた検査では異常の検出は難しい．国際的 HIV 認知症スケールや注意・実行遂行機能での評価を行う．

3．診断

　HIV-1 感染があり，臨床症状，神経心理検査，画像検査，感情や社会行動の変化から診断する．日和見感染や腫瘍に伴う認知機能障害の鑑別が必要である．

4．治療

　HIV-1 関連神経認知障害（HIV-1 associated neurocognitive disorders：HANDs）により高度に認知機能が低下した状態に対する有効な治療法はない．HIV-1 感染が確認された時点で，早期から抗 HIV 薬多剤併用療法（ART：antiretroviral therapy）を開始することで，HANDs の進行を遅らせ，軽症に留めることが可能である．中枢神経内における HIV-1 ウイルスを抑制することが重要であり，髄液中のウイルス量を測定し，有用な処方薬を考慮することが必要である．

B　多発性硬化症

症例 2：48 歳の女性

【主訴】仕事でミスをする．歩行障害．
【既往歴】貧血

13. 感染症・炎症性疾患

【家族歴】特記すべきことなし

【現病歴】看護師として活躍していたが，1年前からカルテの記載忘れや記載場所を間違えることが増えてきた．引き継ぎの内容も要領を得ないことがあり，お金の支払いも適切にできないことがあった．半年前に業務を変えてもらったが，新しい仕事が覚えられない，薬の配布を間違えことがあり，更年期障害が原因だといって休職した．1か月前から，歩行時に足を引きずる，右下肢がしびれると訴えるようになった．何かをつかむような行動が見られ，失禁も認めるようになったため脳神経内科を受診した．

【一般身体所見】特記すべきことなし

【神経学的所見】眼球の内転障害があり，右上肢 Barré 徴候で回内，右上下肢で軽度の筋力低下を認めた．四肢腱反射は亢進し，病的反射は陽性であった．右足に異常感覚があり，歩行では右下肢を引きずって歩いていた．尿失禁を認めた．

【検査所見】血液検査では特記すべきことなし．脳脊髄液検査では，細胞数，蛋白は正常であったが，ミエリン塩基性蛋白高値，IgG index 0.92 と上昇，オリゴクローナルバンド陽性であった．

頭部 MRI 検査：FLAIR 高信号の斑状病変を大脳白質，脳幹部に認めた．大脳白質病変では，オープンリング状の造影効果も認めた．同部位は拡散強調画像でも高信号であった（図2）．

神経心理検査：WAIS-Ⅲ FIQ 53，VIQ 67，PIQ 62 であり，WMS-R では，一般記憶 53，言語性記憶 66，視覚性記憶＜50，遅延再生 95，注意力 63 であった．

【経過】画像所見，髄液検査より多発性硬化症を疑い，同様の病変をきたす疾患が鑑別されたことから，多発性硬化症と診断された．ステロイドパルス療法で，運動機能，失禁は改善したが，認知機能低下は残存した．

1. 疾患のポイント

　再発，寛解を繰り返し（時間的多発），中枢神経系で多発（空間的多発）する炎症性脱髄性疾患である．障害される部位により，多彩な症状を呈する．再発寛解型，2次性進行型，一次性進行型に分類される．

　多発性硬化症では，発症早期から認知機能の低下をきたすことがあり，晩

Ⅱ. 認知症疾患別の診療の実際

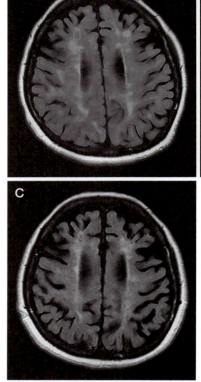
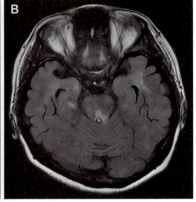

図2 症例2の頭部 MRI 検査
A, B：入院時の頭部 MRI（FLAIR）画像
C：4年後の頭部 MRI（FLAIR）画像

入院時深部白質や脳幹部に多発する FLAIR 高信号病変を認める．
4年の経過で脳萎縮の進行を認める．

期までの経過中に認知機能障害をきたす症例は43〜70％に及ぶとされている．作業記憶，エピソード記憶の障害，情報処理能力の低下，思考過程の緩慢化，注意力低下，視空間認知障害，語想起の障害が見られる．高次脳機能障害はまれとされる．社交性の低下，自己中心的になるなど精神症状もみられる．進行に伴いMRI検査にて脳萎縮を認めることがある．

2. 検査

脳脊髄液検査：軽度の細胞増多，髄液蛋白の上昇，ミエリン塩基性蛋白の上昇がみられ，オリゴクローナルバンド陽性，IgGインデックスが上昇する．

MRI検査：FLAIR高信号の脱髄性病変を認め，新規病変はガドリニウム

にて造影される.

神経心理検査：連続聞き取り加算テスト，多発性硬化症に特化した神経心理学的簡易反復検査法がある.

3．診断

時間的および空間的に多発する炎症性脱髄性病変を確認し，他の疾患が鑑別されることで診断される．中枢神経系の MRI 検査が診断に有用である.

4．治療

MS の治療には急性期治療および慢性期の再発予防のための治療がある. MS の急性期には，ステロイド大量点滴静注療法や血漿浄化療法が行われる. MS の再発予防薬としてインターフェロンβ注射薬，ナタリズマブ，グラチラマー酢酸塩注射薬や経口薬としてフィンゴリモド，フマル酸ジメチルがある．ストレス，過労，感染症などを回避すること，運動や認知機能を維持するためのリハビリを行うよう患者に指導することもある.

C　辺縁系脳炎

症例 3：68 歳の男性

【主訴】同じことを繰り返し言う．痙攣発作.

【既往歴・家族歴】特記すべきことなし

【現病歴】64 歳のときに糖尿病，高血圧と診断され加療を行っていた．半年前にテレビをみて興奮することがあった．職場の人を呼び出して用事のないところに出かけたり，同じことを何度も繰り返して話をすることが多くなってきた．数か月前からは，「あー，その，それ…」と言葉が出てこないことも増えた．急に「殺される」と訴えたり，ズボンを脱いだ状態で外にでる，深夜に知人に電話をかける行動が出現してきた．精神科を受診したところ，待合室で目が据わり，反応しなくなり，上肢を強直させ，よだれを垂らした状態になったため，救急搬送された.

【一般身体所見】血圧上昇，微熱を認めた.

神経学的所見：意識回復時の所見では，項部硬直なし．MMSE 24/30 点，HDS-R 25/30 点．四肢腱反射亢進を認めるが，病的反射は陰性であった.

採血検査：軽度の貧血と肝機能障害を認めた．血糖値 146 mg/dL，HbA1c

Ⅱ．認知症疾患別の診療の実際

7.2%，ビタミン正常，ウイルス抗体価は既感染の状態であった．膠原病関連の自己抗体は陰性であった．

【検査所見】

脳脊髄液検査：細胞数正常，蛋白軽度上昇，ヘルペス DNA 陰性であった．

脳波検査：徐波をみとめ，散発する鋭波も認めた．

頭部 MRI 検査：慢性の虚血性変化のみ

脳血流 SPECT 検査：軽度の血流低下を認めた．

WAIS-Ⅲ FIQ 62，VIQ 75，PIQ 53 であり，WMS-R では，一般記憶 88，言語性記憶 91，視覚性記憶 88，遅延再生 95，注意力 76 であった．

【経過】入院直後に痙攣発作が見られた．抗痙攣薬を投与してからは，痙攣発作はみとめない状態となった．入院後，穏やかなこともあるが，同じ行動を繰り返し，夜間に仕事に出かけようとするなど異常行動がみられた．血清，髄液で測定した抗 NMDAR（N-methyl-D-aspartate receptor）抗体が陽性であった．

1．疾患のポイント

辺縁系脳炎

ウイルス性辺縁系脳炎，自己抗体介在性辺縁系脳炎，自己免疫疾患関連辺縁系脳炎，薬剤性がある．ウイルス性辺縁系脳炎には，単純ヘルペス脳炎の他，HHV-6，エンテロウイルスなどが原因となる．自己抗体介在性では細胞内抗原（Hu，Yo，Ri，など）に対する抗体と細胞膜抗原（NMDAR，電位依存性 K チャネル複合体，GABA$_B$受容体など）に対する抗体が関連する．

精神症状，自律神経症状，意識障害，痙攣などの症状があり，記憶障害，見当識障害，性格や行動異常，認知障害，てんかんを後遺症として認めることがある．

抗 NMDAR（N-methyl-D-aspartate receptor）脳炎

女性や小児に見られることが多いが，男性例や高齢者にもみられる．女性の約 50％では腫瘍，特に卵巣奇形腫がみつかるが，小児や男性例では必ずしも腫瘍が見つかるわけではない．数日から数週間で進行するが精神症状を初発とすることが多く，記憶障害，痙攣，妄想，幻覚などがみられ，意識障害，昏睡状態となり，その後ジスキネジアなどの不随意運動を生じる．自律神経

13. 感染症・炎症性疾患

症状，呼吸障害もみられる．

　髄液所見は，細胞増多，蛋白濃度上昇，オリゴクローナルバンド陽性が見られることがあり，MRIでの異常所見は35％の症例で認められる．

2．診断

　臨床症状に加え，血清および髄液中の抗NMDA受容体抗体を測定する．

3．治療

　腫瘍が見つかれば腫瘍を摘除する．加えて，ステロイド大量点滴静注療法，血漿浄化療法，免疫グロブリン大量療法を行う．治療に難渋する場合は，リツキシマブやシクロホスファミドを投与する．

D　神経梅毒・進行麻痺

1．疾患のポイント

　通常の梅毒感染は未治療の場合，感染後2〜6週の潜伏期を経て第1期梅毒，第2期梅毒，第3期梅毒と進行していく．

第1期：下疳，局所リンパ節腫大

第2期：全身皮疹，リンパ節腫大．無症候期と第2期症状の再燃を繰り返す．

第3期：心血管梅毒，ゴム腫，進行麻痺，脊髄癆

神経梅毒

　梅毒トレポネーマ（*Treponema pallidum*）による中枢神経系の感染症．

　第1期および第2期の段階でTPが中枢神経系に侵入，無症候性髄膜炎または症候性髄膜炎を発症するが，自然回復することも多い．症候性髄膜炎では，発熱を伴わない髄膜刺激症状，頭蓋内圧亢進症状，脳神経麻痺（Ⅱ，Ⅷ，Ⅶ）を発症する．

　中枢神経系に潜伏感染した症例では，中枢感染後，6〜7年後に髄膜血管型梅毒を発症することがある．その後，15〜20年を経て進行麻痺，脊髄癆となる．

進行麻痺

　立ち振る舞いの異常，易怒性，身なりを気にしない，記憶障害，判断力低下を呈する．認知症，構音障害，ミオクローヌス，動作時振戦，てんかん発作，錐体路徴候，アーガイル・ロバートソン瞳孔を呈する．辺縁系脳炎や非

Ⅱ．認知症疾患別の診療の実際

痙攣性重積発作を呈することもある．

2．診断

1）血清学的検査

TPHA 検査，FTA-ABS 検査が陽性であることを確認する．

2）脳脊髄液検査

RPR 検査，VDRL 検査陽性であれば神経梅毒と診断．

上記が陰性であっても髄液細胞数上昇（>5/μL)の時は神経梅毒として加療．

髄液蛋白上昇（>45 mg/dL）かつ髄液 FTA-ABS が陽性の場合，神経梅毒として加療を行うが，血液の混入による擬陽性に注意が必要である．

髄液 FTA-ABS の代用として髄液 TPHA，TPPA 検査を行うこともある．

＊HIV 感染症の場合の診断アルゴリズムは通常の場合と異なる．

3．治療

梅毒では，ペニシリンに対する耐性を認めないため，水溶性ペニシリン G を規定量使用して加療を行う．

文献

1) Eggers C, Arendt G, Hahn K, et al. HIV-1-associated neurocognitive disorder : epidemiology, pathogenesis, diagnosis, and treatment. J Neurol. 2017. doi : 10.1007/s00415-017-8503-2.

2) Watkins CC, Treisman GJ. Cognitive impairment in patients with AIDS—prevalence and severity. HIV AIDS（Auckl). 2015 ; 7 : 35-47.

3) Giovannoni G. Should we rebrand multiple sclerosis a dementia? Mult Scler Relat Disord. 2017 ; 12 : 79-81.

4) Calabrese M, Agosta F, Rinaldi F, et al. Cortical lesions and atrophy associated with cognitive impairment in relapsing-remitting multiple sclerosis. Arch Neurol. 2009 ; 66 : 1144-50.

5) Titulaer MJ, McCracken L, Gabilondo I, et al. Treatment and prognostic factors for long-term outcome in patients with anti-NMDA receptor encephalitis : an observational cohort study. Lancet Neurol. 2013 ; 12 : 157-65.

6) Marra CM. Neurosyphilis. UoToDate. 2017.
https://www.uptodate.com/contents/neurosyphilis

〈岩佐和夫〉

14 薬剤誘発性認知症・認知障害

A 症例提示

　80歳，男性．75歳時に左レンズ核部の脳梗塞を発症．各種精査で心房細動が確認，ワルファリンによる抗凝固療法が施行されていた．79歳頃から前立腺肥大症に伴う尿失禁が出現するようになり塩酸プロピベリン 20 mg/日を開始．その半年後よりもの忘れが目立つようになってきたが日常生活への問題はなかった．約1年間内服した時点で口渇の訴えが強くなりコハク酸ソリフェナシン 5 mg/日に変更．その半月後より服を上下逆に着る，風呂給湯操作ができない，幻覚（先妻が部屋にいる，他）などの症状が出現したため受診．

　長谷川式簡易知能評価スケール（HDS-R）8点．血算・電解質・一般生化学・炎症・甲状腺機能すべて正常．頭部 CT では，75歳時の陳旧性梗塞を認めるのみであった．

　抗コリン薬であるコハク酸ソリフェナシンによる薬剤性認知障害と判断し同剤を中止．2か月後の再診日までに異常行動・幻覚は消失した．

B 疾患解説

1．概念

　各種の薬剤は有害作用として「認知機能障害」をきたしうる．薬剤性認知機能障害の特徴としては，①注意力の低下，②薬剤服用による認知機能障害の経時的変化，③せん妄に類似した症状を呈することがある，④薬剤中止により認知機能が改善，⑤薬剤の過剰投与により認知機能障害が悪化する，といったものがある[1]．

　ほとんどの薬剤が認知機能障害の原因となりうるが，特に抗コリン作用を

Ⅱ．認知症疾患別の診療の実際

もつ薬剤やベンゾジアゼピン系薬剤，各種の中枢神経作用薬，ヒスタミンH₁/H₂受容体拮抗薬，副腎皮質ステロイドなどは認知機能障害をきたしやすい．これらの薬剤を使用している場合は可能な限り漸減中止とする．また，高齢者では多数の薬剤を内服していることが多く，複数薬剤の組み合わせにより認知機能障害が生じることもある．処方薬の数を減らし，副作用の少ない薬剤を慎重に投与し，副作用の発現に注意を払うことが重要である．

一方で長期間の内服により「認知症」の発症が懸念される薬剤もあるが，別個にAlzheimer病など他の原疾患を合併することもあり，その解釈には慎重となる必要がある．

2．頻度

特に認知機能障害の原因となりやすい薬剤を表1に示す[2]．これらの中で特に質が高いエビデンスが存在するのは，過活動膀胱治療薬であるオキシブチニン（経口薬），Parkinson病に用いられる抗コリン薬であるトリヘキシフェニジルとピペリデン，三環系抗うつ薬である．また，いずれも「75歳以上の高齢者において特に慎重投与を要する」とされている．

「認知症」と診断された60歳以上の外来患者308名中35名（約11.4％）が薬剤性と診断され，薬剤の中止で改善したとの報告がある．ただし，このうちAlzheimer病など他原因の合併を71％で認めている[1]．

3．病理・病態

各種の抗コリン作用をもつ薬剤（表2）[3]は，中枢では認知機能障害・めまい・せん妄・混乱といった有害作用をきたす．また，強い抗コリン作用が主である「抗コリン薬」の他にも抗コリン作用を持つ薬剤は多く，これらの「複数の薬剤由来の抗コリン作用の蓄積（Anticholinergic burden）」が複数薬剤を併用することが多い高齢者では問題となる[4,5]．

ベンゾジアゼピン系薬剤は大脳辺縁系および皮質のベンゾジアゼピン受容体と関連し，ガンマアミノ酪酸（gamma-aminobutyric acid：GABA）受容体機能を亢進，神経過剰活動を抑制することで抗不安作用・催眠作用をもたらす．海馬を中心として分布したこれらの受容体がベンゾジアゼピン系薬剤により抑制され記憶障害をきたすと考えられる[6]．また，抗コリン作用を有するとともに脂溶性で体内に蓄積されやすく作用が遷延しやすい．一方，長

14. 薬剤誘発性認知症・認知障害

表1 認知機能障害をきたしやすい薬剤

系統	薬物名（一般名）
ベンゾジアゼピン系 睡眠薬・抗不安薬	ニトラゼパム フルラゼパム ジアゼパム ハロキサゾラム トリアゾラム エチゾラム
抗精神病薬	チオリダジン クロルプロマジン リスペリドン
抗パーキンソン病薬	トリヘキシフェニジル ビペリデン
三環系抗うつ薬	アミトリプチン イミプラミン
抗てんかん薬	プリミドン フェノバルビタール フェニトイン
H_2受容体拮抗薬	シメチジンなど
過活動膀胱治療薬	オキシブチニン（経口）
第1世代H_1受容体拮抗薬	ジフェンヒドラミン塩酸塩など
副腎皮質ステロイド	プレドニゾロン
循環器用治療薬	ジゴキシン プロプラノロールなど ジソピラミドなど

（日本老年医学会，編．高齢者の安全な薬物療法ガイドライン 2015.
メジカルビュー社；2015 より作成）

期間内服による作用の蓄積（long term use）と「認知症」新規発症について
ベンゾジアゼピン系薬と非ベンゾジアゼピン系薬で比較検討した研究では，
認知症・Alzheimer 病ともに累積使用量が少ないグループのみ発症リスクの
増大がみられ，累積使用量が多いグループでは有意な増大は認められなかっ

Ⅱ．認知症疾患別の診療の実際

> **表1** 抗コリン作用をもつ薬剤

抗コリン薬
　　　　アトロピン，鎮痙薬（スコポラミン），抗パーキンソン病薬（トリヘキシフェニジル），過活動膀胱治療薬，気管支拡張薬
向精神薬
　　　　三環系抗うつ薬，ベンゾジアゼピン系薬，フェノチアジン系薬
第1世代H_1受容体拮抗薬
　　　　ジフェンヒドラミン塩酸塩など
循環器系薬
　　　　ジソピラミド，キニジンなど

（篠原もえ子，他．BRAIN and NERVE．2016；68（4）：421-8）[3]

た．また，認知機能低下率についても用量との関連は認められなかった[7]．

　第一世代ヒスタミンH_1受容体拮抗薬では注意力の低下が指摘されている．また，第二世代ヒスタミンH_2受容体拮抗薬でもせん妄や認知機能障害が生じるが，これは抗コリン作用[8]やビタミンB_{12}欠乏[9]によるものと考えられており，高齢者や肝・腎機能低下，高用量・長期投与が危険因子となる．同じ消化器系疾患治療薬のプロトンポンプ阻害薬については，長期使用による認知症発症リスクが高いとする報告[10]と発症リスクを減少させるという報告[11]がある．

　抗精神病薬，特にフェノチアジン系定型抗精神病薬は抗コリン作用や抗ヒスタミン作用の影響で認知機能障害をきたしうる．三環系抗うつ薬も抗コリン作用や抗ヒスタミン作用で認知機能障害の原因となる[12]．抗コリン薬以外の抗パーキンソン病薬も認知機能障害や幻視をきたしうるが，原疾患の進行によるものか判断が困難な場合もある．

　過活動性膀胱の治療薬として第一選択薬となるムスカリン受容体拮抗薬は抗コリン作用を持ち，認知機能低下をきたす場合がある．特に経口オキシブチニンはプラセボや同じムスカリン受容体拮抗薬と比較して有意に注意力・持続力低下が認められた[13]．これは同剤が脂溶性で血液脳関門を通過しやすいためと考えられている．現在では，水溶性でより膀胱選択性の高い薬剤が開発されている．また，オキシブチニンの貼付剤も開発され，副作用の軽減

が期待される.

抗てんかん薬による認知機能障害については,原疾患自体の影響や新規作用機序の薬剤が増えてきていること,てんかん発作のコントロールによる認知機能改善が考慮される必要がある.近年の報告では,古典的薬剤ではフェノバルビタールとプリミドンが認知機能低下への影響が大きく,新規抗てんかん薬の中ではラモトリギンやレベチラセタムが影響は少ないとされている[14].

副腎皮質ステロイドは高用量の内服で海馬の神経細胞が機能障害となり認知機能障害をきたしうる[15].また,非ステロイド抗炎症薬でも認知機能障害が生じることがある.

循環器系治療薬の中では,ジゴキシンによる認知機能障害が知られている.また,β遮断薬では幻覚・せん妄・不安などが生じることがある[16].Ⅰa群の抗不整脈薬は抗コリン作用を有し,せん妄をきたすことがある.

これらは薬剤側の要因であるが,投与される患者側の要因として,加齢に伴う代謝・排泄能の低下,薬剤感受性亢進,血液脳関門脆弱化,併存身体疾患の存在,既存の脳器質性疾患や認知症疾患の存在,服用薬剤数の増多が挙げられる.

4. 臨床症候

抗コリン薬による認知機能障害としては,記憶力低下,注意力障害,焦燥感や幻視を伴うせん妄が挙げられる.

ベンゾジアゼピン系薬剤による認知機能障害としては,視空間認知障害,IQ低下,共同運動障害,注意力・集中力障害が挙げられる.

副腎皮質ステロイド薬では注意力・記銘力低下が生じる.

いずれの薬剤による認知機能障害も,変性疾患による認知機能障害と比較して急性〜亜急性に症状が出現し,経時的に悪化する傾向がある.また,Alzheimer病と比較すると記憶障害よりも注意障害が目立つ傾向がある.

5. 検査所見

他の認知機能低下をきたす中枢神経疾患,脱水,感染症,電解質異常,内分泌異常などの身体合併症がなければ,特異的な検査所見はない.抗てんかん薬やジゴキシン,各種抗不整脈薬は血中濃度の測定が可能で参考とはなる

Ⅱ．認知症疾患別の診療の実際

が，明らかな中毒域でなくても認知機能低下をきたすことがあるので注意が必要である[17]．

6．診断（含む鑑別診断）

認知機能障害をきたしうる変性疾患や各種身体疾患はいずれも鑑別疾患に挙がる．また，それまで安定していた認知症患者が急に認知機能障害進行を認めた場合にも薬剤の影響が疑われる場合がある．

疑わしい薬剤の開始時期と認知機能障害出現時期から原因薬剤同定が可能な場合もあるが，半年近く経過してから症状が出現することもある．また，単一薬剤ではなく多剤併用による認知障害のリスクもある．2～3剤ではリスクが2.7倍，4～5剤で9.3倍，6剤以上で13.7倍になると報告[1]されており，注意が必要である．

7．治療・予後

抗コリン作用薬や中枢神経系に作用する薬剤を内服している場合，薬剤性認知機能障害を疑い漸減中止を行う．ベンゾジアゼピン系薬剤などでは認知機能改善に数か月を要する場合もあるので慎重に経過観察を行う．また，基礎に認知症をきたす他の中枢神経疾患がある場合は，完全に認知機能障害が改善しない場合もある．

一方で薬剤性認知機能障害発症の予防も重要である．高齢者では多剤併用になりやすいため，処方薬数を抑え，副作用の少ない薬剤を慎重に投与し，常に副作用の発現に注意を払うことが大事である．

8．近年のトピックス―免疫チェックポイント阻害薬の副作用―

近年，各種癌の治療に抗CTLA-4抗体（イピリムマブ），抗PD-1抗体（ニボルマブ，ペムブロリズマブ），抗PD-L1抗体（アテゾリズマブ，アベルマブ，デュルバルマブ）などの免疫チェックポイント阻害薬が用いられて効果をあげている．免疫チェックポイント阻害薬の免疫関連性副作用（immune-related adverse event：irAE）として0.1～0.2%の割合で脳炎の出現が知られており，意識変容・痙攣・認知機能低下などが出現する．投薬中止や副腎皮質ステロイド投与などの処置が必要である[18]．

14. 薬剤誘発性認知症・認知障害

●文献

1) Larson EB, Kukull WA, Buchner D, et al. Adverse drug reactions associated with global cognitive impairment in elderly persons. Ann Intern Med. 1987 ; 107 : 169-73.

2) 日本老年医学会, 編. 高齢者の安全な薬物療法ガイドライン 2015. 東京 : メジカルビュー社 ; 2015.

3) 篠原もえ子, 山田正仁. 薬物による認知機能障害. Brain and Nerve. 2016 ; 68 : 421-8.

4) Gray SL, Anderson ML, Dublin S, et al. Cumulative use of strong anticholinergics and incident dementia : a prospective study. JAMA Intern Med. 2015 ; 175 : 401-7.

5) Villalba-Moreno AM, Alfaro-Lara ER, Perez-Guerreno MC, et al. Systemic review on the use of anticholinergic scales in poly pathological patients. Arch Gerontol Geriatr. 2016 ; 62 : 1-8.

6) Barbee JG. Memory, benzodiazepines, and anxiety : integration on theoretical and clinical perspective. J Clin Psychiatry. 1993 ; 54 (Suppl) : 86-97.

7) Gray SL, Dublin S, Yu O, et al. Benzodiazepine use and risk of incident dementia or cognitive decline : prospective population based study. BMJ. 2016 ; 352 : i90.

8) Schentag JJ, Cerra FB, Calleri G, et al. Pharmacokinetic and clinical studies in patients with cimetidine-associated mental confusion. Lancet. 1979 ; 1 : 177-81.

9) Penston J, Wormsley KG. Adverse reactions and interactions with H2-receptor antagonists. Med Toxicol. 1986 ; 1 : 192-216.

10) Gomm W, von Holt K, Thome F, et al. Association of proton pump inhibitors with risk of dementia. A pharmacoepidemiological claims data analysis. JAMA Neurol. 2016 ; 73 : 410-6.

11) Booker A, Jacob LE, Rapp M, et al. Risk factors for dementia diagnosis in German primary care practices. Int Psychogeriatr. 2016 ; 28 : 1059-65.

12) Branconnier RJ, Cole JO, Ghazvinian S, et al. Treating the depressed elderly patient : the comparative behavioral pharmacology of mianserin and amitriptyline. Adv Biochem Psychopharmacol. 1982 ; 32 : 195-212.

13) Wagg A, Dale M, Tretter R, et al. Randomised, multicenter, placebo-controlled, double-blind crossover study investigating the effect of solfifenacin and oxybutynine in elderly people with mild cognitive impairment : the SENIOR study. Eur Urol. 2013 ; 64 : 74-81.

14) Eddy CM, Rickards HE, Cavanna AE. The cognitive impact of antiepileptic drugs. Ther Adv Neurol Disord. 2011 ; 4 : 385-407.

15) Sapolsky RM. Glucocorticoids, stress and exacerbation of excitotoxic neuron death. Semin Neurosci. 1994 ; 6 : 323-31.

16) Dimsdale JE, Newton RP, Joist T. Neuropsychological side effects of beta-blockers. Arch Intern Med. 1989 ; 149 : 514-25.

Ⅱ. 認知症疾患別の診療の実際

17) Eisendrath SJ, Sweeney MA. Toxic neuropsychiatric effects of digoxin at therapeutic serum concentrations. Am J Psychiatry. 1987 ; 144 : 506-7.

18) Brahmer JR, Lacchetti C, Schneider BJ, et al. Management of immune-related adverse events in patients treated with immune checkpoint inhibitor therapy : American society of clinical oncology clinical practice guideline. 2018 ; 36 : 1714-68.

〈長山成美〉

15 一過性てんかん性健忘

　高齢者人口の増加に伴い，高齢発症てんかんに遭遇する機会が多くなっている．てんかん発作の発症率は乳幼児期が高く，成人期では減少するが，50代から再上昇し，75歳以上ではいずれの年齢層よりも高率となる．高齢者のてんかん発症病因には脳血管障害や認知症が挙げられる．特に認知症は罹患者数が増加しているため，今後高齢者てんかんの主な発症病因になる恐れがある．すでにAlzheimer型認知症（AD）ではてんかん発作が一般人口よりも高率に合併することが知られている．

　一方，高齢者における高いてんかん有病率は必ずしも周知されているとはいえない．その理由として高齢者のてんかん発作は非定型的な臨床症状を呈することが多く，見逃されやすいことが挙げられる．なかでも，記憶障害が主要な症状として出現するてんかん発作は認知症と誤認されやすい．高齢者てんかんは抗てんかん薬（AED）により抑制されやすいため，正しい診断治療が必須である．

　記憶障害を主症状とする特殊な発作型として，短時間の健忘を呈する一過性てんかん性健忘（transient epileptic amnesia：TEA）がある[1]．TEAは中高年に好発し，意識障害を伴わずに健忘が反復挿間性に生じる．TEAが唯一の発作症状であることも多く，その場合は本病態の存在を念頭に置かなければ診断が難しい．さらにTEAでは発作性健忘のみならず発作間欠期においても特異な記憶障害，すなわち①新規の記憶が数週間以内に急速に失われる加速的長期健忘（accelerated long-term forgetting：ALF）[2,3]，②数十年前まで遡る個人的生活史上の記憶が斑状に脱落する自伝的健忘（autobiographical amnesia：AbA）[2,3]，③行き慣れた場所が思い出せない地理的健忘（topographical amnesia）[1,3]が持続することが指摘されている．このような慢性的な記憶障害を持つ症例はまず物忘れ外来を受診するため，認知症との鑑別に

Ⅱ．認知症疾患別の診療の実際

細心の注意を払う必要がある．

　本稿では症例を提示して本病態を概観し，見落としのないよう注意を喚起したい．なお，症例は要旨に影響のない範囲で改変している．

A　症例提示

1．症例1　男性　60代

【既往歴・家族歴】特記すべきことなし．

【現病歴】X－2年，急に吐き気が生じた後，物の名前が出てこなくなり，いつもかけているところの電話番号がわからず，電話をかけられなくなった．症状は約半日続いたが，翌日には消失した．近医を受診したところ異常なしといわれた．それ以後，時々吐き気や異臭あるいは一瞬意識が飛ぶ症状が出現するようになった．X年，家族と旅行に出かけたが，2か月後にその話題が出た際，全く覚えていないことに気づいた．旅行中は通常と変わった様子はなかったという．このため筆者の外来を受診した．

【現症・検査所見】応答や態度に問題なく，神経学的所見に異常なし．認知機能低下は認められず，Mini Mental State Examination（MMSE）27点．脳MRIに異常所見なし．脳波にて左側頭部に小棘波を認める（図1）．

【経過】臨床症状および脳波所見から，自律神経発作，幻臭発作，意識消失発作およびTEAを伴う側頭葉てんかんと診断した．カルバマゼピンを投与したところ，これらの症状は速やかに消失した．しかし，服薬を忘れると，吐き気，一瞬の意識低下や，話したことを思い出せなくなるエピソードが生じている．また，日頃から物忘れを自覚し，予定をすぐ忘れるためメモに頼っていると訴える．日常生活には支障はなく，MMSE 28と正常範囲を維持している．

2．症例2　男性　60代（文献[4]に記載された症例から筆者の許可を得て抜粋呈示）

【既往歴】高血圧，脂質異常症

【家族歴】特記すべきことなし

【現病歴】X－4年より物忘れや易怒性に気づかれた．職場でも仕事や約束を忘れて，トラブルが頻発するようになった．X年，物忘れ外来を受診した．

15. 一過性てんかん性健忘

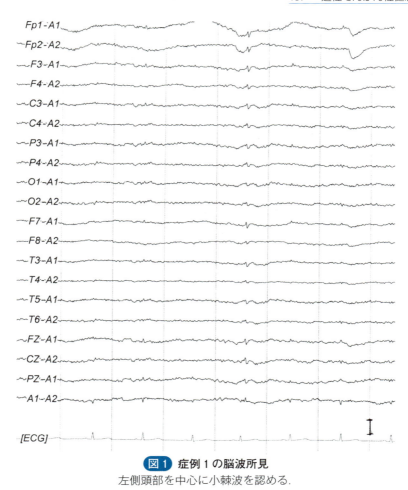

図1 症例1の脳波所見
左側頭部を中心に小棘波を認める．

【現症・検査所見】礼節は保たれており，患者本人も物忘れを自覚していた．数か月前に旅行をしたことや数週間前にコンサートに行ったことを全く記憶していなかった．また，物忘れが出現した以前の記憶も欠落していた．例えば，6年前および8年前の海外旅行や11年前の娘の結婚式の記憶がなかった．神経学的所見に異常なし．脳MRIにて異常なし．MMSE 29点．脳波検査にて左右独立した側頭葉に鋭波を認めた．

Ⅱ. 認知症疾患別の診療の実際

【経過】明らかな健忘発作は確認できないが，ALF や AbA が認められることおよび脳波所見から TEA 類縁状態が疑われた．レベチラセタムの投与により ALF および易怒性は改善したが，一度失われた記憶は回復しなかった．X＋3年，再び ALF が出現した．さらに X＋4年朝，床屋で偶然友人と会い，会話して帰宅した後，それらの記憶が全くないことに気づいた．その間の言動には異常はなかったという．ペランパネルを追加したところ，健忘発作は消失した．ALF も目立たなくなり，その後1年以上再発していない．

B　TEA の症状

　意識減損を伴わず健忘のみを呈するてんかんの存在は以前より指摘されていたが，1998年に Zeman ら[1]が一過性健忘を持つてんかん症例をまとめ，TEA の概念を提唱した．以来，類似例の報告が相次ぎ，現在は側頭葉てんかんの特殊な一発作型とする概念が確立している．TEA の診断基準[1]を表1に示す．

　TEA は初老期に好発し，やや男性に多い．健忘は意識清明下で前向性および逆向性健忘が一過性に出現する．発作中に異常行動はほとんどみられないが，後になってある期間の記憶が抜け落ちていることに気づく．通常発作持続時間は数分〜数時間以内である．前向性健忘の場合は発作中，「ここはどこか」，「私は何をしているのか」と質問を繰り返すこともある．逆向性健忘では健忘の期間が発作の数年前まで遡ることもある．覚醒直後に好発する．発作頻度は比較的多く，月数回以上生じる例もある．健忘の他に意識消失発作，幻臭，自律神経症状，口部自動症などのてんかん発作を伴う場合があり，

表1　TEA の診断基準

1．目撃者により確認された一過性の健忘が反復して出現
2．健忘の出現中においても他覚的に記憶以外の認知機能が正常
3．以下の所見のうちてんかんを示唆するいずれか一つ以上を持つ
　ⅰ）脳波異常
　ⅱ）他のてんかん発作（例：口部自動症，幻臭）の合併
　ⅲ）抗てんかん薬治療に反応して改善する

（文献1より抜粋，改変）

15. 一過性てんかん性健忘

表2 TEA の臨床特徴

臨床項目	
好発年齢	中〜高年
性差	やや男性に多い
好発時間	起床時（約70％）
持続時間	30〜60分
出現頻度	反復出現し，多い時には月数回以上生じる
合併する他の発作症状	幻臭，既視感，自動症，自律神経症状，意識消失など（約70％）
AED への反応	良好（約90％が消失）
脳波所見	側頭部または前頭側頭部に異常波（約70％）
MRI 所見	特異的な所見なし

　TEA の前後に起こることもあるが，それぞれ独立して生じることも多い．TEA の臨床特徴を表2にまとめた．脳波では側頭部にてんかん性異常波または徐波が認められる一方，約30％は正常と言われており[3]，脳波異常がないからといって必ずしも TEA を除外することはできない．覚醒時には異常が捉えられなくとも睡眠時に初めて異常波が検出される例もあり[3,5]，脳波施行時には睡眠時脳波を含めた測定が勧められる．脳 MRI では，特異的な所見は通常認められず，加齢変化による軽度の脳萎縮や虚血性変化を伴う程度だが，軽微な海馬萎縮を指摘した報告はある[6]．また，FDG-PET にて前頭葉または側頭葉に低代謝領域を認めた報告もある[5,7]．発作症状，脳波所見および画像所見から焦点部位は側頭葉と考えられ，海馬を含む内側側頭葉の異常放電または発作後の機能抑制が健忘に関連すると推測されている．TEA を起こす特異的な器質的病因はないが，自己免疫性疾患の合併例が報告されており[5]，一部には自己抗体が関連する可能性がある．

　治療は AED 投与となり，焦点性（部分）てんかんの治療薬であるレベチラセタム，ラモトリギン，ラコサミド，カルバマゼピンが推奨される．一般的な高齢発症てんかんと共通して，少量投与により速かに症状が消失する．

Ⅱ．認知症疾患別の診療の実際

ただし，新たな健忘は消失しても，過去の健忘は残存する．また，TEA 消失後も自覚的な物忘れや，次項で詳述する発作間欠期記憶障害は持続することが多い．

C TEA 複合症候群（TEA complex syndrome，TEACS）

TEA の発作間欠期記憶障害には，以下の 3 型がある．①ALF[2,3]：新規の記憶が数日～数週間以内に急速に失われる．②AbA[2,3]：数十年前まで遡る個人的生活史上の記憶が斑状に脱落する．遠隔記憶の欠落に比し，近似記憶は保たれている．③topographical amnesia[1,3]：行き慣れた場所が思い出せない．これらの症状に加え，自覚的な記憶低下の訴えが持続することも多い．いずれも通常の認知機能検査では異常所見は得られず，詳細な問診や複数回の神経心理検査により検出される．症例 1 では TEA のほか，ALF および自覚的物忘れの持続が疑われる．症例 2 では ALF/AbA が数年間先行した後に TEA を発症している．症例 2 のように TEA の前駆症状として長期間にわたり ALF/AbA のみが認められた症例[8]のほか，TEA を伴わず ALF/AbA のみ認められる例[7]も報告されている．ALF/AbA は AED により一部改善する例もあるが，持続することが多く，一度失われた記憶は戻らない．これらの記憶障害は，TEA との高率な合併や時間的関連性から，共通の病態に起因する疾患スペクトラムと考えられる[4]．したがって，TEA および ALF/AbA を一括りに TEA 複合症候群（TEA complex syndrome：TEACS）と包括して検討することが病態の理解および機序解明に適切であろう．

D TEACS の病態機序

TEA および ALF/AbA の病態機序はなお不明である．側頭葉てんかんにおける異常放電が原因であることには異論はないが，若年では TEACS を起こさず，中高年に好発する理由もわかっていない．これまでの研究から，ALF は記銘（encoding）または記憶の固定化（consolidation）が阻害され，短期間で記憶が欠落する前向性健忘と考えられている[9]．AbA は発病以前に固定化されていた記憶が欠落するための逆向性健忘が考えられる[4]．これらの障害は発作発現には至らない限局的な慢性持続性異常放電が引き起こすの

15. 一過性てんかん性健忘

ではないかと推定される[4]．すなわち，記銘から長期保持に至る記憶回路が持続的異常電気活動により複合的に影響を受けて多彩な記憶障害が引き起こされた可能性がある．今後の病態解明が待たれるところである．

E 長期予後および認知症との関連

TEA の治療転帰は良好であるが，長期予後はまだ十分な研究がされていない．Cretin ら[10]は TEA を反復した後，16 年を経て AD を発症した症例を報告し，TEA の一部が AD の前駆症状である可能性を指摘している．これに対し，Savage ら[11]は 20 年に渡って 9 症例の経過を追った結果，認知症の発症は血管性認知症 1 例以外になく，AD に移行する例は稀と結論づけている．ただ，自覚的健忘，ALF および AbA は TEA が消失しても持続していたと述べている．いずれもまだ症例数が少なく，認知症との関連について明らかにするためにはさらに症例集積が必要である．

おわりに

物忘れを訴えて受診する患者を診るにあたっては，てんかんの可能性を念頭に置き，症状の出現様式や他に合併する症状を詳細に問診する必要がある．疑いのある場合は積極的に脳波検査を施行するのが望ましい．てんかんであれば抗てんかん薬により改善するため，治療可能な認知症の一つとして本病態が広く周知されるべきである．

●文献

1) Zeman AZ, Boniface SJ, Hodges JR. Transient epileptic amnesia : a description of the clinical and neuropsychological features in 10 cases and a review of the literature. J Neurol Neurosurg Psychiatry. 1998 ; 64 : 435-43.

2) Manes F, Graham KS, Zeman A, et al. Autobiographical amnesia and accelerated forgetting in transient epileptic amnesia. J Neuro Neurosurg Psychiatry. 2005 ; 76 : 1387-91.

3) Butler CR, Graham KS, Hodges JR, et al. The syndrome of transient epileptic amnesia. Ann Neurol. 2007 ; 61 : 587-98.

4) 鵜飼克行，伊藤ますみ，渡辺雅子．一過性てんかん性健忘複合症候群．Dementia Japan. 2020 ; 34 : 76-85.

Ⅱ. 認知症疾患別の診療の実際

5) Mosbah A, Tramoni E, Guedj E, et al. Clinical, neuropsychological, and metabolic characteristics of transient epileptic amnesia syndrome. Epilepsia. 2014 ; 55 : 699-706.

6) Butler CR, Bhaduri A, Acosta-Cabronero J, et al. Transient epileptic amnesia : regional brain atrophy and its relationship to memory deficits. Brain. 2009 ; 132 : 357-68.

7) Ramanan VK, Morris KA, Graff-Radford J, et al. Transient epileptic amnesia : A treatable cause of spells associated with persistent cognitive symptoms. Front Neurol. 2019 ; 10 : 939.

8) Hornberger M, Mohamed A, Miller L, et al. Focal retrograde amnesia : Extending the clinical syndrome of transient epileptic amnesia. J Clin Neurosci. 2010 ; 17 : 1319-21.

9) Atherton KE, Filippini N, Zeman AZJ, et al. Encoding-related brain activity and accelerated forgetting in transient epileptic amnesia. Cortex. 2019 ; 110 : 127-40.

10) Cretin B, Philippi N, Sellal F, et al. Epileptic amnesic syndrome revealing Alzheimer's disease. Epilepsy Res. 2012 ; 102 : 206-9.

11) Savage SA, Butler CR, Hodges JR, et al. Transient epileptic amnesia over twenty years : long-term follow-up of a case series with three detailed reports. Seizure. 2016 ; 43 : 48-55.

〈伊藤ますみ〉

索　引

（本書では，人名を冠した疾患名は原語で表記した）

■ あ

アーガイル・ロバートソン瞳孔	411
アークサイン	319
アセチルコリン	152
アセチルコリンエステラーゼ阻害薬	
	147
新しい生活様式	234
アデュカヌマブ	166
アドバンス・ケア・プランニング	279
アドミラルナース	272
アパシー	251, 253
アポリポ蛋白 E	113
アマンタジン	163
アミロイドカスケード仮説	249
アミロイド仮説	25
アミロイド β 蛋白	87, 150, 243
アミロイド PET	94, 224, 253
アルコール	46
アロマセラピー	196

■ い

易興奮性	251
易刺激性	195, 251
一次予防	35
一過性てんかん性健忘	421
遺伝カウンセリング	116, 368
遺伝性血管性認知症	304
易怒性	188
意味記憶	54, 71
意味性認知症	50, 163, 252, 328

■ う

ウェクスラー記憶検査	243
ウェクスラー成人知能検査	243
疑いのある AD 認知症	256
うつ状態	274
うつ病	127
うつ病性仮性認知症	64
運動療法	177, 181, 196

■ え

エピソード記憶	54, 71
エビデンスレベル	150
遠隔記憶	71
嚥下機能	140

■ お

オスミウム好性顆粒状物質	122
オリゴマー	27
音楽療法	196

■ か

介護支援専門員	205
介護者側の要因	193
介護保険法	203
介助	190
咳嗽	190
回想法	181
改訂長谷川式簡易知能評価スケール	
	49, 70
解離性健忘	127
過活動膀胱	376

索　引

鏡徴候	68
拡散強調画像	299, 300, 385, 386
核内封入体病	121
下垂体機能低下症	395
下垂体ホルモン	395
画像失認	78
家族・介護者への教育	179
家族性認知症	112
加速的長期健忘	421
脚気	399
カプグラ症候群	58, 67
仮面うつ病	64
ガランタミン	154, 261, 262
カルバマゼピン	198
加齢性難聴	188
考え無精	331
環境設定	179
環境づくり	179
喚語困難	73
肝性脳症	86
観念運動（性）失行	56, 79
観念（性）失行	56, 79

■ き

記憶錯誤	72
基礎波	104
徐波化	104
逆行性健忘	55
急性脳症候群	63
急性発症	298
鏡像現象	50
棘徐波複合	109
近時記憶	71

■ く

クールー	390
クエチアピン	263
グルタミン酸	155

クレアチニンクリアランス	156
クロナゼパム	161

■ け

ケアプラン	205
ケアマネージャー	205
芸術療法	181
軽度認知障害	2, 136, 164, 244
原因疾患	8
実態	9
診断への道筋	41
傾眠	189
血管性認知症	13, 46, 115, 161
血管内リンパ腫	124
楔前部	254
幻視	186
原発性進行性失語	74
原発性年齢関連タウオパチー	346
健忘型 MCI	4

■ こ

抗うつ薬	308
口腔衛生	189
攻撃性	195
抗血小板療法	308
後見	209
抗コリン作用	416
抗酸化ビタミン	226
甲状腺自己抗体	394
構成障害	79
抗精神病薬	197
行動障害型前頭側頭型認知症	327, 328
行動・心理症状	144, 151, 156, 213
後部帯状回	254
興奮	195
後方皮質萎縮	252
高ホモシステイン血症	401, 402
抗ポリグルタミン	366

硬膜移植後 CJD	390
高齢発症てんかん	421
抗 NAE 抗体	394
抗 NMDAR（N-methyl-D-aspartate receptor）抗体	410
抗 NMDAR（N-methyl-D-aspartate receptor）脳炎	410
抗 TG 抗体	394
抗 TPO 抗体	394
抗 VGKC 受容体陽性辺縁系脳炎	134
誤嚥	184, 188
語義失語	331
個人主義生命倫理学	279
コタール症候群	65
孤発性 AD の病態形成過程	35
孤発性 Creutzfeldt-Jakob 病	387
コリンエステラーゼ阻害薬	152, 198, 261, 262
混合型認知症	306

■ さ

作業記憶	53
作業療法	195
錯語	73
作話	71
三次予防	35
残存機能	178

■ し

視覚失調	76
視覚失認	77
視覚性注意障害	76
色彩失認	57
嗜銀顆粒性認知症	341, 343
嗜銀顆粒病	19, 343
思考過程の緩慢化	408
思考怠惰	331
時刻表的生活	331

自己負担が 1 割	217
歯状核赤核淡蒼球ルイ体萎縮症	367
視神経脊髄炎	21
肢節運動失行	56, 78
自尊心	195
疾患修飾療法	24
失語	72
失行	78
失構音	73
失行歩行	374
失語症	188
失算	79
失書	74
失読	74
嫉妬妄想	68
失認	75
失文法	73
自伝的健忘	421
社会資源	218
若年性認知症	211
就業状況	216
年収	216
有病率	212
若年性認知症コールセンター	218
若年性認知症支援コーディネーター	210
シャルルボネ症候群	65
シャント脳症	398
周期性同期性放電	107, 385, 386
重合核依存性重合モデル	26
周辺症状	52, 137
終末期医療	147
受容性言語	55
障害年金	210
小規模多機能型生活介護	206
小血管病性認知症	304
焦燥	195
焦燥性興奮	158

常同行為	187
常同行動	331
常同的周遊	331
上皮増殖因子様リピート領域	317
初期集中支援チーム	208
食行動の異常	331
初老期	61
自立支援医療	217
自立支援医療制度	210
新オレンジプラン	173, 203
人格主義生命倫理学	280
新型コロナウイルス感染症	234
神経核内封入体病	369
神経原線維変化	250, 356

神経原線維変化型老年期認知症

	20, 341, 346
神経病理学的診断基準	348
臨床診断ガイドライン	348

神経軸索スフェロイド形成を伴う

遺伝性びまん性白質脳症	371
神経梅毒	86, 411
心原性脳塞栓症	308
進行性核上性麻痺	353
進行性多巣性白質脳症	123
進行性非流暢性失語	47, 50, 252, 328
進行麻痺	411
心身相関	63
身体疾患	144
身体失認	78
身体接触	195
人物誤認	67
心理社会的介入	194

■ す

遂行機能	80
推奨グレード	150
睡眠障害	149
スフェロイド	323

■ せ

正常圧水頭症	49, 100
精神疾患	127

精神疾患の診断・統計マニュアル

第5版	2
精神障害者保健福祉手帳	210, 216
精神性注視麻痺	76
性的脱抑制	59
成年後見制度	209, 217
脊髄小脳変性症	367
摂食嚥下困難	184
摂食活動	183
摂食行動	185

選択的セロトニン再取り込み阻害薬

	198, 262, 338
穿頭血腫除去術	382
前頭側頭型認知症	
	47, 98, 192, 252, 326, 328
前頭側頭葉変性症	
	17, 114, 142, 163, 326, 328
前頭部間欠的律動的δ活動	104
前頭葉機能簡易検査	80
前頭葉変性型	328
せん妄	127, 149

戦略的な部位の単一病変による

認知症	162, 300, 304
前臨床時期	250

■ そ

総合事業	204
総タウ蛋白	255
相貌失認	57, 78
相貌認知障害	331
ゾーニング	236
即時記憶	71
側頭葉てんかん	424
咀嚼	185

索 引

■ た

体感異常症	65
滞続言語	50, 331
大脳皮質基底核症候群	360
大脳皮質基底核変性症	353, 357
タウオパチー	28, 353
タウ蛋白	87
タウ PET	94
多系統萎縮症	368
立ち去り行動	47, 331
脱水	146
タッチセラピー	197
ダットスキャン	93, 289
タップテスト	376
脱抑制	187, 330
他人の手徴候	360
多発梗塞性認知症	301, 304
多発性硬化症	21, 406
短期入所	206

■ ち

チアプリド	163
地域福祉権利擁護事業	209
地域包括支援センター	208
地域密着型サービス	205
致死性家族性不眠症	389
地誌的記憶障害	77
地誌的失見当識	77
地中海式ダイエット	221, 222
窒息	184
遅発性統合失調症	64
遅発性パラフレニー	66
着衣失行	45, 79
注意	186
注意持続の障害	187
注意障害	187
中核症状	137, 151

中枢神経原発悪性リンパ腫

中枢神経原発悪性リンパ腫	124
超皮質性失語	73
直接作用型経口抗凝固薬	308
地理的健忘	421
陳述記憶	54, 71

■ つ

通所介護	206
通所リハビリテーション	206

■ て

低カリウム血症	161
低血糖脳症	398
低酸素脳症	86
手続き記憶	54
テレビ徴候	68
伝導失語	73

■ と

統覚型視覚失認	77
頭部 CT	253
頭部 MRI	253, 255
道路交通法の改正	214
特定医療費（指定難病） 支給認定制度	216
禿頭	318
特発性正常圧水頭症	373
ドネペジル	153, 245, 261, 262
トリプレットリピート病	366, 367

■ な

内側側頭葉	253
内包膝部梗塞	300

■ に

二次予防	35
ニセルゴリン	163
認知機能	52

認知機能訓練	177
認知機能障害	413
認知症	2, 144, 374
区別すべき病態・疾患	8
原因疾患	8
行動・心理症状	7, 251
実態	9
症状	6
診断への道筋	41
認知機能障害	6
認知症カフェ	208
認知症ケアパス	208
認知症サポーター	207
認知症サポート医	207
認知症施策推進総合戦略	173
認知症疾患	111
認知症疾患医療センター	207
認知症状	137
認知症自立度	205
認知症対応型共同生活介護	207
認知症対策	10
認知症認定看護師	218
認知症発症前の知能	192
認知リハビリテーション	196
認プロ	11

■ ね

寝たきり度	205

■ の

脳アミロイドアンギオパチー	
（血管症）	123, 304, 311
脳脚幻覚症	65
脳血管性認知症	140
脳血流 SPECT	93, 253, 254, 255
脳生検	118
脳脊髄液	82, 255
脳梁離断症状	400

ノルアドレナリン作動性・特異的	
セロトニン作動性抗うつ薬	262

■ は

パーキンソニズム	282
パーソンセンタードケア	142, 167
排出症状	376
梅毒トレポネーマ	411
排尿障害	376
白質脳症	371
橋本脳症	85
発話失行	73
反響言語	50
半側空間無視	77, 187
反応性低血糖	398

■ ひ

被影響性の亢進	330
被害妄想	67
光療法	196
非けいれん性重積状態	109
皮質下血管性認知症	303, 304
皮質下梗塞と白質脳症を伴った	
常染色体優性脳血管症	371
皮質下性認知障害	406
皮質性運動失語	73
皮質性感覚失語	72
皮質性感覚障害	360
非心原性脳梗塞	308
ビタミン B_{12} 欠乏症	401
左内包膝部梗塞	299
非陳述記憶	71
非定型抗精神病薬	158, 262
非特異的症状	146
皮膚寄生虫妄想	66
非薬物療法	175
病識の欠如	330
表出性言語	55

索 引

病前性格 193
表層性失読 75

■ ふ

不安 195, 252
副甲状腺機能亢進症 397
副甲状腺機能低下症 397
ブチリルコリンエステラーゼ 154
舞踏運動 366
プリオン病 21, 387
プレクリニカル時期 250
プレクリニカル AD 35
プレセニリン 1 遺伝子 113
プレセニリン 2 遺伝子 113

■ へ

ペラグラ脳症 401
変異型 CJD 390
辺縁系脳炎 409, 410
辺縁系優位型年齢関連 TDP-43 脳症 349
変形性脊椎症 318

■ ほ

訪問介護 205
訪問看護 206
訪問リハビリテーション 206
北陸認知症プロフェッショナル医
養成プラン 11
歩行障害 374
保佐 209
補助 209
保続行為 187
発作性 δ/θ 律動 109
ほぼ確実な AD 認知症 245, 256
ポリグルタミン 366

■ ま

末梢組織生検 119
幻の同居人 58, 68
慢性硬膜下血腫 379
慢性疼痛 65
慢性脳症候群 63

■ み

味覚 185
ミクログリア 323
道順障害 77

■ む

無視 188

■ め

メマンチン 155, 198, 261
免疫チェックポイント阻害薬 418

■ も

妄想 195, 252
妄想性うつ病 64
もの盗られ妄想 67, 251, 252
門脈-大循環短絡路 398

■ や

薬物起因 147
薬物動態 144

■ ゆ

有棘赤血球舞踏病 367
有酸素運動 228
ユビキチン 122

■ よ

要介護 204
要介護認定 204, 217

435

索引

要支援　204
抑うつ　195, 251, 252
抑肝散　160, 263

ら

ランダム化比較試験　219

り

リスペリドン　157, 263
リバーミード行動記憶検査　253
リバスチグミン　154, 261, 262
リハビリテーション　175
リハビリテーションプログラム　175
両側視床枕高信号　391
リン酸化タウ蛋白　150, 243
臨床遺伝医学診療部門　116
臨床遺伝専門医　116
臨床的認知症尺度　251

れ

レム期睡眠行動異常症　159, 369
連合型視覚失認　77

ろ

老人斑　250
老年期　61
ロゴペニック型 AD　252

わ

わが道を行く行動　330

数字

^{11}C-PIB（^{11}C-Pittsburgh compound B）　254
^{11}C-PIB-PET　254, 255
^{123}I-ioflupane SPECT　93
^{123}I-MIBG 心筋シンチグラフィー　290
^{123}I-MIBG スキャン　93

^{18}F-FDG（^{18}F-2-fluoro-2-deoxy-D-glucose）-PET（positron emission tomography）　94, 243, 253, 254, 255
3D-SSP（three-dimensional stereotactic surface projection）　95, 254
4 リピートタウオパチー　362
65 歳未満で発病　211

A

α-シヌクレイノパチー　29
α-シヌクレイン　89, 120, 368
α-シヌクレイン蛋白　30
AACD（aging-associated cognitive decline）　5
AAMI（age-associated memory impairment）　5
$A\beta$　150
$A\beta_{1-42}$　255
AbA（autobiographical amnesia）　421
ACh　152
AChEI　147
ACh エステラーゼ　154
AD dementia　251
ADAS-cog（Alzheimer's Disease Assessment Scale-cognitive subscale）　70
Addison 病　396
ADL　268
AD による MCI　254, 256, 264
AD 認知症　251, 256, 262, 264
AGD（argyrophilic grain dementia）　343
AGD（argyrophilic grain disease）　343
Alexander 病　371
ALF（accelerated long-term forgetting）　421
ALSP（adult-onset leukoencephalopathy with axonal spheroids and pigmented glia）　322

索 引

Alzheimer 型認知症　137, 193
Alzheimer 病　13, 46, 96, 244
amnestic MCI　136
amyloid β protein　243
APOE （apolipoprotein E）　113
APOE 遺伝子 （APOE）　219
APP 遺伝子　113
astrocytic plaque　361

B

Balint 症候群　76
ballooned neuron　361
benign senescent forgetfulness　5
BGD （basophilic granular degeneration）　317
BPSD （behavioral and psychological symptoms of dementia）　7, 137, 144, 151, 156, 213, 251, 262, 268
bvFTD （behavioral variant frontotemporal dementia）　163, 328

C

CAA 関連炎症　312, 314
CAA 関連脳出血　312, 314
CADASIL　115, 122, 304, 311, 316, 371
CARASIL　115, 305, 311, 318
CDR （clinical dementia rating）　5, 251
cerebral amyloid angiopathy　311
ChEI　152
　副作用　154
CIND （cognitive impairment no dementia）　5
CLcr　156
Cohen-Mansfield agitation inventory　194
coiled body　356
COVID-19　234
Creutzfeldt-Jakob 病　46, 100
CSF1R　322

CT　93
Cushing 症候群　396

D

DAT scan　159
dementia due to AD　251
dementia with grains　343
DESH （disproportionately enlarged subarachnoid-space hydrocephalus）　376
DIAN （Dominantly Inherited Alzheimer's Network） 研究　35
DLB （dementia with Lewy bodies）　158, 350
DMT （disease-modifying therapy）　24
DSM （Diagnostic and Statistical Manual of Mental Disorders） -5　2, 256, 303
　軽度認知障害診断基準　5
　認知症診断基準　3
DWI　299, 300

E

Evans index　376
eZIS （easy Z-score Imaging System）　96, 254

F

FAB （Frontal Assessment Battery）　80, 163, 373
FAST （Functional Assessment Staging）　251, 269
florid plaque　391
fragile X tremor-ataxia syndrome　371
frontal variant of Alzheimer's disease　332
FTA-ABS 検査　412
FTD （frontotemporal dementia）　252, 328

437

FTLD（frontotemporal lobar
　degeneration） 163, 328
FUS（fused-in-sarcoma） 329

G

Gerstmann-Sträussler-Scheinker 病　389
Gerstmann 徴候 78
GOM（granular osmiophilic material）
 316

H

HDLS 311, 322
HDS-R 49, 70
head turning sign 47
HIV-1 関連神経認知障害 404
HIV 脳症 87
HTRA1 318
hummingbird sign 356
Huntington 病 365

I

IADL 268
iNPH 373
IWG-2 256

K

Korsakoff 症候群 400

L

LATE（limbic predominant age-related
　TDP-43 encephalopathy） 349
Lewy 小体型認知症　13, 46, 96, 114,
　　　　120, 141, 158, 193, 282, 350
Lewy 小体病 283
logopenic 型 AD 252

M

Marchiafava-Bignami 病 400

MCD（mild cognitive disorder） 5
MCI（mild cognitive impairment）
 136, 164, 244, 262
MCI due to AD 164, 245, 250
Mendel 型遺伝形式 111
MIBG 心筋シンチ 159
MMSE（Mini-Mental State Examination）
 49, 70, 373
MNCD（mild neurocognitive decline） 5
MRI 92, 255, 385

N

neuropsychiatric inventory 194
NFT 型老年期認知症 346
NIA-AA（National Institute of Aging-
　Alzheimer's Association） 2, 244, 256
　軽度認知障害の
　　中核臨床診断基準 4
　　認知症診断基準 2
NINDS-AIREN の血管性認知症の
　分類 304
NINDS-AIREN の診断基準 302
NMDA（N-methyl-D-aspartate）
　受容体 155
　　阻害薬 261
non-amnestic MCI 136
NOTCH3 316

P

p-tau 255
PAINAD 275
Papez 回路 300
Parkinson 病 283
PART（primary age-related tauopathy）
 346
PCA（posterior cortical atrophy） 252
Pick 型 328
Pick 病 328

索 引

PNFA（progressive non-fluent aphasia）
163, 252
POLD（pigmented orthochromatic
leukodystrophy） 322
polypharmacy 138
possible AD dementia 256
preclinical AD 250
preclinical stage of AD 165
pretangle 361
probable AD dementia 245
pulvinar sign 391

R

RBMT（Rivermead Behavioural
Memory Test） 253
roaming 331
RT-QUIC（real-time quaking-induced
conversion）法 392

S

Schellong test 48
SD（semantic dementia） 163, 252, 328
SD-NFT（senile dementia of the
neurofibrillary tangle type） 341, 346
SNAP（suspected non-AD
pathophysiology） 39, 343
SPECT 255
SSRI 338
stage II transport 185

T

tailored activities program 195
tau 329
TDP-43（TAR DNA-binding protein
of 43kDa） 329
TDP-43 proteinopathy（蛋白異常症）
349
TEA（transient epileptic amnesia） 421
thread 356
TMT 375
topographical amnesia 421
TPHA 検査 412
treatable dementia 394
tuft-shaped astrocyte 356

V

VCI（vascular cognitive impairment）161
VSRAD（Voxel-Based Specific
Regional Analysis System for
Alzheimer's Disease） 95, 253

W

WAIS-III（Wechsler Adult Intelligence
Scale-III） 243
Wernicke 脳症 46, 83, 399
WMS-R（Wechsler Memory Scale-
Revised） 243, 253

Y

Yakovlev 回路 300

439

認知 症 診療 実践ハンドブック　Ⓒ

| 発　行 | 2017 年 11 月 30 日　1 版 1 刷 |
| | 2021 年 4 月 15 日　2 版 1 刷 |

編著者　山　田　正　仁

発行者　株式会社　中外医学社

　　　　代表取締役　青　木　　滋

　　　　〒 162-0805　東京都新宿区矢来町 62
　　　　電　　話　　03-3268-2701（代）
　　　　振替口座　　00190-1-98814 番

印刷・製本/三報社印刷（株）　　　　　　　〈HI・HU〉
ISBN 978-4-498-22893-1　　　　　　　Printed in Japan

JCOPY　＜（社）出版者著作権管理機構　委託出版物＞

本書の無断複製は著作権法上での例外を除き禁じられています．
複製される場合は，そのつど事前に，（社）出版者著作権管理機構
（電話 03-5244-5088，FAX 03-5244-5089，e-mail: info@jcopy.
or.jp）の許諾を得てください．